タロット解釈大事典

Tarot Interpretation Dictionary

松村 潔

説話社

はじめに

タロットカードは発祥が謎で、いつ始まったかわかりません。絵柄の背後の構造性から考えると、非常によく考えられたもので、意識や宇宙の法則について知り抜いているところから設計されたように思えます。例えば、よく目に付くのは、上と下の二分割で仕切られた構図をしていて、さらに真ん中に上と下の中和的な要素として第三の視点を設定していることです。

あらゆる有機体はより上の次元と下の次元に挟まれた中和的な位置に存在し、互いに相対的な位置関係にあるという思想を明確に打ち出しています。これは仮に上を1、下を2、真ん中を3とした時に、3という中心位置がその存在の本質的な面を意味します。次に上に住んでいる1の位置の存在は、それ自身ではそこを3としているので、前の存在の3の位置が、上にある存在にとっては2に当てはまるという、段差を持った重なり方を意識しています。

ちょっとわかりにくい説明でもあるのですが、異なる振動にある存在が、それぞれどのように重なっているかを考えるには便利です。このように考えないと、実は複数の次元の関わり方を理解することはできないのです。

また古い時代のアリストテレス的な世界観、つまり生命の階段に似た思想があって、これは細かくは世界を神、大天使、小天使、人、哺乳動物、無脊椎動物、植物、鉱物、金属、結晶化不可能な無限の闇という順番に分けていき、振動の高いものから物質密度の高いものの配列を表現しています。

タロットカードはこの順列の中で天使、人、哺乳動物、無脊椎動物などを頻繁に描いています。月のカードなどでは人が眠り、哺乳動物は警告し、無脊椎動物が上昇してくるというふうに表現されていて、私たちの意識や脳の働きについて細かく指定しています。大アルカナの終わり頃の星、月、太陽、審判、世界のカードに至っては、現代の私たちにはまだ到達できないような意識の高度な発達をあらわしていて、現代の一般的な知性水準を軽く超えているように思えます。

かつてある程度成熟した知性を持つ文明が存在し、そこでは現代の私たちよりも進化していた。タロットカードはそうしたところからもたらされた断片なのではないかと考えた方が自然にも思えます。

過去に言われ、また最近も言われるようになった説として、これはエジプトからもたらされたのだという考えについては、私はわかりませんが、少なくとも超絶的な要素を持っていることは明かです。

そのように考えてみると、このたった二十二枚のカードを考えたり研究したりするのはかなり有意義なことで、解明し尽くす時はいつまでもやってこないかもしれず、常に新しい意味が発掘できるように思います。

ある流派では、これを教義的に解釈していますが、特定の教義に収まりきらない面もあり、常に精神をオープンにして、しつこく取り組むことで、常に発見があるように思います。

タロットカードは意識の深いところを刺激するために、私たちが全脳的な活動をするための助けとなります。この全脳的な働きということをテーマにした時に、私たちの文化の中ではそれを十全に発揮しているものが少ないため、なかなか題材がありません。タロットカードはこの中でかなり珍しい位置にあるのです。ということは、通常の知性活動や分析したり考えたりする姿勢で取り組むと、タロットカードを扱いきれないということでもあるのではないでしょうか。

タロットカードを長く扱うと頭の使い方も変わってしまいます。左脳的に考える時には右脳的な直感を入れる余地を与え、また右脳的な活動をしている時に直感を言語化してしまうような考え方をする、文字どおり全脳的な働きが強まってきます。トレーニングキットとしても役立つでしょう。

神秘学的な分野では、アカシックレコードという宇宙の記憶があると言われています。これは時間のない世界で、宇宙のあらゆることが記録され、風化しないまま、いつでも読めるということになっています。

日本ではこれは虚空蔵菩薩と言われています。

タロットカードはこのアカシックレコードを読むのに適していると言われることが多く、リーディングのトリガーとして活用している人は多いようです。これはタロットカードがある程度普遍的な意味を持ち、考える時のベースとして使えることをあらわしています。たった二十二枚でこの世のあらゆることを内包するということでは、一枚一枚に特殊な意義を持つものがありません。

誰でもこの二十二種類は体験したことがあり、今も体験し続けているのです。

最近、私はこのカードの一枚の中にトランス意識で入り込んで、奥まで体験しようというパスワークの講座をよく行っています。導入のためにバイノーラルビートという信号を使っていて、参加者は横たわって、眠りと目覚めのすれすれの境界線をさまようような体験をします。こんなに面白い体験は他にないと感じる人も多くいます。例えば、愚者のカードは、通常は意識に入ってこないような世界の輪の外の領域に出ていくことを意味し、続く魔術師のカードはその外からまた内へ戻ってくることを意味しています。この二枚をセットでパスワークすると、その人は外宇宙に飛び出し、そこで得たものをこの世界に持ち込んで、この新たな活力によって何か新しいことを始めようとする、ということになります。この時に多彩な体験をしていき、常に何か新しい発見をし、すぐに生活に反映されてきます。

　このようなことをすることで、タロットカードを頭で覚えるのではなく、自分の個性と結び付いたところで、カードの意味を識《し》ることになるのです。こうした回路ができてしまうと、タロット占いでも、愚者のカードや魔術師のカードが出てくるたびに、外にあるものが何かサーチすることになり、すでにそれ自身でアカシックリーディングなどもするようになります。つまり、魔術師は何か新しいことを始める、という基本的な意味として成り立ちますが、これは何をしようとしているのか、その何かをサーチするということにもなるのです。二十二枚のタロットカードは、情報を取るための基準信号というふうにとらえてもよいのです。

　このようなタロット占いで、果たしてカードは正確に出ているのか。

単に偶然なのかもしれないということを誰しも疑問に感じるかもしれませんが、リモートヴュイングなどでも実証されているように、私たちの自律神経はカードが裏側になっていてもそれを障害とみなさず、はっきりとどれがどのようになっているのかを知っています。質問をしながら裏側のまま掻き回して選ぶ。このプロセスは、むしろ肉眼で見えていた方が情報は不正確になりやすいとも言えます。

　本書では、二枚のカードをセットにした組み合わせを考えてみました。二十二×二十一ですから、ここには四百六十二の組み合わせがあります。

　一番シンプルな使い方としては、洋服の上と下のように動機と結果、あるいは精神と物質のように組み合わせてリーディングしてみることです。複雑なスプレッドもできるでしょうが、二枚のワンセットのみという使い方を頻繁に活用してもよいのではないかと思います。

タロットリーディングをしていてわからない場合には、本書を開いてそのカードのセットの意味を推理してみてください。

ただしカードの意味は基本的なところは共通していても、表現しようとするバリエーションは果てしなくありますから、本書に書いてあることは考えるための題材でしかないと思ってください。読み方はこうでなくてはならないというルールはほとんどありません。かといって連想のままに任せると、本人にとっては無念無想のつもりでも、実際には自分の利害とか考え方のバイアスが強くかかった方向で読んでしまいますから、あまり正確なリーディングにはならないということは、いくつかの本でもしつこく説明しました。自分の感覚から離れるとか、あるいは極端に速度の早い処理で進めるなど工夫が必要です。

しかし、それらをちゃんと踏まえた上でタロットカードを活用すると、これまで血の通っていなかったところに新陳代謝が始まるように、元気になれるでしょう。

目次

Contents

タロット解釈編

Contents

Contents

解説編

タロット解説

1 組み合わせで読むことの意味

大アルカナ一枚だけでは単調なリーディングが組み合わせることで複雑な熟語となる

タロットカードは大アルカナが二十二枚、小アルカナが五十六枚で、合計七十八枚あります。大アルカナは絵札、小アルカナはしばしば数札です。タロット占いで使う場合、この大小アルカナすべて入れると枚数も多く、バラエティが出るので使いやすいのですが、しかし絵が鮮やかな大アルカナのみでタロット占いをする方が楽しい面があります。実際に、タロットカードでは大アルカナと小アルカナはまるっきり違う性質を持ち、本来タロットカードというと、大アルカナの方を指しているのではないでしょうか。

しかし二十二枚しかないとなると、いつも同じような繰り返しでカードが出てきますから、よほど熟達した人でないとさまざまなテーマの占いに使うには単調過ぎると感じる人もいるでしょう。質問が違うのに同じカードばかり出てきたら、リーディングに行き詰ってしまいます。

実はこの問題を解決するのはそんなに難しくありません。もともと大アルカナの二十二枚というのは、アルファベットのようなものだと考えてみてください。言葉はすべてこのアルファベットを複数結合して作られ、非常に複雑な表現をすることができるようになっています。そこで大アルカナもいくつかのカードを結合していき、一枚のカードをアルファベットというよりもまずは単語とみなし、あたかも熟語のように組み合わせて使うとよいということになってきます。

複雑な組み合わせはたくさんありますが、まずは二枚セットで考えてみるとどうでしょうか。二十二枚の大アルカナを二枚セット、つまり二枚引きとした場合、一枚目は二十二枚で、二枚目はそこから一枚引いた二十一枚となります。この組み合わせは全部で二十二（枚）×二十一（枚）となり、四百六十二パターンが出来上がることになります。もしここで逆位置を加えると、一枚目が二十二（枚）×二（正位置と逆位置の二通り）＝四十四パターンで、それに二枚目の二十一（枚）×二（通り）＝四十二パターン、結果、四十四

×四十二となり、一千八百四十八パターンという膨大な組み合わせ出来上がります。正位置のみで考えても四百六十二パターンあるわけですから、小アルカナ七十八枚よりも五倍強のバラエティがあり、タロット占いとしてはかなり細かいところまでできるのではないでしょうか。

そこで本書ではこの二枚セットの事典を作ることになりました。当初は逆位置も入れた一千八百四十八パターンを考えていたのですが、数が多すぎて途中で書くことを断念してしまいました。そのため正位置のみに絞り込んでの事典を作ることにしたのです。

英文のSV型が二枚セットの基本型
日本特有の主語抜き表現に要注意

この二枚セットの意味を考える時に、一枚ずつを短い言葉で定義しておけば、言葉の結合をしてトレーニングすることもできます。

以下は、それぞれのカードの数字の意味から推理した簡単なカードの意味です。

0	愚者	**無**
1	魔術師	**始まり**
2	女教皇	**可能性の選択**
3	女帝	**生み出す**
4	皇帝	**定着**
5	法王	**主張**
6	恋人	**呼応**
7	戦車	**前進**
8	正義	**判断**
9	隠者	**思考**
10	運命の輪	**チャンス**
11	力	**逆転**
12	吊られた男	**宙吊り**
13	死に神	**整理**
14	節制	**自己生殖**
15	悪魔	**干渉**
16	塔	**開放**
17	星	**遠い希望**
18	月	**模索**
19	太陽	**両立**
20	審判	**再生**
21	世界	**完成**

例としてこのように簡単に言葉を定義しておくと、二枚セットの場合、言葉を結合して考えてみるとどうでしょうか。

二枚というのは、例えば、「○○が○○する」という組み合わせだと考えると、「今度する仕事はどんな内容ですか」と質問した時に、世界のカードと魔術師のカードが出てきたら、「完成」したものが「始まる」というふうに言葉を結合して参考にするとよいのです。これは部分でなく、総合的なことを始めるという意味になり、業務は一つだけのことをしているわけではないとか、デパートのようにすべて揃うようなお店を始めるとか、総合職などというようなイメージで考えることもできます。

単に完成しましたという世界のカードや何かを始めましたという魔術師のカードに比べると、組み合わせることでそこに動きが出てくるのです。

もしここで順番が反対に、魔術師が先に出て次に世界のカードが出れば、始めたものを完成させるというふうに考えるとよいでしょう。

これは英文で言うと、一番単純なS＋Vの組み合わせであり、SV型です。基本五文型は他に、「○○は○○である」というS＝Cの意味を持つSVC型、「○○は○○を○○する」というSVO型、「○○は○○に○○を○○する」というSVOO型、O＝Cを意味する「○○は○○を○○と○○する」SVOC型がありますが、ここではとりあえず最もシンプルなSV型で考えてみるということになります。

ここで一つ注意してほしいのは、日本では主体を抜いて表現することが多く、それはSが不在なまま話を進めるということです。いきなり「今から昼ごはん行く」と言っても日本人には通用しますが、外国人はとまどいます。「私はこれから昼ごはんに行きます」というふうに表現しなくてはならず、日本人ならば毎回々「私は」、「あなたは」、「彼は」、というふうにSを言わなくてはならないことを面倒に感じます。

これは日本人が個人主義を持たず、主体を抜く時には暗黙の了解で、「私（たち）は」と述べていることをあらわします。そしてわざわざ、「私は」、「私は」、と言い続けると、自分が何かひどくわがままな人間になった気分がして不快になってしまうのです。

日本では「昼ごはん行く?」と疑問形にすると、相手に一緒に行こうと催促していることをあらわしていて、さらに強引な人ならば、「昼ご飯行く」と言い、すでに仲間に全員が行くことを指示しているも同じです。家族ならばお父さんが「夏休みは海に行く」と表明すると、それは家族全員で行くということを含んでいることになります。

そのため、タロットカードの二枚セットの場合にも一枚目はSであることを忘れてしまいがちであることに注意しましょう。二枚出てくると、「〇〇を〇〇する」というふうに解釈してしまいがちです。世界のカードと魔術師のカードならば、（誰だかわからない何者かが）オールインワンパックを販売開始というふうに考える場合もあるのです。これはSV型でなく、いわばVO型です。日本では主体であるSが不在なのではなく、初めからSは集団性、あるいは集団性に半ば溶解している個として決まっていて言葉にするのが省略されます。

この曖昧さが原因で、誰かが「われわれはこう考えていますが」と言った場合、その「われわれは」とは、「誰」と、「誰」と、「誰」のことですかと聞かれることにもなりますが、しかし境界線の曖昧な概念なので答えられませんし、答えない方がむしろ良いのだという状況もあります。個と集団性を切り分けないのは、悪い面もありますが良い面もあります。この違いがはっきりわかっていれば、日本式に二枚セットをVO型として使っても問題はないでしょう。

上下、左右、斜めで意味が異なり二枚セットで無限の可能性が出てくる

二枚あるとこの二枚の間で連絡や運動が起こりますから、そこでは一つの光景の描写というよりも変化というものを表現しようということになってきます。

動きではなく空間表現の場合には、例えば、二つのものの並びは、人間では洋服のように上と下に分かれて、精神面と物質面というふうに考えます。二人の人間が並んで歩いているようなものとしては右と左、また前進する方向性として前と後ろ、影響が変容していくという斜めというのもあります。

基本的には、上下は縦軸的なものでそこには力の強弱があらわれます。それは圧力でもあるでしょう。また、横並びは応用的なバラエティということで展開や比較、増減ということもあるでしょう。これらはみな違いますので、この二枚並びの上下または左右、斜め、あるいは前後ということについては後述します。

2 正位置と逆位置

逆位置は必ずしもネガティブではなくはみ出した状態として読むべき

タロット占いではしばしば正位置と逆位置というものの違いを取り上げます。逆位置はそのままネガティブと考える人もいますが、そうでもないことも多いと言えます。出産での逆子のようなものだと考えてもよいかもしれません。逆子は帝王切開で産まなくてはならないと考える人が多いかもしれませんが、医師の技術があれば自然出産も可能で、そんなに特殊なことでもないと言われています。

例えば、吊られた男は上から反対側に吊られています。吊られた男は悪い意味ではなく、物事を反対から見ているという場合もあります。逆立ちすると、血液の流れでいつもは滞っているところに血が流れて、健康に良いということもあります。異なる視点から考えると全く発想が変わるのです。そもそも吊られた男の12の数字は、未知の可能性を探るという意味も含まれています。逆位置はカードが吊られた男にされてしまったと考えてもよいでしょう。

逆位置が正常ではないものと考えると、過剰か不足かという意味になります。天地が反対になるので地にあるものを精神的に考えたり、また天にあるものに値段を付けたりします。上下反転あるいは左右反転は、価値観の逆転は起きやすいということになります。その動きが少し遅くなっているだけという場合もあります。

このように、逆位置は必ずしもネガティブではないが、しかし正常ではないということで、そのまま放置して読む場合もあれば、過剰かあるいは不足があるということで、隣に解決法を示す補足カードを並べる人もいます。

しかしカードの本質的な意味が変わるわけではないということを忘れないようにする必要はあるでしょう。ここでは、意味は変わらず遅延するというふうに読んでみましょう。その上で、どうすればよいのかを補足カードで隣にもう一枚出してみるということも考えてもよいでしょう。

③ タロット占いの方法

二枚引きでもワンセットとして考えて膨大な情報を読み解く上での指針となる

最も簡単なタロット占いの方法というと、質問を出して一枚だけで回答を得ることです。本書では二枚セットのコンビネーションで解説していきますので、二枚を一つのセットとみなして出すことで回答を考えるということになります。

手順については既出の本（『魂をもっと自由にするタロットリーディング』、『大アルカナで展開するタロットリーディング実践編』いずれも説話社刊）で説明していますから、あまり詳しくは触れませんが、大まかな流れだけを説明しますと、まずはタロットカードを裏側にして掻き回し、これでよいと感じるところで掻き回しをストップします。それを一つの山にまとめて選ぶか、あるいは裏側のまま扇型に並べ、この中から二枚をセレクトすることです。

上下に二枚並べて表にして開いてみてください。どの組み合わせに該当するのかを本書の中から探してみてください。

ただし、タロット占いは大変にバラエティがあり、またカードの絵の中の一部をクローズアップして意味を考えることも多いのですから、膨大な情報量があり、この二枚の組み合わせにも多数の意味が発生します。本書では事典としての活用を想定して説明していますが、あくまでも一つの例であるということを踏まえて、読み解くための参考として考えてください。

過去、現在、未来もセットで解釈時間としての流れだけでない点に注意

次にシンプルな占い方法は、過去、現在、未来という三枚を出すことです。ここではコンビネーションですから、二枚ずつ、三種類出すことになります。

この三つ組というのは、本来が創造法則ですから、過去、現在、未来という時間の流れだけでなく、能動としての原因、受動としての進行状況、中和としての結果的な運動性という形でも読みます。父、母、子供という組み合わせなのです。これあるいは空間的には天、人、地というものも同じです。これ

は精神、心、肉体と言い換えてもよいでしょう。あるいはSVC型と考えてもよいのです。

それぞれ左から右に向かって二枚ずつ、三セット並べてみてください。この中でどれかに逆位置のカードがあり、逆位置のカードを重視するならば、それを正常な進行が妨げられているとして、それをどうすればよいか対策カードを取り出すという方式でもよいでしょう。

この場合、二枚セットは先に出たものが因果の因、後に出たものが因果の果の方です。先に出たものが逆ならば動機に問題があり、後に出たものが逆位置ならばそれを受けた側に問題があるのです。しかし基本の意味は変わらないことに注意してください。

次項よりもっと数の多いスプレッドなどでの二枚のカードの配置パターンについての説明をします。

4 上下配置での意味

上下の組み合わせは天地であり精神性と物質性の両極をあらわす

人間は直立しています。頭は上に、足は下にあります。また天は上に、地は下にあります。天には具体性がなく、多くの人に共有された意味が成り立ちます。地は具体的でそこでは個人個人が占有するような、狭い範囲の事柄が多数あります。カードの二枚セットが上下に並んでいる場合には、この意味と共通してきますから、精神性と物質性という二極性が二枚の組み合わせに出てきやすいことになります。

この場合、精神から物質へと流れる影響は、何らかの目的が実現するという流れで、これを創造の流れと呼びます。反対に物質から精神へという方向性は、形から開放された、つまりは進化の流れと呼びます。

どんなものでも一方的なものは存在しません。原理としては常にこの反対の流れは同時進行しています。私たちはある時期から個人主義を教育されたために、主体と客体ということで、影響の発信地と受信地を限定的に考えることになりました。しかし、「私はこう考えた」と思った時でも、実は、こう思わされたということの場合も多いのです。人間は何にも頼らず能動的に考えなくてはならないといっても、それを植え込んだのは他の誰かであるし、視界に入らなくなったものは存在しないとみなすので、さまざまに入り込んでくる影響をすべて存在しないと考えてしまう傾向は強いのです。

上から下りてくる目的意識と下からわき上がる欲求のコントラスト

私は隔週でオーラ視練習会を続けていますが、人のオーラも天に接続されたものと、地に深く入り込もうとするものが均等になった方がよいのです。このどちらかが強いと、その人は不均衡な生き方になります。本来の目的意識は下りていき、エネルギーは上がっていきます。巨大なパイプの一つの節の部分が人間で、その上にもその下にも、つながっている生命圏があります。

上下のカードの二枚セットで、この天と地の連結を想像しましょう。上から下に抽象的な目的が下りてくる。そして下にあるカードにそれを形にしてほしい。だから下のカードの意向を重視しようとしています。

下から上に具体性に縛られ過ぎて息苦しい生き方をしているものが上がってくる。それは上のカードに開放してほしいので、上のカードの言うことを聞こうとしています。上のカードに合わせれば、上がれると信じているというふうに想像しましょう。

二枚セットは、二枚の関係性で読み解くものなので、多数枚並んでいる場合にも、上下に並んでいる特定の関係を取り出して、この二枚関係について考えることができます。

このように並んでいる場合、例えば、3と4の関係だけでも二枚セットの意味は成立します。単独の主体や客体というのはこの宇宙に存在しません。「太陽は下に向かって太陽であり、上に向かって月である」と言うのは、衛星の月に対し

て地球は太陽であり、実際の太陽系の太陽に向かってならば地球は月であるというふうに、上と下に挟まれた三層においての、それぞれの有機体の生き方をあらわします。

太陽系の太陽はたくさんの月を持っています。つまりはたくさんの惑星です。ですから、地球も実はその模型として複数の月を持つのが正常な存在形態です。しかし月は一つしかないために、この宇宙的なバランスが崩れてしまい、一つの月は複数の月に匹敵するような重みを持ち、太陽である地球に対して凶暴な要求をするというのが問題だと、ある神秘研究家は述べています。

あらゆる存在は三層で構成される　自分を中心として上と下に作られる

タロットカードの図形の描き方は、ある基本の鋳型があり、それは上半分に円があり、下半分にも円があります。そしてこの二つの円が接する中心を軸にした、同じサイズの三番目の円があると言います。

これはそのまま上下に複数配列されたカード群では、自分のカードが真ん中の円に対応して、上にあるものが上の円となり、下にあるものが下の円となります。あらゆる存在は上と下に挟まれた三層で機能するのです。

より上位にあるものとより下位にあるものを結合して、真ん中に中和的なものが配置されます。これは、創造原理としては「１２３」は、空間的には、「１３２」になるという原理です。「天地人」は空間的には「天人地」となるのです。

さらにまた、上中下の三枚はそれ自身を一つの円とみなして、さらに大きな上の円と下の円とを結合しようとします。

縦構造は、実現しようとするか、上昇して進化しようとするかという流れです。社会の中では縦というと、地位や立場、権力などを象徴します。占星術では、縦構造は蟹座と山羊座を貫くラインで、特に山羊座は上に上がることを重視するので、上か下かということをかなり意識します。またハウスで言えばこれは子午線に当たります。

5 左右配置での意味

私と相手を象徴する横のつながり
縦では見られなかった多様性をあらわす

左右は横のつながりです。

この場合、スプレッドとして一番多いスタイルとしては対人関係です。上下関係ではない横つながりの対人関係ということ、公平、対等ということも含みます。

横は応用力を高めます。上下に細い塔を考えると不安ですが、横に広くどっしりしていると容易に崩れない気がして、同じ高さでも安心できるはずです。応用力というのは人間の幅を作り出し、一つが駄目でも他の可能性もあるという余裕を作り出します。

二枚セットを横で読む場合には、二人の人が一緒に歩いている光景を思い浮かべましょう。この場合、読んでいる側からすると左右は反対になります。つまり右にあるカードは主体のカードの側からは左にあります。左にあるカードはカードとしては右です。以後、私が「右」と言う時は、図では左側を意味し、「左」は図では右側となることに注意してください。

身体は左が受容的で右が能動的です。そのため、誰かに何か言いたい時は、相手を右側に立たせて歩きます。もしそこで相手が左にいると、左は受容的ですから、相手の言いなりになりやすいということをあらわします。例えば、デートの時にコースを仕切りたいと考えた場合、自分は左側にいて相手を自分の右側に立たせると自然です。反対に、ノーアイデアで相手にお任せの時には、自分の左側に相手が立つとよいのです。

右と左の関係は時と場合により変化する
発信者と受信者の逆転現象に注意

先日、新しい本（『ホラリー占星術』説話社刊）を出版したいけだ笑みさんと対談をしましたが、私は彼女の右にいました。そのため、私はいけださんの言うことをそのまま受けるだけという姿勢です。自分から何か言うことはありません。しかし、座っている背にある黒板に向かって二人が立ち上がり、黒板に面して何か書き始めたりすると、左右は逆になりますから、私はいけださんを右に置くことになり次第に何か言いたくなってきます。

右に対しては発信者になりやすい。
左に対しては受信者になりやすい。

つまり影響は、因果ということでは左から右へ流れていきます。これも上下の時の三層構造式に言えば、個体は左に向かって受信者であり、右に向かって送信者であるとなります。そして右にいるカードに向かって送信しているカードも、実は自分の左にいるカードに対しては受信しています。

基本的に上下、左右、すべての関係において、個体ないしはカードは吹き流し、通路、仲介者であり、ただし、その個体あるいはカードの中に個性とかこだわりがあれば、それがフィルターになって、流れてくる影響にバイアスをかけて外に放出します。透明な風は赤い部屋を通過すると赤の風になって出てくるのです。伝言ゲームの内容が変わってしまうことを想像してみましょう。

言葉の連結練習として、例えば、世界のカードと隠者が出たと想定します。

この時、

XXI 世界　Ⅸ 隠者

という並びでは、完成したものが新しい思考を与える、ということになります。隠者の側からすると、何か総合的で、欠けたものがないものを見て、そこから自分の意志を刺激されます。自分はそうしたものを探求しなくてはならないと考えます。しかしまた、世界のカードをたくさん人のいる学校のようなものだとすると、隠者は一人そこから逃げだそうとしているとも読み取れます。目線は世界のカードとは反対に向いている。これは、本書で例に出しているいる版だとそのような図柄です。依存することを止めて自分で探求しようと

するのです。

世界のカードは発信者ですから、隠者のカードの動機を作り出します。そろそろ離れて自分で旅をしなさいと伝えているのです。隠者のコースは実は世界のカードに指示されていたとしても、隠者はそのことに気が付かない場合もあります。

もし反対にすればどうなるでしょうか。

並びは、

XXI 世界　Ⅸ 隠者

という形になります。この時、隠者のカードの視点に立つと、右に世界のカードがあります。それは完成のイメージとなります。自分の哲学や思考を、完成させたいという意欲です。世界の再創造と言えます。例えば、リヒャルト・ワーグナーは壮大な舞台装置を使って自分の哲学を展開しました。またば、自分が習得したお花の技術を学校にしてみたいという人もいるかもしれません。世界のカードの側から見ると、隠者のカードを迎え入れています。
隠者は世界のカードに対して積極的に働きかけ、また世界のカードは隠者に対して受容的な配置です。隠者は世界のカードに対して強気で何か発言していますが、しかし隠者のカードのさらに左隣にカードがあると、隠者はそのカードに影響を受けて言っているだけ、時には無意識の伝言という場合もあります。

6 斜め配置での意味

足し算・引き算の次元ではなく より増幅される異なるベクトルを持つ

縦横は比較的わかりやすいのですが、斜めというのはどういう関係なのかわからずに難しく感じる人が多いかもしれません。

＋（プラス）と×（掛ける）の記号を比較してみてください。＋はそのまま足すのですが、×は掛けていくので倍増の比率が大きくなります。同じものを二つ重ねただけなので二倍だと思ったら、実際にはもっと大きく増幅されていた。これが×の特徴です。

　つまりはエネルギーの変容をあらわします。横座標はいつまでも同じ座標。縦座標もそのままではいつまでも同じ。その二つを掛け合わせた時に変換するという作用が働きます。違うステージに持ち込まれたものというイメージです。本来そこにないはずなのに、介入または侵入してきたものなのです。

マトリクス図による広がる解釈
生命の樹との照応関係が大切となる

このマトリクス図では、斜めというのは1—6—8と2—6—7です。生命の樹のパスを参考にすると、1—6は皇帝のカードで、守護天使の門です。それは限界を突破します。そのままの延長線に当たる6—8は悪魔のカードとなり、意志を貫き、自分が法律というような押し切り方をあらわします。つまりこれらを合わせて考えると、限界を突破して突き進むというような性質になります。

　もう一つの2—6—7のラインでは、まず2—6は恋人のカードで、運命の門です。自分だけの特有の運命を作り出します。そのまま続く6—7は死に神のカードで、他の人に影響を受けて余分な期待をしてしまったような、つまり自分らしくない要素を整理整頓し、重要なもののみ残します。そのように考え合わせると、このラインはフォーマットを明確に作り出していくことをあらわしていると読み取れます。

　左側は受容性ですから、左上から右下に下りてくる影響をあらわす1—6は、自分よりも上にある開放的な影響が、自分の持つ限界を打ち破ろうとして介入してくることを意味します。これに続く6—8も結局は似ていることに着目してください。より上位にある開放的なものは強制力があり、なかなか破れない殻を打ち破る力があります。

　右側は固める作用で、右上から左下に下りてくる影響は、自分よりも上にある形成力が自分をはっきりした形あるものに向かわせています。例えば、名前を付けたり曖昧だった物事を明確にするなどです。

2－6と6－7も二枚の関係のみにおいて意味は似ているのです。より上位にある制限力はその分、強い力を持っていますから、下にあるカードを型にはめてしまうのです。しかし型にはめるというのは悪くないことも多いのです。何者かわからない人は、何者であるとはっきりさせたいと思うはずです。

力を解放する側と制限する側

二つの絶妙なバランスにより斜めが成り立つ

斜めに配置された場合にはこのルールで読んでみてください。

左上にあるものは、強制的に開放する力がある。
右上にあるものは、強制的に型にはめてしまう力がある。

もちろん自分が上の立場にある場合、つまり自分から見て右下にターゲットがあればそれを形から開放しようとし、自分から見て左下にターゲットがあれば、何かのフォーマットの中に入れてしまおうとするのです。

この違いは力関係にあります。縦構造は力や圧力、権力の関係でもあります。そのため、自分の左に何かがある時に、それが自分よりも上あるいは横にある場合は、自分はその影響を受け入れます。しかし自分よりも下にあると、左としての受容性を発揮しにくくなり、左すなわち受容と言いつつ、力関係において自分が勝ってしまい、逆に左にあるものを型にはめてしまうと考えてもよいのです。

タロットカードは生命の樹として配置されますが、このような空間的な位置関係を細かく考えていくと、カードの二十二枚もこのような相対的な力関係の組み合わせをより細分化したものであることがわかります。実はよく考えてみるとタロットカードは非常に単純なのです。

斜め配列は自分のカードから見て、もう一つが右にあるか左にあるか。これは二枚のカードのどちらから見るかという違いにすぎません。そして、相手カードが、上にあるか下にあるかという違いしかないのです。上にあれば自分は受け手になってしまい、下にあれば自分が押す側になるということです。

次のような場合にはどうなるでしょうか。

XV 悪魔

XX 審判

悪魔のカードから見て、左上に審判のカードです。

言葉の連結では、再生力は干渉する力をより開放的に刺激するということになります。しかし、これだけだとなかなかわかりにくいのですが、悪魔のカードは自分の考えを押し広げようとしています。その時に、左上に審判のカードがあると、開かない墓が開き、すでに死んでいたと思ったものが再生します。つまり、悪魔のカードの力の押し切る性質は、開かないものが開いた結果生じたことです。

審判のカードでは天使がラッパを吹いています。そのラッパに起こされて、墓の中から死者が蘇ります。この蘇る死者の立場に、悪魔があると考えてもよいでしょう。下の二人の手下に対する支配権の復活なども考えられます。悪魔のカードは松果腺と言われていますが、人類は太古の昔に松果腺が退化したと言われています。すると審判のカードはそのような古い時代に埋もれたものを起こすのです。

下の二人の手下は脳下垂体です。私たちの今の人生は、松果腺が脳下垂体を支配するという関係が回復しておらず、むしろ逆転しているかのようです。私たちは条件に束縛されて生きており、条件を支配しているわけではないのです。審判のカードは失われた本来性を復活させるのです。

審判のカードから見れば、右下に悪魔のカードがあり、これ自身が悪魔のカードのパスを象《かたど》る関係性でもあるのですが、自分の強制力を押し付けて、悪魔のカードの限界を突破させようとします。

これだけだと上下関係と何も変わらないように見えてきますが、左上から来ているものは、常に開く・開放するという意味があると考えれば、上下とは意味が違うことがわかります。

7 雑踏のスプレッド

雑踏のスプレッドでは八方位から対して自分へ焦点が当たる

上下、左右、斜めの組み合わせを考えるための、雑踏のスプレッドのようなものを想定してみましょう。

裏側にして、二十二枚を掻き回し、整理しないで、そのまま分散した形で配置します。整理したい人は、好みの形で整理して並べます。

この雑踏のようなものの中で、自分という焦点はどこにあるか、裏側のまま決めてください。働きかけたいターゲットは右にあり、また影響を受ける相手は左にいます。形にした結果の状態は右下です。左上は自分の力を解放してくれる援護です。右上にあるものは、自分に制限を加えています。左下に対しては、期待感を抱き、自分の側から都合よく動かしたい外界のものです。真下にあるものは、具体的な土台であり基盤。上にあるものは、自分と直系の超越的な影響力です。自分と決めたカードは、そこに「私」という注意力の焦点を同調させています。それは固定的な私ではなく、私というふうに自己同一化した焦点です。自分を取り囲む八つの方位、すなわち真上、左上、左横、左下、真下、右下、右横、右上のどれにも、自分の焦点をシフトすることができます。すると、その新しい焦点を中心にして、また包囲する八枚を検討してください。

本来人間は、このように焦点を移動させることのできる生物です。しかし、たいていそれは無理だと感じます。自分を自分であると固定しているのは、右上の圧力です。それは形へ閉じ込めようとします。

私と母の関係性も生命の樹によってあらわされる

私の知り合いの間で、一時、「母殺し」というテーマが流行しました（雑誌「ミスティ」百七十六号・百七十七号に掲載）。私たちは自分という人格を、母の力の拘束の中で得ています。そもそもこの地上に自分を生み出したのは母です。そのため、母が私を形のない世界から形のある世界に招き入れ、身体に閉じ込めたと考えてもよいのです。

生命の樹あるいはライフシンボルのマトリクスの中では、右上が母です。母殺しができると、この母の力に依存し過ぎないで、自分を維持することができるようになります。知らず知らずのうちに身動きがとれなくなっていることから自由になります。

しかし、肉親の母から自由になっても、宇宙的な範囲の広い母の拘束力から逃れることのできる人はいません。また、逃れる必要もありません。

母は右上にいますが、母から見ると自分という子供は左下にいます。左下は期待感や楽しみの対象とみなされます。されたことはし返すので、強く拘束されると、左下に対して強く拘束したくなるでしょう。

例題1

新しい事業を立ち上げました。これはどうなるでしょうか？

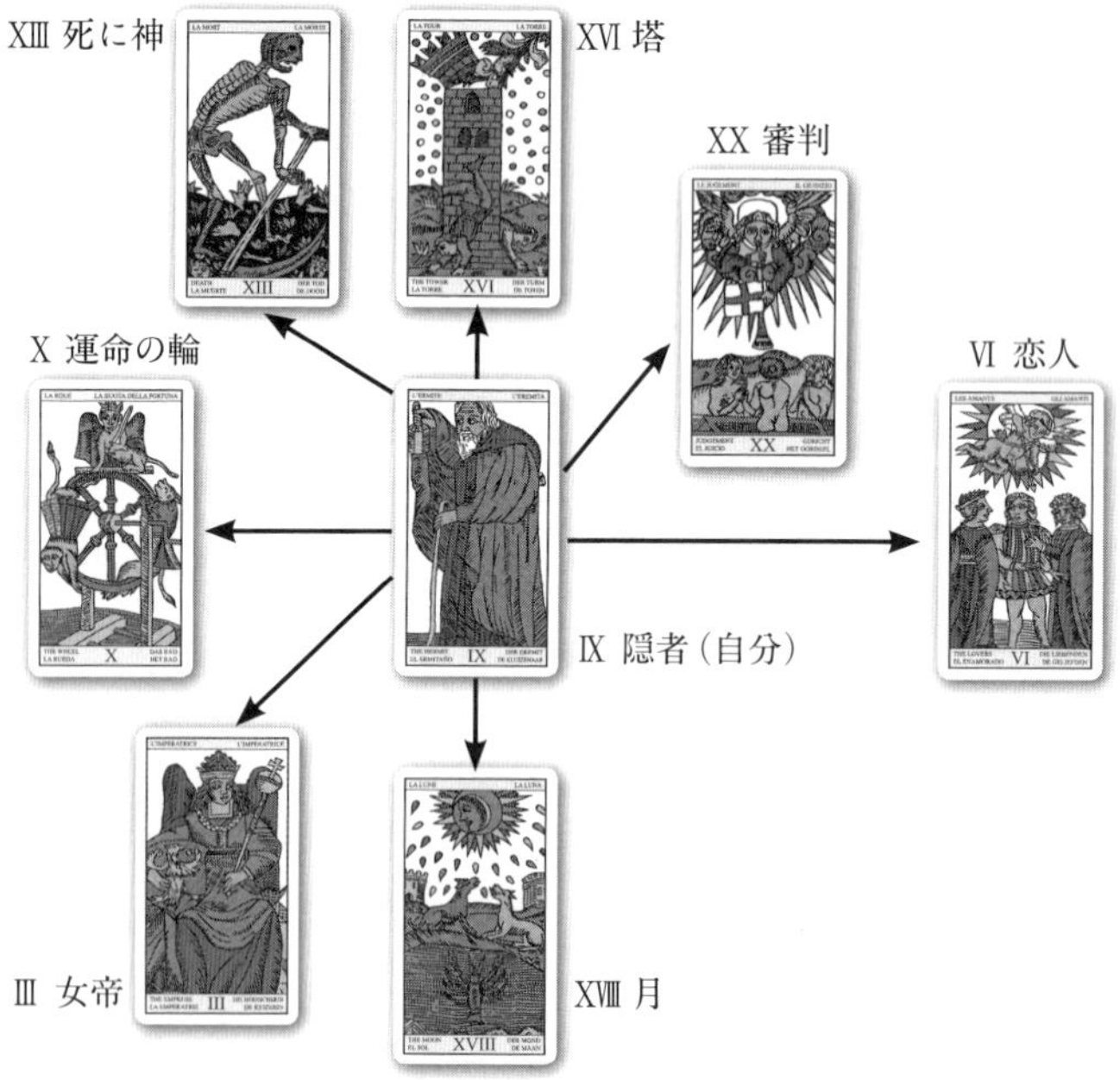

乱雑に展開したものから、任意のカードを表にする。

◀

自分がどれかを指定する。

◀

そのカードを開く。

◀

隠者　真下にあるのは月のカード

Ⅸ 隠者

ⅩⅧ 月

本書を読むと、両方とも旅のカードであり、精神的に変化することが実際的にも変化を呼ぶということがわかります。または冒険的な何かにチャレンジするという意味もあります。

実はこの事業はセミナー業で、隠者のカードには縁が深いものがあります。隠者は知性や思想、哲学などをあらわすからです。真下は月のカードなので、ぬかるみ状態で、海の上を旅しているようなイメージの場合もあります。発見と変化と冒険の旅です。

アイデアを与えてくれる、左上（展開上では右上）の任意のカードを開く。

◀

これは本人の隠者のカードに対して、限界を突破させてくれる守護する力のカードをあらわします。

◀

ⅩⅩ 審判

ここで、二枚セットとして、審判のカードと隠者のカードを読みます。

このセットは、意味として左上、画面上では右上のカードを中心にして、隠者を受け手というセットで読むことになります。

本書では、探し物をして見つけ出す。または掘り起こすとあります。特に隠者のカードとのセットなので、それは知識に関してのものとなります。審判のカードは、ラッパを吹いて墓を開けようとしている。そして隠者はそこを杖で掻き回し、探し出します。

今まで決して開かなかったものを審判のカードは開かせようとしています。それは隠者のカードの探求によってのみ可能です。隠者の足下は、やはり無意識の蓋を開いた月のカードですから、どんどん開けていくということが全体の特徴であると言えるでしょう。

▲ **事業の参加者・顧客はどういうものを受け取るか？**

▲ **右横と右下の両方を見ます（展開上では左横と左下）。**

X 運命の輪

▲ **運命の輪と隠者の組み合わせを読みます。**

時期がちょうど良かった。多くの人がそれを歓迎し、比較的盛り上がりやすい。時流に乗ったものだと言えます。

▲ **隠者と女帝の組み合わせを読みます。**

Ⅲ 女帝

▲ **困った人を助けるとか、相手を解放するという位置です。斜め左上が主体として隠者であり、それを右下にある人が受け取り、解放されるのです。**

本書を読んでみます。これは生産性を刺激するセットです。右下は、生命の樹では知性の場所との関係であり、たくさんの情報を提供し、それが大量の生産性を生み出すことになります。

しかし、この生産性は隠者の影響があるのですから、物量的なものではなく、情報的なものにすぎません。

この場合、どんなセットであっても、隠者のカードが中心になって読まれるのですから、テーマはすべて精神性や知的なものであることに終始します。そのため、たくさん本を書いたり、発表したりするという意味も出てきます。

縛ってくるもの、これは右上（展開上では左上）で、母の位置となります。それはまた、形にする原理でもあり、いわば課された運命のようなものです。本来この位置関係は、恋人のカードの位置関係でもあります。

XIII 死に神

死に神と隠者の組み合わせを読みます。

本書では、空白の隙間に、今までよりもグレードアップしたことを考えようという意味のことが書いてあります。次の螺旋につなぐということです。その意味では、この事業はこれまでやっていたことを続けるということではなく、新機軸として、次の螺旋または次のレベルにシフトしなくてはならない課題があることになります。これが運命付けられた、いわば強制された条件です。

与える側、すなわち右横には運命の輪があり、これは隠者のカード9の数字を10にして閉じるのですから、これまでの試行錯誤でなく、完全体としてまとめて提供しなくてはなりません。そのため、パッケージやデザインなど、どこにでも通用するように綺麗にまとめていくということも努力目標です。

それでは、ここに影響を与えてくる横並びのものは何でしょうか。

隠者のカードから左横（展開上では右横）、遠いところにあるカードを見てみます。

VI 恋人

恋人と隠者の組み合わせを読みます。

共同で取り組む相手がいる。これは恋人のカードです。その後で、相手に対する依存性が解消される。そのため、影響を受け過ぎない。

初めは共同で事業をしようとしていたし、その話は進んでいました。しかし隠者のカードが中心にあるために、この共同性はいつまでも続くわけではないというふうに解説の文章から読み取れます。隠者は一緒に何かするということを受け付けない傾向があるからです。

恋人のカードは、三人の人が話をしている時に、上空から天使が矢を射ようとしています。三人のうち、誰かがこのプロジェクトの代表になろうとしている。そして隠者は必要なものをすべて手に入れるが、立場とか役職などからは脱落するという意味です。そのため、会社にしようとしている場合、本人はそこから脱落する可能性があります。

本当の目的などは、真上のカードを選びます。

XVI 塔

塔と隠者の組み合わせを読みます。

本書では殻を打ち破って、自由に旅をするとあります。塔が目的なので、殻を突破するのが狙いです。

ここではある意味、立場を失うということがきっかけになることがあります。右上に死に神で、これまでの螺旋が終わり次にシフトする、そのために殻を破る、などというものが上にあるわけですから、今までの社会的な立場を維持することは難しく、この事業を転機にして、これまでのことから離れなくてはならないということも出てくるでしょう。

例題2

つき合い始めて長い恋人がいますが、相手はそう認めていないようなのです。彼はどう思っているのでしょうか？　私は彼と結婚したいのですが。

過去、現在、未来のスプレッドにします。

過去

XV 悪魔

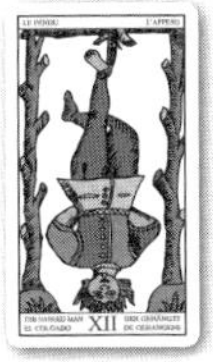
XII 吊られた男

悪魔と吊られた男の組み合わせを読みます。

この関係の始まりは、過去のカードで読みます。これがすべてのベースとなります。自分の意志を相手に対して強く押し出したい。しかし吊られた男なので着地せず、中空に浮かんだまま腐敗しそうな関係になる可能性もあると読み取ることができます。

相手との曖昧な関係性という質問文の中の内容は、吊られた男が象徴し、そして自分は恋人のつもりというのが悪魔のカードで表現されています。

ただし、悪魔のカードはある程度一方的ですから、相手の意志をあまり重視していないのではないかと思われます。そのあたりが、相手からすると避ける理由になるのかもしれません。

現在

0 愚者

XX 審判

愚者と審判の組み合わせを読みます。

愚者がこれまでの関係性をいったん解除することで、むしろ、開かない扉が開くという組み合わせです。しかし、この愚者は無にするということを意味しますから、これは一度この関係を諦めることで、違う人との関係が始まるという意味にも取れます。悪魔のカードの執着心が愚者のカードに変わることで、きれいに消え去るという意味になります。

未来

XVII 星

VIII 正義

星と正義の組み合わせを読みます。

星のカードは衣服を着ていません。愚者のカードで今までのものを捨てた後の姿をあらわしているようにも見えます。遠い希望を育てるというイメージです。池に流されたものはだんだんと蓄積され、力になっていきます。

正義のカードの８は溜め込むという意味です。そのため、着実に育つものがあります。また手を打つとか、流れをここでいったんまとめるという意味にもなります。８はサイクルを閉じるという意味もあるからです。ずるずるとしたものは、この８の数字のカードが出てくると打ち切られます。

現在をあらわすカードは愚者のカードで、いったんゼロに戻したという意味になるので、これまでの相手との関係が継続して、長い時を経て、着実に育つという意味にはなかなか取りにくいと思います。

短い文章にしてしまうと、

過去 **執着心が強いが、話は進まない。**

現在 **諦めると、違う可能性が開く。**

未来 **長い間抱いていた希望は実際的な結論を得る。**

という流れなので、もう一度彼との関係からいったん離れたところから考え直してみるのがよいのではないかと思われます。

例題3

会社で同僚の人が好きですが、うまくいくでしょうか？

最後に、シンプルな二枚引きの事例を挙げます。本書の使い方の目安としてみてください。

二枚引きをします。

XV 悪魔

XⅧ 月

悪魔と月の組み合わせを読みます。

本書の三八九頁を見てみます。

ともに分を超えてはみ出していくカードの組み合わせということで、これは正統な関係を作りにくいとみなします。

実際にこの初めの質問には入っていなかったのですが、相手はすでに結婚していて、質問者は独身だということです。月のカードは危険な冒険でもあり、この中で、踏み超えてはならないところまで手を伸ばすということでは、リスクが大き過ぎます。もし今後も安定した生活をしたいということであれば、これは諦めた方がよいでしょう。

生命の樹

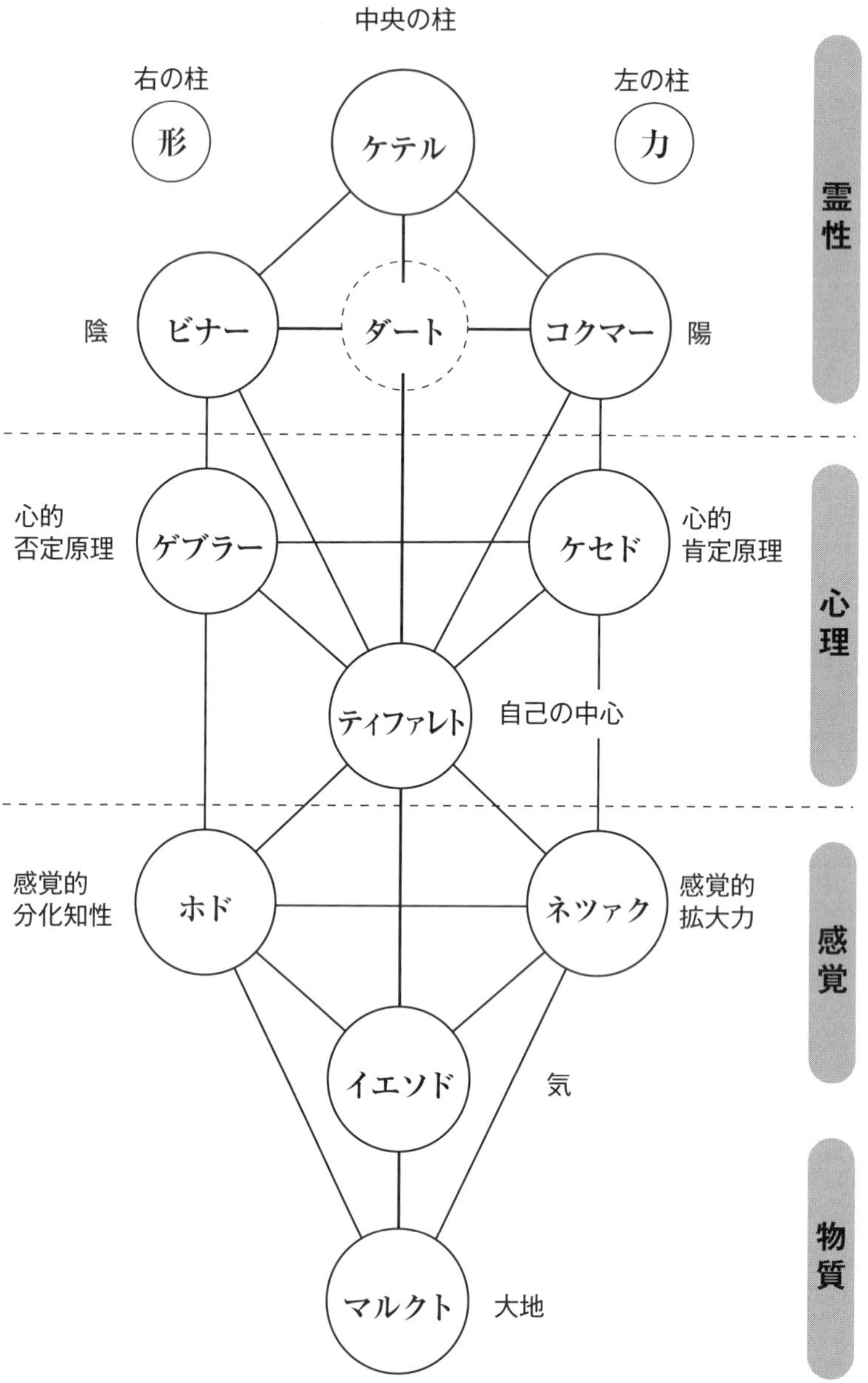
中央の柱
右の柱
形
左の柱
力
ケテル
霊性
陰
ビナー
ダート
コクマー
陽
心的
否定原理
ゲブラー
ケセド
心的
肯定原理
心理
ティファレト
自己の中心
感覚的
分化知性
ホド
ネツァク
感覚的
拡大力
感覚
イエソド
気
物質
マルクト
大地

0 愚者

The Fool

0 愚者

I 魔術師

愚者は、自分が置かれている活動の場の範囲を飛び超えて、別のところ、あるいはより大きな範囲の場所にジャンプできる力をあらわしています。それまで信じていた価値観や楽しさ、重要さ、これらを一気に失ってしまう傾向があります。こうした実感は特定の環境との関係で作られてきたもので、関係を失うことで、それらも失うのです。愚者のカードはさまざまなことに適用されるので、カードそのものにはどういう範囲の世界からの逸脱かということが示されていません。日本から違う国に引っ越しするというようなイメージもこれに入るでしょう。愚者のカードが出てくるというのは、異例であり、このようなジャンプが頻繁に行われると、人の生活に連続性がなくなってしまいますから、ごくたまに体験します。

次に、魔術師はもともと愚者と続きのカードで、そもそも愚者も魔術師も同じ人物です。愚者は出かけていく。そして魔術師は戻ってくる、あるいはやってくるということです。

現状を飛び超え新しいものを持ち込む古いものを打破するチャレンジの力

魔術師は越境する商人のようなもので、前の世界では当たり前だったことも、新しい世界では珍しく新規なものを持ち込むのです。価値を移動させる者とも言えます。愚者はこれまでの世界を捨てて、より大きな領域との扉を開けるのですから、魔術師がどこかから新しいものを持ち込む前に、愚者のカードの力によって他の世界へと旅することから始まるのです。つまりこの二枚は、魔術師の活動がまだ始まる前の状況から説明していることになります。模索、あるいは仕入れに行っていると考えてもよいのです。愚者は範囲を超えていく力。魔術師は新しいものを持ち込む力。両方とも古い考えを打破していく力なので、この二つのセットはまさに新しさや珍しいもの、チャレンジということなどを示すことになるでしょう。ここにはまだ日常の世界が発生しておらず、古い日本で言われていたマレビト、異界からの来訪者をあらわします。その人は逃げ出して、そしてマレビトとして戻ってきます。

いったん無に戻して選び直す 重要なものを失うことで新しい発想を手にする

0 愚者

II 女教皇

　愚者は、有と無の行き来であり、これまでまかり通っていたルールがたいてい無視されていきます。私たちが新しい可能性を掘り出すことができないとしたら、実は古い概念にしがみついていて、発想法が固まっているからです。愚者はこうしたルールをいったん台無しにします。その結果、全く自由な状態で新しい可能性について考えることもできるでしょう。女教皇というのは、自分では決して能動的に働くことはできないが、膨大な過去の蓄積や隠れた資質を内蔵する図書館のようなもので、そこから無尽蔵の潜在力を引き出すことができることを示します。女教皇そのものはそれを保管するだけで、必ず外部からの活性化がないと機能しません。タロットカードは人間の成長の歴史のようなものでもあり、私たちが異界からこの世界にやってきたことを魔術師が意味するとしたら、二番目の女教皇は、無色の私たちが人生方向をどう選ぶかを考え、女教皇のフィルムの倉庫から、どれかのパターンの人生を選択したことをあらわします。その選択は無意識あるいは自動的に行われたので、何か選んだという自覚はないかもしれません。

　このような点で、この二枚セットは、もともと私たちは自分の人生というのは、女教皇の持つ潜在力のうちのどれかを無意識に選んでいた。が、愚者はいったんそれを無に戻し、もう一度女教皇の図書館の中から何か選ぼうとしているというふうに読めます。この女教皇の持つ膨大な潜在力をすべて使うというのは難しいために、選ばなくてはならないというわけです。私たちは自分たちの脳も全部使っておらず、ほんの数パーセントしか活用していないと言われています。それらを引き出すことができない理由は、「今、ここ」という点になる場所からしかものを考えられないからです。愚者は世界の外に出て再び入ってくるという力として働き、視点を変えるためこれまで重要だったものを同時に失います。学校での勉強というふうに考えた場合には、退学して違う学校に入ったと考えてもよいでしょう。

0 愚者

Ⅲ 女帝

古い概念を超えて新しいものを作り出そうとする活力に満ちて試行錯誤を繰り返す状態

　愚者は、今までの環境から離れます。これまでの環境から離れると、たいていの場合もっと大きな範囲の世界に遭遇します。これまでの生き方にこだわらなくなるという影響は強く働きます。その後、愚者は女帝のカードに戻ってきます。女帝のカードは生み出す力があるのですが、愚者のカードによって制限を取り払われたために、古い概念に支配されず、伸び伸び自由に生産力を発揮することになるでしょう。愚者のカードを、今まで続けていたことをいったん停止すると考えると（それは一週間の範囲の中では、お休みする日曜日をあらわします）、リフレッシュされたことをあらわしますから、その後の生産力は活力に満ちてくることになるはずです。しかも愚者はこれまでの世界から出ていき、異界に入ったのだから、そこから持ち込んだものを女帝が生み出すとなると、古い環境の中にない異質な種を孕んで、この世界に持ち込むということになります。もちろん現実に妊娠するという意味で考えるよりも、製品、アイデア、思考、出来事、いろいろな分野に応用して考えてみるのがよいですが、例えとしてなら、異界の不思議なものを妊娠してしまったというストーリーも想像してみるとよいかもしれません。女帝のカードは生産し続けるが、まとめるという性質を持っていません。従ってこれは試行錯誤であり、これまでの枠を超えて何か作り出そうとするために、模索しなければならないことを示しているのでしょう。前例がないものは、誰でも自信を持って打ち出すことなんてできないからです。

　生命の樹では、愚者のカードのパスと、女帝のカードのパスは、男性的な生産性をあらわすコクマーという中枢を通じて、連続する関係にあり、それはよく使われる連続性と考えてもよいのです。無尽蔵の源流からもたらされた活力によって、強力な生産力が刺激され、試行錯誤している姿です。一つ作って壊し、また違う試みをして壊し、このような行為が続くのですが、もちろんこの中でだんだんとこれまで見たこともないものが形を持ち始めるのです。

異なる世界の考え方の拡大
新しい事柄を新しい常識として定着させる力

0 愚者

Ⅳ 皇帝

愚者は真の意味で自由性を持っています。ジプシーのタロット占い師たちは、自分たちを愚者のカードだとみなしていました。拠点を持たず、また組織に所属しないというのは、日本の古い時代では鎌倉時代以前「職人」と言われていて、中央アジアからの渡来人にルーツを持つ人々でした。豊かな才能を持っていながら、あるいは持っていたからこそ、土地に根付かなかったのです。こうした自由無碍な愚者と、環境に根付いてしっかりと支配力を発揮する皇帝のカードが結び付くことは不自然に見えるかもしれません。日本ではこの自由な人々がいるとスパイのような役割をしてしまうので、織豊時代に抑圧されました。皇帝という支配者は管理できない自由な人々を嫌うのです。そのため表向きこれは最も相性が良くない組み合わせに見えるかもしれません。

しかし皇帝の4は人物像で考えるよりも、普遍的な法則と考えてみるとどうでしょうか。東西南北、春夏秋冬という具合に4という数字は環境を支配する、まるで見えない皇帝です。皇帝のカードを象徴的に地球に張り巡らされたレイラインとか地球グリッドのエネルギーというふうに考えてみると、ジプシーや職人たちは、猫の道をたどる猫のように、そのラインをたどって移動していました。自由な視点であるからこそ、力の臍をつかむことができたのではないでしょうか。生命の樹で考えてみると、この二つのカードは、コクマーという能動的な中枢を通じてつながっていますから、決して相性の悪いセットではありません。異なる世界から持ち込んできた新しい活力は、胸の中心すなわち太陽に対応し人の生き方の本質的な面をあらわす中枢と結び付くことで、自分の活動する空間を放射状に拡張しようとします。愚者のカードが持ち込んできた新しい基準を拡張し、集団化し、支配力さえ持つように育てるのです。愚者のカードと皇帝のカードは、初めは新しく違和感のあるものだった事柄を拡大していき、いつの間にかそれを新しい常識として定着させ、力強くすることを示します。

0 愚者

V 法王

上位の世界の考えを周囲に訴える自己増大の末のわがまま放題

愚者は、私たちのいつもの世界を超越した、より大きな次元に橋渡しをするような存在です。それと組み合わされる法王は、5の数字を持ちますが、これは自分から主張する、外へ押し広げる、人の話を聞かないなどという特徴を持っています。もともと5の数字は魔除けの意味も持ちますが、それは外から入ってくるものを受け付けず、自分の側から外に出すだけという働きと大いに関係しています。内から出るものは良いが、外から来るものは受け付けない。そのため、法王の活力の源流は外からでなく、内面からやってくると考えてもよいのです。愚者の力というのは、人生の時間の流れの中では、いわば空白とか臨死体験のようなもので、それまで続いた一連の流れが中断されます。しかしこれが法王という5の数字の活力を拡大することには何の邪魔にもならないどころか、もっと力強くする可能性はあります。

生命の樹で考えていくと、この二枚は、拡張意識のコクマーを通じて連続します。法王の働きかけていく受け止め手は、たいてい集団です。一対一の関係を持っておらず、自分一人に対して、対するものは社会や集団です。愚者のカードは、遠いより上位の世界とのコンタクトをあらわしているのですが、それは法王の内面を通じて、他の人々に訴えかけられていきます。もし反対者がいたとしても、法王のカードは一方的なので、それを聞き入れることは少なくなります。例えば、芸術家が一人で一方的に作っていく。そしてその作品は個人の所有にならず、多くの人にギャラリーで働きかける。法王のカードは一対一の個人の関係を作りません。その結果、自己増大をしていきます。次の恋人のカードになると一対一の関係が成立し、法王も相手のサイズに合わせて、等身大の人になってしまいます。例えば、芸能人とか公人とか宗教関係とか、そのような立場であればこの法王のカードに適した生き方になっている可能性があります。二枚のカードをそのまま言葉を連結するとしたら、愚者の法王です。それはわがままし放題というようなイメージでもあります。

0 愚者

Ⅵ 恋人

人生を縛るものをいったん振りほどく 環境をゼロに戻して新たな関係性を作る

愚者は、私たちが日常的に暮らしている世界を飛び超して、より大きな世界に飛び込んでいくことを意味しています。タロットカードの中で唯一、連続性を持たず飛躍した性質を持っています。もう一つの恋人のカードは天使が上空にいて、下に人がいます。何か選んだり、また自分にとって運命的な変化があったりする時に、それを決定しているのは上空の天使で、個人としては選択の権利がないという図式でもあるのです。天の采配のように、自分にとってふさわしい仕事や人、環境がやってきます。愚者の示す、これまでの環境との関わりを無に帰す作用は、恋人のカードに向けられていますから、これまでの恋人や対人関係、環境との深い結び付きをいったんゼロに戻し、あらためて新しい関係性を作り出すことをあらわすでしょう。愚者はつまりはご破算ということです。

生命の樹で考えると、この二つのカードはちぐはぐです。愚者のカードは開かれた側を示す左側の、最もマクロなものとの接触をあらわしていて、縛りから逃れていきます。それに比較して恋人のカードは閉じ込もる側である右側のもので、それは個人の運命や特別に与えられた個性に向かって自分の人生を縛っていくことです。関係性というのは常に縛りでもあるのです。ある意味愚者が最も嫌うカードでもあると言えます。愚者はいったんこれを振りほどき、しかし誰にとっても、ずっと関係性が存在しないままということはありませんから、また関係性が新たに結ばれることになります。愚者は、特定の環境で建設的に定住することを決意した時に魔術師になりますが、恋人のカードという特別な関係性が生まれても、そこで愚者の旅は終わってしまいます。むしろ愚者のカードのような自由な放浪の中で発見する関係性は、その人の本質により忠実に沿ったものであるとも言えます。私は人生が頭打ちになった初老の男性に、すべてを捨てて旅をすることを勧めたことがありますが、その人は旅の最中に出会った女性と結婚して、人生が急に開けました。それを思い起こさせます。捨てなければ、その関係が始まらなかったのです。

0 愚者

Ⅶ 戦車

勝敗にこだわることのできない戦い 無目的に動くことで不利になりやすい状況

愚者のカードはそれまで意味を持っていたことを無意味化し、自分の置かれた立場を曖昧にしてしまいます。その人は型からはみ出してしまうのです。戦車のカードがそれに引き続くと、戦車の持つ突進力は愚者のカードが持ち込んだものを使うことになります。愚者は初めと終わりがなく、どこに行くかもわかっていない。この力に支えられた状態で戦車が走れば、行き先がはっきりしなくなります。

戦車のカードは生命の樹では右の力で、それは意識が鋭く集中し、特定のターゲットに向かっていて、特定のターゲットに向かうからこそ、ノズルの細くなった水道管から飛び出る水が強力になるように、強い攻撃力を発揮するのです。そのため愚者のカードのように、拡散する左側の極にあるものとまさに正反対ということでもあるのです。戦車は自分の信じた価値観に集中し、それ以外を受け付けない。善悪の価値もはっきりしています。しかし愚者はそれらそのものを放棄したからこそ愚者でありうるのです。価値観、ターゲットを意識すること、信念、これらがないまま走る戦車は、どのようになっていくのでしょうか。勝敗において、勝った人は勝ったということにおいて価値観やプライドが守られ、さらに右側の狭い世界に閉じ込められ、身動きがとれなくなっていきます。勝った人は皮肉にも精神的な意味においては敗者であることが多いのです。時々負けることがわかっていて戦う人がいます。ある選挙の応援演説に登場したノーベル文学賞作家川端康成は、負けることはわかっていて参加したと主張しました。愚者の価値観の崩壊というのは、戦争で負けることで起こることも多いのです。もし戦争に勝っていたら、日本はひどい国になっていたことはたいがい予想できます。この点で、このセットは勝敗にこだわることのできない戦いをあらわします。さしたる深い意義がない場合には、無目的に走ることをあらわし、不利な状況になりやすいでしょう。

いったん無に戻した後の決断
これまでの考え方に振り回されない判断

0 愚者

Ⅷ 正義

いつも慣れている場所から逃げ出して、未知の領域へと飛び出すのが愚者のカードの特質。そこでは、それまで大切だったいろいろなものが失われていくという犠牲も払っています。しかし一見喪失したような体験に見えて、実際にはより大きなものを手に入れていると考えてもよいのです。より大きなものを手に入れるには、これまでのものを捨てなくてはならないというわけです。続くのは、具体的な現場で正しい決断力を要求されている正義のカードです。正義のカードは、その手前の戦車のカードの二頭の馬の対立を調停するという意味で、二つの選択肢のうちのどちらかを選択するという意味のカードではありません。戦車のカードはあれかこれかになるのですが、正義のカードでは対立したものの両立ということが重要なのです。私たちは自分に利害のあることでは、正しい判断をするのは難しく、両立の正義のカードになるよりも、白黒つける戦車のカードになってしまいます。しかし愚者のカードは、これまで抱いていた信念を捨てることをあらわしますから、決まりきった判断法から自由になり、これまでないがしろにしていたものを評価できるような余裕が出てくる可能性は十分にあります。

　愚者は社会の中で有用と思われていない人や無職、定住しない人を当てはめてもよいでしょう。この世に入ってきたばかりの者とは子供。この世からもう出ていこうとする人は老人。童翁は愚者に近いとも言えます。また古い日本で歓迎されていたマレビトも愚者です。つまりは、そのような人に判断を仰ぐという図式でもあるのです。そうすれば、決まりきった回答とは全く異なる意見を聞くことができます。アドバイスとして考えた時、これまでの考え方に振り回されていけないというメッセージを、このセットは語っていると考えてもよいでしょう。愚者は信じていた価値観を無に戻すこと。つまりいったんゼロにして、もう一度考えましょうという意味です。

これまでの立場を捨てて飛び出す 範囲を超えたものへの思い切った旅

0 愚者

Ⅸ 隠者

愚者のカードはこれまでの生活の範囲を飛び出して、無に見えるようなところへ飛躍することを意味します。それは生活の安定という点から見ると、犠牲的で無謀ですが、このようにしないことには、今の自分を超えるものを見いだすことはできません。仕事を捨てる、家庭を捨てる、立場を捨てる、信じていたものを失う。続く隠者のカードも、持ち場を離れて旅をする人を意味します。精神的な充実感とか、また真理を求めて旅をする人は、どこか愚者と似ています。隠者が旅をしているというのは、特定の立場に縛られないということを意味しています。例えば、ある職業に就いている人は、どうしてもその仕事に関係した形で考えてしまいます。どんな具体的な立場にも縛られず、精神的なことを考えるという時には、立場を捨てて精神の旅をする必要があるのです。ここまで説明すると、愚者のカードと隠者のカードには共通点が多いということがわかると思います。

アラビア数字の0と9の数字は同じ卵の形をしていて、9の数字は中にもう一つ円があるような形になっていて、実は、これは後天的に0の数字に近づこうとしていることをあらわします。つまり隠者とは、経験を積んだ、使用後の愚者です。愚者が無意識に持っているものを、隠者は意識的に持とうとしているのです。無の境界に近いところにいる者は子供と老人です。童翁は人生の始まりと終わりに近いところにいますが、ともに死に面していて似ているのです。愚者と隠者はそのような関係性があると見てもよいでしょう。二枚カードの言葉の連結では、範囲を超えたものへ思い切った旅をするということです。戻る予定のない旅というと、ヒンドゥーの人生の四期のうち、最後の遊行期を思い起こさせます。隠者は明かりを持っていますが愚者は持っていません。つまり愚者には頼るべき基準が存在していないのです。しかし放浪の中でそれを見つけだす可能性は高いでしょう。小さな意味では、予定なしで数日旅行に出かけるという場合もあるはずです。

0 愚者

X 運命の輪

範囲を逸脱した力が運命に介入
考え方の因果律を考慮に入れる必要がない

運命の輪のカードは人工的な目論見では動かない、天体の動きのようなものに支配されているかのような、人生の盛衰をあらわしています。正位置では社会的に力が強まり、逆位置では本来の自分の故郷に戻るかのように、心理的に充実したものを手に入れることができます。ちょうどこのカードを占星術のようなものと考えてみると、上にあるものは天頂で下は天底です。立身出世がすべてという考え方ならば、天頂に行くのがベストですが、しかし心の豊かさは、その正反対の天底を頂点とするのです。一方この運命の輪のカードに先行する愚者のカードは、特定の範囲を飛び超えて、より大きなサイクルにシフトすることを意味しています。そのため運命の輪の因果律はいったん無効化されます。言葉を連結すると、範囲を逸脱した力が運命の動きに介入する。愚者のカードは運命の輪の連続的な流れを中断し、さらにまた入り直すような動きをあらわしています。愚者のカードはいつでも、ルールを無力化するジョーカーの役割なのです。誰も思いつかなかったような新しいアイデアを手に入れて、突然に降ってわいたような幸運がやってきたということも考えられます。奇跡というものは、常に異なる次元の介入によって生じるもので、特定の場のリズミカルな因果律の回転運動には、サプライズというものは存在しません。

愚者のカードがあらわしている数字は0です。0は世界そのものという丸い形を象徴しているのです。愚者はそこから外に出ようとしていたのです。運命の輪の回転する輪っかは、この丸い形と考えてもよいのです。愚者はどこかでスピンアウトし、また、どこかから入り込んでくる。本来この輪では、出入口は二つしかありません。しかし愚者は自由です。学校の例で考えるならば正常な入学ではなくて、編入してくるような状況でもあるのかもしれません。愚者はルールを無視するので、時には不正な手段という場合も否定しません。規律や因果律をさほど考慮に入れる必要はない。このようなアドバイスを意味していることもあります。

0 愚者

XI 力

自分の中の自然性に向き合う 逃げることを止め再び難問に取り組む

愚者のカードは、これまでの考え方とか生活習慣、長く続いてきた同じスタイルの生き方がいったんここで無になり、空白の状態になることを示しています。新しい生き方を模索している時には、いったんリセットするという意味では重要なのです。塔のカードと混同するかもしれませんが、塔は外側の殻が破れる。愚者はリセットしてゼロに戻ることです。力のカードは、古い時代には人間的な理性によって獣性を淘汰するという解釈がされてきましたが、誰の中にもある動物に似た、強い生命力を上手に生かすことで、より強い生命力を得るという意味もあります。むしろ現代この解釈の方が正しいでしょう。近代は動物を排除することで環境破壊もひどくなった。絶滅危惧種を再生させようとする運動も、私たちの脳の中のそれに対応する部分を回復させることなのです。力のカードは人と動物が描かれているために、この解釈は各人各様です。

愚者のカードには背後から愚者に噛み付く犬が描かれています。これは世界を守る番犬としての犬の警戒心が刺激されたのです。これも私たちの内面にあります。愚者の体験をする時、内面にある犬が警告するので、私たちは胸騒ぎがしたり、とんでもないことをしでかしたという後悔の念が発生するのです。この二枚は、旅を延期した愚者が、あらためて自分の中の動物を再教育すると考えてみるとどうでしょうか。というのも犬が噛み付くかぎり愚者は旅に出ることができないのです。動物は自然性であり、つまりは古い習慣を守り、また執着心ということもあります。世界の果てに行こうとした段階で浮き出してきた恐怖、執着心、情感、愛着、やり残した気持ちに、あらためて取り組んでみる。その点では、逃走しようとした人が逃げることを止めて、あらためて実際的な難しい問題に取り組むということでもあります。すべてを無意味化しようとする愚者は、最後の段階で後ろから追ってくる犬に、意味を見いだしてしまったのです。そこに意味を感じないのならば、去ることはできたのです。

0 愚者

XII 吊られた男

制限の枠をはずれた自由な想像
大胆で興味深いが社会的には役立たない

　吊られた男は身動きがとれず、想像力を使って精神だけが自由に行動できるのです。むしろ身体で動けるようになっても、肉体はせいぜい狭いところしか行き来できず、精神が肉体から分離して、自由に行き来することになると、肉体が自由な時よりも遥かに広い世界を知ることができることを発見します。芸術家や作家などはすべてこの楽しみを知っています。例えば、毎日の生活が単調過ぎて、何の刺激もない時には、むしろ考えたり創作したりする活動は、活発になってきます。日常の生活が刺激的で忙しい人は、逆に創作などがおろそかになりがちで、また作品は退屈なこともあります。吊られた男のカードは、とても積極的な意味があるのです。

　ここで愚者のカードという、あらゆる制限の枠をはずしてしまう力が初まりにあると、吊られた男のカードの想像力の自由性は飛躍的に発展することになるでしょう。二枚のカードをイメージとしてつないで、崖の向こうの何もないところに、吊られた男が宙づりされていると想像してみてください。

吊られた男が考えることは、日常のさまざまな細かいことではなく、もっと形のない、広大なものということになるはずです。おそらくそれはあまり実際的なことには役立っていません。身体をじっとさせて精神が拡大する瞑想も、吊られた男そのものです。この二枚のカードの組み合わせは、大胆で、興味深く、未知のものがたくさん見つかると思いますが、あまり社会に役立つとは思えません。愚者は生活が台無しになること。そして吊られた男は、地上との接点を失い、人生が宙吊りですから、手足が出ません。まるでホームレスになって、毎日、寝て暮らしているようなものです。ここに積極的な意義を見いだす人もいますが、そうでない場合には、最悪の事態かもしれません。愚者の接している、より大きな世界は、この世ではまだ定着しない。何かの分野でも、まだ大地に足が着かない状態のものは多数あります。しかしこういう状態だからこそできるものがあります。

ゼロに戻して再スタート 全体的視点で物事を整理整頓

0 愚者

XIII 死に神

愚者のカードは、これまで住んでいた世界から飛び出して、これまでの体験を、ゼロに戻してしまうような状態をあらわしていますから、尋常ではありません。しかし範囲を小さなものから大きなものまで調整して読むことになるので、結果的には異常なカードではなくなります。例えば、違う職場に移ることも、前の職場から去っていくわけですから、愚者のカードは働いているのです。愚者の状態は、特定の細かいところに縛られていないために大きな視点を持つことができる利点があります。だからこそ昔の宗教団体では、敬神さんと言って、全く役に立たない、何もしない人を置いていたのです。

死に神のカードは、これまでのことを停止させて、再出発する作用です。何か新しい動きを作り出すには、これまでのことを止めなくてはならない。そのため停滞とか不毛な状況が訪れると、それは新しい創造力が始まる前兆と考えてよいでしょう。ここでは愚者のカードがやってきたからこそ、死に神のカードの状況になってしまったと考えてよいでしょう。

愚者はより大きな視点を持ち、特定の価値観に縛られません。どんな場所でも、内部に入ってしまうと、私たちはそこに意義を感じてしまいます。そしてたちまち愚者の持つ全体的な視点を失います。愚者は切り換えの境界線の時にのみ出没するのです。ここでは愚者は、時間の連続性のチェーンをどこかで切断してしまい、これまでのことがつつがなく進行させる集中力が失われてしまいました。これまでずっと頑張っていたのに、この意欲は、そうしたところにじっととどまっている時だけ維持できる種類のものでした。例えばどこかに旅行したり、中断した時に、つまり愚者の状態になった時に、視点が変わり、より全体から物事を見るようになり、それまで感じていた意味が失われてしまったということもあるでしょう。そして結果的に、無駄なものを減らすことになったのです。死に神は特に地面を掃除しています。具体的なことを整理整頓します。いったん離れて初めて何が無駄だったのか理解できるようになったのです。

0 愚者

XIV 節制

無にした後の形を変えた再生
放棄することでたどり着く本当に必要なもの

愚者のカードは、あらゆるルールや拘束をリセットしてしまうような、空白状態に置かれていくことを示します。例えば、仕事を放棄すること、離婚したりすること、住んでいる場所から離れること、住民票がなくなってしまったり、居場所がなくなってしまったりする場合など。もちろんこれは否定的なだけの意味ではありません。時にはそれは爆発的な解放を示すこともあるのです。節制のカードは、あまり形になっていない理想を、だんだんと形にしていくための節度ある生き方を表現しています。器から器へ液体が流し込まれているのですが、器があることに変わりはありません。同じことを違う場所に移動して続けるという場合もあります。ところが愚者のカードというのは、そもそも器がなくなってしまうか、器からはみ出してしまうことを意味しています。愚者の数字である0という円の形は、ここでは器の意味でもありますが、愚者はそこから飛び出します。従って愚者のカードは、節制のカードの地道な努力というものを台無しにしてしまう傾向があるのです。器から器へ、液体を一つもこぼさないように慎重に移動させようとしていたのに、愚者はこの枠をあまり理解しないのです。しかし、初めに愚者のカードがあって、次に節制のカードが続くので、結果としては建設的なものになる可能性が高くなります。愚者はそれまでのものを無にする。しかし節制のカードは、器を入れ替えて再生するものがある。いったん台無しになっても、それは形を変えて再生するという意味にもとらえられます。無化すること、孤立すること、放棄することで見えてきた、本当に必要なコースの発見などです。さらに思いきった移動、転換、経歴のやり直しなどもあるでしょう。倒産したが名前を変えて、また再開したという場合も。節制のカードでは、器が変わっても本質としての液体は全く変わっていないということが重要です。

0 愚者

XV 悪魔

危機的状況による潜在能力の開花 悪魔のカード本来の力が目覚める

愚者のカードがやってくると、どういう範囲であれ、これまでの枠からはみ出して、これまでのものを無に帰してしまう傾向があります。小さなところでは仕事を辞めるとか、大きなところでは臨死体験のようなものもあり、それはタロット占いをする時のケースバイケースで読み替える必要があるでしょう。変則的な読み方はいくらでもできますから、崖から落ちるという意味では、車が脱輪するというイメージで読む場合もあるかもしれません。愚者のカードの良い点は、枠からはみ出した結果、これまでの考え方には縛られなくなることです。

この体験の後に悪魔のカードが続きます。ジプシーの読み方としては、悪魔のカードは第三の眼をあらわすのだそうです。脳の中心にある松果腺は、両性具有的で、自律神経を支配していますから、悪魔のカードの中心に立つ悪魔と類似したシンボルです。しかし人間の松果腺は、人が社会を作って生きるようになった段階で退化しています。機械時計があれば、体内時計は必要がないのです。ジプシーは社会から孤立した人々でしたから、このような場合には、爬虫類脳の中心にある本能的なセンサーでもある松果腺とそれに引き続く脳下垂体の働きは目覚める可能性はあります。つまり危機感を持った生き方の中では、この爬虫類脳や第三の眼は必要とされてくるのです。必要があれば、何でも発達してきます。そのように考えた時に、愚者のカードも危機の中で生きています。それは背後から噛み付いてくる犬が警戒心のシンボルであることからも理解できるはずです。悪魔のカードの本来の力が目覚めると考えてもよいのかもしれません。保護されていない立場だからこそ、潜在的な力が目覚めると思ってもよいでしょう。共同社会では自分の意志で生きている人は悪者扱いされやすい傾向もあります。モーツァルトの歌劇『ドン・ジョヴァンニ』はそういう人物を描いています。孤立した人が、自分の中に潜在する勘を発揮するようになる可能性は高いのです。

0 愚者

XVI 塔

固執していた価値観の崩壊 魂が抜け一気に腐敗していく可能性

愚者のカードは制限から脱出することを意味しています。しかし一度はみ出してしまえば、またあらためて戻ってこないといけません。しかし以前と同じ場所に戻ることは難しく、新しい出発をすることになるでしょう。愚者のカードと魔術師のカードはセットになっていて、愚者が出ていくこと、魔術師が戻ってくることをあらわしています。塔のカードは、すでに固まってしまった殻を脱皮することをあらわしています。誰でも定期的に脱皮しなくてはなりません。例えば、身体は春先になると構成のバランスが変わってきます。これも小さな意味では塔が壊れることを指しています。塔のカードは、生命体にとって必要で、定期あるいは不定期に訪れる新陳代謝の節目を示しているのです。

愚者は外に出ていくことをあらわし、塔のカードは今の自分の状況に対して解体と再構成をすることを意味しています。私たちは生活を維持したり、仕事を継続したり、何らかのスタイルを維持していますが、これらはみな、自分自身の執着心や、興味の集中によって維持しているにすぎません。もしここで、これらを続けさせている連続的な興味や意志というものがなくなってくれれば、どんなものもあっという間に解体してしまいます。愚者のカードは、こうしたこれまで続けていた意欲などが一度なくなってしまうことをあらわすので、それまで続けていたものがそのまま塔のカードのように、崩れていく状態をあらわしているでしょう。愚者のカードが積極的に関与するのなら、固執していた価値観を捨てることで、自ら塔の殻を脱皮する結果を導きます。しかしたいていは自分ではあまり自覚しない間に、それが発生します。主人がいなくなって空き家になってしまった家は、壊れていく速度が早いと言われます。人体でさえ主人であるはずの魂のようなものが抜けてしまうと、一気に腐敗を始めると考えてもよいのかもしれません。崩壊を食い止めるには、主人が戻ってこなくてはなりません。

0 愚者

XVII 星

新しいものを共同体に持ち込む正常なエネルギーの循環

小さなところでも、大きなところでも、ある一つの範囲のものから出ていこうとした時に愚者のカードが成り立ちます。私たちは一つの世界から出てしまえば、その先は何もないと考えてしまう傾向もあって、そうなると愚者のカードは台無しにするという意味にもなるのですが、どんなものも一つの範囲を超えてしまうと、次により大きな範囲の世界が存在します。ということは愚者のカードは、今までの狭い世界から一つ上の世界に行くにすぎないという意味も持っています。

星のカードは、手前の塔のカードで殻がなくなり、柔軟で受容的になった人が、遠い星の力を受信して、身近な共同体にその影響を流し込む図柄です。星のカードの女性は裸ですが、これは立場とか、家とか、お金とか、何かしら社会の中で自分を位置付けるような守りがなくなってしまったことを意味しています。そのようにならないと、星の力を受信することができないのです。守るものはみな外部の影響を遮断するものだからです。愚者のカードでは家を捨て、星のカードでは衣類や社会的な守りが捨てられています。しかし、はっきり違うのは、愚者のカードは自分自身が外に出ていくのですが、星のカードは大地の上にいて、自分が出ていくという意味ではありません。愚者のカードは膨大な力を受け止めるアースの場所がなくなっています。しかし星のカードでは女性はちゃんと大地の上に座っています。そして星から受け取った影響力は、身近な共同体（池は、月と蟹座のシンボルであり、それは共同体を意味します。あるいはそれは少し大きめの聖杯です）に流し込まれているので、正常なエネルギーの循環が起きています。彼女は環境との仲介者なのです。一度外に出ていった人が、また戻ってきて、外の世界との仲介役として働くという場合もあるのではないでしょうか。例えば、海外にいた人が、戻ってきて、それ以後出かけた先との連絡を受け持っているなどです。いずれにしても愚者のカードによって、今までの足場は失ったので、新しい立場の構築も必要です。

0 愚者

XVIII 月

未知なる闇の領域に飛び出す最も危険性の高い状況

愚者のカードは、これまでの環境から飛び出して、自由になることを意味しています。これはある意味でタロットカードの一連の行為のすべてを否定することに結び付きます。しかしタロットカードという、人間の成長の物語のような作られ方をしている体験の流れの中では、後になる程に、外の世界との間接的な関係を認め、外との呼吸をするようになります。月のカードは、夜眠って夢を見る状態と考えてもよいでしょう。監視する自意識を眠らせて、深い無意識の領域を探ることを示していて、誰でも夜眠るので、日々このカードの体験はしていることになります。

ところが、いつも体験している月のカードに比較して、その手前に枠からはみ出すという愚者のカードがあるのですから、監視する目覚めた意識が眠り、その隙に、未知の領域の蓋を開くという度合いも大げさになるのではないでしょうか。崖から飛び出すのが愚者のカードです。月のカードでは崖から上がってくるものがあるのです。二枚のカードを組み合わせると、愚者の探索の行き先が、月のカードのザリガニが上がってくる池の底ということになるかもしれません。実際には愚者はこのコスモスの成立の前提であるゼロの輪から外に。月のカードは世界内での、無意識に追いやられた記憶を引き出すので、範囲が一つ違います。愚者のカードは家の外に、月のカードは家の床下に、というものです。しかし犬は小に対応するという考えからすると、愚者が飛び出す外の世界は、月のカードで開かれる闇の領域と対応関係があるはずです。愚者と月のカードの共通点は、セキュリティをあらわす犬が吠えていること。つまり、両方のカードが、危険な状態をあらわしています。タロットカードの中で犬が登場するのはこの二枚だけなのです。例えば、ドラッグを使って危険な精神の旅に出るという場合も、このような組み合わせで考えられます。タロットカードの二枚の組み合わせの中では、このケースが最も危険性の高いセットだと考えてもよいでしょう。

0 愚者

XIX 太陽

旅立ちの中で出会う影の半身
既存のものを失うがさらなる成長のチャンス

　愚者のカードは、安全な大地から離れて、崖から落ちていきます。これまで住んでいた場所から離れて、新しいより大きなものを探索しようとしているのですが、そのためには引き換えとして、今まで持っていたものを失ってしまいます。続く太陽のカードは二人の子供が仲良く遊んでいます。一人目の子供は今までの私たちをあらわしています。もう一人の子供は、見えないところに存在していた、影の部分から成長してきた子供です。太陽のカードはタロットカードの並びの中では終わりの頃にあるために、成長した意識の段階をあらわしていて、その達成のためには、これまで意識の外に退けてきた、影の領域を意識化しなくてはならない段階に来ています。例えば、西洋社会にとってはイスラム社会というのは影に相当します。それがイスラエルで衝突を起こしたりするのです。しかし、より成長した世界にシフトするには、それまでの古い世界を成立させるために排除してきた影の要素を引き寄せ、一体化する必要があります。古い世界は影を排除することで成り立ち、またその影を取り込むことで、元のよりトータルな世界に回帰するというのは、理屈としては簡単で、しかし実際は容易ではないのです。

　一つの世界で成り立つ陰陽を一体化させると次の次元に移動する原理は、タロットカードでは太陽のカードと審判のカードで描かれ、最後の試験のようなものです。愚者のカードの行為の中でもう一人目の子供が浮上します。たいてい影というものは異界との境界線の戸口の近くに立っています。話の順番としては、今までのものを捨てて飛び出そうとした。その行為の中で、今まで気が付くこともなかった、影の半身と言えるものに遭遇した。保身のためには敵ですが、成長のためには相棒というのが、影の半身です。縁がなかったように見える人と、急速に親密になっていく。失業することや、慣れ親しんだ場所から退くことで、新しい可能性が開けてきて、それまでは敵対しているように見えたものが、反対に相棒になってしまったということもあるのです。

失われたように思えたものが手に入る とらわれを振り払えば不可能が可能に

0 愚者

XX 審判

愚者のカードの数字である0は、文字どおり、これまでのことを無にする行為を意味します。そのため、愚者のカードはリスクの大きいカードです。今までの日常を捨て、未知の領域に飛び出しているのです。続く審判のカードでは、過去に失われてしまったかのようなものも、天使がラッパを吹くことで蘇る。ラッパは、角笛から始まった、意志が次第に増大していくことを意味する西欧的なシンボルです。審判のカードの本質は、時間の流れに支配されないで、任意に意志の集中力によって、必要と思われるものを引き出す能力を開発することです。過去に失われたように見えるものも失われていない。天使が呼び出すと、出てくるのです。

私たちは時間とか空間の制約に縛られて、「今、ここ」という小さな範囲でしか生きていないと思っていますが、それは自分がそう思っているだけで、実は自由意志によって、失われたと思ったものもアクティベートできることを示しているのです。私たちの今の自分は大きなレコード盤の中でレコード針が演奏している場所。しかし実際には針は任意の違うところに置くランダムアクセスは可能だということです。愚者は、これまで私たちを縛っていた因果律そのものを否定することをあらわしますから、この審判のカードのランダムアクセスを許す条件を作り出しやすいことになります。私たちは自由だと言われていても、連続的に関わる対人、環境、思想、信念などによって、身動きとれません。審判のカードの力を呼び出すことができないのは、この強い関係性に縛られることだとすれば、愚者はその関係性を断ち切る最終兵器のようなものでもあるのです。自分を縛っている条件を振り払えば、アクセスできないと思っていたこともできるようになる、というのがこのセットの意義です。審判のカードは全脳的な活動を意味します。それができないのは特定のところに集中し過ぎているからであり、愚者はその関係性をいったん無に帰すというわけです。小さな意味では、一度休憩すると記憶や着想が蘇ることを意味します。

0 愚者

XXI 世界

タロットカードの初めと終わりは魔術師と世界のカードです。愚者のカードは、魔術師が魔術師になる前に、まだ世界を放浪している段階をあらわしています。愚者が魔術師になることで、その経験の連続的な発展の中で、最後に世界のカードに行き着きます。自由のためにすべてを捨てた愚者と、世界内にあり、すべてを手に入れた頂点のところで自由を手に入れたのが世界のカードです。つまり無の果ての自由と、有の果ての自由という対比があります。お金もなく家もない人は伸び伸びとしているかもしれません。お金もあり、豪邸もあり、すべてが自分の言いなりになる人も伸び伸びとしているかもしれません。

愚者と世界のカードは、ある意味共通の認識を持っています。王子と乞食は対比的で、しかしどこか似ているものとして映画や小説の題材になりました。東洋的な思想では、人は最後にすべてを捨てて彼岸に行くという未来像を持っている可能性があります。タロットカードは西欧的な経典なので、最後の達成は世界のカードのように、すべてを得て、頂点に至るのです。従ってこの二枚のカードは反対の意味であれば、また共通の面も持つのですが、流れとして、何も持たない者が、急に豊かさの頂点に向かうという意味も含みます。生活がほとんどできないような人が、遠い親戚の遺産をもらって、豊かになるというような話とか、それこそ王子と乞食が立場を入れ替えるとか。しかし実際には愚者と世界のカードは紙一重で、同じ存在の表と裏という印象もあります。本来愚者と魔術師が表と裏ですが、魔術師の最終段階が世界のカードだからです。世界のカードのように守られた立場の真ん中に立つのは実は愚者であるという話になると、豊かな家の中でニートをしている人のようでもあり、愚者であることが、世界のカードのような優位性の条件を作り出しているとなると、まるで山下清の「裸の大将」みたいです。無の極と、有の極という両極が並んでいるので、あらゆる二枚セットの中では最も極端な陰影があります。

無の果ての自由と有の果ての自由
極端な陰影を持つ同じ世界の表と裏

I 魔術師

The Magician

I 魔術師

0愚者

創造性や結論があらわれる前まさに生まれたばかりの初期段階

魔術師は異界からこの世界に入ってきて、異界で手に入れたものをこの世界で新しく商売とか仕事にしようとしています。異界と言っても、小さな範囲では海外ということもあります。愚者のカードは、この魔術師が異界から戻るということでは、その前の馴染んだ世界から、異界に旅立つ姿をあらわしていますから、魔術師と愚者は同一人物と考えてもよいのです。生命の樹では、私たちの頭の上に、ケテルというより上位の次元との弁の働きのようなものがあります。そのケテルの向こうに行くのが愚者のカードのパス。そしてそこから戻ってきて、母親的な原理のビナーへ持ち込むのが魔術師です。魔術師の後に愚者がやってくると、一度戻ってきたのに、また旅立つことをあらわしますから、この世界でプロジェクトが十分に進む前に、生まれたばかりの段階でそれを撤回するということもあらわすでしょう。

世界中に洪水伝説がありますが、日本では、ヒルコとか淡島とかこの世界に生まれかけて、途中で止まってしまった存在を神社に祀っていたりします。もともと魔術師はコウノトリをシンボルにしていて、あの世からこの世界の母親の腹の中に新しい生命を持ち込むヘルメスをあらわしていました。連れてこようとして、また連れさるというセットで考えてもよいでしょう。中断の理由として、例えば、新しいものを受け止める母体がまだ小さ過ぎた、持ち込もうとしたものが新し過ぎたなどさまざまです。そして必ずしも失敗という意味ではありません。というのも、魔術師の段階では、まだ創造的な展開は始まっておらず、1の魔術師のスタート、2の女教皇の素材選び、3の女帝の創造という段階で初めて動き始めるのですから、今なら引っ込めても傷になりません。また違う意味として、愚者のカードのような旅立ち、逃走などの商売を始めるという意味もあります。夜逃げ屋さんという例もあるわけです。

Ⅰ 魔術師

Ⅱ 女教皇

潜在的資質へのアクセス
新規のことを始め思わぬ能力が開花

これから新しいことを始めようとしている魔術師。どんなテーマであれ、開始するということが魔術師のカードの真義をあらわしています。この意志を受けるのが女教皇のカード。これは豊富な素材をあらわしていて、自分から何かできるわけではないのですが、積極的な意志を受けると、それに答えて、いろいろな潜在的な可能性を提供する記憶庫を意味します。一つの考え方として、この宇宙は始まりから終わりまですべて揃っていて、すでにあらゆるものが創造されている。私たちは時間の体験の中で、これらのどれかをトレースして体験するというものがあります。

この考えで、宇宙の記憶を任意に開くのがタロットカードの最後から二番目の審判のカード。そして最初の魔術師から二番目のカードが女教皇であり、審判のカードと女教皇は同じものをあらわしているということになります。女教皇は埋め込み、審判はそれを開きます。魔術師と女教皇は数字がそのまま続いていきます。つまりそれは自然な流れということであり、誰でもこのように流れていくということです。何か始めようとした人は、次に具体的にどのように展開するかということを考え、この時に、私たちは自分の資質というものに沿った形で、題材を考えます。例えば、ある場所を借りたとします。次に絵を書くのが好きな人は、この壁に絵を飾ることを考えるでしょう。演劇が好きな人は、ここで何か演じてみるということを考えるでしょう。しかし、場所を借りなければこのようなことを考えなかったのです。つまり魔術師の行為があることで初めて、女教皇の持つ潜在的な資質がアクセスされ、開拓されていくのです。女教皇はたくさんの本が並んでいる書庫のようなものだと考えてもよいかもしれません。何かしようと思った時に、初めてそこに向かうのです。家を建てるために材料を点検しているとか、カタログを見ているとかの状態です。光を当てると全く予想もしないものが出てくるのが女教皇。それは楽しい探索となるでしょう。

新規のことが順調に発展
作っては壊しの試行錯誤による創造

Ⅰ 魔術師

Ⅲ 女帝

新しいことを始めるのが魔術師のカードです。しかし、実のところ、物事には始まりと終わりは存在せず、魔術師の行為においても、自分のところから新しいものが生まれてくるわけではありません。それは単によそからここに何かを持ち込んできたのです。よその世界では慣れ親しんでいるものでも、持ち込んできた新しい世界ではそれは全く知られていないようなものかもしれません。その意味では魔術師は商人をあらわしています。越境する商人は、全く新しいものを持ち込んでくるのです。

女帝のカードは3の数字で読めば、生産性や豊穣さをあらわしています。そのままセットで読めば、新しいことを始めて、それが調子良く進み、発展すると考えられるでしょう。女帝のカードは生産することを意味しますが、例えば、ある製品を作って販売するという場合、作り出すものが決まると、同じものをたくさんコピーして売り出すことが多いと思います。こういうスタイルは、実は女帝のカードを象徴していません。女帝はまだこのように方針が固定されているわけではなく、同じではないものをたくさん作り出します。女帝は試行錯誤するような果てしない流動性を持っています。一つの生産結果が決まり、それが普及していくというような性質は、女帝のカードとその生産性を止めて普及に移っていく次の皇帝のカードを組み合わせなくては成立しないのです。そのように考えてみると、魔術師のカードで新しい商売を始めて、次に女帝のカードで活発な生産性が生まれるのですが、まだ方針が固定されておらず、さまざまな試行錯誤をしていると考えるとよいのです。大手メーカーは決まったものを世界中に普及させようとします。ところが原宿の裏通りにあるような一軒だけのお店などは、同じ品物が一つもありません。すべて一点もので、商品がみな違うのです。このようなお店ならば、女帝のカードは成り立つと思います。大手メーカーの量産は皇帝のカードに対応し、女帝は作っては壊し作っては壊しという流動性が特徴です。

Ⅰ 魔術師

Ⅳ 皇帝

新規のものの普及と発展　強い野心で抵抗を押しのける

魔術師のカードは何か新しいことを始めようとしています。どこかよそにあるものから、まだこの世界ではあまり知られていないようなものを持ち込んできて、それを新しい環境で定着させようとしています。自分の手元にある机は、自分の活動範囲ということをあらわしていて、その持ち場の中でさまざまな試みとか、実験とか、試行錯誤を始めようとしています。今後どのように展開していくのか、魔術師のカードだけでは何も決まっていません。しかし、次に続くカードによってその展開の方向性がはっきりしてきます。ここでは発展の方向は、次の皇帝のカードが示します。もしここが女帝のカードであれば創造性ですが、皇帝のカードは創造行為を停止させて、普及の方向に転じます。普及するためには、創造性を止めて、例えば、製品を一つに決めて、それを量産する必要があるのです。魔術師が始めたことを、できるかぎり広い範囲に大きく普及させ発展させていき、異なるものを押しつぶすくらい広げようという勢いが見えてきます。

皇帝のカードからは、戦いに勝って領土を広げていくというようなイメージもわいてくると思いますが、これは例えば商売で言えば、いろいろな場所にお店を広げたり、チェーン展開をするようなものでしょう。戦国時代の領土を広げていくようなものと、イメージとしては似ているということになるのです。マニアックなものよりも、一般的で、そしてメジャーなものにしていきたいと思うのでしょう。また皇帝の4の数字は緊張感があり、敵対するものを飲み込むという意味もありますから、新しいことをしようとした時に、敵対するものとか、抵抗するものがあるはずです。皇帝のカードはこうした抵抗をあらかじめ想定しており、根負けすることは少ないはずです。力強さを感じさせる組み合わせです。強い野心をあらわすこともあるでしょう。反対のものを認めないという性質は少なからずあります。たいていは飲み込むが、飲み込むことができないものは排除するという姿勢になりやすいでしょう。

新規のものを持ち込んで独占 増長しなければ一人勝ちも可能

I 魔術師

V 法王

魔術師は新しいことを始めるカードです。とはいえ、無から有を生み出すような力は、誰にも存在していません。どこかよそにあったものを、この世界に持ち込もうとしているのです。この世界にオリジナルということはあり得ないという考えがあり、そうなると必ずどんなものもどこかに存在していた。それを新しい環境の中に持ち込んでくるのが魔術師であると考えるとよいのです。法王のカードは、他の人と地位の優劣ができています。社会の中での立場の優劣が生まれるというのは、他の人にできないことができるからということになります。まるで法王の立場のように、崇拝されたりすることもあるということです。

タロットカードは、上と下という二つの次元を表現していることが多いのですが、ここでは法王が人々に対して上からの目線で自分の行いをしています。そして周囲の人は崇拝しています。ここに公平な立場というものは存在していないのです。ということは、魔術師でスタートしたものは他の人が手をつけたことがないものか、あるいは自分が独占できるような種類のものだということに。ただ法王は一方的なので、うっかりすると井の中の蛙になる傾向がありますから、常に世の中をちゃんと見ておく必要があるでしょう。自分が優位にあると思っているのは実は実際のことを知らなかったという無知が故のものかもしれないからです。アメリカでは、あまりにも寡占状態になったような企業は反トラスト法で訴えられたりするケースが多いようですが、そのように、ここでは権利や立場を占有するというような状況になりやすい可能性があります。またもし法王が宗教的な意味を持っているとしたら、魔術師が開始しようとしていることは精神や宗教、教育産業かもしれません。法王の5の数字は増長し、一方的という特徴があるので、それさえ注意していれば一人勝ちも可能ではないかと思います。

Ⅰ 魔術師

Ⅵ 恋人

新規なことがふさわしい環境を呼ぶ
周囲に受け入れられるが凡庸な人間に変化

もともと魔術師のカードは越境者という意味があるので、いろいろな価値があるものを移動させて、環境に新鮮な刺激を与えていきます。西欧では土地の境界線にメルクリウスの像が置いてあった地域があると言います。魔術師はヘルメス・メルクリウスを象徴とします。海がない場所に魚を運んできたら、それは越境者にして商人ですが、新しく価値を持ち込む者でもあります。また境界線を超える性質なので、誰も突破できなかったものを突破するという意味もあるでしょう。恋人のカードは、その人にふさわしい環境や相手に遭遇することを示します。つまり魔術師が何か新しいことを始めようとした時、まさにそれにはまり役のような相棒や場所、環境などに遭遇することをあらわしているのではないでしょうか。しかし時間が過去から未来へ一方的に進んでいるわけではなく、現代の最先端の物理学の発想のように、未来が過去を支配することがあるという点からすると、まるで予定調和のように、環境や受け手が、魔術師に自分に適したものを始めさせたと考えることもできます。まるで偶然のように、自分が始めたことが大歓迎されたが、実は、それをするように促されていて、知らず知らずのうちにそれを始めてしまったということです。

そもそも恋人のカードには自由意志の介入の余地がありません。上空から天使に矢で射られるのです。また魔術師は異郷の人ですが、恋人のカードは環境と関係性の中に深く結び付けます。アウトサイダーは理想の相手を見つけ出すことで、環境に受け入れられます。恋人のカードの手前にある法王のカードは、このような相手がいなかったので、風船のように膨らむ誇大な自我を持っていました。恋人のカードでは、相手との関係性が生まれることで、相手と同サイズになってきます。従って魔術師は環境に受け入れられることと引き換えに、凡庸にもなり、スーパーなものを失ってしまいます。スーパーなものを持つ人は、ぴったりはまる相手を持たないことが特徴でもあるのです。お見合い産業を始めるなども。

I 魔術師

Ⅶ 戦車

自分が始めたことを貫き通す ストレス下で走り続けなくてはならない

これから新しいことを始めるのが魔術師のカードです。机の上にはさまざまな道具が置かれています。愚者のカードと魔術師のカードは同じ人物です。愚者のカードは環境から去っていくこと。魔術師のカードは戻ってくることをあらわしています。異質な環境から戻ってきた時に、新しいお土産を持ち帰りました。それを机の上に並べて、これから何か新しいことを始めようとしているのです。魔術師が何を始めるのか、それは次に続く戦車のカードが示しています。戦車は二つの対立する価値のうち、一方に加担して、その側が勝利を得るように積極的に走るという性質です。二つの対立する価値とは善悪、左右、上下、明暗などです。たいていの人は、このような対立項目の中で、一方を選ぶべきだと思うでしょう。善を選び、悪を撲滅するべきだと考えているはずです。しかし、地域によって、この善悪基準が違う場合もあります。戦争はもともと価値の違うもの同士の対立から始まります。このように陰陽のような対立したものの片方に加担することで、私たちは自分の価値観の中に深く埋もれていき、より地上的な活動の中に深入りします。戦車のカードは敵を理解することはありません。休んではならない事柄や勝ち負けのあるものをあらわします。そして一度乗り出したからには、テンションを上げる必要があるでしょう。

生命の樹では、自我を固めるのは右側ですが、魔術師も戦車もともに右側のパスで、ビナーという形成化原理の中枢を挟んで、連続している流れです。ますます集中し、緊張感を高めた方向へと走っているのです。地上では、このように競争しなくてはならない原理が働いていますから、魔術師は自分が始めたことをそのまま貫いて、走り続けなくてはなりません。戦車のカードは、意識が緊張度を高めていき、必然的にストレスは増加します。しかし始めたことをそのまま貫くことを要求されていますから、リラックスは別な時間に、別の手段で求めるべきでしょう。

Ⅰ 魔術師

Ⅷ 正義

地固めをした後の新規な行動
即断即決せず時間をかけて確実に判断

孤立した世界ということを想定した場合には、魔術師のカードの魔術師は創始者ですが、しかしどんな世界も、その前により大きな世界があり、すべてがつながっていると考えると、魔術師は始める者ではなく、その手前にある宇宙から、この宇宙に影響を持ち込む越境者という意味になります。魔術師はコウノトリがシンボルで、赤ん坊はコウノトリが運んでくるという考えは、人は前の宇宙から、この宇宙へ、運び屋の魔術師によって連れてこられるのだということになるのです。日本は外来の人々が多数やってきて作ったと言われているので、日本はそれぞれ異なる地域から多数の魔術師が集まった国だと考えてもよいのです。正義のカードは、対立する二つの価値観を比較して、うまく両立させ、より優れた結果を導くように熟慮することをあらわしています。正義のカードの数字である8は溜め込みをあらわす数字で、エネルギーが圧縮され、強い力に固まっていきます。即断即決せず、溜め込んでいき、そして説得力のある強力な判断をするという意味になるために、ゲオルク・ジンメルなどの数霊の本では、知恵の女神を象徴とする数字だと言われているのです。他の人に有無を言わせない集中力が8に備わっているのです。

　魔術師が持ち込んできたものは、具体的な販売のできる商品というよりは、目に見えるものではない、考え方などの場合もあり得ます。昔シルクロードの商人と言われていたソグド人は知識も運んできました。当地の言葉、ソグド語、行き先の場の言葉というふうに翻訳していったそうです。宗教や思想となると、次の隠者のカードの方がふさわしいので、ここでは法規やルールなどより実務的なことに関係します。それと新しく始めることに関して圧縮する、すなわち地固めし、思いついたまますぐに行動しない、あらゆることを想定して確実にするという溜め込みを要求されていると考えるとよいでしょう。多少遅れてもよいから、確実にということだと思われます。

定住することなく移動し続ける哲学・思想・宗教など非物質的なものの持ち込み

I 魔術師

Ⅸ 隠者

魔術師のカードは、どこかの駅前で仮設のお店を開いて、商品の説明をしているような光景にも見えてきます。広げているものは物珍しく、それは今までになかったようなものでしょう。新しい工夫とか、アイデアに満ちていて、誰もが関心を引きつけられるのではないでしょうか。もしこのカードが出てきた時には、いずれにしてもこれまでになかった新しいことを始めていくということなのです。今までになかったものなのだから、環境はそれに対して抵抗する傾向があるでしょう。それに続く隠者のカードですが、すでに隠者のカードというのは、環境から離れようとしている姿勢を表現しています。というのも思想や宗教、哲学などの精神的な事柄を究めたい人は、特定の場すなわち分野、考え方にこだわってはならないのです。応用力を高めるというのは精神の旅をすることで、特定の場にじっとしていると、エッセンスとしての応用性や本質性が見えてきません。占星術の射手座も九番目のハウスも、９の数字という点で隠者に似ています。ここで十進法の最後のまとめが行われるのです。すべてを持つことは、環境に寄りかかるものがもうなくなるということでもあるのです。

魔術師はどこかよそからやってきて、何か始めるが、また旅立つと考えてもよいでしょう。環境から逃げる者が愚者。そして戻ってくる者が魔術師でしたが、隠者の数字９は愚者の数字０と似て、後天的に０を復元するという意味です。そのため、隠者は老成した愚者として、どこかに出かけていこうとします。場所に定住することなく、移動しながら、新しいものを持ち込んでくる人。もう一つ、魔術師は異なる環境から越境者として商人として何か持ち込みますが、それは隠者が示す思想や宗教、哲学などの非物質的なものであると考えてもよいでしょう。例えば、本を書き始めた。これも魔術師と隠者というセットであることは事実でしょう。

I 魔術師

X 運命の輪

試行錯誤した後の準備完了状態
精神面か社会面どちらかの潮時と充実

魔術師のカードは、どこかよそから新しい価値のあるものを環境の中に持ち込む商人をあらわしますが、持ち込んでくるものは必ずしも物質的ではありません。精神というものも物質の一つであるとみなす考え方もあり、そうした意味では新しい精神を商品として持ち込んでくるという場合も。現代では、セミナーなどをインターネットを通じて販売する時に、商品と呼んでいます。魔術師が持ってきたものは次のカードに表現されています。運命の輪のカードは、時の流れの中で、チャンスがやってきたことをあらわします。チャンスというのは二種類あって、社会的な発展という場合もあれば、反対に精神的な充実感という場合もあります。そしてこれはまさに正反対の価値観なので、片方が大切だと考えている人は、反対側が盛り上がっている時には良くない状況になっていると考える傾向があります。しかし、いずれにしてもどちらかのピークに向かって、力が強まっていると考えればよいのです。仕事とか社会的な発展に興味を失った人は、実は心の充実というピークに向かって、意欲を高めているのです。運命の輪はどちらの方向にしても、潮時がやってきたということを物語ります。何か新しいことが持ち込まれた時に、それに対して環境が大きく反応し、ある種の波が始まった。今、自分が始めようとしていることは、時の運に乗ると考えるとよいのです。時間のツボにうまく収まり、波に乗るのです。

また運命の輪の数字の10はプレゼンテーションであり、まるごとパッケージにして外界に提示するということもありますから、試行錯誤したものが完成し、後はそれを外に出すだけという準備完了状態も暗示します。自分がしたいと思うことに関して、どこかで発表し、また知らない人にもちゃんとアピールできるように整えるとよいでしょう。1は総合的な始まり、そして同じ1の意味を持つ10は、1よりもはるかに具体的で限定的な場においての提示と成功なのです。

I 魔術師

XI 力

それまでの流れを変える強烈な一撃
自分が始めたものを自ら改良する自立的行為

時間を超越した世界ということを想定すると、この世界には新しいものは何一つなく、初めから全部が揃っていたという考え方があります。時間に縛られた世界では、この全部揃っていたものの一部だけが出現し、他のすべてを体験するためには、時間的な経過を伴って、体験が推移していく必要があるというわけです。一つを発見し一つを忘れながら、時間の中を泳いでいくのです。前進する方向には任意性があります。このような体験の中で、魔術師があらわれることは、新機軸の出現です。それは新鮮で強烈です。続く力のカードは、今までにあるものを覆して、新しい動きを作り出そうとすることを意味します。実は、魔術師と力のカードの共通点というのは、帽子に無限マークが描かれていることで、右回りのものが左に、左回りのものが右にという転換をあらわします。魔術師は先行する宇宙と自分を切り離して、自分の手元の宇宙での創始者となることを意味します。

　つまりは母体から縁を切って、自分だけの世界を構築する

という大逆転が起こるのです。この魔術師の作り出した世界の内部で、今度は力のカードは十一番目のステップが来た時に、これまでの流れを覆すのです。それは魔術師が天から地へ向かった流れであることに対して、今度は天に向かうというふうに意識のベクトルを逆転させるのです。この二枚のカードの共通点はそれまでの流れを変えるくらい、強烈で意識的な力の一撃があるということです。魔術師が作り出した流れを、力のカードは覆していますから（11はバラバラにして合計すると2で、大きな意味で魔術師の1の力を相対化しているということも含みます）自分で作り出したもののうち、良くない結果を自分で改良するという意味でもあります。自分で始めて、自分で欠陥を見つけ出し、自分で改良する。自己批判能力もある自立的な行為です。転換点の時のみ人は目覚め、継続の時には眠っているということからすると、無限マークの働く瞬間だけ人は真に目覚めるのです。流れに飲み込まれない自分を作ることを始める場合も。

具体的な行動を始めると立ち往生
頭脳または精神活動の開始には有利

Ⅰ 魔術師

Ⅻ 吊られた男

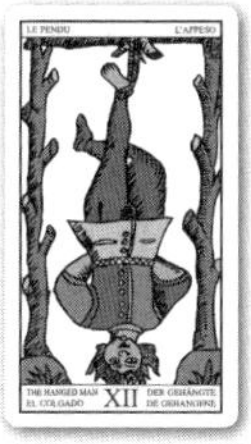

魔術師のカードは新規なテーマを打ち出し、お店を開くとか、教室を開くとか、お勉強を始めるとか、何らかの意味でこれまでしたことがないことをスタートさせるということに関係するでしょう。これまでになかったものを始めるという点では、新鮮で強烈なカードです。吊られた男のカードの吊られた男は手足を動かすことができず、具体的な行動をすることができません。実際にはそのような時には、むしろ精神的な活動や、頭脳的な活動というものは活発になってきます。小説家は生活が身動きとれないくらい単調で退屈な方が、良い作品を書くことができます。吊られた男というのは何か考えたり、編み出したり、作り出したりするためには、理想的な環境にいると考えてもよいのです。

中国の占いで天中殺とか空亡の時には何もしてはいけないと言われていますが、これは時間はあるが着地する空間を失うというサイクルの落とし穴に入ったことを意味します。つまりタロットカードでは、中空に浮かんで、大地から切り離された吊られた男のカードそのものに対応するのです。しかし天中殺は、執筆とか精神世界の活動にとってはむしろ有利な条件でもあります。これも吊られた男に似ています。魔術師が始めようとしたことは、吊られた男に引き継がれることによって、具体的な成果というものを生み出すことができなくなってしまうこともあります。しかし論文を書き始めるとか、小説を書き始めるとか、あるいは何か考えていくとか、いずれにしても中空に浮かんだ状況が有利に働くケースではむしろ幸運と考えてもよいのです。何か商売を具体的に始めようとしたなどの場合には必要なものが届かない、動くことができないなどスタートするのに問題があって、立ち往生してしまうような状況を示すでしょうが、それでも、ネット販売のお店を開くなどという話になると、吊られた男はネット活動そのものでもありますから、適しているとさえ言えるでしょう。

新規のものが古いものを淘汰する時代の転換期 増やすだけでなく減らすことも考えるべき時

I 魔術師

XIII 死に神

魔術師のカードはタロットカードの始まりのカードなので、何らかの意味で新しいことを始めようとすることを示しています。死に神のカードはこれまでのことを停止させて、新しい再生のために整理整頓をしているカードです。占星術とかバビロニアを起源とするカレンダーなどは十二進法です。十二進法の時間の流れの中では、死に神が示す13の数字は、新しい1とみなされることも多くなります。つまり十二番目が終わり、次の一番目に入る時に、それは十三番目という意味も背後に含まれるからです。キリストと十二使徒の場合も合計すると十三人ですから、キリストが13なのか、使徒の最後のユダが13なのかわかりません。つまり始める者、終わらせる者はともに13の数字に関係することになります。とりわけ絵柄では、死に神の鎌は地面に向けられているので、具体的な生活の面で、掃除するべきことがあるのです。もちろん部屋の掃除でもよいのですが、もっと大きな意味では、不要だと思う仕事を減らしたり住んでいる場所を引き払ったり、あるいはまたさらに大きなレベルで、何かを止めてしまうことも含んでいます。

しかし、始まりは魔術師だったのですから、新しいものを持ち込んでいることで整理が始まることに他ならないのです。例えば、パソコンが普及することで、印刷屋さんは活字を組んで印刷していく方式を廃止せざるを得なくなりました。古いやり方は新しいものが来ることで淘汰されるのです。そこでこの魔術師は、時代を変えてしまうとか、状況の新陳代謝を促す性質を持っていると考えてみましょう。新しいことをするためには、今までのことを整理しなくてはならないのです。何が邪魔になっているのか、どれが必要がないのか。そのように増やすだけではなくて、減らすということについても考える必要があるのではないでしょうか。そのことで初めて、魔術師のカードの力は十分に発揮されるのではないでしょうか。

Ⅰ 魔術師

ⅩⅣ 節制

始めた物事に対する地道な努力が必要
新しい試みが浸透する自己実現のチャンス

魔術師のカードは、新しいことを始めて環境の中に新鮮な刺激を与えていきます。自分で考えていく人もいれば、よそから何か持ってくるという場合もあり、必ずしも創造性をあらわすわけではありません。むしろ伝統的なカバラでは、魔術師のカードは創造性をあらわすわけではなかったのです。節制のカードは自己生殖をあらわす14の数字に関係したカードです。器から器へ、入れ物は変わってしまうが、中身は全く変わっていないという点で、生まれかわりなどをあらわすこともあります。精神的な事柄が、実際的な生活の中で生かされていくような成長をあらわすので、自己実現にも関係します。魔術師はより大きな環境から、あるいは異質な環境から、この私たちが住む世界に持ち込んでくるものがあります。

一方で節制のカードとは、純粋に個人の中で、概念的なものが具体化していくような、つまりは精神から物質的領域へと影響が下りてきます。外の世界から持ち込むのが魔術師のカード。内部の世界でより具体的なところに着地させるのが節制のカード。節制のカードは、異質なものを馴染ませるという意味もあります。魔術師は常に異質で、日本のマレビトと言われるものに近いものもあるのですから、それは節制のカードによって、より日常の世界に浸透していく恩恵を受けます。節制のカードというのは急速な達成をあらわすわけではなく、それなりに時間がかかるのです。魔術師の新しい試みは時間を経ることで浸透していき、ごく当たり前に受け取られるようになっていくのではないでしょうか。節制のカードは、文字どおり無駄なことにエネルギーを使わず、流れている液体をこぼすことなく、効率的に、節度ある姿勢で努力することを意味しています。従って魔術師の力も、地道にじっくりと形になっていくような努力を要求されています。達成するまでは、決して他のことによそ見してはならないのです。よそ見は液体をこぼすことになります。

I 魔術師

XV 悪魔

強い関心と支配の傾向が生まれる新たな主従関係のスタート

魔術師のカードは新しいことをスタートさせます。いったんスタートさせると、それは世界のカードという二十一番目の段階に至るまで、止めることができなくなります。達成感を得るには、タロットカードの流れをすべて体験するとよいのです。魔術師が何をしたいかは、悪魔のカードに表現されています。悪魔のカードの絵柄は上の次元に存在するものが、下の陰陽に分かれたものを支配するということで、上にあるものは下にある陰陽を一体化させたという点で両性具有として描かれています。つまりここにはちゃんと創造の三角図式が描かれているのです。

また、シンボルとして、上に向かうと正五角形なのですが、物質に向かうと逆五角形になり、額に逆五角を持つ悪魔は実生活や物質面へ関心を強く抱いています。そして15の数字は6の数字のバリエーションで奇数なので、相手に対しての積極的な要求をあらわします（反対に6は、相手の要求に応えることをあらわします）。関心を抱き、押し付け、支配する

というような傾向が悪魔のカードなのです。果たしてこれは間違っているのか。それはケースバイケースです。対象に判断を自由に任せ、それでいて、結果的には強く引き寄せる場合もあれば、自分から意志を押し出して、要求しなくてはならない場合もあります。それに上にいる者が自分か、下にいる二人のうちのいずれかが自分かということでも結果は違ってくるでしょう。魔術師は机に道具を広げて、これから何かしようとしているのですが、そもそもそれは悪魔と同じ大地に向かっている方向です。道具の配置されたテーブルが、悪魔のカードでは、手下の二人に変わったと考えてもよいのです。何かしたい時、人を使い、指示していくスタイルになっていくということも多いと思います。親密な関係の絆があり、逃げ出すことのできにくい関係です。主従関係のスタートとみなしてもよいこともあるでしょう。

I　魔術師

XVI 塔

安心や停滞を打ち壊す行動
常識を破り閉塞感からの解放を目指す

魔術師のカードはこれまであまり見られなかったような、新しいことをスタートすることをあらわします。数字はまだ始まりの1なので、ここには具体性はあまりありません。ターゲットも明確でなく、また具体的な方向性は、二番目の女教皇のカードで初めて選択されるものなので、魔術師一枚だけでは、かなり漠然としていることが多いのです。魔術師が天ならば、女教皇は地ということで、この段階で魔術師は次第に着地します。続くのは塔のカードですが、これは大地に根付いた頑固な殻に閉じ込められ、息苦しい状態にある人が、殻を脱皮することで解放される姿を表現しています。

生命の樹では、左にあるものが右にあるものを打ち砕きます。つまり閉鎖的に凝り固まった状態に対して、外からの刺激がやってきて、目から鱗が落ちるような現象をあらわしています。外部の変動に追従しなくてはならない職業の人であれば、常に塔は壊れ続けていて、安心できない状態となります。例えば、株の売買に関わっている人はそのような生き方をしていることになり、ちょっとでも安心の塔に入ると、チャンスを見逃してしまいます。魔術師が始める新しいこととは、このように安心や閉鎖という塔が壊れるようなことであると考えてもよいでしょう。人によっては魔術師の行為が打ち砕かれると考える人もいるかもしれませんが、説明したように、まだ魔術師は具体的でもなく、始めようとしているばかりなので、こういう時には、塔など作ることもできない段階です。すでにある程度作られ、守りに入った段階でならば、塔が作られ、塔が壊れるということもあり得るのです。今までの常識を打ち破ること、解放を導くこと、閉鎖的に固まったものに対してテコ入れをするようなことを、魔術師はしようとしていると考えてもよいのではないでしょうか。イメージの一つとして解体屋さんの仕事を始めましたという場合も、こういうセットであると想像します。

I 魔術師

XVII 星

集団に貢献する遠大なビジョンの実現
遠いところのものを近くに持ち込む

魔術師のカードは新しいことを始めます。絵柄の中にある机は、自分の持ち場や活動の分野のことで、手頃なサイズでできれば、リラックスして始めることができるでしょう。机の大きさは、その人の活動の器によって違ってきます。ある人は壮大な計画を持っているかもしれないし、ある人はある程度手頃なところで始めたいと考えているかもしれません。この魔術師が始めたいことは何か、それは星のカードから推理できます。これは遠いものの影響を、近くの池に流し込む絵柄です。星のカードの女性は裸で座っています。これは地位とか立場など、自分を守るものがなくなったということをあらわしていて、そのような状態でないと星は見えてこなかったのです。自分を守る人は遠いビジョンを見ることができず、遠いビジョンを見ることができる人は、まだ立場的に守られているわけではないのです。魔術師は異郷からここに持ち込むカードです。そして星のカードは、遠い星の力を受信して持ち込むので、持ち込むという行動が似ています。

星のカードで描かれている足元の池は、共同体をあらわしていて、池とか湖は、共感する水というものを示していて、個人的なものはコップの水として描かれ、より大きな集団性は、大きな湖として描かれていきます。星のカードというのはある程度個人的なメリットというものを捨てている部分があります。それは裸で、個人としては守られていないということにも表現されています。つまり多くの人々に貢献できるような希望を育てる性質があります。集団に貢献したり、また資質を育てたり、視野を拡大することに役立つでしょう。あまり卑近な目標でもないので、達成に時間がかかるでしょう。遠いものを身近なところに持ち込むという意味では、何かを輸入するということも星のカードの意味の一つです。ある程度自分を捨てて遠大なビジョンを実現する。魔術師の机は、予想以上に大きかったと考えてもよいのかもしれません。占星術をするというのも星のカードに属しています。

新しいものと古いものとの結び付き
封印していたトラブルの蓋を開く可能性

Ⅰ 魔術師

XⅧ 月

魔術師のカードは遠いところからやってきて、それまでの環境にはなかったような新しいものを、その場所に持ち込んできます。交通の便の悪い、あまり移動できない場所では、このように外からやってくる新鮮なものは、やはり歓迎するべきものだったのではないでしょうか。続くのは月のカードで、これは人間が眠った状態の時に、無意識の蓋が開いてしまうことです。私たちが目覚めている時には、目覚めている意識によって無意識から上がってくるものを監視し、止めています。ところがこの監視する力がなくなってくると、眠っている場合だけではなく、深くリラックスすると、無意識に押し込めたものが表面化してくるのです。誰でも眠る前に、いろいろなイメージを見ると思いますが、これが月のカードの作用です。

生命の樹では、魔術師はより上位の宇宙との架け橋であるケテルというところから、母体を示すビナーというところに新種を持ち込むパスに対応します。文字どおり母の胎内に、遠くの宇宙から新生児を連れてくるということです。生命の樹を上下対称か、または左右対称で考えた時、実は、この魔術師の右斜め上のパスに鏡のように反射している場所が、左斜め下の月のカードに当たる場所なのです。そのため、魔術師がより上位の宇宙から母体の中に何か持ち込んだ時、同時に、下意識の領域から上がってくるものがあるのです。これまで決してなかったものを持ち込んだ時、思い出さなかった古いものが浮上してきます。全く新しいもののはずが、何か古い記憶を刺激されるような体験を誘発します。知らないはずなのに、どこか知っていると感じる。それはまた封印していたトラブルの蓋を開くという場合もあります。何かざわざわと騒がしくなってくるのです。しかし、これは私たちの全脳的な開発に結び付くので、結果として悪くはありません。うんと新しいものはうんと古いものと結び付いているという事例です。星のカードは星の記憶を呼び覚ましますが、魔術師のカードは星のカード程には限定されていません。

I 魔術師

XIX 太陽

対立する世界観の合流
正反対の力を取り入れることによる目標達成

　魔術師のカードは、その環境にそれまでなかったような新しい種を持ち込みます。そのため、どういう形であれ、このカードが登場してくるということは、新しい波紋を生み出すことになります。続くのは太陽のカードで、ここでは二人の子供が遊んでいます。太陽というのは、この太陽系の中では中心にあって、それは絶対の軸をあらわしています。これを頂点にして、その下に二人の子供がいるという時には、静止したゼロの状態をプラスとマイナスに分けたようなもので、二人の子供は正反対の性質を持っていると考えることができます。太陽のカードは、タロットカードの中では終わりに近いために、このような正反対の性質が対立を生み出すということを意味しているのではなく、むしろ正反対のものが結び付くことで、太陽のような意識に近づくことができるということを示しています。

　さて、魔術師は1の数字で、太陽のカードは19の数字ですが、二つともバラバラにして足すと、これも最後は1になります。1は始まりですから、タロットカードの中では、スタートという意味を持つものは、魔術師の1、運命の輪10、太陽のカード19の三つがあることになります。ゲオルク・ジンメルによると19という数字は、太陽暦と太陰暦が合致するメトンサイクルに関係します。これは本来ならばアメリカと中東のように対立するような世界観が仲良く合流するポイントだということです。魔術師も太陽のカードも、始まりということなのですが、これまでなら対立してもの別れになったようなものを結合して、新しいムーブメントを作り出すことでしょう。魔術師は単独性が高いのですが、太陽のカードは互いが相手を軸にして回り合う複数性が鍵になります。例えば、何らかの技術提携で、それまでライバルだったような企業同士が新しいプロジェクトを進めるために協力関係になること。魔術師が提示する目標を達成するには、今までは退けていたものと仲良くしなくてはならないのです。一人勝ちしたり、独占したりする方向には向かわないという意味でもあります。

I 魔術師

XX 審判

新規のものが古い事柄に新たな意義を生む
真に新しい新鮮な活力の発生

　魔術師のカードに描かれている魔術師は大抵よそからやってきて、新風を巻き起こします。ここから今までになかったものが始まるのです。この魔術師の行為は、審判のカードへ受け継がれます。審判のカードは墓を開いて、死んだ者を呼び出しています。天使のラッパは意識の集中です。つまり関心を集中していけば、失われたかのように見えたものも引き出すことができるという意味ですが、基本的には過去のものを引き出す性質があります。生命の樹では、魔術師と審判のカードは、上下対称の位置にあります。左右まで対称に考えると、魔術師と月のカードのセットとなります。魔術師は上の次元から持ち込んだ新しいものを、よく知られている古い材質の中に生み付けます。新しい試みのものは、すべてが新しいと何一つ受け入れられることがありません。そのため、よく知られているものの中の新種として生まれてくるという意味なのです。これは魔術師のパスが、この宇宙の根底的な母体（ビナー）に接触しているからです。この宇宙にあるものはみなこの母から生まれたのです。

　一方で対称になっている審判のカードは、実際的な現場やより物質的な対象に対して強く働きかけ、しつこく関心を抱くことで、わからなかった事柄を解明する力をあらわします。新種が既知のものの母体に持ち込まれるように、鏡構造として、新種の地上的な題材が、既知の知識の中のどれかに照応するものとして明らかになってきます。つまり新しい活動をすることで、これまでの古い事柄にも新しい意義が生まれ、題材は古いものであれ、この中で、真に新しい新鮮な活力が発生することをあらわします。これまでに慣れ親しんだものを新しく使い直すということで、魔術師の目的を果たすことになります。例えば、骨董屋さんとか古本屋さんを新しく立ち上げるということもあり得るでしょう。古いものの中に新しさが、新しいものの中に古いものの片鱗が見えるということです。

I 魔術師

XXI 世界

壮大な計画への着手
完全なものを作るに足るものが手元に存在

魔術師のカードは、新しいことをスタートさせるということを意味しています。図柄で見ると、目の前に机があり、その足は大地に接触しています。これは魔術師は新しい意図を持つが、活用される題材は大地から引き出され、既知の古い題材を活用するということを示します。カバラでは魔術師は決して新しい創造をするわけではないと述べられています。

続いて世界のカードが示されます。タロットカードの流れとしては魔術師のカードと世界のカードは、始まりと終わりをあらわしています。魔術師の机の上にあるものは四元素だと言われているのですが、世界のカードでは四元素は真ん中の人物を取り囲む、四隅の生き物として表現されています。魔術師の机の上にある四元素は、机が大地に所属するものだとすると、魔術師はその扱いに慣れておらず、自分のものにしていないのです。しかし世界のカードでは完全にその人のものとして、こなれていると考えてもよいでしょう。グノーシス思想の影響もあるタロットカードでは、魔術師は異邦人であり、そうなると、この世界に所属している四元素というエレメントに関して、扱いにこなれていくことは大きな課題なのです。それが、完全な形でものにできるようになるまで取り組むという意味になってきます。初めは負担でも自由にコントロールできるようになると、それは何の負担にもならない。むしろ助けにもなってくれるのです。手元にあるものが、実は完全なものを作り出すに足るものでもあった。世界のカードは欠けたもののない完全なものということを意味します。例えば、ワーグナーは自分の楽劇で完全な宇宙を作り出そうとしました。壮大な計画というものに着手すると考えてもよいかもしれません。完成ということにこだわり、町作りのような総合性も例に挙げられるでしょう。

ゲリー・ボーネルは宇宙から来た魂を「トライアード」と言い、地球から発展してきた魂を「ダイアード」と呼んでいます。このセットはこの二つの統合という意味も隠されていると思われます。

Ⅱ 女教皇

The High Priestess

II 女教皇

0 愚者

女教皇のカードは数字の2に割り当てられ、それは可能性、相対性、素材、潜在性などを意味します。1が天とすると、2は地になりますから、物質の中に埋もれた潜在力ということも意味します。占星術であれば、二番目のサインは牡牛座で、それは土の元素のサインで身体の持つ潜在力です。浮遊する魂は身体の中に入ると、身体の資質を点火し、身体の中に潜在する先祖からの引き継いだ能力を活発化させます。女教皇の持つ書物は、そのように埋もれたデータや資質を意味しています。もちろん個人の身体に限定する必要はないとも言えます。身体はより大きな母体を持ち、もっと集団的な地の資質、極端な話、宇宙的な範囲の地を意味することもあるからです。

　このような地の資質、ものの中に埋め込まれた書物は、次の愚者のカードによって無化されます。生命の樹のパスでは、頭頂のケテルから胸までが女教皇です。ケテルから左側の耳とか肩に当たるような位置のコクマーが愚者のカードです。

さらに深いところの資質を探り出す本来の軸を無化する

つまり同じ上空の根のところから二枚のカードは下りてきています。左側にあるものは制限を突破してしまいますから、女教皇の書物をリファレンスとした、個人の本来の生き方という軸を、愚者のカードは無化してしまおうとする強い力が働くのです。これに対抗するのは、ちょうど愚者のカードと対照関係にある右側の魔術師のカード。それは大地に着地して、資質を生かそうとしているのです。記録を抹消するという意味では、パソコンに入ったデータを削除してしまったというようなイメージでしょう。古代文明を記録していたと言われるアレクサンドリアの図書館は数十年燃え続けて、あらゆる貴重な資料が消えてしまったと言われています。始めるためのリファレンスを失ったので、これから暗中模索をしなくてはならないというわけです。しかし、これはさらに深いところにある書物を引き出すきっかけにもなり得ます。

偶然によるスタート
要求されることで本性に合った能力を発揮

Ⅱ 女教皇

Ⅰ 魔術師

女教皇のカードは、無意識の中に膨大に蓄積されている記憶をあらわしています。これが図柄の中での書物として描写されています。占星術であれば、女教皇の２の数字と同じ二番目の牡牛座、あるいは二ハウスは個人が生まれた時にすでに決められた原初の人生の方向性や持ち物、条件を意味します。お金持ちの家に生まれたら、初めからその条件が与えられていて、本人は選ぶことができないのです。とはいえ女教皇のカードを研究者とか、書斎の人と考えることも、図柄から見れば間違いではありません。魔術師がある環境にやってきて、何か新しいことをしようとした時に、材料としては現地調達をします。魔術師の使う道具や机は大地に立っていて、それは魔術師の所有物ではなく、現地調達品なのです。つまり魔術師は意図だけを持って、材料はその場所の環境の裏に潜んでいる女教皇の記録の書物から引き出すと考えてもよいのです。例えばヨーロッパの人々は、アメリカに移住した時に、ヨーロッパで食べていたパンを食べようと思いましたが、アメリカにはその材料がなくて、代わりにトウモロコシ（コーンミール）を使いました。そうやってアメリカンマフィンが出来上がりました。共通の意図は、その当地の材料によって違うものを生み出したというわけです。

　ところが、魔術師のカードと女教皇のカードが順番が逆になっていますから、主導権は女教皇が握っています。女教皇には根本的に推進力が欠けているため、これは状況任せと考えてもよいでしょう。たまたま書物の中のどこかのページが開かれて、その段階で、魔術師の始める力というもののスイッチが入るのです。ということは、ここでは何を始めるにしても、初期の段階では、偶然に任せているということを示しているのでしょう。要求されれば、その段階で優れた能力を発揮することができる。発端は偶然から、あるいは受動的な条件から始まるのです。その人の資質に沿って素直に始まることと、本性に沿ったものがスタートします。

II 女教皇

III 女帝

膨大な情報を形にする力 生産力の鍵を握るのは目的意識

このカードの並びはタロットカードの順番どおりなので、一番自然な流れと考えることができます。女教皇と女帝は同じ人物と考え、たいてい女教皇は未婚、不毛。女帝は結婚して妊娠するという対比で考えることが多くなります。私は個人的にこの組み合わせというのは速読術とかフォトリーディングなどに似ているものだと感じます。こうした技術では、右脳を使って、一冊の書物の膨大な情報を瞬間的に取り込みます。右脳は、考えるよりも早い処理能力によって、どんなに膨大な情報も瞬間的に取り込むことができるのです。ところがこれは、そのままでは言語化することができません。従って、左脳によって解読されなくてはならないのです。解読するための技術がアクティベーションと呼ばれているのですが、これによって初めて一冊の本の内容が理解されてくるのです。

女教皇は膨大な情報を握っている右脳の働きに似ていますが、形にして豊かな成果を作り出すのが左脳である女帝のカードです。ここで重要なのは、ストックされた膨大な情報を形にしていくための、つまり女教皇から女帝へと受け渡すためのアクティベーションの技術の問題です。そこでは目的意識というものがはっきりしなくてはいけないと言われています。何のためにどうしたいのか、それがはっきりしないのならば、女教皇の持っている可能性は、使われないままで放置されていくのです。女教皇のカードが出ているということは、すでに材料は十分に持っているはずです。あとはそれをどうやって、何の目的で形にしていきたいのか、ビジョンがはっきりしていれば、潜在力は女帝の持つ豊かな生産力に受け渡されるのです。女教皇は2の数字なので、永久に相対性の中にとどまります。その本来の性質として、自分の方から何かするということは不可能です。女帝のカードに移るためには、どうしても目的意識というものが必要なのでしょう。膨大な材料が成果を作り出し始めることをあらわしているセットです。欲求をはっきりさせるとほとばしり出ることになるのです。

Ⅱ　女教皇

Ⅳ　皇帝

本性に沿って勢力を拡大し限界を突破
現状のものを有無を言わせず拡大

　生命の樹では女教皇のカードのパスは、頭上のケテルと胸の中心のティファレトという場所のラインにあります。これは天から下りてきた自分の本性に忠実に沿った生き方を意味します。女教皇の持つ書物は、身体の中に埋め込まれた経典のようなもので、神と人の契約の書という意味合いを含んでいます。現実に書物があるのでなく、遺伝子的な情報です。私たちはこの書物に書かれているようなスタイル以外の生き方をできないのです。このパスという点では、続く皇帝のカードは、能動的なコクマーという中枢と女教皇のカードも接触しているティファレトに結び付くラインに該当します。つまり非行動的、中心的なケテルから流れてくるものと、能動的な左のコクマーから流れてきたものが、ティファレトで合流しているのです。ティファレトは、その人の本質的な中心点です。女教皇で始まり皇帝でそれを受けるという組み合わせでは、言葉で連結すると、その人の本性に沿ってその勢力を拡張していき、限界を突破するということになります。あくまで本性に従ってということがキーワードになりやすいのではないでしょうか。

　女教皇のカードの数字は2で皇帝のカードは4。ともに偶数で、4は2の倍数に他なりません。皇帝という言葉から考えると、それは支配者であり、権威的なものであり、積極的な力があるように見えるかもしれませんが、皇帝のカードがあらわしている4の数字は普及したりする力にはなるのですが、新しく生み出すものはありません。両方とも偶数なので、積極的に改変する力はないとみてもよいでしょう。現状維持のものをそのままどんどん拡張するという意味で考えてもよいでしょう。もし女教皇を学者とか研究者のキャラクターと考えると、それが皇帝という権威的な力を発揮するので、学者の分野で強い力を発揮して、その影響力は有無を言わせない形で拡大していくと考えてもよいでしょう。古いものが普及していくので、ある意味、保守的なものの拡張と考えるとよいでしょう。

Ⅱ 女教皇

Ⅴ 法王

さまざまな情報を周囲に語る問いかけに必ず答えることのできる能力

女教皇のカードは私たちの体の中にある遺伝子的な情報に似ています。特定の目的を持つと、特定のホログラフが刺激されて、そこに系統だった情報のグループが引き出されてきます。違う光を当てると、また違うホログラフのスイッチが入ります。しかし一枚目のカードが受動的な女教皇となると、ここでは何らかの外部の刺激がやってこないことには、何もスタートしないことをあらわしています。反対に、何か問いかけがあれば、すぐにでも回答を引き出すこともできるのです。二番目のカードは法王のカードです。これは奇数の数字である5の数字のカードなので比較的能動的です。基本的には、自分自身が持っているものを、周囲の人々に表現していきます。周囲の人はそれを受け取る準備ができているので、ここでは法王が上位に存在し、周囲は下位に控えています。法王が何を言っても、それは周囲の人が受け取ることをあらわしていますから、ここでは心臓から血液が流れていくように、循環システムは出来上がっています。もし女教皇が、私たちの膨大な右脳の情報センターのようなものだと考えると、これはある種の霊感のように考えてもよいかもしれませんから、さまざまな情報が法王の口から語られ、それを周囲の人が受け取るということができるようになります。

しかしまずは問いかけが必要です。この問いかけというアクティベーションがあれば、女教皇は何でも引き出すことができるからです。どんな相談を受けても、必ず答えることができる。こうした能力が、この二枚のカードによって発生しやすいと考えてもよいのではないでしょうか。法王としては、何も準備していません。その場の問いかけによってアドリブで語ることが出てくるのです。やってくる相手によって、話題が変化すると考えてもよいでしょう。法王の5の数字は気ままさでもあるので、すき放題で言いたいことを言う方が、女教皇の知恵は出てきやすくなります。霊能力によって教祖的立場に立つというケースもこのセットであることは間違いないでしょう。

Ⅱ 女教皇

Ⅵ 恋人

　女教皇のカードは私たちの体の中に潜んでいる遺伝的な情報と考えてもよい面があります。もちろんそれ以外にも図像から考えて、研究者とか、神殿の奥で経典を持っているような存在として考えることもできます。知識をたくさん持っているように見えますが、あまり行動することはありません。続く恋人のカードですが、これは自分にふさわしいような環境とか、相手とか、まるで運命のように導かれていくことをあらわしています。図像では上空に天使がいて、それが矢を放つ光景になっています。恋人のカードがあらわす６の数字というのは、その人にふさわしいような状況が自動的に組み合わさっていくような状況をあらわしているのです。６の数字は３の倍数で、それは創造的な運動に対しての、ふさわしい状況が引き寄せられるという意味で、引き寄せそのものは受け身に発生するのです。女教皇のカードも恋人のカードも、自動的に引き出される可能性であり、そこには能動的な意志決定が見られないことになります。

受動的に引き出される可能性
周囲に求められる形で資質が開花

　生命の樹のパスでは、女教皇のカードは頭頂のケテルから胸の中心のティファレトへ。恋人のカードは、母をあらわすビナーからティファレトへ。女教皇はその人の本性としての潜在力をあらわすのですが、これが右側のパスに該当する恋人と連動すると、たくさんある可能性は、実際に出会う環境、相手、結び付いたものによって限定され、それ以外の可能性は発掘される機会を見失うという意味になります。女教皇はあくまで受動的ですから、外部からの刺激がないことには、その知恵や情報は活性化できません。そういう時、たまたま出会ったものによって、資質のある部分が活性化されるというのは誰でもそうでしょう。三つの可能性や資質を持っていたとして、しかし、出会った人や環境が、このうち一つを要求してきたら、その一つをずっと使い続けることになるということなのです。偶数カードの組み合わせはそのように動きがみな受動的になりやすい傾向があります。

II 女教皇

VII 戦車

全体的な知識と的を絞った行動
マニュアルを元に実践可能な状態

女教皇のカードでは、女性が神殿の奥で書物を持って座っています。この書物は、宇宙の記憶のようなものだと考えてもよいでしょう。科学者のデヴィッド・ボームは、私たちの脳は、宇宙の全体の情報を受信していて、私たちは一つのホログラフとして存在しているという考えを打ち出しました。それに膨大な可能性があるのですが、私たちは脳を数パーセントしか使っていないと言われているように、女教皇の持つ潜在力のごく一部しか活用していないとも言えます。実は女教皇のカードと戦車のカードは最も相性が悪いと言われていますが、そうでもありません。戦車は意志の緊張によって、自分の考え方を狭めていく姿勢が強く、女教皇は反対にすべての可能性を持っていて、その資質は無限大というものなので、相性が悪いというよりは反対の方向のものであると考えた方がよいわけです。戦車は女教皇の資質のごく一部を活用するようにできているのです。

私たちが脳を数パーセントしか使っていないというのは、

私たちが自分という人格や自我の緊張を伴い、戦車として生きているからということでもあるのです。意見もあり、主張もあり、欲求があり、攻略目標もある。それ自身が情報の全体を見えなくさせています。女教皇が分厚い本ならば、その中の一部のページの数行に注目して、その中で生きているというようなものなのです。一部だけを注視すると、ここと違う場所という差異性が発生し、それはここからあそこへという行動性を促します。しかし書物全体を見ている人は、全体的であるがゆえに行動することはできなくなります。古い時代の物語では女神や女王、巫女的な存在が指示した後で、戦士が動き始めるというスタイルが描かれています。女教皇はマニュアルです。このマニュアルを元に実践的な行動ができるという意味になるのです。ある本を読んで、そこで人生が開けたという人はたくさんいると思いますが、女教皇は人物と考えずに書物と考えてもよいのです。ある書物で啓発されて勇気が出ましたというのはこのセットのことでしょう。

Ⅱ 女教皇

Ⅷ 正義

抽象論から実際的応用へ 意志を発揮し正しい判断を下すべき状況へ変化

女教皇のカードは、神殿の奥で書物を持って座っている女性が描かれています。生命の樹では左右の柱の真ん中に女性が座っていて、これは活動が陰陽に分かれていない状態をあらわしていて、つまり労働とか活動などには入っておらず、そのまま静止となることです。外からの要求に対して答えることはできるのですが、決断することなどもありません。数の本では、女教皇の2の数字は無意識、すなわち無知をあらわし、正義のカードの8の数字は意識的な知恵をあらわすという対比で語られることがあります。女教皇は具体的な知識を示すわけではなくてもっと漠然とした、根源的な知恵に関係しています。正義のカードは具体的な現場で正しい判断を下すというような性質があるので、抽象的ではないし、比較的限定された知識ということを意味しています。

女教皇は右、左、中心という三つの柱のうち、真ん中にしかいないので、具体的な陰陽への応用性がありませんが、正義のカードでは右手に剣、左手に天秤という具合に、左右の陰陽へ行為が拡大されています。つまり肘を左右に拡張したというふうに見てもよいのです。それに生命の樹では頭頂のケテルから、胸の中心のティファレトのパスが女教皇のカードですが、さらにティファレトから意志の中枢のゲブラーへつながるパスが正義のカードです。連続しているという点では、実務に携わらなかった人が、明確に意志を発揮するような人に変貌したと考えられます。例えば、ずっと研究者として実務に関わっていなかった人が、ある段階から企業とか組織とか、あるいは何か現場で、具体的に決めなくてはならないような立場に変わった。それまでは抽象論として考えていたものが、いきなり実際的なものに対処しなくてはならなくなったような変化です。理論を実践に移すような変化だと考えてもよいでしょう。なおかつ2と8は共通しているとゲオルク・ジンメルは説明しています。つまり2の四倍が8。4という実際性と力を加えたわけです。

II 女教皇

IX 隠者

女教皇のカードは、図柄では椅子に座っていますから、ある種の立場をあらわしていて、そこから動くことはありません。生命の樹で言うと、中央の柱にじっととどまり、右にも左にも活動していませんから、生活者ではないと考えてもよいのです。つまりお金を稼ぐ必要はなく、実務に関わる必要もないのです。女教皇の持つ書物は膨大なデータベースというふうに考えてもよくて、自分自身では何もしないが、問いかけがあればそれに対しては必要なものをいくらでも出してくることができると考えてもよいでしょう。

隠者のカードは右手にランプを持ち暗闇の中を歩いています。図柄では左上のランプは身体では右上を意味しており、それは無意識の中から冴えた意識化をする、つまり発明や発見と考えてもよい場所です。そもそも隠者のカードは、思想とか哲学、精神的な事柄をあらわすことが多いので、探し物というのは精神的探求とみなされることになります。女教皇の示している潜在的な知識としての書物は、私たちの持つ潜在的な資質でもあるのですが、それは完全に解明されてもおらず、私たちの脳が数パーセントしか使っていないと言われているように、九割以上は活用されないまま眠っています。

非個人的な情報を解読
膨大な無意識の中からの冴えた意識化

隠者はこの膨大なデータベースの中のどこかをランプで照らす、すなわち意識化すると考えてもよいのではないでしょうか。そのためには精神の逍遥が必要で、観客の必要な法王に反して、孤独な状況ということも価値があるかもしれません。私たちの宇宙には、すべてを記録しているレコードの領域があると言われています。多くの霊能力者たちはそこに読みにいって、いろいろなことを知るのだと言います。これらを言語化して自分の知恵として獲得するということが隠者のカードの性質であれば、非個人的な情報を解読していくような組み合わせのカードだと考えてもよいでしょう。生命の樹のパスでは、この二枚は胸のティファレトを通じて連続しているために、この二枚セットのような行為は比較的自然な事例ということでもあります。

Ⅱ 女教皇

Ⅹ 運命の輪

待ち望んでいた真実の解明
これまでわからなかったことが急に開かれる

女教皇のカードは、神殿の奥でじっと座って書物を抱えている女性として描かれています。2の数字は受動的なもので、状況によって変化します。書物はいわゆる種の書物と言われているもので、民族にはみなそういう種の書物があり、日本ならば古事記などがそれに当たります。日本人の基本的な行動のスタイルは、そこに記述されているということになるのです。二枚目に出てきたカードは運命の輪のカードですが、これはステージが変わって、外界に対して自分の持っているものが生かされる時期が来たことをあらわします。10という数字は、狭い場であるサークルの円（0）で、新しく1のスタートがあることを意味しており、具体的で狭い場所、ある業界、職場、地域などで自己実現することを意味します。

運命の輪は、しばしば時の流れの中で運の盛衰をあらわします。例えば、四つの可能性が同時に存在するとしたら、時の流れの中では、順番に四つのものがあらわれ、同時に出現することはありません。そこで時の流れの中では、あるものは盛り上がり、あるものは衰退していくという動きが発生します。女教皇の書物は、あたかも時間の流れの外にあるかのようで、私たちはこの可能性のごく一部しか知らないのです。そして時の流れの中で、ある部分がクローズアップされて、また時の流れの中で別のものが忘れられる、という変遷をするのではないでしょうか。あることに取り組んでいた人がいるとして、世の中で急にその話題が盛り上がってきた時には、その人は注目されますが、しかしまたあっという間に人々はそれを忘れます。それでも前から取り組んでいた人は、その流行には振り回されず、ずっと取り組み続けるでしょう。これまで全く知られていなかったような遺跡が、突然ある日見つかるというような時もあります。何事にも時期があるとしたら、こうした真実の解明や、これまでわからなかったことが、ある時期を境に急に開かれてくるような現象だと考えるとよいでしょう。それは偶然を装ってやってきます。

過去の資質を未来のビジョンで書き換える過去と未来のハイブリッドの新種

II 女教皇

XI 力

女教皇のカードは、その人の持つ潜在的な資質が必要に応じて開花することを意味します。女教皇の持つ書物としての巨大なデータベースは、カバラの分野では経典とみなされるので、トーラすなわち律法という言葉が書かれているものがあります。実際に、ユダヤの神秘主義では、あらゆる知識を旧約聖書やタルムードを解読することで手に入れようとするのです。次は力のカードですが、これは絵柄から言えば、強い動物の力に対して人間が制御するというものです。動物に対しては人によって扱い方が全く違います。

ところで、女教皇と力のカードの数字である2と11というのは、ともに2の数字に属しています。11の数字は足すと2になるからです。2は過去から来た資質によって人生の方向を決めること、11は未来のビジョンによって人生の方向を決めることという対比があります。占星術では牡牛座の2は過去の資産。水瓶座の11は未来のビジョンをあらわします。また力のカードは、帽子に無限マークがついていることから、これまで当たり前と思っていたものを転覆させるという意味もあります。つまり彼女がつかんでいた動物というのは、過去から続く自然性や習慣、当たり前のことと考えてもよいのです。それを改革することで、これまでとは違う未来を作り出す。そのように考えてみると、女教皇の2の数字は、過去の資産のまま素直に生きることを意味しますから、力のカードの絵柄の中にいる動物のように生きるというふうに考えてもよいのです。このセットは、過去の資質を未来のビジョンによって書き換えるという意味があることになります。人は過去から未来のビジョンに張られた糸の上を歩いています。このどちらが変わっても、人生の流れは変わってしまいます。書き換え不可能に見えた生まれつきの資質、条件を、書き換えてしまう行為を意味するのでしょうが、それは過去と未来のハイブリッドの新種も生み出す可能性があります。古いものをそのまま活用することに我慢がならず、必ず何か新しいことを加えたいのです。

Ⅱ 女教皇

Ⅻ 吊られた男

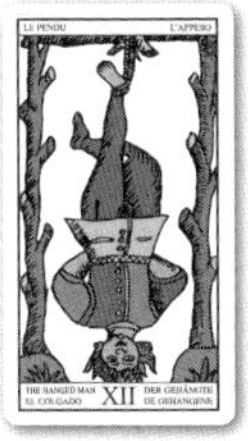

膨大なデータの中で働く想像力 生み出されたばかりの非現実的知識

女教皇のカードの女教皇が手に持っている書物は、この宇宙のすべてのことが記録されているアカシックレコードと言えます。私たちが柔軟な姿勢で生きていれば、こうした潜在的な知識をもっと広く活用することができるのですが、自分の考え方とか生き方にこだわっていると、ごくわずかなところしか読み取りができません。左脳は一瞬では八ビットしか情報を認識できないのですが、右脳は数百万ビットでも瞬間的に処理できるそうです。その点でこだわりが強い個人は、狭い視野の左脳のようなものだと言えるのでしょう。続く吊られた男のカードも女教皇と同じく、行動的ではありません。もともとは行動的だったのかもしれませんが、今は何らかの理由で自由を奪われています。しかしこのような時には、自由に動ける時よりも遥かに頭脳活動は活発になり、さまざまなアイデアがわき出してきます。女教皇の書物は、すでに書かれたものであって、それは膨大なデータベースのようなものであると考えた時に、吊られた男は自分の自由が奪われた中で、想像力を働かせることで、こうした記憶が奥底から出てくることを意味しているのではないでしょうか。

生命の樹のパスでは吊られた男は意志のゲブラーから、知性のホドへのラインです。つまり意志というものが外にはけ口を持たない時には、それは自身の認識力へと働きかけ、自らの中に知識を生み出すというものです。女教皇の持つ書物を読むために、行動力を奪われ、まるで隠遁者か幽閉者のようになってしまったが、そこではたくさんのことをリーディングできるということです。吊られた男は瞑想中の状態を示すこともあるのです。しかし吊られた男は大地から切り離されていますから、それを具体的なものに生かすことはまだできません。考えること、思いつくことはたくさんあるが、しかしどこかでそれを生かすことはできないのです。それはまた後の課題だと言えるでしょう。吊られた男はワインを寝かせるように醸造プロセスの中にあるので、熟成するには時間が必要です。

Ⅱ 女教皇

ⅩⅢ 死に神

不毛な体験が知恵や可能性を開く 余分なものを減らすことで本質的に

女教皇のカードの示す2の数字というのは潜在的な可能性をあらわしていますが、相対的な特徴を持っているので、状況によっていくらでも変化してきます。女教皇が持っている書物は、潜在的な知識などをあらわしていると思いますが、それらは状況に応じて必要な時に呼び出されてくるもので、その時になって初めてわかるのです。続く死に神のカードは13の数字ですが、これはより高度なものを引き寄せるために、地上を粛清するという意味を示しています。これまで続いてきたものが停止しないことには、新しいものが始まりません。

生命の樹では女教皇は頭頂のケテルから、胸のティファレトまでのラインです。また死に神は、このティファレトから、左腰のネツァクというところまでのラインに該当します。ネツァクは外界への期待や夢、依存などをあらわしています。私たちは何か期待する気持ちがある間は、自身の創造的な精神を発揮することはありません。そのため、期待を裏切られ何も夢見なくなった時に初めて、ティファレトという創造的な太陽の力が目覚めるというのが、この死に神のラインをあらわしています。そしてこのティファレトに最も正確な位置情報を与えているのが、女教皇のカード。つまり死に神のような、期待を満たされることのない、不毛な体験をすることで、内奥の創造的な力が開発され、そこには、女教皇の持つ書物の片鱗が見えてくるという意味になってきます。これはある意味で吊られた男とのセットにも似ています。吊られた男は宙吊りに。そして死に神では、現実に実生活において、順調な流れがストップして、空白ができてしまいます。自分の中の知恵や本当の可能性を開くには、このような死に神の体験が必要だということなのでしょう。また女教皇も死に神も、ともに不毛だと言われているカードです。その点で、増やす側でなく減らす性質です。余分なものを減らす方がより本質的になれるという意味です。何かストップしたりスランプになる方が可能性が開くのです。

Ⅱ 女教皇

XIV 節制

余分な横道のない基準としての生き方
周囲に振り回されず自分であり続ける

女教皇のカードが初めに来ると、自分の資質に忠実に生きるということになります。女教皇の持つ書物は、その人の生まれた時からの条件を物語り、それはより上位の次元と自分との特有の関係、契約などをあらわすというのが、カバラの生命の樹の意味になります。続くのは節制のカードです。生命の樹のパスでは、実はこれは女教皇の下に続き、女教皇とともに中央の柱をまっすぐに下りるラインを意味しています。女教皇は、より上位の次元の特質と自分の生き方を精密に合わせ、上位の次元にあるものの模型のような自分を作ることをあらわし、次に、節制のカードは、さらにそれを見える形にすることを意味します。つまりは節制のカードは、より具体的な面で、自身の本性を実現しようというカードなのです。

この二枚は単純に自己実現とか自分に忠実に、ということにとどまらず、もっと超意識的な要素との関係において、正道を歩くということになるのです。真ん中を走る中央の柱というのは、周囲のさまざまなことに振り回されず、自分であり続けるという意味で、女教皇の場合には非活動、静かな環境にいることなどが特徴となりますが、節制のカードでは、仕事の選択なども、自分に適したものを選び、環境も自分を育てる方向に向かうということになります。これは普通の基準から考えると、閉鎖的に見えることも多いのではないかと思います。社会的な活動とか活発な生活というのは、左右の振幅が大きくなる暮らしであって、女教皇と節制のカードは、樹木で言えば、幹に当たる部分であり、左右の枝葉がないのです。例えば、日本の天皇は、天上のアマテラスの地上においての代理人であるという思想ですから、天皇とは女教皇のことを意味します。それにふさわしい執務をして、余分なことをしないとなると、そこに節制のカードも加わります。自由は奪われ、横道に逸れる可能性もないが、それは基準としての生き方となるということになるでしょう。自己実現としての正道です。

II 女教皇

XV 悪魔

確信と外面的知識との葛藤
深いところにある確信を押し切る

生命の樹のパスで連続的につながっている二枚のカードは、エネルギーの流れとして自然なものをあらわすと考えてもよいでしょう。こうなれば次はこうなりがちだということです。女教皇と悪魔のカードは、胸の中心のティファレトというものを挟んで連続した二枚です。つまり互いを強め合う傾向があるということにもなります。女教皇のカードは、より上位の次元の忠実な模型となることを意味しています。芥川龍之介の小説に『蜘蛛の糸』がありますが、お釈迦様から地獄まで下ろした糸は、生命の樹の中央の柱をあらわしていて、女教皇はより高次な世界と直接つながり、その回路となっていることを意味します。そのようにして、強力な力が胸の中心のティファレトに流れ込んできた時、次にこの力は、知性の中枢であるホドに向かう悪魔のカードのパスを充満させます。自身の確信を意味するティファレトは、常に、外面的な知識でもあるホドとの葛藤を起こしています。覚えていることや、言われたこと、読んだこと、聞いたことと内心の確信はいつもちょっとばかり違うのです。そのような時、内心の確信を押し切るのが、悪魔のカードということになるのです。その背後には、より上位の次元と直結した女教皇が働いているのですから、悪魔のカードには、深いところからやってきた確信があるということになるのです。

物質的な次元としての地球社会は銀河や太陽系などの一連の宇宙的な関連性から孤立している場所であるという説があります。こういう場合、より物質に近いところにあるホド、知性の中枢は、より地上的なものに影響を受けやすいので、女教皇の末端であるティファレトとのひずみが発生しやすく、そこで、悪魔のカードのように押し切る必要があるというわけです。ここには民主主義も平等主義も働かないかもしれませんが、民主主義や平等主義がない、すなわち不公平という二者択一的な考え方では理解できにくいセットでもあるでしょう。

Ⅱ 女教皇

XⅥ 塔

定説が真の知識を妨害
行動を伴わない知識が危機を招く

女教皇のカードは、書物を持って座っている女性を描いています。もし書物が物質として存在しておらず、アボリジニーのドリームタイムのように、集団的に共有された非物質的な記憶であるとすれば、物質的な個別化をされない分だけ、普遍的な知識というものになってきます。塔のカードは、そもそもがすでに確立され固まってしまったものを壊すという意味があります。どんなものでも確立されたものは、守りの作用が働きます。もちろん私たちは自分の生活を維持するためには、このような守りはある程度必要で、塔は私たちの都市とか家そのものでもあるのです。しかしこれらはずっと続くと、自由な生命力を閉じ込めてしまうので、定期的に解体と再構築が必要です。言葉や知識も、定説として記憶されてしまうと、本質を隠蔽する塔として働きます。

そもそも生命の樹では、塔のカードは、知識を示す右のホドという中枢と、自由な受容性を示す左のネツァクという中枢の間をつなぐラインに当てはめられ、真の意義をつかむには、塔はある程度頻繁に壊れなくてはならない、常に安心してはならないという意味にもなっているのです。山崎豊子の小説で大学病院を描いた『白い巨塔』という作品がありますが、守りに入った知識の殿堂は塔になってしまい、そうなると、本来の役割が果たせなくなるために、どこかで壊されなくてはならないことになるというわけです。カスタネダの著作に出てくるドン・ファンやギリシャのダスカロスなどは、実際の本は、真の知識を歪曲する主観的なものなので読んでも足しにならないと主張しています。女教皇の書物の普遍性を生かすには、具体的な知識や国の言葉としての殻となる塔は妨害物になりやすいのです。また女教皇には決断力も行動力もなく、状況で流動する姿勢、考えるだけで何もしないこともあらわしますから、それが立場を危うくするという意味もあります。本を買い過ぎて家の床が抜けたというケースもこのセットです。

II 女教皇

XVII 星

宇宙地図を元に星と交信
古い知恵が未来につながる遠いビジョンの育成

女教皇のカードの女教皇が持つ書物は必ずしも印刷されたものである必要はなく、それにそもそもタロットカードの初期の数字の段階なので、宇宙の記憶のようなものとみなしてもよいのではないかと思います。私たちはその中に埋もれて生きているので、それを対象化してリーディングすることはできません。しかし魔術師のような異邦人がこの宇宙にやってきた場合には、まず初めに意識するのは、この女教皇の書物です。旅行者が見知らぬ環境の中に入った時に、初めに読みやすい案内書と言ってもよいのかもしれません。その後のタロットカードの進展は、この女教皇の書物の中を生きるようなものなので、ずっと対象化されず、審判のカードになって表面化してきます。

女教皇の持つ書物は、生命の樹ではより上位の次元との契約の書のようになっていて、つまり自分たちはどこから来たのかが書かれているということになります。星のカードは、遠い星と通信する図柄が描かれています。日本の羽衣伝説、アメノウズメと同じ神話型のカードであるとみなすと、もともとその星にいたか関係した者で、なおかつ地上に落とされた者だけが、元の星と通信できるという意味になります。日本人にとっての女教皇の書物の一つ、古事記ではアマテラスやスサノヲのことが書いてありますが、これらはプレアデスやオリオンのことであると言われています。イシスとアメノウズメは共通の神話型であると言われ、そうなるとアメノウズメはシリウスになるということです。女教皇の持つ宇宙地図を元にして、こういう星との通信をするというふうに考えてみると興味深いかもしれません。塔は現代社会の常識の知識です。塔の中にいる限りそのような通信などできませんが、星のカードの女性は塔が壊れた後、裸のままで大地の上に座っているので、塔がもたらした偏見や常識、現代の思想などには影響を受けなくなっています。つまり信念としての塔が溶解することで、古い知恵が未来にも通じる遠いビジョンを育成することになるのです。

Ⅱ 女教皇

ⅩⅧ 月

意識の底を突き抜け眠っている真実を発見
まとまらない流動的体験が続く

女教皇のカードは、潜在的な知恵を表現しています。２の数字というのは１の数字が天であれば地をあらわし、ローカルな世界の法則を表現していると考えてもよいでしょう。宇宙的な記録というのも範囲が大きいけれど、やはりローカルです。ということは、この物質的な環境や宇宙そのものが、すでに記録と考えてもよいのですが、私たちの意識との関係性が固定されることで、つまり「見る」ものと「見られる」ものが結び付くことで、意義が固定化されています。椅子を見た時に、それは座るものだと決まっているのは、私たちがその物体を座る道具というふうに決めたからで、私たちは違う使い方を選ばないのです。幼児には目の前にある椅子が何をするものなのかわからず、私たち大人には予想もつかないような妙な使い方をすることもあるのです。

月のカードは私たちの意識の床とも言えるものを突き抜いて、その底の方まで行くような作用をあらわしています。つまり私たちの記憶というのは、今の私たちの生き方に従って、椅子は座るものという具合に、それなりに制限というものが働いていて、それ以外は開かないようになっています。視覚意識も中心部分が頻繁に使われていて、周辺部分というのは膨大な情報を取り込むことができるのですが、それは意識に上がってくることはありません。速読術とかフォトリーディングはこうした視野の外側の部分を頻繁に活用します。それは中心部分に比較して、数百倍、数千倍の記憶能力を持っているからです。月のカードは床破りをしますから、私たちがいつも決まりきって使っているものではないところをアクセスすることになります。今まで慣れ親しんでいたものを、いつものスタイルで封印しないで、オープンな姿勢で心を開いてみると、予想もつかなかったような大量の情報とか真実が眠っていることに気が付きます。見慣れているものが新発見の嵐になるのは、私たちの頭が柔軟になったからとも言えますが、なかなかまとまらない流動的な体験が続きます。

II 女教皇

XIX 太陽

選ばなかったものとの関係性知識を得るためのガイドを持つ

　女教皇が持つのカードにある書物は、膨大な可能性をあらわしています。たいてい私たちの生活は、このたくさんの可能性のうちのどれかを発達させ、どれかを未発達のまま薄暗い影の領域に放置します。一人の個人ということを考えた時に、すべての可能性を開花させることは難しいのです。自分が選ばなかったものは外部に投影されます。本当は自分なのに、それを自分でないものとみなす。しかし関係性は作られます。縁のないものとは関係性が作られないので、自分が関わる外部のものは、みな本来は自分です。

　続く太陽のカードですが、これは一人目の子供は十分に発達した自我をあらわしています。二人目の子供は、影の中からやってきた一人目の子供と正反対の資質を持った子供です。一人目の子供は女教皇の書物の中から取り出され、光を浴びて積極的に発達してきた様子をあらわし、二人目の子供は、そのまま眠り続けてきた要素を示しています。私たちが今の自分の人格にこだわるのなら、太陽のカードの二人目の子供は敵ですが、今の人格にこだわらずに、もっと広い可能性の自己への発展を考えた場合は、二人目の子供は、女教皇の持つ書物の中の自分が発達させてきた要素以外のすべての可能性をアクセスするための案内者となることをあらわします。女教皇と月のカードでは、ぬかるみを歩くような形のなさがあるのですが、太陽のカードになると、今までの自我は今までのまま、未知の領域は二人目の子供に任せるという分担が起きます。私たちは潜在的な可能性の中から新しい活路を得ようとする時に、今の自分のあり方それ自身が蓋をしてそれらを覗くことができませんが、太陽のカードはその限界を突破できるのです。二人目の子供は、女教皇の書物から出てきたので、それは自分との特有の関係があり、出現の際常に決まった兆候というものが出てきます。知識を得るためのガイドを持つという意味になります。歴史の中にも共通性を感じる組み合わせがあるでしょう。

II 女教皇

XX 審判

制限のない広大な知識
外部刺激か目的意識があれば願望実現のチャンス

　女教皇のカードの2の数字は、膨大な潜在的可能性をあらわしています。それが図柄では女教皇が持つ書物として描かれています。さまざまな可能性があるにも関わらず、私たちは私たちの自我とか個性によって、この特定の部分にだけフォーカスを当てて、それ以外の可能性は掘り出すことがあまりありません。膨大な情報の海の中で特定の目的を打ち出すと、その目的に応じた情報系統がアクティベートされるので、私たちの存在自身が一つの問いかけや目的であり、私たちはそれに関係したところだけを活用しているということになるのです。時折、この自分というものを脇において他の情報を読むことができる人がいますが、それがサイキックということになるのかもしれません。

　女教皇のカードと審判のカードは同じ系統です。数字を足すと最後に2になるカードは、2と11と20です。私たちは生まれてきた時に、女教皇の書物の中のどれかを活性化して、単一の人格を選び取り発達させてきました。その時には、意識的な選択などはありませんでした。しかし審判のカードは、タロットカードの発達の最終段階に近くなったので、この女教皇の書物の任意なところをランダムアクセスできる能力を身に付けることを意味します。2は過去からやってきたもの。11は未来のビジョンに向かっていくもの。そして20はこの2と11という対立した方向性を任意に選ぶことができるというわけです。時間のない四次元的な領域から、時間の世界の中に何か持ち込むという意味にもなり、それは願望実現にもなります。しかし、女教皇も審判のカードも2の数字の系列ですから、決断・決定力は持っていません。外部からの問いかけか、あるいは何か目的を持つ必要があります。ある程度自由に提供できるが、自分から何か働きかけるというものがないのです。データベースがあり、そして審判のカードによって、どこでもアクセスできるようになったのですが、その後どう活用するかということは、このセットでは語られていないのです。

II 女教皇

XXI 世界

物質の上に打ち立てられた潜在的可能性
総合的な教育や学習の場

女教皇のカードはタロットカードの順番の中では、2の数字をあらわすためにかなり初期的で根源的な段階をあらわしています。それは私たちの肉体の中に埋め込まれた、言葉で書かれていない書物や遺伝的な情報などをあらわしていると思われます。全宇宙の情報だと考えてもよいかもしれません。私たちはそれらのうち一部だけをホログラフとして取り出して、その中を生きています。いろいろな人やいろいろな出来事を見て、何かいつも共通の鋳型があると思う人は多いでしょう。これらは無形のものが、書物の中の記録を通じて、現実化しているからだと思われます。これらをユングは「元型」と呼びました。

世界のカードの構造は、古い時代の世界像をあらわしています。地上は四つの元素で作られていて、真ん中に本質をあらわす第五番目のエッセンスがあります。四つの元素のうちどれかが弱いとそのことで個人は地を這うような人生となっていき、真ん中の領域に入ることができません。例えば、お金が足りないと、労働を続けなくてはならず、真ん中の余裕のある状況には入れません。女教皇の書物を自由自在に読むことができるのは、その手前の審判のカードです。その後で世界のカードが成り立つのですから、すでに世界のカードにおいては、女教皇の持つ書物の記述の中で未知のもの、不足のものはあまりないとも言えます。生命の樹のパスでは、女教皇は中央の柱を真上から下ろした位置にありますが、世界のカードは真下の大地から上がるラインであり、これは鏡像のように対応しています。つまり女教皇の持つ書物は潜在的な可能性の書物だとすると、世界のカードはそれをはっきりと形にしたものというふうに考えることができます。潜在的な可能性、その真の魂の個性をトータルに物質世界の上に打ち立てたのです。欠けたもののない図書館と言ってもよいでしょう。もし女教皇を知識とか知恵とみなすならば、総合的な教育とか学習の場というものでもあるでしょう。

Ⅲ 女帝

The Empress

Ⅲ 女帝

0愚者

枠をはみ出していく生産活動 生み出されたものが無に戻る

女帝のカードは生産的な運動をあらわしているため、出産や豊穣などと言われます。この女帝の生産力は、終わることがなくいつまでも続きます。そのため作っては壊しという繰り返しになることもあります。普通はこのように活発な生産が行われると、数々の結果が残ると思うのですが、次に続くのは愚者のカードで、これは境界線を超えて無の領域へ向かうカードです。それまでのものが失われ、何も痕跡を残さないという意味です。そこまで極端に考えなくても、愚者のカードが枠をはみ出すという意味を持っていると考えるならば、活発な生産活動がだんだんと枠をはみ出していくような傾向を持っているということになります。あるいはまた作り出されたものが、実用的な方向には向かわないのです。生産されたものが失われるとは、流産のようなものの場合もあると思いますが、積極的な意味を考えると、無の領域に向かうようなものを生み出してしまったと考えてもよいのです。

宗教家の出口王任三郎は数千の楽焼きを作りましたが、取り憑かれたように創作することでますます自由になりました。さまざまな思いをまるで排泄するかのように表現することで、そこから離脱することになる。このための生産という姿勢もあり得るのです。つまり結果を気にしないで、生み出し吐き出すことで、負担になるものを次々と落としていくということになると、それは排泄に似た場合もあるということです。形に落としていくという方向ではなく、反対に解放されていく方向に向かうような生産あるいは運動。一度生み出されたものが無に戻るというのは、どの国の神話にも記録されています。世界は一度洪水で消えたという、ノアの箱舟やヒルコの神話などです。作られ消えていくということに、マイナスな印象を感じる人は多いかもしれませんが、そうではないものもたくさんあるので否定的に受け取らなくてもよいのではないでしょうか。

Ⅲ 女帝

Ⅰ 魔術師

創造の後のスタート
無心の生産活動が新たな動きを作り出す

女帝のカードは、生み出すことをあらわしています。それは植物や動物を生み出す自然界の豊かさをあらわしていたり、子供を生む母親のようなイメージでもあります。生命の樹では父親のコクマーと母親のビナーを結び付けた場所に対応していますが、これは宇宙の父と母なので、一般の出産というもの以外にも応用されます。続く魔術師のカードは、新しいお店を開いたり、新しいプロジェクトをスタートさせるようなカードですが、ここでは全く新しいものを作り出すような意味は持っていないと思います。むしろどこかよそから持ち込んだものがあって、それは持ち込まれた場所から見ると、新しいものに見える。例えば、アメリカで流行っているものを、日本に持ち込むとそれは日本では新しいことになります。

このように越境するという意味が商売という意味と重なって、魔術師のカードの意義というものを作り出しています。生産力や創造性のカードの後に、この新しくスタートする魔術師のカードが続くのですから、例えば、商売を展開するつもりもなく、何か無心に作っていたものがその後で、いつの間にか新しい事業になっていくということを想像してもよいのではないかと思います。生産活動が新しい事態を引き起こす。また魔術師のカードは先行するより大きな世界から、手元の小さな世界へシフトして、源流から切り離し、独立した行動をするという意味がありますから、親会社の工場での生産部門が独立して、独自の動きを始めたようなものと考えてもよいかもしれません。生命の樹では、上位の次元の影響が、母をあらわすビナーに持ち込まれる場所が魔術師で、ビナーと父をあらわすコクマーのラインが女帝のカード。つまりはビナーという中枢を挟んで、合流しているのが、この二枚セットです。しかし女帝のカードが先にくるので、法則的に推理すると、休みなく生産している間に、そこにより大きな宇宙的な影響が宿ってきて、それが新しい動きを作り出すことになったという意味です。

Ⅲ 女帝

Ⅱ 女教皇

生産性と不毛性
実際に試すことで可能性を知る

女帝のカードは生産性をあらわしています。一方で女教皇のカードは生産できない不毛性をあらわしています。この二枚のカードのセットは、数字で言えば３から２に数字が逆戻りしています。生産性から不毛なものに向かうというと、まるで猫の去勢手術をして、急に子供に戻ったようになってしまう印象もあります。女教皇のカードというのは、生み出されてはいないが、無尽蔵の可能性の宝庫を示しています。女教皇が持っている本は実際に出版された本ではなく、私たちの潜在的な可能性を表現しています。たいていそれを読むことはできません。それは、この書物の中のさまざまな可能性の中の一つが開花して、私たち自身を生み出しているからで、生み出された結果、それ以外の可能性はもう開かれることがないということなのです。

しかし、この３から２へという流れは、因果の果を停止することで、因の方に戻るということをあらわし、形になっていないからこそ、より多くの可能性を見ることができるということになるのです。買い物で例えると、たくさんの品物の中から選んで買うと、もう他の品物はあまり見なくなります。しかし、買ってしまったものを手放したりすると、またその製品のカタログを見たり、違う製品にも関心が向くようになります。女教皇は本を持って座っている女性ですから、例えばそれが知識とか学問とか研究などを意味すると考えるならば、これまで生産ばかりしていた人が、その可能性についてもっと考えてみるということも意味します。作り出すことでしか、未知のものを探索することができない。考えるだけでは何もわからないということもあり、実際に試してみることで、その可能性について知ることができるということにもなるでしょう。神道では、顕在化したものを顕の領域、潜在化しているものを幽の領域と呼びますが、女帝は顕であり女教皇は幽です。そうすると、この二枚セットは、たくさん子供を生んだ後、黄泉の国に移動したイザナミのようなものでもあるのです。

Ⅲ 女帝

Ⅳ 皇帝

試行錯誤の後の安定と普及
実際的環境の中でのさまざまな生産的試み

女帝のカードは生産することや試行錯誤、作っては壊しという状況の終わらない姿をあらわしています。これは流動的な現象をあらわしているので、作り出すといえども、結果がはっきりと決まっていくわけではないのです。次に続く皇帝のカードは、明確に決まったものを安定して広げていくということを意味しています。つまりこの二枚のカードは、数字で考えても３から４に順番で並んでいるのですから、自然な流れを意味しています。私たちが何か生み出したり生産したりした時に、それをある段階で止めて、次にその成果を広げていくことを考えます。どこかの企業で新しい製品を作った時に、次の段階としてはそのコピーをたくさん作っていき市場に大量に流すことを考えます。そのためには、女帝のカードの生産性がある段階で止まらなくてはならないのです。女帝のカードの困ったところは、いつまでも生産し続けるわけですから、一つできても次のものがそれを壊していくという可能性があるのです。従って４の数字、すなわち皇帝のカードがその生産性をストップさせて、次に同じ型を普及させるという方向に転じなくてはならないのです。作った後で普及させる。この二つのリズムがこの二枚のカードでちゃんと出来上がるのです。

中沢新一によると、３の数字はキリスト、４の数字は十二使徒に分類できるという話です。３は生み出すが普及させない。４は普及させるが生み出すことはない。両方が組み合わせられると理想的と言えるのでしょう。３と４を結合すると、７の数字になりますが、これは宇宙の伝達法則を示している数字です。ピラミッドは横から見ると三角形で、土台は四角形です。皇帝のカードが実際的な環境をあらわしている時に、そこに女帝のカードという生産性が上に乗っかって、実際的な環境の中でのさまざまな生産的試みをあらわすということになるでしょう。

III 女帝

V 法王

常に生み出し常に表現することで高まる力 思いつきが何でも通ってしまう状況

女帝のカードは母親のように生み出していくことをあらわしています。日本の神話で言えば、これは黄泉の国に行く前のイザナミをあらわしているのでしょう。奇数の数字は積極的な外に向かって働きかける性質を持っています。次に続く法王のカードは、5の数字に関係し、それは個人の自己主張や思想の外に対する拡大を意味しています。法王は信者に向かって自分の思想を拡張していきます。相手の意見を受け入れるというよりは、常に自分の内側から発生するものを、外に広げていくのです。そしてそれを受け取ってくれる人がちゃんと描かれています。

女帝のカードの生産性は休むことがなく、それを法王のカードで外に休むことなく広げていくと考えると、この二枚のセットのイメージがだんだんとわかってきます。女帝のカードには冷静に考えるとか、熟考するという傾向はありません。それはまるで本能的に生み出す衝動が働いていると考えてもよいのです。さらに法王のカードは自分の内側から生まれてきたものを止めることがなく、外に対して常に働きかけています。毎日講話するお坊さんや神父さんのように、吐き出されていくのです。思いついたことをすべて表現してしまう人を想定してもよいのではないでしょうか。3の数字も5の数字も両方とも奇数なので、ここで立ち止まるという作用がないのです。法王のカードによって、立場的に有利な状況が確保されていて、女帝のカードの生産性はそのまま他人に受け取られることになっている。ある程度地位が確保されていくと、ここでは思いついたことはそのまま何でも通ってしまうことになるでしょう。あまり重要な意味を持っていない思いつきでさえ、立場がある人であればそれを環境は受け取ってくれるのです。3の数字と5の数字を足していくと合計は8となります。これは力の圧縮をあらわしているので、常に生み出し常に表現することで、どんどんと力が高まっていき、集中力も凝縮され、また強い圧力を持つようになります。

Ⅲ 女帝

Ⅵ 恋人

女帝のカードは休みなく生み出すことあらわしています。一つのものを生み出すというよりは、常に生産し続けている現象をあらわすことになるでしょう。このカードが次に続く恋人のカードと連結された時、それは生み出す行為によって運命が定まっていくという現象をあらわしています。生命の樹で考えると父親と母親の中枢をつないでいるのが女帝のカードです。次にその母親の部分の中枢から、胸の中心までつながっていくのが恋人のカードです。つまりこの二枚のカードは母親を示すビナーという中枢を通じて、そのままつながっているのです。生産的試行錯誤を続ける中で、それはその人の人生の方向性をだんだんと明確に決定していく。考えても何も動かないが、作り出していく行為の中では、だんだんとそれが明確に打ち出されていく。創造的な行為の中でしか、人生の方向性を探すことはできない。これは自分で生み出したものの結果の中に、自分が落ちていくということを暗示しています。

試行錯誤の中での方向性決定 自ら作り出すことで手にする理想的環境

そもそも6の数字は六角形をあらわしますが、それは三角形に対して鏡のようにぴったり噛み合う三角形が環境の中から出てくることを意味します。自分の生産的な本性が、それにぴったりとフィットする環境なり相手なりを引き寄せるのです。それはとても幸せなことでもあります。料理をしたい人が、自分の行為に一番フィットするレストランを手に入れるようなものだからです。環境にあるものや外部にあるものも、すべてもともとは自分の中にあったものが分裂して、内側と外側に変わっていったと考えるならば、この二枚のカードのセットはそんなに不自然なものではありません。外に何か求めるよりは、まずは自分が作り出すことであらゆるものが引き寄せられます。自分の本性に忠実であれば一番理想的な環境にいくことができるのです。ただしあまりにもはまり役であるために、出来過ぎの展開だと言われるかもしれません。

Ⅲ 女帝

Ⅶ 戦車

限定された方向への深入り 生産し突き進む積極的状況

女帝のカードは生産性をあらわしています。そもそもタロットカードは二十二枚しかないので特殊な意味を持つものは何一つありませんが、その中でも初めの方にあるために、より根源的で普遍的な作用を物語るカードです。戦車のカードは勝利に向けて突進しています。勝利に向けてということは、ここでは勝負が存在し、明るい方向と暗い方向、二つの方向に対する分裂が発生しています。必ず一つは勝ち、もう一つは負けてしまうのです。女帝のカードが示しているような生産性や創造性というのは、無いものから何かが生まれることを意味しますが、それは反対に無限に見える可能性の中から、結果が形になっていくことで、他の可能性が消えていくことも意味します。生産というのは、精神の世界から見ると喪失で、また物質の世界でならば、それは増えることに関係するのです。何かが手に入ることはその欲求や不満が消えていくことですが、欲求は感情の所有という意味では、手に入れることは感情が空虚になることなのです。女帝のカードも戦車のカードも、顕在化に向かっています。生まれてきたものは力を持ち、生命力に溢れ、どんどん前進していく。

一方で、裏に隠れたものや生まれてこなかったもの、そうしたものは影を作り出していくことを避けることはできません。この二枚のセットは、その意味では限定された方向にどんどん深入りしているとも言えるのですが、それを踏まえた上で生産し、突き進むという積極的な方向へ邁進するべきであると語っているのでしょう。増産体制に入り、生産力をもっと高める。ずいぶんと景気がよいセットであるかもしれません。まるで高度成長期のような組み合わせです。生命の樹では、この二枚は母のビナーの中枢を挟んで、連続しています。また末端はエゴを意味するゲブラーでもあるので、この積極的な生産力は、ライバルを押しのけるということもあらわします。

Ⅲ 女帝

Ⅷ 正義

運動性に対する制御力
続いているものを反省し流れを変える

女帝のカードは生産力や継続する運動性などをあらわします。女帝のカードは流動性を示すことが多く、結果が固定されることはありません。作り、さらに作るということが続くのです。次に続く正義のカードは、対立する二つのものの調停を取って、決断やバランスなどを作り出します。８の数字は動きを止めて溜め込むという性質であり、その背景には４の数字の倍数ということがあります。４の皇帝も動きや生産性を停止させる性質で、数字のグループは、この３と４というのが、典型的な二種類の違いをあらわします。女帝のカードは、何か生産したり生むという意味ですが、同時にこれは運動がリズミカルに続くということをあらわします。高揚状態とか興奮状態の中で、ずっと続く運動性に対して、正義のカードはその動きをいったん止めてしまうことになります。何か偏った現象が起きている場合も、女帝のカードはそのままそれを続けていきます。作り出すということに主眼があるために、そこで冷静に考えたり反省したり、軌道修正したりすることを女帝は全く考えないからです。

女帝のあらわす３の数字は三角形をあらわしますが、二項対立的なものに対して、三番目の視点があるという三角形です。すると二項対立的な二つの間に動きが生まれて、これが女帝の休みない運動性をあらわすことになります。正義のカードの場合は、判断をする女性、左手に比較の天秤、右手に決断の剣があります。そこで女帝と同じ、三つの点でできた三角形に似たものだとしても、比較の結果の決断という動きがあり、女帝の動きに対しての修正したり比較したりという違いが出てくるのです。続いている悪い癖や続いている問題点、まるで機械のように動いていてなかなか止めにくいもの。これらを正義のカードはいったん止めて、違う方向へと流れを変えていく力があるということになります。それは何かを増やして、違うものを減らしたりもできるでしょう。従って生産性に対する制御力が働きます。動き続けているものを冷静にあらためて判断します。

III 女帝

IX 隠者

誰かに合わせることなく伸び伸びと考え方をたくさん生産する

女帝のカードは生産すること、壊しては生み出す休みない運動をあらわすカードです。このカードは3の数字に結び付いていて、3の数字というのは活発で休むことがないのです。続く隠者のカードは、3の数字と縁の深い9の数字です。3、6、9は互いに関係性の深い数字です。隠者は旅をしていますが、どこかにとどまることはありません。思想とか宗教とか、深い考え方に関係するカードですが、こうした思想性を発達させるには、具体的な偏ったものに支配されてはならないのです。場所ということをあらわしているだけでなく、特定の考え方や特定の分野、こうしたところにとどまってはならないという意味にもなっています。いずれにしても、この二枚のカードは相性が良いので、協力関係が成り立ちやすいと言えます。一番ありがちなものとしてこの二枚は、女帝の生産性を隠者のカードの分野にて行うということになりやすいでしょう。隠者は、哲学、思想、出版、また旅行などにも関係しやすいので、そういうことを盛んに生産するとなると、出版社などが考えられます。またたくさん本を書いている人というのも、このセットになりやすいでしょう。考え方をたくさん生産するという意味です。「考えごとをするためには移動すると良い」と言ったのはゲーテですが、ゲーテは考えごとをしている時は常に散歩をしていました。

3と6と9のセットの中で、恋人のカードがあらわす6は要求に応えるという意味もあり、休みなく考え、編み出したりする行為の中に、読者ターゲットのようなものを想定して、それに合わせてということが入ってくると、3と6と9が全部揃うことになります。この3と9ならば、誰かに合わせてという要素はないので、自由に伸び伸びとさまざまな考えが生まれてくると考えてもよいでしょう。一時もじっとしていない人。いつも旅行している人という場合も、この組み合わせで考えてもよいのではないでしょうか。

Ⅲ 女帝

X 運命の輪

生み出したものを外に表現 慌ただしい流れに入っていく状況

女帝のカードは休みない生産性をあらわしています。左手に持っている杓はより上位の宇宙とのつながりをあらわしていて、そこから持ち込んだものをたくさん地上に生み出しているのです。運命の輪のカードは時間の回転をあらわしていて、盛り上がる時もあれば、また時期ではない場合もあります。物事には常に盛衰が存在することを表現しています。たいていの場合、運命の輪のカードはそろそろ時期がやってきたことを表現しています。それは大きなチャンスや何かするのに良い時期であることを示しています。女帝のカードが生産したものが、時流に乗るということで考えてもよいのではないかと思います。運命の輪のカードの10の数字は、外界に取り出すこと、つまりは多くの人にプレゼンテーションすることもあらわし、今まで自分が持っていたものを手放します。手元に持っている間は外に出ることはないし、外に出すためには手元に持っていてはならないのです。手放すというのは、もう完成するという意味であり、一つの節目を迎えたのです。つまり女帝と運命の輪は、生み出したものから手を離す時期が来て、それは外に表現されるということです。そして作り出した本人はもうそのことにあまり興味を抱かないという意味にもなります。

女帝のカードが先にあるので、すでに作ったものがあるということで、それをどのように出すかという意味だと思われます。女帝のカードは加速することもあらわしていますから、運命の輪の回転が早くなり、これまでののんびり過ごしていた人が慌ただしい流れの中に入っていくという意味も考えてもよいのではないでしょうか。素早く動いていくことも大切です。また女帝のカードは立ち止まって考えるという性質ではありませんから、タイミングを読んで素早く行動する必要も出てきます。作っていたものを展示会に出したりギャラリーに出すということも、このセットで考えてもよいでしょう。運命の輪の10の数字は外部との接点なのです。

Ⅲ 女帝

Ⅺ 力

生産性を持ちつつ柔軟的価値の試行錯誤をしていく

女帝のカードは生産性をあらわしています。時には、これは母親のイメージとして扱われることがありますが、人間的な存在としての母親的なものを考えるよりは、自然界の豊かさ、常に生み出していくような性質というふうに考えた方がよいでしょう。力のカードはこれまでの流れを変えるという意味があって、常識を覆すとか、反抗するという意味も含まれています。力のカードの女性の帽子に描かれている無限マークがそのような意味を持っています。その点では動物が暗示している本能的な流れに対して、それを逆向きにしていくという意味があります。放置しておけば自然なままに流れていくものに対して、わざわざ意識的に変更するということになるのです。例えば、お腹がすいていたら今まではすぐに食事をしていた。しかしこうした衝動の言いなりにならないということが、力のカードです。そのように考えてみれば、女帝による生産原理が、これまで自然に思われていたものに対して、流れを変えていく力が働くと考えてもよいのではないでしょうか。今までの常識とか、当たり前のものを覆して、違う流れを作り出すということは、それが長く続けば今度はそれが当たり前になってしまうでしょう。

生命の樹では、女帝のカードは精神的な層での陰陽の間のパスで、力のカードは心理的・社会的な層での陰陽の間のパス、つまりは上の段と中の段の違いはあれ、似ていることになります。それはある種の試行錯誤のようなもので、一番下の層の塔のカードもその仲間で、価値が常に流動するという点で共通しています。そのため力のカードは社会的・心理的な面で、決まったように思えた価値が、ある日反対になったりもするということなのです。作っては壊し、また価値の試行錯誤も休みなく続くという陰陽衝突でもあるのです。例えば、実験的な試作を繰り返す人というのもこの二枚セットでしょう。作ったから安心することはなく、常に考え工夫するのです。

Ⅲ 女帝

XII 吊られた男

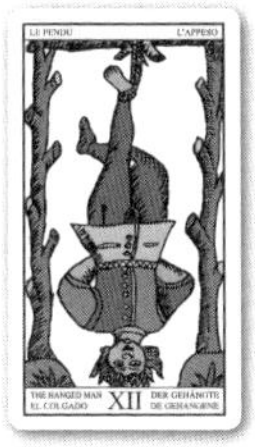

作り貯めたものが流通せずに停滞 実用的でない生産活動

女帝のカードは活発な生産力をあらわしています。右手に持つ鷲の楯は、再生する力をあらわしています。鷲は太陽に向かって燃え、また灰から蘇るといわれているのです。左手の杓は、より高次な力を受け止めることをあらわしていて、この流れの中で再生していくということになるので、作っては壊しまた作っては壊しという繰り返しが発生しやすいことになります。吊られた男のカードは異常な状態にいて、自由に動くことができません。しかしこのような状況では、むしろ頭の中で生産的なことがたくさん生まれてきます。

吊られた男のカードの数字は12です。12の数字は合計すると3になり、実は女帝と吊られた男は同じ系列なのです。奇数である3は外に対して生産しますが、偶数である12は内側に、つまりアイデアとか考えを生産します。吊られた男は内面的な生産性として、ものを書いている人などには適したカードであり、自由に動けない夜中に創造的なことをしているという人もこの吊られた男のカードの状況であると言えるでしょう。隠者のカードは、思想、哲学、宗教、出版などに適用できますが、吊られた男は、大地に接触していないので、中空に浮かんでいて、あまり実用的ではありません。インターネットでの活動は、たいていの場合に本人は部屋に閉じ込もったまま、たくさんのことを書いていきます。これは吊られた男のカードの状況と考えてもよいのです。もし外部に対してのはけ口がない場合には、吊られた男の生産性は妄想が増えるということもあり得ると思います。生産品が、流通していない状況をあらわしていて、停滞していることもあるでしょう。吊られた男はいつもと違う異常事態や転倒した状態なども意味しますから、女帝の生産性がそうした状態に陥るか、あるいは生産性が吊られた男の状態のような性質で発揮されるというどちらかです。作り貯めて、まだどこにも出していないという可能性もあるでしょう。

Ⅲ 女帝

ⅩⅢ 死に神

生産原理と粛清する力
生産性向上のための整理

　女帝のカードは自然界の生産性をあらわします。母親のように育てる性質というのは、この3の数字のカードには該当しません。育成するという性質は数字で言えば4の数字になります。女帝の生産力は休むことがないので、そのまま続けていけば、これまで作ったものをあらためて壊してしまうこともあるのです。作ったものを固定するには、この3の数字の生産性をストップさせなくてはならないのです。いずれにしても豊かさをあらわすということは間違いないでしょう。

　続くカードは十三番目の死に神のカードです。これは絵柄で見ると大地を掃除しています。骨の体は肉をそぎ落としたという意味で、余分なものがなくなり、基本的なところだけを残して、あとはすべて整理整頓してしまったというような図柄です。イメージとして考えると、女帝の生産原理と死に神の粛清する力はまるっきり反対のように見えてきます。死に神のカードは不吉に見えるので、しばしば誤解されますが、必ずしも悪い意味だと考える必要はないでしょう。死に神のカードの骨の体というのは、本質的な、軸になるようなものを残すということを意味していて、余分なものを整理するだけなのです。女帝のカードの3の数字は、リズミカルな加速ということを意味することも多く、その点では生産性を高めるための、余分なものを取り除いているというような特徴も出てくるでしょう。新幹線が早く走るためにはレールの上にゴミがあってはなりません。また障害物があってもそれはとても危険です。女帝のカードがより強力に発揮されるために、不必要なものを除去していくような状態。例えば、工場を掃除していくとか、会社で言えばメインのものの生産力を高めるために、余分な業種の仕事を止めてしまうとか考えてもよいでしょう。つまりは生産性のための整理とみなすとよいのではないでしょうか。この二枚を二層にすると、上は生産、下は粛清という対比が出てきます。

Ⅲ 女帝

XIV 節制

生産的なものが形を変えて継続　器を変えることで高まる創造性

女帝のカードはタロットカードの並びの中では初期にありますから、根源的な要素をあらわしています。つまりタロットカードは数字が後になる程より複雑なものになっていき、前のもの程普遍的な意味を持っていると考えるのです。数字の意味でも、最も基本的なもの、最も頻繁に使われる数字というのは、３の数字と４の数字です。この組み合わせによってさまざまなものが展開されています。ということは３の数字のついた女帝のカードというのは、あらゆる人に共通した、最も重要なものであると考えてもよいのです。もちろんタロットカードすべてがあらゆる人に共通していますが、この中で特に根本的だと言えるわけです。これは生産原理とか、リズミカルに運動することとか、作り出されていくものすべてをあらわしています。創造力をあらわすカードだと考えればよいわけです。

節制のカードは、器から器へと同じ液体が移動することをあらわしています。つまりは転換とか、移動とか、達成とか、精神的なものが形になっていくとか、内容が変わるのではなく外側の器が変わるというのが重要なのです。14の数字は自己生殖という意味があって、自分の目標がだんだんと形になっていくところを表現しています。創造的なものをあらわす女帝の力が、節制のカードに受け渡された時に、それは生産的なものが、形を変えて継続するとか、転換することをあらわします。例えば、京都のある飲食関係の社長は有能な職人でしたが経営力がありませんでした。この会社が倒産することになった時、名前をそのまま引き継いで買い取った人がいて、それまでの社長は、伝統を残したいために自分も一緒に新しい会社に職人として雇われました。このような時には、生産的な姿勢が、異なる会社というところに器を変えて移動していったわけです。本質的な部分が場所を変えていく。伊勢神宮は二十年に一度、場所を変えていきます。このように器を変えることで、より創造的になっていくような状況を考えましょう。

Ⅲ 女帝

XV 悪魔

女帝のカードは、創始を意味する魔術師のカードが潜在資質の女教皇に働きかけることで、それまで閉じていた可能性が開かれていき、特定の方向で生産性と運動が加速していく状況を表現しています。女帝が示す3の数字というのは、例えば、出発点と向かっていく方向の二つの点を考えてみましょう。三番目にその動きを認識する場所があって、この三番目の場所から見ていると、動きというのはある場所からある場所へ移動しているように見えます。それまでの女教皇のカードは、2の数字だったので方向性というものが全くありませんでした。ところが3の数字になることによって、特定の方向性があらわれてきて、その方向性に向かって勢いよく動き始めるのです。私たちは増えるということが良いことだと考えています。このような原理が働く時には、たくさんのものがどんどん増えてくるのです。つまり女帝のカードは、ある方向性が決まってしまうとそこに向かって加速していくような状況をあらわしています。

創造的活動の拡大
周囲を押しつぶすように広がる生産

次に、タロットカードの場合には、上の次元と下の次元というふうに二つの階層に分けることが多いのですが、悪魔のカードでは上の次元にあって、男女の陰陽的な性質を超越したような立場のものが、地上に対して支配力を握ることを表現しています。この場合には影響力が下に向かって強く働きます。悪魔のカードが示す15の数字は、5の数字をそのまま三倍にしたと考えてもよいので、法王のカードが示すような外に対する拡張力が、そのまま女帝のカードによって創造的な展開をしていくとみなしてもよいのかもしれません。創造的な活動が、境界を打ち破って、どんどんとはみ出していき、周辺に押し付けてくような力を持っていく。戦後日本の企業は、強い働きかけの力を持って、例えばあるオートバイメーカーは、ヨーロッパの多くのメーカーを押しつぶしてしまいました。一つの生産原理が、強力な力を持っていると、それはまるで押し付けていくかのように、拡大していきます。

Ⅲ 女帝

XⅥ 塔

溢れる創造力が型式をはみ出す行き過ぎた衝動や官能

女帝のカードは、生命の樹では男性的なコクマーと女性的なビナーの間のパスをあらわしていて、それは父と母の結合による、文字どおりの受胎とか妊娠などを意味しますが、同時に種々の試行錯誤をあらわします。生産物が確実に形になるというのは、女帝の3の数字でなく、皇帝の4の数字に至る必要があります。塔のカードは、それまで自分を閉じ込めていたような外側の殻が破れていき、中にある柔らかいものが解放されるという性質を持っています。型にはまったものは硬直する傾向にありますから、私たちはそこから飛び出したいと思うようになります。柔らかいものを閉じ込める枠というのは、生命を保護する性質があるので、もし壊れたとしても、また新しく作らなくてはなりません。つまり枠というものは新陳代謝して、脱皮した後は、また作られていくとよいのです。

生命の樹では塔のカードは、ホドという知性原理とネツァクという期待感をあらわす中枢の間にあり、これは左右のラインということで、実は女帝のカードと同じような構造が、より具体的な下の次元で模倣されていることを意味します。女帝のカードで流動的な現象は、塔のカードでの状況の流動性と連動しています。そのため、女帝のカードの作っては壊しという特質がより強調されることになります。溢れる創造性が、型式をはみ出してしまったというふうに考えてもよいかもしれません。塔というのは、例えば洋服とか、もっと内側のものとしては人間の体の皮膚と考えてもよい面がありますから、内側から膨らんできたものが、外の皮を打ち破る、つまりはちきれそうな状態で、実際にはちきれたイメージを思い浮かべてもよいのではないでしょうか。作っては壊しという試行錯誤は終わることがありませんが、常に過剰性がつきまとい、行き過ぎた衝動や官能などが特徴になるのではないでしょうか。充満したものが器からこぼれて、外側に漏れているような状態です。

Ⅲ 女帝

ⅩⅦ 星

新規なものを環境に持ち込む自由な創造活動で遠い希望が達成

女帝のカードは3の数字です。3の数字とは、能動、受動、中和、あるいは父、母、子供という三つのセットで考えるとよいでしょう。意志が素材に打ち込まれ、その成果が生まれるのです。女帝のカードが出てきたら、ルールとして、何か生まれ出ると考えればよいのです。続く星のカードは、母親的な要素をあらわしていると言われることもあります。遠い星は遠い希望。その星から受け取ったものを身近な池、すなわち日常の生活の中に定着させるというのは、育てるということもあらわすからです。何かしたい夢があって、それはそのままでは身に付きません。その夢のために、長い時間育んでいくということになるからです。女帝は豊饒性で、多数の生産物を作り出しますが、星のカードがそれらを育成し定着させるとすれば、たくさん生んで育てるということになるのかもしれません。女帝は伸び伸びとした性質で、タロットカードのウエイト版ではそれを表現するために、軽装の女性を描きました。さらに星のカードは裸の女性で描かれているように自由です。型にはまらず、伸び伸びした状態の中で、生み育てるということになります。

また、星のカードは外から吸収したものを大地に流していきます。女性が上空の星から食物を取り入れたように、今度は大地から見ると、女性から受け取っています。この連鎖が生命の階段と言われているものです。女帝の生産性は遠いものを身近なところに受け止めるということに発揮され、それは今までなかった新規なものを環境の中に持ち込むということになるでしょう。また星のカードは裸で描かれていて、形を考えないで自由に創造活動をした時に、自分自身の本当の願望などに気が付くということもあります。考えてもわからない時には、ずっと黙って作り続けるとよいのです。たくさんの絵を描いたり、たくさんの壺を焼いたり、そうするうちに裸の自分の、本当の意味での素直な可能性というものが見えてくるということになるわけです。遠い、無理だと思った希望も、作り続ける中でいつの間にか実現してしまいます。

Ⅲ 女帝

XⅧ 月

女帝のカードは生産的な性質をあらわしているカードですが、タロットカードの初期の段階にあるために本能的・普遍的で、いったん始まると加速していく性質があります。言い方を変えるとエスカレートするということでもあって、何か方向が決まると、なかなか変更は効きません。そして盛り上がることになるでしょう。続く月のカードですが、これは私たちの心のブロックがなくなって、いつもだと封印しているような種類のものが、表面化してくることをあらわしたカードです。ちょうど夜眠って夢を見ている時に、いろいろな怪物や動物がわき出してくる。チャイコフスキーは『くるみ割り人形』で、夜中に起き出してくる人形たちを表現しました。私たちは目覚めている時には、目覚めた意識というものが監視しているので、このような無意識から何か出てくるような状況を許すことはないのです。深くリラックスして、あるいは眠ったりあるいはトランス状態に入った時に、この月のカードが表現するような現象が発生します。

無制限に溢れる未知の可能性 豊かだがまとまりのない状況

女帝のカードは生産的な状況をあらわしているのですが、それはエスカレートする性質が強く、そして最後には月のカードのように、開けてはならないところを開けてしまったような状況となるのです。これは収拾がつかなくなるような現象でもあって、未知の可能性がたくさん出てくるということは良いことかもしれませんが、まとまりとしてはあまり好ましくない場合もあります。悪夢のような事態も作り出すかもしれませんが、これは制限しなかったという状況と、もう一つは女帝の創造的な力が過剰に働いてしまったという組み合わせから考えられることです。無制限性を示すお祭りのような状況だと言えるでしょう。収拾がつかなくなってしまった状況ではあるが、しかし、美しいものも醜いものもとりまぜて、豊かさというものがそこにあるでしょう。洪水現象のような状況です。抑止力としては4、8など4の倍数グループが必要です。因数分解すると3に戻るようなカードは、基本的に封じるという作用がありません。

失敗が生み出す成功と再生力
対立したもの同士の協力による生産

Ⅲ 女帝

XIX 太陽

女帝のカードは、3の数字の意味から考えられるように、休みなく生産する力に関係しています。世の中で創作とか新しいものを作るという時には、たいていの場合作った後にそれを形にする、発表する、維持するということが関わっています。しかし女帝のカードだけならば、その作用はありません。従って、女帝のカードの場合にはその後に何が続くかで事情が変わってくるのではないでしょうか。作った後で決して発表されないものもあるのですが、それは女帝のカードだけでは何とも言えないのです。続く太陽のカードの絵柄は子供が二人いて、それは表の子供と裏の子供というふうに考えられます。プラトンは、人間は地上に生まれた時に、半身を残して片割れとして生まれてくると考えました。この取り残された半身が加わったのが太陽のカードです。それは非物質的なビジョンとして出てくることもあれば、現世で誰かに投影されて出てくることもあります。

女帝は左手に杓、右手に盾を持っています。杓は左上空に上がる配置であれば、それはより上位の次元のものを引き下ろすことを示します。右手にある盾は、何度も蘇る鷲を描いて、現世的な推進力をあらわします。太陽のカードの二人の子供は、この女帝のカードの配置と重ねると、一人は杓、一人は盾になります。例えば、シュメール文明では実践者のギルガメシュと、精神的な存在のエンキドゥが協力して支配者となりました。もともとはエンキドゥはギルガメシュを倒すために神々が地上に送った存在だったのですが、後で親友になったのです。アレキサンダー大王はギルガメシュ、アリストテレスはエンキドゥが祖先であるとルドルフ・シュタイナーは説明しています。生産的なことを行うために、資質としては対立したものが協力し合うというふうに考えてもよいのではないでしょうか。失敗に見えたことが後に成功を作り出し、また偏らない、強い再生力を持つというふうに考えてもよいでしょう。表と裏の原理が働き、一筋縄では解釈できないでしょう。

Ⅲ 女帝

XX 審判

失われたと思った可能性や廃れたように見えたものの再生産力

　占星術では、惑星と惑星の百二十度のアスペクトというのは活発な生産性を表現しているのですが、これは三角形の一部が描かれることを意味していて、そこには幾何図形として女帝のカードの3の数字の原理がそのまま根付いています。これは高揚感をあらわしています。また次の皇帝のカードは、4の数字で九十度とか百八十度などに関係し、それは着地させるという意味があります。女帝の力を実際的にしていくには皇帝の力が必要ですが、女帝そのものは、3の倍数の性質の中でどんどんバリエーションを生み出していきます。3、6、9、12、15、18、21などは、みなこの女帝のカードの子供たちということになります。審判のカードは、私たちの時間や空間に狭く閉じ込められた生き方をもっと広い視野に拡張していき、失われた可能性や消えてしまった過去などを、強い集中力で呼び戻す力をあらわし、それはある意味で願望実現にも関係しています。意識の片隅にはあるが、現実には存在していないものを、実際的に現出させるという意味があるからです。その点では、女帝の生産力は一度失われてしまったものとか、過去に消え去ったものをもう一度生み出すというふうに考えてもよいでしょう。言葉でつなぐと、女帝は生み出す、審判は過去に死んだと思ったものが蘇るということで、もうなくなってしまったと思ったものを生み出すということになるのです。

　女帝のカードの持つ強い高揚感は、さまざまなチャンスを作り出します。加速することでのみ見えてくるものがあり、走っている中で、到底できそうにないように思えたものもできてしまったということもあります。20の数字というのは偶然性に支配されないこと、時間に支配されないこと、常にどんな時にでも望んだものを取り出すことができることをあらわします。こういうところには時代の流行というものが存在しないことをあらわします。廃れたように見えるものをまた生産すると考えてもよいのです。

III 女帝

XXI 世界

生み出す力を最大限強化 思いつきや創意工夫がそのまま生活に反映

女帝のカードは生産性をあらわしていますが、タロットカードの中では、合計すると3になるカードはそれ以外にも、吊られた男のカードと世界のカードがあります。これらはみな3の数字の示す創造、そして生産ということに関係したカードです。奇数は外に対して生産し、偶数は内面的なところで生産します。つまり、吊られた男は12の数字なので頭の中や心の中で創造的な活動をします。三番目の21の世界のカードは、女帝のカードという奇数のカードと吊られた男という偶数のカードの両方を組み合わせて統合化したものだと考えるとよいのです。つまり、内面的に生み出したビジョンを実際の形にするのです。その点では、女帝のカードと世界のカードは組み合わされたこのセットの場合には、生み出す力が最大限強化されます。

世界のカードは、真ん中にいる人物は、有利な立場にいて、具体的なことは周囲にいる四つの元素に当たるものが行います。世界を構成する四つの要素をすべて均等に手に入れることができれば、ちょうど真ん中に立つことができるのですが、四つのうちどれか不足があると、自分自身が四つのうちのいずれかの立場になります。しかしそれは世界のカードの意味ではなくなるのですから、ここでは中心的な位置にいると考えましょう。もし真ん中の立場に立つことができれば、そこでは自分の思いつきや創意工夫などがそのまま生活の中で反映されています。つまり有利な立場にいる人はどんなところでも、本人の思いつきがそのまま受け入れられるのです。こうした立場にいて、3の数字を示す創造性ということを発揮することができるならば、世界は自分にとっての遊び場のようになってくるでしょう。女帝のカードの生み出す力は、世界のカードが受け止めることで、余裕のある形でそれを生活の中で発揮できるということになるのです。また世界のカードは総合性ということを意味しますから町を作るとか、都市を作るとか、大きな話になりやすいとも言えます。

Ⅳ 皇帝

The Emperor

Ⅳ 皇帝

0 愚者

皇帝のカードは、安定した方針を貫いてその勢力を拡張していき、大が小を飲み込んでより強力になっていくカードです。４の数字を持っていますが、例えば、用紙を同じ大きさに統一すれば、それは無駄な空間を作らず重ねていくことができるのです。お役所の紙がＡ４に統一された時には、空間的なスペースがかなり効率的になったと言われています。４の数字、あるいはそれを空間的にした四角形とか十字というのは、上下左右にどんどん拡張していくことができるのです。皇帝のカードは、そのように一つの形を上にも下にも拡大していくことをあらわしています。そして抵抗するものがあると、それを噛み砕いていき、統一していくのです。世界的に売られているブランドなどは、同じ製品を世界中に広げていきます。もしこれが女帝のカードのように生産的な３の数字であれば、同じ製品が一つもないのです。皇帝のカードの４の数字で初めて、同じものを拡張していくという性質があらわれてきます。

未知の領域へ勢力拡大の試み 調子に乗らず慎重に考える必要性

愚者のカードは崖の向こうに歩いていこうとする人をあらわしていて、警戒心を示す犬が背後から噛み付いています。皇帝のカードは、決まったスタイルをどんどんと拡張していくことをあらわしているのですから、その拡張力が今までの範囲を超えて、もっと未知の領域まで拡大していこうとすることを示していることになります。例えば、日本国内で自分の勢力はすべて浸透したと考えた時に、その次にしようとすることは、今度は国外にそれを広げようとするというふうに考えてもよいのです。もちろんこの姿勢が失敗につながる場合もあり得るでしょう。というのも、崖の向こうの世界は自分のルールが通用しない世界かもしれないからです。従って、この二枚のセットの場合には、この試みを慎重に考えなくてはならないということになるでしょう。調子に乗り過ぎているという場合も。タロットでは愚者と月のカードは危険をあらわしますが、失敗ということではありません。

Ⅳ 皇帝

Ⅰ 魔術師

新しさのないものを新しいところへ持ち込む環境の変化が生む新展開

皇帝のカードは、決まったスタイルを広げていき、安定性を強めていくような意味を持ったカードです。4の数字というのは型にはめるという意味があります。例えば、会社に入った人も学校に入った人も、四月に新しい生活のスタイルに組み込まれます。これは4の数字がどういうものかを考える時の参考になるでしょう。四角四面という言葉も参考にしてみるとよいでしょう。基本的にこのカードに新しいものを作り出す力はないし、新しいものを作ろうとすると皇帝のカードの本来の力が弱められてしまいます。平凡であるが、平凡であるがゆえに拡大する力があるような性質をあらわしているのです。

この後に続くのは魔術師のカードです。これは新しいことを始めるという意味があります。しかしここでも、魔術師のカードは始めるという意味を持っていますが、創造性ということをあらわすことはありません。これは愚者のカードで外に出ていた人が、今度は魔術師のカードで戻ってくるというような対比があって、どこかよそにあるものをそのまま環境の中に持ってきたという意味なのです。自分で何か新しいことを作り出すわけではなくて、それはどこかよそのものを持ち込んできたと考えるのです。そのように考えてきた時に、始めは皇帝のカードで、それはごく一般的なものであり、常識的なものであり、それがどこかよその環境に持ち込まれると、新しい展開になっていくと考えるとよいのではないでしょうか。例えば、世界中どこにでも決まった形で広がっているブランドが、新しい場所に新店舗を作りましたという時にも、皇帝のカードと魔術師のカードのセットで考えてみてもよいのです。皇帝のカードには新しさというものがありません。魔術師のカードには新しさがあります。新しさのないものを、新しいところで展開するということを念頭に置いて解釈してもよいのではないでしょうか。4の数字は基本的にコピーをあらわしていて、同じ型のものがたくさん増えるというのは、すなわちコピーなのです。

揺るぎないルールから逸脱することがない非行動的なまま支配権を握る

Ⅳ 皇帝

Ⅱ 女教皇

　皇帝のカードは、方針を貫いて安定したものを広げていくような性質でもあるでしょう。男性の姿で描かれていますから、当然それは男性的と考える人も多いでしょう。それは強い支配力であったり、権威的であったり、時には頑固であったりすることもあるでしょう。続く女教皇のカードですが、生命の樹では、これは頭のてっぺんのケテルという中枢から、胸の中心までまっすぐ下りてくるラインをあらわしています。これはその人の資質に従って最も真っ当な生き方を貫くことをあらわしていて、天までまっすぐの道が続いているということを表現しています。そして胸の中心で、この皇帝のパスともつながっています。皇帝の拡張力は女教皇の力の誘い水になるということでもあります。女教皇は神殿の中で書物を持っていて、この書物は生き方のリファレンスです。

　皇帝のカードと女教皇のカードは、揺るぎないルールがあって、そこからは逸脱しないということを示しているのではないでしょうか。ただ女教皇が原因と結果のうちの結果の配置になるので、あまり行動的な結果を示さないのです。女教皇が研究者であったり、書斎に閉じ込もっていたり、部屋の中にいる人というイメージで考えた時には、その人は権威ある基準を持ったまま、そのリファレンスを維持するために行動しないというような傾向であったり、あるいはまた院政を敷くような、閉じ込もっていながら支配権を握っているような生き方をあらわすこともあるのではないでしょうか。多くの人がお伺いを立てるような立場の人というのも、この世には存在します。昔ならば、お寺に引き込もっていながら、実際には政治的な支配力を持っていたような存在は普通のことだったという時代もあるわけです。女教皇は行動的な面では何ら決断力はないので、末端的なところでの表現手段は曖昧で、はっきりしたことは言わないという傾向があると思われます。しかし、もともとの意志表示は皇帝のカードらしく押しが強いのです。

Ⅳ 皇帝

Ⅲ 女帝

初心に返る
形式より中身の充実感を重視

皇帝のカードは、決まったものを拡大していくということに関係したカードです。皇帝というのは自分の領土を広げていったり、あるいは国内を統一するというような意味で想像してもよいでしょう。このような時には、新しいことを思いついたりすると、統一性というものが奪われていきます。常に意見を変えていくような人を皇帝にしてしまうと、荒廃してしまいます。決まったものを几帳面に広めていくような性質が大事であると言えるのです。ところが、この後に女帝のカードがやってきます。タロットカードの数字の並びとしては、これは順番が反対になっています。

女帝のカードの3の数字は、生産性ということをあらわしていて、同じものが一つもありません。さまざまなものが生み出され、さらに生み出されていくプロセスで、前のものが壊されていく場合もあるのです。この女帝の生産性というものに打ち止めをすることで、皇帝のカードの安定性が生まれてくるのです。世界中に自分の考え方を広げていったり、製品を広げていくためには、型にはまっていないといけないのです。毎回違うものを作っていくと、普及することはありません。しかし、女帝のカードというのはそうした毎回違うものや、常に生産的であることをあらわしているのです。従って、皇帝のカードから女帝のカードへの逆戻りは、工場でいうと出来上がった製品をたくさんコピーして普及させていく状況から、むしろ時間がさかのぼって、工夫したり、生産したり、試行錯誤したり、生み出したりしているような段階に戻ってきたのです。ある巨大な店を経営していたオーナーは、自分に合わないと判断して、店を人に売ってしまい、自分はもともとの小さな店に戻ってしまいました。しかしそこではいろいろな新しいものを実験的に作ることができたのです。型にはまったものから生産性へ戻っていくこと、初心に返ること、野心とか権威などに振り回されないようになること、形よりも中身の充実感を重視するようになることなどです。

Ⅳ 皇帝

Ⅴ 法王

型式の中で発揮される創造性
統一された環境で豊かさが生まれる

皇帝のカードは、決まりきったスタイルを普及させていき、統一していくような力をあらわしています。４の数字というのは対立するものを噛み砕いていきます。占星術では四番目というのは蟹座です。そして蟹座は胃袋をあらわしています。さまざまな食べ物が胃の中に入った時、そこで固形物は溶かされていき、全体が均等になっていきます。同じように皇帝のカードは、抵抗するものがあるとそれを飲み込み、均質なものにしていくのです。異物を飲み込むことで勢力は拡大していくので、敵対するものを退けているわけではないのです。皇帝のカードで統一された後であれば、法王のカードというのは有効性が高まります。

法王のカードは５の数字であって、これは自分の自己主張とかを拡大していくことをあらわしています。図柄では信者がいて、そうした人々が法王の意見をちゃんと受け止めてくれます。このように信者がいるという体制は、皇帝のカードが勢力を広げてきたから可能なのです。皇帝は地固めであって、法王はそうした整備された場所で自分の意見を広げていけるのです。例えば、多くの人が同じような教育水準にあれば、思想を理解されるのも早くなります。学校のように全員がきっちりと揃ったような場所で発表会をする時には、全員がそれを聞くことになります。つまりこの二枚のセットは、統一的な状況が整って、この中で有利な立場で、自分の自己主張や楽しさというものを広げることができると考えればよいのです。クラシック音楽は、例えば交響曲は四楽章構成になっていて、こうした型の中で作曲していくことで、豊かさを生み出します。しかし、何の型式もないところで自由に作った音楽というのは、楽しくないものです。型の中で創造性を発揮した方が実際には凝縮力やインパクト、創意工夫、精神性などが高まっていくのです。４の数字は型にはめていき、５の数字は創造的になっていく。この二つの組み合わせがうまくいった時には理想的な状況が出来上がります。

有無を言わさぬ力で選ばされる その人本来の道を築く

Ⅳ 皇帝

Ⅵ 恋人

皇帝のカードは生命の樹では男性的な陽の力をあらわすコクマーと、個人の本質をあらわす胸の中心をつなぐところにあります。積極的な活動力や拡張性が、個人にあらわれてきたと考えるのです。これは守護天使の門と言われていて、いかなる障害も突破して、その先に進んでいくような力です。恋人のカードはこれと左右対称の位置にあり、女性的な母をあらわすビナーと胸の中心までのラインです。これは運命の門と呼び、その人固有の人生を作り出すコースです。この二つは左右対称なので交互運動のようなものです。どこかの穴を広げて押し込み、また広げて押し込むという運動です。もちろん、これは中央の女教皇のパスの位置をそのまま左右に振り分けたようなものなので、皇帝のカードによって限界を打ち破り、同時に、自分の固有の運命を作っていきます。そしてその総和が、そのまま本来のその人の人生が記されている女教皇の書物を忠実に再現するという意味になります。可能性をたくさん開発することに通じるし、またその人の本来の道を築くということで、大切な組み合わせです。

皇帝のカードが、自分の領地を拡大するにつれて、自分らしい環境や対人関係、相手が登場していきます。それは人生の幅を広げるにつれて、より個性的で自分らしいものになるということでもあるでしょう。しかし、もしここで皇帝のカードが自分ではなく、例えば父親に投影された場合、父親に決められて選択させられた相手や人生ということも出てきます。自分の中に皇帝のカードの力がない人は、必ず外部にいる皇帝のような人に決定権を握られます。それを防ぐには自分が皇帝の力を手に入れる以外にないのです。単純に考えても、この二枚は有無を言わせぬ力で選ばされるということで、この有無を言わさぬという部分を自分で得ることができれば、障害は何の問題ともならないということになるのです。プレッシャーに負けないで自分流の運命を開始するでしょう。

Ⅳ 皇帝

Ⅶ 戦車

安定から戦闘へ 取り込むことでより大きな安定へ

皇帝のカードは力を広げていき、普及させ、安定した場所を作ることを示しています。凸凹したところを舗装していくような性質でもあるので、抵抗しているものとか反発するものを噛み砕いていき、均等なものにしていきます。しつけというものもそのようなものです。皇帝のカードの性質はあっという間に広がっていくので、それは普及力と支配力を持っていると考えればよいのです。続く戦車のカードは、戦闘的な姿が描かれています。今から戦いに赴く姿です。そもそもが皇帝のカードは異物に対して噛み砕いていくという性質が備わっているのですが、戦車のカードは反対に異物を撃退します。

戦車のカードは7の数字であって、ここでは対立は激化する性質です。7の数字というのは、例えば、音階ではドの音からシの音までです。つまりは落差ある音なのです。この落差のあるものに向かって突入していくのが戦車のカード。ドはシまで駆け上がるか、あるいは上のドからレまで下りてくるかです。皇帝のカードは飲み込んでいく。戦車のカードは衝突していく。このように考えた時には、それまでの統一力が、落差とか敵対物を生み出すことになり、その摩擦が大きくなるという意味にもなってきます。そのためそれまで持っていた自信が対立を生み出していったと考えてもよい傾向があります。例えば、皇帝のカードのような安定性と統一性によって動きというものがなくなってしまったものに対して、戦車のカードによって摩擦を煽り、もっと積極的で戦闘的なものに変化させ、また皇帝によって飲み込んでいくと考えてもよいかもしれません。例えば、ロープで張られた四角いスペースが確保され、ルールが決められたところであればレスリングも許される。これが街中でのただの乱闘であれば、それは否定的なものしかもたらしません。ルールとか、四角いスペースは皇帝のカードが示しているものです。停滞すれば動きを作り出し、それをきっかけにさらに領地を広げていこうとするのです。

Ⅳ 皇帝

Ⅷ 正義

枠組みの中で力を圧縮 明確な秩序に基づいて下す確実な判断

皇帝のカードの4の数字には押し付けるという性質が比較的強めで、自由に放任することはなく、たいてい同じ考えや感情、姿勢を欲求することが多くなります。私たちは集団的に同じような生活スタイルを持っています。主婦には主婦の共通した特徴があって、サラリーマンにはサラリーマンの共通した特徴があります。このように共通した型の中に入っていることで、むしろ逆にそうした中での創意工夫や遊びとか楽しさというものが作り出されるのです。つまりある程度枠がはまっていると、安心してその中で遊ぶことができるという傾向があるので、むしろこの皇帝のカードがあらわすような、型を押し付けるような性質というのは、たくさんの利点が生きています。

この後に続くのが正義のカードなのですが、皇帝のカードがあらわす4の数字をそのまま倍数にすると、正義のカードがあらわす8の数字になります。つまりこの二つには共通点があり、押しが強いとか、説得力があるとか、秩序正しいとか、確実性というものが強くなるのです。両方とも権力などに関係した数字と考えることもできます。明確な秩序の中で、はっきりとした確実な判断を下すという組み合わせになるでしょう。4の数字は基本的な枠組みを、そして8の数字はその中で力を圧縮するということです。例えば、多くの人が集まって、集団的な強い力が出てくるのも8の数字の圧縮という意味に関係しています。国家とか、組織とか、公的な部分での強い決定力というのはこの二枚のカードに関係している面もあります。別の点で言えば、ここには自由性が少なくなってくるので、息苦しさを感じる場合もあるかもしれません。正義のカードは二者択一を示しておらず、対立したものの両立を目指すということをあらわしています。皇帝のカードは敵対するものを排除するのではなく、噛み砕いて吸収して取り込んでいくという意味にもなっています。これらは4の数字の特徴です。従ってここでは、何かを押しのけていくということはありません。

Ⅳ 皇帝

Ⅸ 隠者

特定の範囲内での自由と探索 伝統の中で生まれる発展

座っている人物は維持することをあらわしています。皇帝のカードの場合も、座っている姿のことが多いのですが、しかし椅子に座ってない姿で描かれていることもあります。たいてい椅子というのは、すでに明確に定義された立場というものをあらわしています。その国で誰もが認めるような役割という意味です。もし椅子がなくて、それでも何かに座っているという場合には、まだ確立されていない立場の上で、力を維持しようとする傾向をあらわします。皇帝のカードが、もし新しく手に入れた領土で自分の力を維持しようとする場合には、そこではまだ椅子が描かれることはないでしょう。これはカードのバージョンによって違いがあるので、絵柄を見て判断するとよいでしょう。

数字としては女帝のカードの3と皇帝のカードの4は、二つの大きな流れをあらわします。3は運動性と高揚感。4は安定性と維持すること。隠者のカードは9ですから、それは3のグループに属しています。隠者は動き回り、放浪し、探索し、考えています。皇帝と隠者はそのまま対立すると考える必要はないでしょう。これはある枠の中での自由と探索と考えてもよいからです。まず皇帝が領土を決め、この中で隠者が動くということになります。例えば、分野が決まっている、または初めに設定のルールが決まっている。こういう中で、自由に展開してくださいということもあると思われます。隠者はしばしば思想や哲学、著述という場合もあります。金額の枠が決まっていて、その中でどう自由に展開するか、というような意味もあるかもしれません。特定の国の中での旅または、ある範囲の中で探索するということです。現実には、私たちは隠者の旅と言っても、いかなるものも特定の枠の中でしかしていませんから、ほとんどのケースはこれに当てはまると考えてもよいのかもしれません。皇帝の手のうちの隠者は、伝統の中で発展させていく思想ということもあります。スタンダードの安定感に支えられています。

Ⅳ 皇帝

X 運命の輪

集団的意義の拡張期 流派や派閥などの台頭

皇帝のカードのように集団を統率するような秩序は、それ自身が大が小を飲み込むような性質を持ちます。集団というのはまとめることをあらわすので、その方向ではもう止めるものがなく、何を見ても、何に触れても、飲み込むという方向が止められないのです。しばしば4の数字は縦軸と横軸の組み合わせで、葛藤をあらわすと言われていますが、これは異物を飲み込んでいくという特徴に関係していて、自分にとっては異質なものを飲み込んでいき、それらも統一的な基準の中に取り込んでいくのですから、葛藤による分裂ではなく、葛藤を通して統合化していくという意味になるのです。

次に運命の輪のカードですが、時間の流れの中でチャンスが訪れることを示しており、カードの絵柄ではよじ登るもの、降りるもの、頂点にいるものと三種類の動物の立場が描かれています。皇帝のカードは強い支配力をあらわしているのですから、これが運命の輪の時間の流れの中で、拡張期に至ったことをあらわすのではないでしょうか。必ずしも皇帝のカードというのは個人というものをあらわしてはおらず、ある種の秩序とか、政策とか、方針やルールなどもあらわしています。個人の自己主張とかは、どちらかというと皇帝のカードの次の5の数字を意味する法王のカードから始まるのです。皇帝のカードはある種の集団的な意義と考えた方が近いかもしれません。皇帝のカードとしては本質的にはいつでもあまり変わらないのかもしれませんが、時間の流れの中で、主流になってくるものというのをあらわす可能性は高いでしょう。流派や派閥などの台頭というふうに考えることもできます。4の数字そのものが、個人性というものを否定する傾向があるので、ある個人の勢いが強くなるというふうには考えにくい面があります。私はしばしば皇帝を土地とみなすこともあります。例えば、どこかの地方が村おこしする場合もこのセットになると考えられています。

Ⅳ 皇帝

XI 力

特定の枠内で行う改革
今までの常識を根底から覆す

皇帝のカードは、変革や新規の動きを抑えてしまう傾向がありつつ拡張性もあります。これは皇帝のカードが示している4の数字に関係した特徴で、どちらかというと保守的な性質とか、より多くの人々を共通して統合化するような原理を大切にするので、特殊なものや個性的過ぎるものを排して多数派的に勢力を拡張していくのです。

従って、時には子供を抑えつける親のような性質を発揮することもあるかもしれません。長期にわたって継続できるような種類の秩序が大切だというわけです。4の数字は平凡さということをあらわしていて、個性的なものよりは共有される価値観を大切にすることになります。

ところが、次に皇帝のカードに反するような力のカードが続いてきます。これは11の数字で、これまでの常識を覆すとか、反抗的であるとか、流れを逆流させるとか、転覆させるような意味が強く働くのです。つまりは改革的なのです。女性が動物を押さえていますが、この動物は本能的なものをあらわし、本能的なものとはこれまで続いた当たり前のように見えるものを指しているのです。初めは変わったものでも、長く続いたものは初めからそうであったかのように当たり前のものとして受け止められていきます。11の力のカードは、このように当たり前に考えられていたものの流れを変えようとする性質があって、意識的に未来を作るという意味があるのです。ただ、皇帝のカードが先に来るので皇帝のカードと力のカードが葛藤するわけでなく、やはり皇帝の中の力のカードとみなしてもよいでしょう。すると、ある特定の秩序の枠の中で、改革的なことをするという意味になります。内部改革のみとか、大枠は変えないで、一部変更という意味です。今まで当たり前だったものを根底から覆すという、二枚目のカードの力を一枚目よりも強く読むことも可能ではあるので、状況に応じて判断してください。

Ⅳ 皇帝

XII 吊られた男

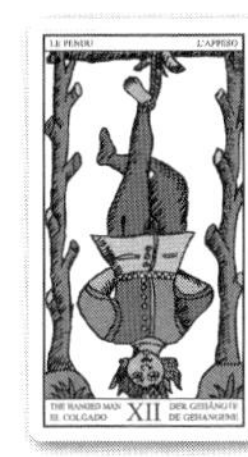

秩序の中にある未知の探索
制限を逆手にとる違反行為

皇帝のカードは力強い安定感を作り出すカードです。４の数字というのは、地上の世界においての基本的な枠組みをあらわしています。例えば、季節で言うと春夏秋冬、方位では東西南北、時間の流れでは日の出、正午、日没、真夜中。人生の四つの区分というものもあります。四つのものは基本的な生活の上での秩序というものをあらわしていて、皇帝のカードもまたこうしたベーシックな部分を確実に抑えるという意味が出てきます。基本的には変化に抵抗するので、頑固になったり融通が利かないという部分はありますが、誰にとっても重要な要素なのです。私たちの生活の中でこの４の数字が弱まっていくと、規則的なリズムがなくなっていき、それにつれて生命力も弱ってきます。気ままに秩序のない生き方をしていると、力強さそのものが損なわれていくことが多いのです。

こうした４の数字に対して創造性とか、柔軟さとか、自由性をあらわす数字は３の数字です。ところで次に続く吊られた男のカードは、数字としては12が当てはめられています。型にはまったものという4と、自由な創造性をあらわす3の数字の組み合わせ。吊られた男は身動きとれなくなっていますが、頭の中では、さまざまなアイデアが渦巻いています。身体は縛られるという点で4の数字。頭の中は自由に働くという意味で3の数字。やはりこの対立する二つの要素が結合していると考えてもよいのです。吊られた男の中に、すでに含まれてはいるが、あらためて初めに皇帝のカードが出てきた時には、まずは4が強調されます。皇帝のカードの拡大力は枠からの自由ではなく、枠そのものを増やしたり広げたりすることの拡大欲求です。このセットは皇帝そのものにテーマが当てられているために、秩序の屈折した使い方、特殊な抜け穴を探すこと、制限を逆手に使うなども出てくるのではないでしょうか。4は秩序。12は未知の探索。となると、秩序の中での未知を探すという意味になります。

Ⅳ 皇帝

ⅩⅢ 死に神

皇帝のカードでは、皇帝は右手に直線の形のもの、左手では腹のベルトをつかんでいます。右手は個人の意志をあらわしています。直線的なものというのは開始と終了があります。腹にある予定を実行に移すと考えてもよいのではないでしょうか。どっしり椅子に座っているわけではないので、いつでも行動に移せます。皇帝のカードは権威、支配力、安定、維持などに関係しています。死に神のカードは13の数字ですが、これは合計すると4の数字になり、皇帝のカードと死に神のカードは同じ系列のカードです。皇帝は偶数で死に神は奇数という違いがあります。13の数字はより優れた秩序をより上位の世界から持ち込んでくるという性質があって、本来神聖な数字だと言われていました。守りに徹する社会が作られた段階で13の数字のような、外に開いてしまうような性質の数字は不吉と考えられるようになりました。4の数字が内側から、信頼感でまとめていく力だとすると、13の数字は外からの脅威ということも関わります。

相反するものを利用して秩序を維持 素晴らしいものと恐ろしいものの表裏一体

この二枚のカードは、飴と鞭のような相反するものを使って、秩序を維持する性質です。4と13は裏腹なのですが、実は4という共通点があって、位相が反対になっているだけなのです。例えば、弁財天というのは日本では豊かさとか実りをあらわしています。ところが、弁財天の姉の暗闇天女は貧乏神と言われ、あらゆるものを剥奪していきます。この世に入ってくる時には弁財天。戻っていく時には貧乏神。同じ一つのものが方向を変えてしまうとこのように違ってくるのです。皇帝のカードと死に神のカードもそのように表裏一体です。近づいてくる時には親のように、遠ざかる時には恐ろしい姿にというふうに変わっていく場合も考えてみるとよいのではないでしょうか。また、不要だと思えるものを強硬に廃止するような力でもあります。秩序はノイズを減らすことでもっとクリアに維持することができます。

Ⅳ 皇帝

ⅩⅣ 節制

表向きは柔軟だが基本部分は変わらない 長い時間をかけて受け継がれてきたもの

皇帝のカードは数字の4というところから考えると、安定した立場というものを維持し、さらに広げていき、普及させていくことに関係します。これは手前にある女帝の生産性をいったんストップさせないことにはうまく機能しません。力を広げていくためには、同じであることが必要です。例えば、ある製品をたくさん売りたいとき時には、それはスタイルが同じでなくてはなりません。女帝のカードは常に生産するという意味で言えば、一つの洋服しか作らない個人商店のような特徴を持つことになるのです。それに比べて、どこの国に行っても同じ製品が手に入るような、世界的なブランドというものは、常に型が決まっているのです。

この力強い皇帝のカードが節制のカードに受け渡されていった時に、節制のカードは入れ替わりとか、異なる器に同じ中身を流し込むということを指しますから、共通のものをどんどん広げていきたい皇帝の力というのは、異なる器の中を流れていく液体のようなものだと考えられます。例えば

企業では、さまざまな企業にＯＥＭ製品として、一つの製品がたくさんのメーカーに渡っていくというケースがあります。異なるメーカーのＣＤプレーヤーだと思ったのに、中身は同じメーカーだったというようなことがよくありました。これらは違うメーカーという器の中で、同じ製品という液体が流れ込んでいるのです。さまざまに形を変えながら、またいろいろなものに影響が入り込んでいき、バリエーションがたくさん生まれていきながら、根本的に存在するのは同じ皇帝のカードです。揺るぎない精神が、形になっていくという組み合わせでもあるので、それは形の上で柔軟性を持ちつつも、実質的なものが継続するということをあらわしています。表向きは統一性がないように見えても、実はちゃんと変容しつつも基本的なものは変わらないのです。そしてまた長い時間をかけて受け継がれてきたものも意味するでしょう。

Ⅳ 皇帝

XV 悪魔

権威をテリトリー外へ押し付ける支配関係や侵略的性質

皇帝のカードは力を維持していき、安定性や普及する力に満たされています。時にはこれを父親とか権威とかとして考えることもあります。西欧では３の数字が母をあらわし、４の数字が父をあらわすようですが、日本では反対になることも多く、子供の例では三角形は父親をあらわし、四角形は母親をあらわすようです。力を広げていくためには、姿勢は変わってはならないので、皇帝のカードでは手前にある女帝のカードの生産性を抑止します。そして決まったものをどんどん拡張していきます。

このような力が悪魔のカードに伝えられていくと、それは境界線を打ち破って広がっていくような傾向を持つことになるでしょう。そもそも悪魔のカードの15の数字は、踏み超えてはならないような境界線を打ち破って、外にまで力を広げることをあらわしています。直接自分のテリトリーのものではない領域まで押し付けていくような意志も悪魔のカードです。皇帝のカードの姿勢を、押し付けていくと考えればよいのです。もし悪魔のカードの絵柄の中で、鎖につながれた二人の姿を自分だと思うならば、支配を受けることになりますから、何か押し付けられているということになるでしょう。もし翼を持った悪魔こそが自分だと思えば、自分が押し付ける側です。このようにタロットカードの場合にどこが自分なのかを考えないと、時にはそれは反対の意味を持つことになる場合があります。皇帝のカードが悪魔のカードの上に立っている存在に重ねられていったら、それは侵略的な性質を持つことになるでしょう。生命の樹のパスでは、父的なコクマーの中枢と本質を意味する胸の中心の間が皇帝のカードです。次に胸の中心から、知性の中枢であるホドまでが悪魔のカードで、この二枚はそのまま左上から右下まで斜め一直線に連続しているので、比較的容易にこの二枚の組み合わせがあらわす意味に走りやすい、ありがちな展開だということになります。なかなか油断のならない性質であるでしょう。

Ⅳ 皇帝

ⅩⅥ 塔

困難を打ち破って突き進む　ある種の基準が隅々まで拡張

皇帝のカードは力強い維持力をあらわしています。数字の原理では、権力に関係するようなものは、この4の倍数と考えてもよい面があります。つまりは4と8と16などです。占星術のアスペクトで考えると、円を四つに分割した九十度、八つに分割した四十五度などは基本的に強い緊張感をあらわしていて、力強い押しの力を持っています。これらの数字が連続してあらわれた時には、それはこのように力を押していくような性質というものが表現されていることになります。ここでは二番目に出てくるカードが塔のカードで、これは16の数字をあらわしています。4の数字が秩序を維持することに関係し、ところが塔のカードでは秩序の象徴としての建物が雷で壊れていくことを表現していますから、内容に矛盾があるのではないかと考える人もいるかもしれません。しかしここで4と8と16という数字の並びで考える場合には、押していく力が障害物を突破して、なお突き進むことを特徴づけています。8の数字は、集中とか凝縮をあらわします。そこで強くなっていた力が、16では型にはまったものを打ち破って、拡張していくような性質があるということになります。

皇帝のカードの力が、ある種の基準というものを提示して、この基準はたいていの場合あらゆるところに浸透しなくてはなりません。例えば、何か法律が制定されればそれを日本中に適用しなくてはなりません。このように4の数字というのは、普及しなくてはならないという性質があるのですが、それが障害物を見つけると突破していき、隅々まで拡張していくというイメージで、この二枚のセットを考えてみるとよいでしょう。どんな困難もものともせず、拡大していくような状況を想像しましょう。行き過ぎということをあらわすこともあるかもしれません。日本の天皇家は16の花弁の菊の花をシンボルにしていますが、この場合にも16の数字が意味の根底にあることになります。皇帝の力が崩れるのではなく、むしろ狭い制限を打ち破るのです。

Ⅳ 皇帝

ⅩⅦ 星

規則的秩序が受信する星の力
決まったシステムの中で定期的に受信

皇帝のカードは、異物を飲み込んでいき、どんどん拡大していきます。4の数字を編み目のように考えてみると、縦にまっすぐ伸びていき、横にもまっすぐ伸びていき、どこまでも平面的に拡大していきます。一つの秩序は、このようにあらゆる方向に広がっていくのです。それが皇帝が領土を拡大していくというような意味になるのです。4の数字は実はあまり個人的な数字ではなく、誰にも共有される普遍的なものでもあり、特に環境を意味する数字です。四季、四方位などがその代表と言えるでしょう。果てしなく広がる縦軸と横軸の座標の組み合わせは地図によく使われます。実際にこの4の数字というのは環境とか土地とかをあらわす数字でもあります。

続く星のカードですが、これは17の数字をあらわしており、素数ですから因数分解で元の意味を取り出すことができません。日本の古い考え方では、神様との通信をあらわす17の数字が一番重視されています。例えば、五七五の言葉は合計すると十七語になります。この言葉の形式は神様と通信するのに最も適していると言われていました。土地に拡張していくグリッドのようなものが、星の力を受信するというと、世界の各地にある古代遺跡など、恒星に照準を合わせた建物とかレイラインなどを思い浮かべる人は多いでしょう。規則的な秩序や法則的なルールというものは、遠い星の力を受信する性質があるという意味で考えてもよいでしょう。もともと皇帝のカードは外に対して開くようなものでなく、固めて安定させるような性質ですから、星のカードのように、洋服を着ておらず全くの無防備で守りのない状態となかなか結び付くのは難しいかもしれません。でも、初めに皇帝のカードがあると、ある特定の枠の中での星のカードの作用ということになり、決まったシステムの中で、定期的に受信されるものを意味します。土地の力が弱いとか強いとかいう人はいますが、古代の日本でも、恒星の力を受信できるかどうかが大変に重要でした。

Ⅳ 皇帝

XVIII 月

未知の領域まで既知の領域を拡大手をつけていなかったところへの持ち込み

皇帝のカードは４の数字に関係したカードです。私たちの生活では、建物もさまざまなものも四角形でできています。地上の生活において、これは最も安定感をあらわしています。基本的には、対立した二つのものをうまく合わせるということを意味していて、横に走るものと縦に走るものを結び付けるのです。３の数字は、ある場所から次の場所へと直線的に移動するものを第三の場所から観察できるという性質で、つまりは直線的な変化というものが３の数字を象徴しています。数が一つ増えて４の数字になると、３の数字での目線の中心点がさらに客観視され、直線的な変化というものがもう一つ加わってくるのです。平面的な領域であらゆる方向に拡大していく性質を持つので、４の数字は果てしなく拡大していこうとする本性を持っていて、これが皇帝のカードの次々と領土を拡大していく力というふうにイメージしてよいのではないかと思います。

月のカードは私たちの限定された脳の作用を拡大していき、無意識の領域まで探っていくような状況をあらわしています。脳の作用で言えば、限定された日常の意識は左脳をあらわします。それは一瞬では八ビットしか処理できません。しかし右脳は膨大な潜在力を持っていて、一瞬で数百万ビットでも処理できると言います。この境界線を打ち破って、右脳的な情報が入り込んでくるのが月のカードです。皇帝のカードの性質には、異物を噛み砕いて、どんどん領土を広げていくという性質があることを考えなくてはなりませんから、この範囲が月のカードと結び付くことで、これまではまだ手をつけていなかったところまで拡大していくことを考えてみるとよいでしょう。海の果ての異境にキリスト教を持ち込もうとした神父たちというのも、このセットで考えてみるとよいかもしれません。４の数字というのは飲み込むことが無理だと思うと吐き出し排除します。でも、できる限りのところまでは拡張していきます。これまで想像ができなかった問題も発生するでしょう。

Ⅳ 皇帝

XIX 太陽

普遍性や伝統の中にある未来的なものの芽 二つの対立項目が柔軟な未来を生む

皇帝のカードは父親的なもの、権威的なもの、安定したもの、普及していく力があって、それはどんどんと力を増していくものであると考えてもよいでしょう。皇帝のカードの4の数字は、正方形の図形に対応しています。あるいはまた、縦軸と横軸の交差する十字形で考えてもよいでしょう。基本的にここでは、対立するものが交差していて、この二種類が横に増殖していくのです。抵抗を感じつつ力を広げていくという4の数字は、抵抗勢力を好むという意味も出てきます。

太陽のカードは二人の子供が遊んでいて、この二人の子供は互いを基準にして回り合うので、太陽のカードは別名二つの太陽、例えば、シリウス宇宙のような意味があります。シリウスを最も重視していたのはエジプト文明で、太陽のカードはある意味人類の理想の未来のような状況を意味しています。これは人間が個人に閉じ込もらず、自分にとって影となるような位置にある相手と真の意味で協力関係になって共存することを意味します。現代社会でそれができているケースは少ないので、とても未来的とも言えます。

皇帝のカードは数字がまだ初期の段階にあるために、人物というよりも、非個人的な基本法則として考えてもよい面があり、こうした始源的なものの中に、太陽のカードを作り出す元の素材が隠れています。例えば、太陽のカードは19の数字ですが、太陽暦と太陰暦が合流するメトンサイクルは十九年で、太陽暦と太陰暦は地球の文明の二大潮流に関わります。この二大潮流は西欧と東洋のようなものでもあるのですが、これらが協力関係になるのが太陽のカード。その意味では、皇帝のカードが示す普遍性や伝統などの中に、この太陽のカードという未来的なものの芽があることを発見できます。タロット占いでは、もともとあるものの中に、こうした柔軟な未来を作り出す、対立項目となる二種類が隠されたのだと考えてもよいでしょう。より大きな器の皇帝になるという意味もあるのではないでしょうか。

Ⅳ 皇帝

XX 審判

制限された暗い部分に光を当てる
枠内すべてのものの検討と活用

皇帝のカードは、地上にどっしりと強い立場を作り出して、そこに安定した空間を形成します。自然界の法則は４の数字で説明されることも多く、皇帝のカードは場を作ることに大いに関係します。実際に私たちは部屋を四角形を規則にして作り、そんなに円形とか三角形を多用しません。切り分けられた空間や限られた資金などでぎりぎりいっぱい確保すると、結果的にそれは四角形になるのです。皇帝のカードは普遍的なことであって、これが嫌いとかこれを使わないなどということはあり得ないような種類のベーシックな事柄です。皇帝のカードがタロット占いで出てきた時には、そのような安定した状況を維持するということがテーマとして浮上してきたと考えてもよいのです。根付くものと考えてもよいのです。

審判のカードは20ですが、それは皇帝の４の五倍です。五倍というのは遊び的な拡張です。審判のカードは、基本的には、私たちが五パーセントしか使っていないと言われている脳を最大限活用することを意味します。それはさまざまな条件で失われたと思われたものも、意識の集中によっていくらでもアクティベートできることをあらわし、それがラッパを吹く天使によって死者が蘇る図になっているのです。死者というのは失われた記憶です。私たちはどんなことでも馴染んだものだけを使います。しかし、皇帝があらわす空間や枠、場の中のすべてを活用するべきであると審判のカードは語っているのです。例えば、バイキング料理の場合、好きなものだけを食べている人がいるかもしれません。しかし審判のカードは、偏りのないあらゆる領域のアクセスという意味でもあるので、まんべんなく食べるということも意味するでしょう。そして好き嫌いによって制限された暗い部分にも光を当てるということです。ある特定の枠の中のすべてを検討することや活用することをあらわすセットだと思われます。馴染んで知り抜いているはずのものにもまだ発掘していないものがたくさんあります。

Ⅳ 皇帝

XXI 世界

枠からはみ出すことなく完成
スタンダードなオールインワン

皇帝のカードの4の数字は環境を安定させたり、固定したり、一つの場を作ることをあらわしています。皇帝のカードの力がなければどんなものも安定感を失い、活力が消耗していくことになります。ある意味枠にはめることは、この中でエネルギーが充満することをあらわしています。時間の枠や行動の枠、生活スタイルの枠があることで、私たちは活力に満ちた生活ができるのです。その次にやってくる世界のカードですが、これはタロットカードの最終的な段階をあらわしています。つまり欠けたものがなく、すべてを手に入れたことをあらわしていて、四つの力の場の中で中心的な力が手に入ったことを意味しています。四つの力というのは、私たちの生活の基本的な元素、火、風、水、土の四要素ですが、このうちのどれかに同化して生きている間は必ず対立する元素があるので、何か実現することは難しくなります。しかし、四つを全部所有して統合化した五番目の中心にいると、その条件を超えることができるので、願望は実現しやすくなるのです。何かしようとしても、それを打ち壊してくるものがないということです。

この世界のカードの中心人物を囲む四つの生き物としての四つの元素は、皇帝のカードの4と共通点があります。皇帝のカードはいわば自然界の根底にある基礎的な法則のようなものでもあるために、世界のカードというタロットカードの最終的な段階では、それらに支配されず、むしろうまく乗りこなして自己実現するという意味になってくるのです。皇帝のカードは特定の場の枠を意味します。それは限定されたものかもしれませんが、世界のカードは、このすべてのものを生かすかのようで、枠からはみ出すことなく完成するということです。はみ出していく自由を発揮しているわけではないので、こじんまりしているかもしれませんが、それでもサイズはあまり問題とはならないでしょう。狭い空間の中で、すべてを完備させる。ミニチュアでもオールインワンということを考えてみるとよいでしょう。

V 法王

The Hierophant

V 法王

0 愚者

法王のカードは図像からは宗教的指導者というイメージが浮かびますが、現代ではそのような人はごく少数でしかありません。5の数字は昔から魔除けとか防衛的な意味で使われています。これは他の人の横並びでのコミュニケーションが成り立たず、一方的という意味でもありますが、宗教的指導者はより高次な意識を持ち込み、広げるのですから、横並びに平等だと、そうした高次な意識との接点が失われる可能性が高く、あまり役立ちません。現代では特別な能力や主張を持ち、創造的に展開するような人をあらわすでしょう。

　この後に愚者のカードが続きますが、愚者はすべてを無にして現場から逃げ出すカードです。生命の樹では、最も大切なものを犠牲にして、境界線の向こうの宇宙に飛び出すことをあらわしています。法王のカードは世間やこの世界の中で、羽を広げるように自分の影響力を拡張していますから、この後で愚者のカードがやってくれば、そのすべてを投げ出し、失うということも考えられます。ただし、法王のカード

自己主張や創造性が立場を危うくする
特別な立場を途中で投げ出す

はより高次の意識との仲介者であり、生命の樹では、愚者のカードで愚者が飛び出す世界とそのまま連結されています。そのため、法王の力を広げ過ぎた結果、周囲の環境と噛み合わなくなり、つまりは行き過ぎになったと考えてもよい面もあるでしょう。やり過ぎや暴走などです。放浪して自由であり、そして法王のように教祖的な立場というのは隠者のカードとのセットではあり得ますが、愚者のカードは世界内でなく、世界外に飛び出すので、その価値そのものを他の人は認識できなくなります。そのために、法王のように人々に対する説得力や有利な立場も失います。5の数字の示す強力な自己主張や一方性、創造的姿勢の過剰性によって、自分の立場がなくなっていくと考えるか、そのような立場を途中で中断して、出ていってしまうと考えてもよいでしょう。この二枚とも順応という要素に欠けているのです。

V 法王

I 魔術師

自分自身で考え出したものを展開 常に思想を周囲に発信する

法王のカードは、昔の時代の宗教的な指導者の絵柄です。強い立場にあって、自分を他の人と公平な立場で扱うことはなく、自分の側から、外に対して主張していき、なおかつそれを周囲の人は喜んで受け取るという立場にあります。そこで必ずしも宗教的な教祖のような立場だけではなく、芸術家の場合もあると思われます。あるいは実業の分野で、指導的な立場にあるということもあるかもしれません。コーチングというのが流行していましたが、そういう分野でメンターをしている人にはこのタイプが多く、このカードで考えることができるのではないでしょうか。法王のカードが示す5の数字というのは、五角形に例えることもできて、それは防衛力とか遊び心とか、人間的な自己主張をあらわしています。横並びでの外からの情報はほとんど入ってこないような特徴があって、言いたいことは言うが、人の話は聞かないというものです。宗教的な指導者という場合、人の話を聞くと、人と人の間の世間の話になってしまいます。そこに埋没しないで、高次な意識の見地からということになるのですから、やはり話を聞かないということになると思われます。

魔術師のカードは何か具体的に新しいことを始めるという意味を持っています。価値の運搬者という意味で、どこかから新しい価値を持ってきます。その前にある法王のカードは、自分自身の中にある考え方や思想、思いというものを表現しようとしています。そのため、自分自身で考えだしたものを、商売とか仕事とか、何かの展開で新しく広げていこうという意味になってきます。例えば、セミナーをするということもあるかもしれません。あくまで人の話を聞くのでなく、自分の話したいことがあり、人が聞くという場を作るわけです。好きなことができてよいと思うかもしれませんが、常に発信し続けなくてはならないので、枯渇してはならない。これは大変なことかもしれません。教育産業に関したことを始めるとも考えられます。

V 法王

II 女教皇

法王のカードは他の人と対等な関係ではありません。そのため、上からの目線で話をしている人と考えてもよく、法王のカードの5の数字は、そのように主張することをあらわしています。タロットカードはすべて人間の基本的な要素をあらわしています。つまり簡単に言うとすべてのカードの示す能力を、すべての人は持っていなくてはならないと考えるわけです。強いとか弱いはあるにしても、基本的に誰の中にも内包されている性質です。それが時期によって表面化してみたり、また隠れてみたりすると考えるとよいのです。法王のカードを自分の中で持っていない人は、それは外からやってきます。つまり法王のカードのような人に従属する経験をすることになるでしょう。自分の中にあれば、外に手本の必要がないのでそのような人と深く関わることはありませんが、誰かから学ぶということもあるでしょう。

女教皇のカードは、書物を持ったまま神殿の奥にじっとしている人を描いています。この書物は潜在的な可能性の宝庫です。ですから、女教皇を図書館のようなものと考えてもよいかもしれません。法王のカードはこの書物に対して光を当てるのです。しかし自分に都合の良いところだけを見るという傾向もあるでしょう。自分がしたいことがあって、それを展開するために必要な情報というものを読み取ろうとします。何か言いたいことがあって、そのために必要な材料や証拠、根拠などそれらを検索するようなことを、この二枚のセットはあらわしていると考えてもよいでしょう。女教皇は受動的なカードなので、何かをするということはないのですが、必要なものは何でもそこから取り出してくることができるのです。また何か言いたいことがあっても、それは内面にとどまっていることもあります。しかし、実際の何か素材があると、それを契機に飛び出してくることも往々にしてあります。吐き出すための素材を見つけるとよいのです。偶然のきっかけを利用して自分を表現するチャンスを得ると考えてもよいでしょう。

やりたいことの実現に必要な情報を検索
内面を吐き出すための素材を見つける

Ⅴ 法王

Ⅲ 女帝

常に吐き出される自己主張　受け身になることが許されず放出し続ける

法王のカードは、強い自己主張をあらわしています。自分の側からはたくさんのものが外に表現されていきます。しかし外から自分の側に入ってくるものは少ないでしょう。ある意味それはとてもわがままな姿勢ではあるのですが、人間としての充実した要素というものが込められています。この手前の皇帝のカードは4の数字で、基礎的なことを意味します。基礎の上で、遊びがある。生活が安定すると次に遊びがあるように、法王のカードは基本的なことが安定した上でできることなので、ある意味贅沢です。しかも自分が言いたいことを、周囲が受けと止めてくれる状況なので、それは有利です。しかし半面、自分の内側から外に向かって常に発信し続けなければならないので、弱気になることができない、あるいは受動状態になることを許されないということなので、そこには大変な活力が必要です。

続くのは女帝のカードです。これは3の数字です。生産的であること、常に生み出し続けること、豊かさをもたらすもの。女帝のカードは個人性をあらわすことが少なく、自然界の生産原理のようなものです。法王のカードは人間の自己主張というものを示していて、これは人間的なものをあらわしています。自然界の原理と人間の生産的な欲求という違いはあるのですが、生み出し続けるということでは共通しているのです。ただし先に法王のカードが出てくるので、自分自身の主張というものがまずはメインです。それが次に女帝のカードによって、休みなく生み出されるということを示していますから、いわば量産体制になったような、多産な作家のように自己主張は常に外に対して吐き出され続けることになります。両方とも奇数の数字なので、受け身になることが許されず、常に出して出し続けることが要求されています。このような場合にどこからかエネルギーを吸収しなくてはならないと思いますが、法王は吐き出すことで内面を通して活力がチャージされる傾向があります。空になると、どこからか力がやってきます。

V 法王

Ⅳ 皇帝

自身が主張することで場ができる　自由な行動がいつの間にか安定をもたらす

法王のカードは数字としては五番目で、数字の原理としては1から4までは自然界の原理などをあらわしています。5の数字になって初めて、環境から独立した人間的な自己主張や発展の欲求を示しています。つまりこの段階で、人間の意識というのは、自然界に支配されるところから自由になっていこうとする意欲が生まれるのです。その意味では、環境のリズムから浮いてしまい、周囲とは関係なしに自分の楽しみや喜びを追求するという特徴にもなってきます。つまりは順応する性質がないのですが、順応しないということが大きな課題ともなっているのです。状況に引きずられることなく、自分自身の意志を主張できたり、楽しみを追いかけたりできるのは、独立的な自我の構築と考えてもよい面があります。

この後に、皇帝のカードが続きます。タロットカードの並びとしては、皇帝のカードの後に法王のカードがやってくるので、これは順番が反対になっています。皇帝のカードで状況を整えて、その後で法王のカードが成立するのは、例えば、コンサートで言えばちゃんと演奏会場が決まり、聴衆を集めて、場が出来上がる。そこで演奏者がやってくるという順番です。しかし、ここでは反対の順番になっているのですから、自分が主張することで、場が出来上がるということになるのです。従って、例えばいつも自分がやりたいことを気ままにやっていたが、気が付くとここに決まったスタイルというものができて、それが安定した場を作り出すようになったと考えてもよいのです。例えば、商店街が閉店した後の夜に、ギターを抱えて気ままに歌を歌っていた。ところがいつも決まった時間に行くようになってしまい、気が付くと、やってくる人達も整い、そこに一つの安定した場所が確保されるようになった。型が決まると、エネルギーの無駄もなくなってきます。場を作って遊ぶのでなく、遊んでいると場が出来上がるのです。ここでは繰り返すこと、継続することが大切なのではないでしょうか。

Ⅴ 法王

Ⅵ 恋人

満足感を得て欲求が枯渇 受け入れられることで失われるカリスマ性

この組み合わせはタロットカードの順番のままなので、自然な流れということをあらわしています。法王のカードは気ままに自分の自己主張を外に広げることをあらわしています。現代ではこの法王のような宗教的な権威というのはほとんど存在しません。従ってこの絵柄のとおりに宗教性と考えるよりは、ある種のカリスマ的な押し出しということを考えた方がよいでしょう。

恋人のカードですが、これはその人にとっての運命に感じるような相手や仕事、環境などを示しています。自分にとって最もふさわしい、はまり役のような仕事が見つけられると、誰にとってもそれは喜びかもしれません。法王のカードが恋人のカードを引き寄せるのです。つまり言いたいことがある人は、聞きたい人を引き寄せます。鍵にぴったり合うような錠が手に入るような状況なのです。ところでこのように自分の望みにぴったりのものがやってくると、それは大きな満足感を与えますが、同時に法王のカードの力を奪ってしまいます。法王のカードは、自分と他者の間に温度差があり、まだ自分の主張したい気持ちが十分に燃え尽きていないことをあらわしています。ところが完全にそれを吸収してくれるような相手が出てくると、あらゆる欲求はそこで満たされてしまうので、それ以上何か新しいことを主張する気にはなれないかもしれません。はみ出しそうになるものを相手が全部飲み込んでしまうのです。例えば、創作をする人でも、受け付けてもらえないから不満とも意欲とも言えるようなテンションが続いていた。ところがそれがスムーズに外に表現できるようになると、自分の言いたいことが枯渇してしまったということはよくある話です。つまりこの二枚のカードのセットは、満足感のある喜ばしい体験がやってくるが、それにつれて自分の主張したい気持ちが薄れてくるような面もあるのです。5の数字の誇大妄想的な性質は6になることで、相手と等身大になり、普通の人になってしまう可能性もあります。

V 法王

Ⅶ 戦車

現在の姿勢でどんどん前進走り続けることが重要な時期

法王のカードは5の数字に関係していて、それは外に対して一方的に意志を表明するという意味も持っています。五角形は防衛力をあらわし、また子供のように自然に生命の可能性を追及していく性質があるのです。5の数字は基本的には他の人と共存することはありません。自分に特別なものがあり、それが他の人と自分を分けてしまう理由だと考えるのです。もちろん法王という言葉からすると、それは神と人の間に立つという意味だったのです。

次に続く戦車のカードも奇数の数字で、7をあらわしています。実は5の数字と7の数字は多少似通った面があります。5の数字が自己主張だとすると、7の数字は伝達、外に向かって走ること、異なる領域にわたりをつけることというような意味があります。奇数の数字は外に向かって飛び出すという性質があるので、この法王のカードと、戦車のカードが組み合わさると、法王の意志はどんどん外に拡張されていることになるでしょう。それに戦車のカードは、意見の両立ということはあまり考えられていません。むしろ戦いでの勝負のように、二つのうちの一つが表に出て、もう一つが裏に回るのです。法王のカードが一方的な姿勢を持っていたように、戦車のカードも相手を打ちまかして、自分の勢力を正しいものと考えていくのです。この二枚のカードは、比較の上で次の法王のカードと正義のカードの組み合わせと大きな違いを見せてきます。正義のカードでは意志がそのまま飛び出すことはなく、いったん自分のところで止めてしまうのです。しかし戦車は止めることはありません。走り出してしまえばそれは止まらないのです。実は私たちは、常に戦車のカードであり続けています。自分の生き方という点でずっと走り続けているので、走っていることに気が付かないことが多いのです。法王のカードと戦車のカードの組み合わせは、偏っているかもしれませんが、自分の考えを信じてどんどん前に進むことが必要だと考えられているのです。

Ⅴ 法王

Ⅷ 正義

さらにレベルが高い状況に進歩 奔放なものが慎重になる

法王のカードは5の数字に関係しているので、これはしばしば一方的な自己主張をあらわしています。もともと法王というのは神と人をつなぐものだったので、立場的に人に対して上に存在するという考え方があります。イスラム社会では、神の代理人の存在を認めないために、法王は不正な存在です。西欧社会は、この人よりも上に存在する人というところから、人の階級制度という概念が生まれてきたと考えてもよい面があります。つまりイスラム社会では、基本的に人は横並びということになり、これが資本主義的な競争力が身に付きにくい理由の一つにもなりました。

正義のカードは8の数字をあらわしているのですが、8の数字は圧縮したり凝縮したりする性質があって、5の数字が示すような一方性というものが、いったん8の数字の場所でストップがかかり、そこで力が蓄積します。8の数字がぎりぎりまで溜め込んだ上で、意志が外に飛び出るのです。何でも思ったことをそのまま言ってしまう人が、深く考えるようになり、十分考えた上で意見を言うというふうに考えてみるとよいでしょう。また、正義のカードは対立したものを調停して、両立した見解を作り出すのです。これは正義のカードの女性が、天秤の秤を持ち、ちょうど真ん中をつかんでいるという画像から考えてもよいでしょう。占星術ではあるポイントとあるポイントのちょうど真ん中は、この二つのポイントを配合して、さらにレベルの高い段階に持っていくという作用があります。この組み合わせは、より進歩するという状態をあらわしていることになります。法王のカードと正義のカードには本来はっきり違うところがあります。法王は、仕事とか職場とか実際的な面で判断力を発揮する必要はありません。しかし、正義のカードは実際的な判断が必要になってきます。法王のカードに実際的な力、押し、忍耐力、待つことなどを与えます。自己主張も、その場で役立つ建設的性質と慎重さが加わってくるのです。

V 法王

IX 隠者

この二枚のカードは宗教的なイメージとして共通しているのではないかと考える人も多いと思います。一枚目の法王のカードは文字どおり教祖のような人とか、カリスマ的なものを表現しています。自分が言いたいことはあるが、他の人の話はあまり聞きたくない、多少上から目線で行動したい、対等な立場でありたくない、強いプライド、このような誰の中にもある、そういう要素を表現しています。一方で隠者のカードは、孤独の中にあります。話を聞いてもらう必要はない場合も多く、むしろ探究者として、暗闇の中をランプの明かりを頼りに模索しているのです。彼は旅をしていて、一つの場所に居着くことはありません。9の数字というのは、いろいろな分野の旅をすることを意味していて、一つの特定の専門分野にとどまることはありません。とどまってしまえば、本質的な要素というものが奪われていき、その分具体的な作業の中に縛られていくからです。

法王のカードは立場が必要で、隠者のカードはむしろ立場が必要ではない。しかし両方とも何となく宗教的な性質が共通しているとも言えます。法王のカードは信者のような人々との関係の中でのみ成立し、その関係の中に依存しています。信者がいなければ教祖は存在することができません。ところが隠者のカードは、十進法の数字の最後の数字をあらわしていて、それはすべての要素を手にしたことを表現しています。

精神的成長
権威を退いた後の自由と自立

つまり世界の中に自分を縛る部分は存在しておらず、自由に動くことができるのです。従って環境依存の法王に対して、隠者のカードはより成熟して、周りに頼ることなく、自分自身で考えていくようになります。人に対して強い影響を与えたいという気持ちがなくなっていき、その分自分自身の中に自立性が生まれてきたと考えてよいかもしれません。権威的な立場にある人が、それを捨てて純粋な探究心を持つようになったと考えてもよいでしょう。また、自分の主張を生かせる場を求めて移動していくという意味も成長成立します。

V 法王

X 運命の輪

思い切った自己主張がうまくいく時期　意志を表現できる場を見つけ出す

法王のカードは5の数字に関連しているカードです。昔から五角形は防衛や自己主張をあらわし、それは人間の存在の基準となっています。防衛的な性質が出るというのも、それは外に影響を受けにくいからです。法王は、自分の中からわき出てくる意志に従い、一方では他者からやってくる影響に対してはあまり敏感ではありません。五角形の意識からすると、人の話というのは面白くないでしょう。他者と自分の間に温度差があり、同じ位置には立っていません。かつて法王は神と人をつなぐものであり、そのような役割においての権威的な存在でした。自分の中に、高次な世界との回路が開いていると思っているのです。

　ここに運命の輪のカードが関わった時に、運命の輪は時の流れの中で盛衰をあらわし、環境のリズムの中で、自分の意志が対外的にうまく表現できる機運が来たことを意味します。どんなに才能がある人でも、うまく時期をつかまないかぎり、自己実現することは難しい面があります。法王のカードの示す5の数字の力は、外に広げたいという意志に満ちているので、外に対しての関心が薄く、時の流れを読むのは実はあまり上手ではありません。しかし今は、思い切り自分を出すことをしてもよいタイミングかもしれません。どういうところが一番適切か、場所探しもしてみるとよいでしょう。現代ではブログを作り、そこで自分の考えを発表したり、何か作り出して展示したり自由な活動ができます。そうやって人気が出たら、本を出したり講演会をしたりする人もいるのです。法王のカードは仲間と横一線で交わるわけではなく、ある意味で上から目線で振る舞うことになるのですが、他の人との温度差ができてしまうくらいに、自分にパワーが溢れています。生命の樹のパスでは、この二枚は左の柱を一直線に下りてきます。好きなことができて、それによって富も成功も得る傾向が出てきます。お金持ちになれるのはこの二枚に関係した事柄です。

新しい流れを作り出す改革を求める強い主張

V 法王

XI 力

法王のカードは法王が神と人との仲介者であるという意味から、自分の内面にやってくるものを、外の環境に対して主張していくような性質を持っています。しかしただ個人的な主張という意味ではなく、自分の内面を通じて入ってくるものを外に表現していくという意味になるでしょう。太陽系の中では、太陽は周辺を回転している惑星に向かって活力を提供していますが、太陽は太陽系の外の力との仲介者と考えられます。つまりより上のものに対しては受容的な存在であり、より下のものに対しては能動的なのです。占星術では、この太陽は獅子座の支配星と考えられていますが、獅子座は五番目のサインで、法王の5の数字とある程度は共通点があります。

　力のカードは改革的な意味を持ったカードとなります。まず数字の11は、これまでの当たり前のことに対して改善を促すという数字です。また動物というのは、本能的なものをあらわしていて、それは自然なままに続くという意味でもあります。私たちは繰り返されるものを自然なものと考えてしまう傾向があります。それに対して手を加えるというのは、わざわざ自然に見えるものに手を加えて、違う方向性を作り出そうとすることなのです。そこには強い抵抗がありますが、抵抗がないのならば、それは改革とはなり得ないのです。川を逆流するようなものなのですが、逆流するためには川の流れの強い勢いに向かわなくてはならないのです。法王のカードは強い自己主張をあらわしていて、その背後には、より高度な意図が隠れている。次に、力のカードは現状に対する改革的な意志を発揮している。従って、今までにあるようなものをそのまま容認するようなことを、法王は望んでいないことになります。法王がしたいことは、新しい流れを作り出すということなのです。あくまで法王は多くの人に働きかける、自分から外に向かって広げていくということをあらわしています。そして関わる対象は多人数という意味になりますから、多くの人を巻き込もうとします。

V 法王

XII 吊られた男

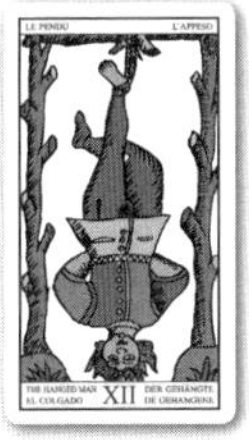

創作活動の非物質的世界での広がり リアルな場所では目立たないカリスマ

法王のカードは強い自己主張をあらわし、なおかつそれを周囲の人が受け止めてくれるという有利な立場を意味しています。絵柄に描かれているような宗教的な指導者というイメージにはこだわる必要はないでしょう。というのも現在ではそのような立場は特殊だからです。現代では、それは芸術家とか何かを創作した人とか、創造的なことを展開していくような人、時には芸能人でもいいでしょう。この立場は孤立しておらず、それでいて周囲の人と自分の間には温度差があります。つまり横並びでもなく、強い立場を維持できるという意味になってくるのです。

続くカードには吊られた男がやってきます。吊られた男は身動きがとれません。反対に吊られているので、どこに移動することもできないということになります。しかしこのような状況だからこそ、頭の中は活発で、さまざまなアイデアや着想というものが豊かに展開されます。物質的な状況をメインに考えると、吊られた男というのはじっとしていなくてはならないので、忍耐力をあらわしたり、現状の停滞を表現しています。しかし内面的な部分や精神性を考えると、表向きのおとなしい状況に比較して、想像ができないくらいに活発なのです。法王のカードは外に対して自己表現をすることをあらわしていますから、それが結果として吊られた男になるということは、その創造的な活動とか、あるいは主張は、現代であれば体を動かさなくても発信できる。例えば、インターネットなどをあらわしていることもあるでしょう。法王の立場はこのように、あまり物質的なところでは見えてこないような、バーチャルな広がり感を持っていると考えてもよいのではないでしょうか。占星術での十二ハウスは、吊られた男と共通点が高く、そして十二ハウスはメディアでの広がりを意味します。そのため、法王の存在はリアルな場所ではあまり目立たないかもしれません。ネット上でのカリスマのような存在と考えてもよいのではないでしょうか。

V 法王

XIII 死に神

無駄なものを整理する主張 迎合的ではない意見

法王のカードは5の数字ですから、それは防衛力とか自己主張ということを表現しています。自分自身から発信される強い影響力が人間の自由性や豊かさを物語り、どちらかというとわがままなのですが、良い意味で発展する傾向があるのです。常にある程度の人数の従属者や信者のようなものを引き連れていると考えてもよいかもしれません。彼らはファンであるかもしれません。そのような人々を、自分と公平な立場で見ることはありません。なぜなら、常に温度差があり、自分の側から彼らに向かって、活力が流れていくからです。この周囲の人との温度差というものが、法王のカードの強い影響力と深く結び付いているのですから、公平になった段階で、法王の存在は消失します。ここでは、この法王のカードの力は結果的に死に神のカードを引き寄せます。

死に神のカードは見た目は不幸なものに見えるかもしれませんが、そのような状況になるのは極めて少数のケースです。たいていの場合には、これは新しい改革的な状況に入る前の、それまでの状況が停滞していくことをあらわしていて、新しいことが始まるためには前のものが停滞するのは当然なのです。人生の中で物事がどういうふうに動いていくかを考えていれば、大きな盛り上がりがある前には、必ずその前に不毛な状況があることがわかると思います。死に神のカードはこのように整理整頓する作用なので、ある意味何をするにしても、プロセスの上で不可欠なカードでもあるのです。法王のカードの強い主張の力が死に神のカードの影響を引き起こすのですから、何か無駄なこととか、意味のないことを整理しようとするような働きかけが、法王のカードの自己主張の中から出てくることになります。その点で法王のカードはあまり迎合的ではないとか、重要なことを遠慮しないで強く押し出していくような傾向があると考えてもよいのではないでしょうか。古い時代では、死に神のカードがあらわす13の数字は神聖な意味を持っていて、境遇により優れた活力を持ち込むものでした。

V 法王

XIV 節制

自身が発信した情報を自身が最も吸収
ある意志が器を変えて再生

法王のカードは、指導的な立場とか有利な立場とか、何か強いものを持っているのです。自己主張する性質は、単に自分から発するだけであれば、いつかは枯渇します。しかしより上位のものを取り込んで、その仲介者となるならば枯渇することはありません。法王というのは、もともとは神と人の仲介者であって、そうした自分が吸収したものを周囲の人に発信する立場であったのです。受け取って発信するという中間的な位置が保たれているかぎりは、法王のカードの立場は安定しています。

続く節制のカードは14の数字のカードです。これは合計すると5の数字になります。つまり意味としては、法王のカードと類似していることになります。それではどこが違うのかというと、14の数字は偶数だということです。偶数の数字は内向きになるので、法王のカードがあらわしていたような自己主張とか創造的な意志というのは、自分の内側に向かい、自分を育てることになることから、14は自己生殖という意味が与えられています。節制という言葉も、自分が抱く目標を達成するためには無駄な労力を使ってはならないという意味で、本人から見て節度のある暮らしということを意味しています。そのようにしてだんだんと、自分が夢見ている姿に変貌していくのです。法王のカードの強い影響力は、より上の次元からの力を取り込んで、それを発信することを意味していましたが、それを受け取る側というのは他ならない自分自身であるということになるのです。例えば、誰かに何かを教える人というのは、実は教えている人が一番そのことに影響を受けて、学習していくものなのです。受け取るだけの人は、いくら長く受け取っても、学んだことを生かすことはできません。情報を発信することで、自分自身が一番吸収することができる。その意味では法王のカードの結果は、自分自身の変化として戻ってくるというふうに考えてもよいのです。またある意志が器を変えて再生するという出来事をあらわしていることも多いと思います。

V 法王

XV 悪魔

縛りのある不公平な状況
自己主張を続けることで得るさらなる支配力

法王のカードは、内面の力を外に広げていくことをあらわしています。滅多に外からの影響を受け入れませんが、そこには自分だけがより優れたものを提供できるという自尊心からかもしれません。法王は神と人の仲介者という役割でした。影響力は人からやってくるのではなく、より上位の神からやってきます。そこで横にいる人々に対しては、さほど受容的ではないということも許されるのです。法王の立場を維持するには、常に生産的でなくてはならず、常に活発な通路でなくてはならず、そこで停滞すると立場はすぐに失われます。

次に悪魔のカードは、上に立つ悪魔が下にいる二人の手下に支配力を持つ絵柄が描写されています。初めは自分の感情とか心に対する支配力だったかもしれませんが、自分のコントロールができると、いずれはそれは外に対する影響力としても広がります。そのため法王と組み合わせることで、能力のある人が自分の力を外に強く押し出して他者に影響を与え、さらに支配的な位置に就くという意味になります。法王のカードは、信者に対する依存を明確に打ち出していて、その意味では自立していません。悪魔のカードも法王のカードと絵柄の配置が似ているのです。二枚のカードのセットは追随を許さない決定的な影響力を持っていて、なおかつ、受け取り手は自由に動くことができず、契約とかの縛りがあると考えてもよいかもしれません。悪魔のカードにも法王のカードにも公平さはありません。民主主義が成立していない世界と考えてもよいかもしれません。それは良くないと考える人もいれば、自分で何も決めたくない、自主的なことは嫌いだという人も世の中には多数いますから、需要と供給が合えばこの二枚セットのような存在は十分に成り立ちます。わがままで一方的だからこそ、そこに人がやってくるということもあるのです。この二枚は過剰干渉をする人の場合もあらわします。自分の意見を有無を言わせず押し付けていきます。

V 法王

XVI 塔

無礼講や掟破り
限界をはみ出す主張で枠を打ち壊す

　法王のカードは、強力な立場に立って、自分の影響力を外に広げていくことを意味しています。現代では宗教的な権威というのはそう多くはありませんから、法王のカードを宗教的と限定する必要はないでしょう。次に続くのは塔のカードです。これは雷が落ちて塔が壊れる絵柄ですが、殻を破るというのは不自由な状況にいる人から見ると、喜ばしいことでもあるでしょう。何をしていても、いつの間にか型というものが出来上がってしまいます。そしてそれは元の活動力を拘束することになります。法王ということで思い出すのは、西欧では教会ができて封建主義に入ることで、西欧全体が閉鎖的な暗黒の時代に入りました。その流れでは、この塔はカトリックというふうに考えてもよいでしょう。そもそも法王のカードのあらわす5の数字は外に対する拡張力で、塔のようなもので守られることは、その力を弱めてしまう面があり、本来塔のカードは塔ができることではなく、塔が粉砕されることをあらわします。そして16という数字も、堅いものを叩き割るという意味ですから、法王の力が、閉鎖的な殻を打ち破る原動力になるということです。

　法王のカードは自分自身の影響力が、外に対して一方的にどんどん広がっていくことをあらわしていますが、それが塔が壊れることに結び付くということは、限界をはみ出して主張していくということです。常識はずれのこと、節度を失うこと、無理やり広げてしまうこと、これらによって、決まりきった型というものが壊れていくのです。興奮してしゃべり過ぎて熱を出して寝込んでしまうというのも、この二枚のカードで想像することができます。良い意味でも悪い意味でも、限界を超えてしまったという状況であることは多いのではないでしょうか。塔や殻というのは、きちんとしたフォーマットやしつけという意味もありますから、無礼講とか掟破りということをあらわします。

受容することで可能性を見いだす自己主張に思い込みが減る

V 法王

XVII 星

もともと法王のカードは、神と人をつなぐという意味で、より上位の次元と世間との間のつなぎとなり、自分と環境の間に何らかの温度差があって、この温度差が原因で創造的な意欲や発表したい衝動、何か言いたいという意志があらわれてくることになります。そして吐き出し続けることで、この通路が保たれるので、一方的に主張し続けるということが大切です。それが5の数字をあらわしています。星のカードも、天空と地上をつなぐ女性をあらわしています。法王との違いとは、法王は社会の中で権威的な存在であり、分厚い法衣に包まれています。一方で星のカードの女性は、教会にいるわけでもなく野原で裸でたたずんでいます。つまり星のカードの女性は、社会的な地位を持っておらず、守られていない存在です。そのため社会的には評価されず、時には不当な扱いを受けやすいでしょう。星のカードが天空の力を地上に下ろしてくる巫女さんのような役割だとすると、彼女はそのことを権威的な社会では認められておらず、文字どおり野原の上で、すなわち在野で活動しているのです。ということは同じ通路にしても、中心地と辺境地のような違いがあります。

裸であるということは、そこに余分なものが混じっておらず、純度が高いということをあらわしています。法王は周囲に受け取り手の信者がいて、この純度の高さを失っています。法王は主張することで、内的な通路が開かれます。しかし星のカードでは主張はなく、吸収し受容して、その余剰なものが共同体としての池に流れていきます。法王は自分があまり得意としない、受容することの中に、自分の可能性を見いだすということも考えられます。地位を失っても法王であることに変わりないということであれば、権威の守りである塔を壊した後にやってくる星のカードの姿勢をより理想に近いものとみなすことになるでしょう。ある意味、一神教的なものが多神教的なものに近づくということもあり、思い込みが減ります。

V 法王

XVIII 月

主張や自己防衛の無効化 プライドを超えた先にある新しい可能性

法王のカードは5の数字に関係し、これは自己主張や強い防衛力をあらわします。五角形が守りというのは、晴明神社の図形で考えてもよいですし、またアメリカの国防省をペンタゴンと呼ぶことから連想してもよいでしょう。反対に受容するのは六角形、つまりヘキサゴンで、これは恋人のカードのように相手を呼ぶのです。つまり法王は横並びに結び付く相手を許容しておらず、自分の力を維持するためには、友達、同僚、相棒などを受け入れません。おそらくここには特有の強いプライドがあります。

ところで、月のカードというのは、守りの機能が失われたことをあらわしています。私たちは夜眠る時に、個人としての活動力すなわち五角形があらわすような力が止まっていき、個人の意識を失います。眠ってる間に、いつも閉じられている禁忌の関門が開き、下の方からザリガニが上がってきます。それは原始的な意識であり、忘れてしまったものを呼び戻すことにも関係します。月のカードは五角形の守りが働かなくなった時の状況をあらわしていますから、法王のカードが無効化されたと考えてもよいのです。五角形は人間の形をあらわしています。一方で、月のカードは人間ではない無脊椎動物、さまざまな動物、意識の下の方にある形にならないものが上がってくるのです。日本では五角形の防衛はアマテラスと言われ、火の御霊と言われています。海を支配して人間以外のさまざまな生命と交流があるのがスサノヲだと言われています。つまりスサノヲは六角形を象徴し、水の御霊と言われています。火という漢字が五角形に似て、水という漢字が六角形ということも関係します。月のカードは法王の限界を突破することになり、霊感を与え、そのことで、さまざまな新しい可能性を引き出すのではないでしょうか。しかし月のカードは、足元が泥濘となり、リスクも大きくなります。危機の中では、強い信念が必要ということもあります。

V 法王

XIX 太陽

管理体制から自由運営へ対立するものが調和する状況へと変化

法王のカードは強い自己主張をあらわしていますが、それが他の人にとって重要な価値を持っています。5の数字は人間を意味しますから、人間的なものの基準を示していると考えてもよいのです。手前の4の数字の皇帝は、人間的なものを無視する傾向があります。他人を虐げるという意味ではなく、皇帝自身のそれも無視する傾向で、集団的秩序や統率が優先されます。法王の場合、その土壌の上で人間的、楽しみ、遊び、主張などが展開されます。

続くのは太陽のカードです。図柄としての類似性から考えると、法王のカードは上に法王がいて、下に二人の枢機卿が座っています。太陽のカードでは法王と同じ位置に太陽があり、枢機卿と同じ位置に二人の子供が立っています。タロットカードではしばしばこのように上の次元と下の次元の関わりがよく描かれています。太陽のカードでは、仲介者としての人間は存在しておらず、下にいる対立した二つの原理が、その二つを統合化した太陽の力によって、まとめられていくという意味を持っています。つまりは人間の手による政治的な統合とか、宗教的な統合ということが必要がなくなっていて、本来の自然な原理の中で、対立するものが仲良く調和的な成長をしていることになります。未来になると国家の存在は全く必要がなくなり、政治的な管理も必要がなくなると考える人も多いと思われますが、宗教的な権威による人心の管理が太陽のカードでは、本来の宇宙的な法則に委ねられると考えてもよいのです。この二枚のカードのセットは、政治的宗教的あるいは組織を作って管理しなくてはならないような状態から、自由に放置してもうまく運営できる状態に変化していくようなことをあらわしています。力のある人がいないとまとまらないものから、太陽の下では対立するものも協力するということに変わるのです。オーケストラで考えれば、指揮者がいなくても演奏できるということなのでしょう。法王は一方的姿勢ですが、他の意志を理解・許容するようになったのではないでしょうか。

V 法王

XX 審判

主導権を握って失われたものを取り戻す 古いものをリバイバルして注目を浴びる

法王のカードは、強い立場で周囲の人に対して、影響を与えるような人物を描いています。何らかの特技とか、利点がないとこのような立場に立つことはできません。宗教的なものというのは、精神性の優位性です。しかし現代では宗教的なものはさほど力を持っていないので、代わりに芸術的な能力や創作の力、知性、運動能力などあらゆる面でカリスマ的な力を持ったような人が他の人に対して指導的な立場になるような状況を示しているのでしょう。このような人の周りには必ず追従する人やあるいは生徒、信徒が集まっています。気ままな発言をしてもそれを喜んで受け取ってくれる人がいるのです。

続くのは審判のカードです。図柄では上空に天使がいて、ラッパを吹いています。このラッパは意志がだんだんと増強されていくことをあらわしています。ちょっとしたエネルギーも、ラッパの形の中でだんだんと拡大していき大きな意志に変化していきます。この強い意志の呼び出しによって、墓の中にいる死んだ者も蘇ります。つまり偶然性に支配されず、意志の力によってさまざまなものがコントロールされていくことをあらわしていて、時間の流れに振り回されていない状況を表現しています。私たちはいろいろな条件が制約を作り出して、自分の人生は思いのままにならないと考えます。しかし審判のカードは、いかなることも集中すれば開かれるということを表現しています。法王のカードの力が審判のカードへとつながっていくということは、すでに失われたかのように見えるものが、法王のカードの呼び出しによって引き出されるということかもしれません。すでに古くなって使われなくなったものも、誰かが主導権を握ってリバイバルすると、急速に流行したりします。法王のカードは強い力を持ち、他の人はそれを受け取る立場にあるのですから、このような人間が主張すれば、他の人はそれに注目するのです。教育や学校というのも法王の中に含まれるので、廃れたような古い科目も復活するような傾向です。

V 法王

XXI 世界

思想を展開し完成された場を手にする 全体として完結した世界を作る

法王のカードは何らかの能力によって、他の人よりも有利な立場に立ち、そこから与える立場として周囲の人に働きかけているような人物をあらわしています。そのため何らかの傑出したものが必要です。それはどんな分野のことでもよく、生命力がそこから溢れ出るようになればよいのです。そのアクティブさが否定的なものを寄せ付けない防衛にもなるのです。

ところで、法王のカードは5の数字をあらわします。世界のカードは、この5の数字をもっと広範に発展させたものです。世界のカードでは5の数字は表現されていませんが、絵柄の配置としてのピラミッド構造、横に四つ上に一つという構造が成り立っています。世界は火、風、水、土の四つの元素でできていて、これらが均等に評価できて、手に入れることができれば、最終的な中心の第五段階に入れることを表現しています。真ん中の人物は男性的な要素と女性的な要素を一体化させています。もちろんこれは具体的な意味ではなく、精神的な意味でそのような立場にあります。法王のカードでは、支配的な存在がいて、社会の中でその意志を受け取る人が周囲にいます。世界のカードでは、この受け取り手というのが人でなくなり、むしろ世界の法則のようになっていきます。法王は人を相手にして、人によって、この世界のカードを模していると考えてもよい面があります。もしこの法王が教祖だとすると、自分の思想を展開し輪作ができるような、それ自身で完成するようなアシュラムとか場を手に入れるかもしれません。オショーという教祖がインドのプーナにアシュラムを持ったようにです。総合的な学校のようなものを作るかもしれません。世界のカードは欠けたものがないということをあらわし、法王が働きかける人々もこの集まりの中にすべて揃っている、全体として完結した世界になるということになるのです。

Ⅵ 恋人

The Lovers

VI 恋人

0 愚者

出会うことで状況がリセット
新規の関係性が生む新規の出発

恋人のカードは自分にとって最もふさわしい対象というものが現れてくることを意味します。この対象というのは人間関係においてはとてもフィットする異性とか相棒などを示しているでしょうが、必ずしも対象は人間にする必要はなく、時には職種であったり引っ越し先であったりするでしょう。自分を世界に開くための、導きとなるような関係性が重要だということなのです。そのことで環境に適応することになり、環境の中での自分の役割が発生するということにもなるでしょう。

次に到来するのは愚者のカードです。愚者のカードはこれまでの環境から飛び出していって、今までの経験というものを無にしていくような傾向があるカードです。今までのことに執着している人から見れば、困ったカードかもしれませんが、より大きなものへジャンプしたいという人から見ると、一時的にこの愚者のカードが出てくるのは大胆な切り換えの力を担います。ちょっと極端過ぎる傾向もあり、全部なしにして始めるというのはめったなことではないでしょう。恋人のカードは理想の相手がやってくることもありますが、この関係性によって人生に大きな変化が発生し、今までのことを全部なくしてしまうような、そして全く新しい出発をしようというような力が働くということです。恋愛に熱中して、仕事も辞めてしまって、二人でどこかに消えてしまったという場合も、この組み合わせかもしれませんが、たいていここまで極端なものはめったなことでは出てきませんから、もっと違う解釈も用意した方がよいでしょう。二人が出会うことで、これまで意味を持っていたことが意味を持たなくなり、状況がリセットされていくということを示しています。否定的な場合もあれば、むしろ重要なジャンプであるという場合もあるでしょう。出会うことで、海外に移住するというようなケースもこの二枚のセットで考えてもよいでしょう。

Ⅵ 恋人

Ⅰ 魔術師

恋人のカードは数字の６の性質と共通の意味を持っています。６の数字とは、三角形と三角形が反対側で鏡のように組み合わせられていて、呼び出すものに対して応えてくるものがあり、互いの敏感な反応関係を表現しています。自分が何かしたい時に、それに対して答えてきてくれるものがあるというのは非常に嬉しいことである場合が多いのです。そのことで、個人は環境の中にどんどん深入りしていきます。絵柄では天使が上空から矢を放っていますが、これは相手というものを自分の意志で選ぶことができず、自然な形で最もふさわしいものがやってくるということを示しています。つまり、それは運命の相手などと思われるような種類かもしれません。

次にやってくるのは魔術師のカードです。魔術師のカードは何か新しいことを始めるという意味であって、お店を開いたり、会を開いたり、何かをスタートしています。恋人のカードは個人が自分に一番密接な関係のある、相性の良い対象を見つけ出したということを表現していますが、これによって何かがスタートするというふうに考えればよいのです。魔術師はすでにあるものを新しいところに持ち込むという意味ですから、恋人のカードのように送り手と受け手がうまくマッチングしたということを意識するならば、とてもフィットするような対象を見つけ出したために、そこで新しいことがスタートできるようになったと考えるとよいのです。組み合わせによって新しいことがスタートするのですから、それは企業提携のような場合もあるでしょうし、あるいは製造者が良い販売者と結び付いたり良い土地を見つけたという場合もあるし、読者という場合もあれば参加者という場合もあるでしょう。いずれにしても出会いによって、やっと新しいことが始められるという意味になってくるのです。恋人のカードはあくまで関係性ということが大切です。従ってここでは関係性が生み出されたことで突破口ができたということがとても重視されているのです。

出会いによって新規のものがスタート
関係性が生み出されることで突破口ができる

Ⅵ 恋人

Ⅱ 女教皇

関係性によって開かれる未知の運命
組み合わせが新規な知恵や情報を呼ぶ

　恋人のカードは、自分にとって最もフィットするような環境や相手、職業などさまざまな対象との関係をあらわしています。このぴったりフィットする相手が出てくると、大変に喜ばしいことで、環境に受け入れられたと感じます。同時に、どちらが発信者かわからなくなることもあります。主体と客体、つまり送り手と受け手、能動と受動というのは役割がはっきりと決まっているように見えますが、恋人のカードの6の数字が示す六角形のように密接なリズミカルな関係ができると、次第にこの主客の役割がわからなくなり、しばしば入れ替わることもあります。実際に、主体的なものというのは受け手に依存します。依存している段階で主体性というのはもうかなり危うくなってきます。結果的に、相手と自分の関係の中で、価値はくるくると変化していく傾向が出てきます。今まで主体的に単独で生きてきたと思っている人は、たんに、フィットする相手がいなかったからだということも言えるのです。完全に適合する相手がやってくると、その人の主体性の砦は崩れてしまうことが多いのです。むしろフィットする相手が出てくる可能性があるという段階で、すでに主体性はその閉鎖的な姿勢を捨てつつあるのです。

　この相対性は2の数字の女教皇のカードと似ています。女教皇は潜在的な可能性をあらわします。ああ言えばこう言うという具合に、要求によって何でも出てくるのが女教皇。ただし、恋人のカードは対人的な相対性ですが、女教皇はもっと深い部分での始源的な可能性をあらわします。恋人のカードを通じて、それが発掘されるので、関係によって、未知の運命が開かれてくると考えてもよいでしょう。女教皇は行動的な成果に関心を持っていないので、ここでは組み合わせによって、新規な知恵や情報が発掘されてくる場合も、何か偶然に任せているようで、舵取りするものが不在でもあるといえます。責任の所在がはっきりしなくなるのは困った事態かもしれません。どこに転んでもそれはそれでよいと考えてしまう傾向があります。

Ⅵ 恋人

Ⅲ 女帝

外界のものと結び付くことで生産的に一緒になることで豊かさが生まれる

恋人のカードは、自分にフィットする相手や環境などがうまく結び付くことをあらわしています。このカードでは、独立性ということが意識されているわけではありません。むしろ誰とつながるか、何とつながるか、そうした関係性というのが重要なのです。タロットカードでも、数の意味としては奇数が独立的なものをあらわし、偶数が結合することをあらわし、この二つは呼吸のように交互に登場する構造になっています。独立的なことを十分に満足する程体験した人は、たいていの場合反対側に興味を持ちます。依存的な人はそれが十分に満足する体験をすると、今度は独立的な方向に向かいます。この対立した要素は常に交互に体験することになるのです。今は誰と結び付くか、ということが大切なのです。

この後に女帝のカードが続きます。女帝のカードは奇数の数字で、しかもタロットカードの初期の段階に近いシンプルな働きです。数字は数が少ない程、根源的で、誰にでも通用する普遍性が働きます。女帝のカードは休みなく生み出し創造することをあらわしています。恋人のカードは3の倍数なので、生産原理の女帝のカードがその受け取り手を見つけ出したことをあらわしています。しかし、恋人のカードの後に生産性の女帝のカードが出てくるのですから、外界にある何かと結び付くことで、女帝のカードのように生産的な状況になったと考えることになります。最も簡単なイメージとしては、恋人のカードで誰かと深く結び付き、その結果子供が生まれるということになるでしょう。またはある企業と企業が提携して、新しい製品が生まれることになったことなども。恋人のカードで誰かと結び付くことがなかったら、このような新しい生産的な状況は訪れることはなかったのです。共同で何かを作り出すことをあらわします。一緒になることで豊かさが生まれることになります。しかも6の数字は確実に異なる相手との結合ですから、その成果は予想外で出てくるまではわからないという面もあります。

Ⅵ 恋人

Ⅳ 皇帝

異なる二つのものが結び付き拡大
関わりを持つことで生まれる安定性や確実性

恋人のカードは、自分にとって最も望ましい環境とか相手が見つかる状況を示しています。そのことで未来も急に変化することになるでしょう。恋人のカードの前には法王のカードがあり、５の数字は外界に対する防衛でもあるので、これは関わる相手によっては変化していません。しかし恋人のカードの６の数字では、関わる相手によって自分の考え方も姿勢も変わってしまいます。関係性の中で変化していき、初めはどうだったかさえ忘れてしまいます。自分から出るものを相手は受け止め、また相手から出るものが自分に影響を与えていき、活発にリズミカルに運動を始めます。

　続いての皇帝のカードは、スタイルが決まって、この固定されたものが広がり、普及していくことに関係します。同じ学校の生徒は同じ制服を着ています。このように共通したところでは、同じ形を広げていくということが皇帝のカードと直結しています。恋人のカードによって外部のものと深く結び付き、この関係性の中で、皇帝のカードが現れるということは、単独ではそのような力を持たなかった人が、結び付くことで安定した力を持つようになるという意味になってきます。もともと皇帝のカードは４の数字に関係していますが、この４の数字は図形としては十字架の形に似ていて、異なる二つのものを結び付けることで、拡大する力を手に入れます。従って、恋人のカードで異なるタイプの二つが結び付くことで、安定した拡大力を作り出すことができるというのはごく自然なことかもしれません。例えば、生活が安定しない人が自分にとって良い相手を見つけ出した時に、急速に生活が安定するとか、仕事がうまくいくようになるとか、社会的な立場が強くなるとかです。そもそも恋人のカードは偶数のカードで、皇帝のカードも偶数のカードです。それを合計すると10の数字になって、これは社会的に躍進し、また良いチャンスが訪れることを意味する数字です。そのような意味では、恋人のカードによる関係性作りは、地上的な確実さというものを手に入れたのです。

Ⅵ 恋人

Ⅴ 法王

結び付くことで世間に対し力を発揮
相手と呼応する関係を離れ個人として活動

恋人のカードは、自分にとって最もふさわしい環境や未来、相手などを獲得することをあらわしています。自分と相手の間の密接な、そして敏感な交流があり、自分を相手に明け渡すことで関係性というものが作られていくのです。次に法王のカードが出てきますが、これは数字としては逆の順番で、6番から5番に戻ります。法王のカードでは個人の自我は守られていて、相手と同じ立場に立っていません。発信はしても受信はしないのです。このような人が、次の恋人のカードによって、相手に対して自分を明け放つという道筋になったのです。それまで溜め込んでいた個人の力は一気に失われて、相手と自分は等身大になり、5の数字の持つ誇大妄想的な性質も消えていきます。ここでは逆の流れですから、環境や相手と呼応する関係の中で生きていた人が、今度は逆に自分を閉じて、個人として成立するような生き方に戻ったのです。

恋人のカードは言葉からも考えられるように、相手が存在します。しかし法王には対等な関係になれるような相手は存在していません。このように考えてみると、結婚していた人が離婚して個人として活動し、また個人としての能力を遠慮することなく発揮するようになったというような状況をイメージする場合もあるかもしれません。もう一つは、二人が結び付くことで、世間に対して法王の示す五角形の立場が確立されたという場合もあります。あくまで法王は発信側ですから、それは現代では芸術家とか何か製作者のようなもの、またカリスマ的な存在がイメージしやすいと思われますが、二人のチームでそうした立場になっているケースも確かにあります。法王は外界と自分の間の温度差というものが確実に存在します。しかし、恋人のカードでは、相手と自分の間にはそれは存在しません。そのため、この二人の関係はよほど噛み合うのかもしれません。二人で目立つ立場に立つというのが良いということにもなります。関係性の確立がむしろ自由をもたらしたのです。

Ⅵ 恋人

Ⅶ 戦車

恋人のカードは、三角形と三角形が結合した形で、これは両方の能動的で積極的な生命リズムがお互いにうまく結び付いて、互いの力を強めていく関係性をあらわしています。結び付くものによってその後の未来が違ってきます。より地上的な方向の結び付きもあれば、反対に天上的な結び付きもあり得ます。図柄では天使が矢を射る光景が描かれていて、これは天使が誰かを選ばせるという読み方もあれば、それ自身が天使の示すものに従属して、それとの関係が確立されるという場合もあり得るでしょう。そもそも6の数字は偶数で、主体性のない数字ですから、同調力が高まるとともに、自分で考えたり行動したりする性質は弱まっていくことになります。

この後に戦車のカードが続きます。数字の順番としては六番目の恋人のカードの後に七番目の戦車のカードが続くので、タロットカードの順番としては最も自然な流れです。戦車のカードは外に対して積極的に働きかける性質を持っています。

受け入れたものを積極的に推し進める環境を選ぶことで人生が走りだす

ここでは正しいことと間違っていることという区別がはっきりしていて、これではなくあれというふうに選択性が明確になっているのです。これはあるものを否定し、あるものを肯定するという姿勢なのですが、そもそも恋人のカードで、自分にフィットしたものを選んだという段階で、この何が好ましいか、どう進みたいかは自動的にはっきりしてきます。つまり6は必然的に7に推移していくのです。例えば、買い物で迷った揚げ句に、自分にこれが一番良いものだと思って買った人は、その次に他の人にもそれが良いと勧めることができるようになるのです。受け入れたものを今度は積極的に推し進めていく。一度関係性に没入した人は、その方向に積極的になっていくのです。恋人のカードは受身なので弱気なカードですが、戦車のカードになった段階で、強気な性質を持つようになります。環境を選んだ段階で、他の選択肢はなくなり、人生はある方向に直線的に走っていくようになると考えればよいのです。

Ⅵ 恋人

Ⅷ 正義

安定した関係の上で行う議論
共同判断が生む確実な結論

恋人のカードは、自分にとって理想的な組み合わせになりそうな相手が出てくることを示しています。他者に対して強い立場を持っていた5の法王のカードは、偶数の6の恋人のカードになることで閉じた強気さを失い、相手と等身大になります。正義のカードは8の数字で、これは溜め込みということをあらわしています。何かを判断する時も思ったらすぐに発言するわけではなく、十分に練り上げた上で判断するということを示しています。溜め込んでいくものは結果的にエネルギーが圧縮されますから、多くの人にとって説得力というものがあり、強い押しも持っています。

恋人のカードは3×2です。正義のカードは4×2です。3の数字は生産的な状況で、この運動性が相手との関係の中でリズミカルに呼応し合う動きを作り出します。4の数字は明確に決まったルールをあらわしていて、この安定したものを比較し、つき合わせて判断するのが正義のカードで、3の倍数の6のようにくるくると動くわけではありません。恋人のカードでの、生き生きとした呼び合いの関係が安定した段階で、互いの固定的な関わり方が生まれ、それはちょうど議論していくような関係になるということです。3が動きを主眼にしているのならば、恋人のカードはそのような浮き浮きした関係性が重視されていて、4が固定や定着を主眼にしているのなら二人で決定する、正しい判断をするということが重視されることになるのです。関係性がそのように変化していったとも考えられます。恋人関係から、結婚して共同で生活するようになった変化というふうに考えてもよいかもしれません。4の数字が権威的な力のある人と考えた場合には、共同で決定すること、例えば、判事と判事補の二人で審議するというようなシーンも考えられます。一人では決めかねているような事柄も二人で相談すると、確実な結論が出るということなのでしょう。

依存を止め関係性を向上二人でどこかに移住する

VI 恋人

IX 隠者

恋人のカードは、自分にとってふさわしい環境や相手との結び付きが生まれ、そのことで人生に新しい局面が開かれてくることを意味しています。隠者のカードは特定の立場から自由になって、応用的な考え方が発展していき、自由な旅をするようなカードです。3の数字と6の数字、9の数字というのは、互いに関係性が深く、共鳴し合う意味を持っています。まず3の数字の女帝のカードは生産性を意味しています。6の数字の恋人のカードは、関係性の中で状況が生産的に変化していきます。9の数字は恋人のカードに比べるとかなり成長していて、というのも3×3ということで、誰かとの関係に依存した形で発展していくわけではなく、例えていうならば、恋人のカードの自分の側と、相手の側という対極にある要素を、両方とも自分の中に備わったものとして認識するのです。そしてその二つの関係性を創造的に組み合わせていくことができるのです。

2の数字は相手次第という傾向があるために、恋人のカードでは相手の態度などによっていくらでも自分の状況が変わってしまいます。しかし、隠者のカードの段階では、もうすでに自分の中にこの相手をあらわす要素が獲得されているために、外界の相手に振り回されることがないのです。だからこそ隠者のカードでは、しばしば孤独な生き方となり、また環境から独立し、特定の立場に縛られなくなるのです。会社で言えば役職がある人は9の数字にはなることはありません。引退した人とか、自由に発言できる状態であれば、この9の数字の隠者のカードに近くなります。このように考えた時には、この二枚のカードのセットは、初めは相手に依存していた人がこの関係の中で学び、やがて相手との関わりそのものを全体的にもっと向上させていくことを意味します。時には、関係性の向上というのは、相手を変えることもあり得ます。また例えば、二人であれば、どこかよそに移住してもあまり気にならないという意味もあります。隠者は旅のカードでもあるからです。

Ⅵ 恋人

X 運命の輪

恋人のカードは、理想的な相手が見つかることを意味していいます。これは恋愛とか結婚という場合も多いと思いますが、それ以外に仕事とか、引っ越し先とか、友達とか、あるいは好みのペットという場合もあり得るでしょう。こうした関わりができることで、その次にやってくる運命の輪のカードの影響が始まると考えます。運命の輪のカードは、チャンスが訪れることをあらわしていますから、今までうまくいかなかったことがうまく合う相手と結び付くことで、状況が好転することを示しています。どんなものでも時期というものが必要で、運命の輪のカードはそうした時期が到来したことを示しているのでしょう。ある意味では化学作用のように持っているものが変化して、世の中にもっと積極的に出ることができるようになったのです。例えば、作家は良い編集者と出会うことで、売れるようになったということもよくあるのかもしれません。これもよい相棒ができて運が上がったと考えてもよいかもしれません。

相手と結び付くことで状況が好転 対象に入り込むことで開発が進む

インドの古い経典では、運を変えるためにペットさえ使うことが書かれています。インドでは占星術が盛んでしたから、ある良くない天体の影響を違う存在が持つホロスコープの天体の影響との相性によって変えてしまうということを考えたのかもしれません。関係性によって運が変わるというのはよくみられるケースなので、単独では無理なことでも、ここではうまくいくようになると考えるとよいのではないでしょうか。恋人のカードは相手との関係性。また運命の輪はローカルな場の中で自己実現するという意味ですから、両方とも、環境とか対象にもっと深入りすることを示しています。閉じていく、逃げることなどとは反対に、どんどん入り込んでいくことで開発されるものがあるということをあらわしています。良い出会いによって人生が変わったという体験をしている人はたくさんいると思います。

Ⅵ 恋人

Ⅺ 力

関係性がダイナミックな力を呼び起こす出会いが生み出す前進する活力

恋人のカードは、自分に適した相手が見つかることを意味しています。環境と関わる時にこのような相手がいると、相手が環境への案内人となって、スムーズに人生の中に入り込むことができるようになります。一人だけでは警戒していた人も、自分にフィットする相手が見つかると、かたくなになっていた態度をあらためて、外に対して開くようになってきます。この恋人の前の法王のカードは、個人として閉じた状態を意味していました。例え強い自己主張や積極性があったとしても、人に対しては決して開いていないというのが法王のカードの特徴なのです。

しかし恋人のカードでは、この個人としてのプライドは捨てられていきます。そうしないことには相手と関わることは到底できないからです。この後に続くカードは十一番目の力のカードです。恋人のカードの図柄は天使と人という二つの次元を表現していました。力のカードは、今度は人と動物という二つの次元をあらわしています。この二つの組み合わせで、天使、人、動物という三つの次元が組み合わされることになります。力のカードで表現される動物は、私たちの下意識のようなものでもあり、実際の人生というのは、この下意識が強い支配力を握っています。人間の部分は何につけても、解釈したり考えたりするだけで、実現力はたいていの場合、動物が示すような領域の力なのです。恋人のカードによる出会いによって、人の上にあるものや人の下にあるものが開かれ、うまくつながるようになり、ダイナミックで生き生きしたものが開かれていきます。力のカードは今まで当たり前だったことに対して覆すという意味もあります。二人だけの話し合いの中で、どんな生活スタイルも可能となります。一人ではとても言えなかったことやできなかったことも、勇気を持って意志表示できる。関係性が始まることで、前進する力が手に入るということなのでしょう。今まで衝動に流されたいた人も前向きに取り組むことができるようになります。

Ⅵ 恋人

Ⅻ 吊られた男

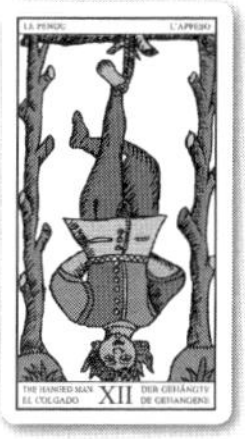

精神上の充実と実際面の停滞
関係性の安定に時間がかかる状況

恋人のカードは自分にフィットする相手、環境に出会うことを示します。自由選択はできませんが、それは自分の性格に沿ったものがそのまま展開されていくからです。もしここで自分で考えることができて、自分で決断できるとしたら、間違った判断をすることもかなり多くなります。なぜなら、私たちの意識的な面は、常に部分的なところしかカバーできず、自分についてはほとんど把握していないからです。長期的にその人にとって適合するような相手や人との関わりなどが始まるとしたら、それは絵柄に描かれているように、自分の意志では決めてはいなかったのに進んでしまうような出来事を示すのでしょう。

吊られた男のカードは足場を失っていますから、想像上で盛り上がったりしますが、具体的には何一つ進展しない事柄をあらわします。恋人のカードによって、とても適している関係が出ると判断されたにも関わらず、実際的には進まないということも多くなります。あるいは二人だけの関係が、周囲から隔絶した環境の中で、閉鎖的に進んでいくことをあらわしていて、二人の関係以外には何も刺激がないような状況と考えてもよいかもしれません。精神上での充実感と同時に、実際的な面での停滞をあらわすことになります。例えば、恋人になっても、それで結婚することはできないという場合もあり得ます。夢の中や精神上では関係は良好であるが、その関係が着地しにくいという意味になるからです。あるいは具体的に関わりを安定させるのに、時間がかかって、ずっと待っていなくてはならないということもあります。吊られた男は熟すまで冷暗所に吊るしてあるというような状況でもあるからです。12は6の倍数で、これはより深まった未知の可能性を探るという意味もあります。ありきたりの関係が進まない代わりに、より深まった精神的関係が作られるということにもなりやすいでしょう。特殊な恋愛とか関係性ということもあります。

VI 恋人

XIII 死に神

対象が決まり不要なものを識別
関係性が心配事を排除

恋人のカードは、個人の自我の中に閉じ込められている人が、環境とか世界に対して自分を開くために、そのきっかけとなる重要な相手を見つけ出すことを示しています。個人が自由に選択できるとしたら、むしろ勘違いの相手が登場しやすいでしょう。それに対してある種運命的な形で登場してくる相手は、あなたにとっては重要な関係になりやすいのだと思います。恋人のカードはほとんど選択権というものがありません。

その次にやってくるのは死に神のカードです。死に神のカードというと不吉なイメージを持つ人がいるかもしれませんが、そうした意味で登場することはあまり多くありません。むしろ改革のための、古いものに対しての整理整頓という意味で考えればよいのです。とりわけ死に神は地上を粛清しているので、精神的な面ではなく、物質的なところで整理をしていくという傾向があります。たくさんものがある程混乱しやすいので、整理整頓することで方針はすっきりします。恋人のカードが死に神を呼んでくる。つまり、それまでは対象とか相手がいなかったためにどのように方向付けてよいかわからず、また方向がわからないのならば、何を選び、何を捨てるのかということも判断ができません。ところが関わる相手ができることで、自動的に自分の進路も決まり、それに合わせて、不要なものを整理しようという状況になってくるのです。例えば、結婚が決まって会社を辞めることになったという場合などです。関わる相手ができることで、必要なものとそうでないものがわかる。それまでは無駄なものをたくさん持っていたのに、それらが必要がなくなってくる。心配事もなくなってくる。つまりこの恋人のカードは、人生を変えてしまうぐらい大きな影響があるということにもなるのです。しかし、関係ができることで死に神が呼び出されるということは、初めのうちは、むしろ関係が良くないことを起こしたように見える場合もあるかもしれません。早合点しないようにしましょう。

VI 恋人

XIV 節制

相手とのよりダイレクトな結び付き どちらかの意志が相手に移る

恋人のカードは、その人にとってフィットするような相手が出てくることをあらわしています。人によってそれは全く違うものであって、他人からいったいどうしてあの相手とうまくいくのか、さっぱりわからないと言われてしまう場合もあります。相手が見つかることで喜びがもたらされますが、それは自分が閉じ込められていないという実感が出てくるからでしょう。

その次にやってくるカードは節制のカードです。これは上の器から下の器に向かって、中身は同じであるが、移動していくものがあるということを表現しています。たいていこれは自己実現ということに関係していて、それまでは考えの中でのみ抱いていたものが、だんだんと形になっていくような状況を示していることが多いのです。恋人のカードは二人の関係性の中でお互いが共鳴するということを意味しています。節制のカードは共鳴という意味よりも、同じものが直接異なる器の中に移動していくのです。伝達にはこの二種類のものがあります。例えば、磁気と電気という二種類のものがあると、磁力は共鳴で直接接触する必要はありません。しかし導体の中を電気が流れていくのは、直接の移動です。私たちは友情とか協力関係という点では、共鳴した形で対人関係が発生しますが、直接触れ合う異性関係となると、ここでは共鳴だけでなく、じかに流れていく影響というものがあります。器から違う器へ液体が流れていくので、節制のカードは恋人のカードをよりダイレクトな結び付きにしていくと考えてもよいのではないでしょうか。もともとは他人だった相手とテリトリーがなくなってしまう。影響は制限なしに流れ込んでくる。またどちらかの意志が相手に移っていくという意味で、親密な関係になった相手が、もう一人のものを受け継ぐということも考えられるでしょう。短命なものがそうやって生きながらえていくということも考えられます。

Ⅵ 恋人

XV 悪魔

恋人のカードは生命の樹では、母親的な性質を示すビナーという中枢と、胸の中心の、その人の本質的な中枢であるティファレトをつなぐパスです。それは運命の門と言われ、自分固有の人生や運命が開かれることを意味します。その運命や個性に応じて、必然的に出会う人が決まってきます。決まっていない人は、出会うことはありませんが、はっきりと方向が決まると、それにつれて強い関係性が発生します。

悪魔のカードのパスは、恋人のカードでも関わってきた胸の中心のティファレトから、今度は知性の中枢であるホドまでのラインです。つまりはこの二枚は生命の樹の気の流れとしては連続していて、自分固有の運命がはっきり確立されてくるに及んで、その個性によって、何が正しく何が間違っているかを判断するようになる。例えば、誰かの意見とか本を読んで影響を受ける人は、他人と自分が違う経験をして、全く違う素性で生きていると知識も違ってくるということをあまり考えないかもしれません。しかしここでは、自分の生き方では、考え方として、こうであるとはっきりと自分流の思考方法を打ち出すことになります。この二つのパスの両方が、右側に属するために、外に開かれているというよりは、自分式の個性的なものを強く打ち出すことになるのです。生き方は思想を生むという傾向があり、多くの思想家の理論も、自分の生き方をそのまま延長したものにすぎないということが往々にしてあります。ここでの恋愛とか関係性は、一般的に考えられているような常識としての壁がなく、互いの合意の上でならば、どういう踏み込み方をしても良いということもあると思います。悪魔のカードは上下の関係が描かれているために、初めは対等の関係に思っていたが、次第に上と下という関係性に変わってしまったということもあるでしょう。自分の運命に則した考え方を他者にも押し付けることになるので、考え方の狭さは出やすくなります。自由を奪う関係の場合もあるでしょう。

自らの個性を強く打ち出す 対等関係から上下関係への変化

Ⅵ 恋人

ⅩⅥ 塔

良い出会いが個人を閉鎖する壁を破る関係が深まるにつれ型が崩れる

恋人のカードは関係性のカードで、良い相手との結び付きは人生の可能性を広げてくれます。同時に、その対象に強く影響を受けます。お互いの関係性の中で発展していくので、ここではそれぞれが自分の変化についてあまり自覚していないこともあるかもしれません。一人では到底できなかったようなことが、ここでは進んでいくのです。個人の人生の限界を打開するには、このような関係性が必要なのでしょう。続く塔のカードは個人や組織など特定のものが防衛している壁が壊れていくことを示します。これは個人を守ったり、また立場や状況を守る壁の崩壊で、この崩壊は都合が悪い場合もあり良い場合もあります。恋人のカードは良い出会いであり、その結果、個人を閉鎖する壁が破れるということは比較的自然なことにも見えてきます。互いの関係の上で、塔が壊れたのか、それとも二人が組み合わされ、この二人と外との関係において塔が壊れたのかはまだわかりません。

恋人のカードは6の数字で、それは必然的に次の7に進みます。塔のカードは16の数字ですが、これは足すと7になり、7の戦車とともに7に属するカードなのです。そして16は偶数のためその影響は内向きになり、外から来たものが、自分の内部に影響を与えることになります。反対に7の戦車は外に対しての攻撃力をあらわすのです。関係が始まった段階で、外面生活でのスタイル、例えば職業や住んでいる場所、守っているものが維持できなくなったりする場合もあるでしょう。もしそうなるとしたら、むしろ関係性が本当の意味で深く入り込んできたことを意味するのです。同時に、二人のそれぞれが、今まで持っていた人格の殻を破っていくことをあらわしますので、また新しく生活全体を構築していくとよいのです。初期的には関係が深まるにつれ、どんどん型が崩れてしまうということになるでしょう。

非物質的なものとの神秘的な接触
実現に時間を要し忍耐が必要

Ⅵ 恋人

ⅩⅦ 星

恋人のカードは6の数字を示していますが、これは図形では六角形の形になっています。それは地上的な関係という意味もあれば、逆に目に見えない非物質的なものとの共鳴的な結び付きという場合もあるのです。6の数字そのものでは、そのどちらなのか限定されないこともあります。タロットカードの絵柄では上空に天使がいます。それはもともとは上空の天使が矢を射ることで、理想の相手が選ばれるという意味なのかもしれませんが、反対に、上空の天使との関わりという意味も成立するわけです。6の数字の幾何図形である六角形は、しばしば非物質的なものとの共鳴関係ということも出てくるのです。

　星のカードは遠い星と通信することをあらわし、裸の姿が描かれているように、飾りをなくして純粋な心で夢見る希望などをあらわしています。星のカードに描かれる女性は単独で、星との関わりしか描かれていませんが、恋人のカードの上空の天使と人との関係というのが、そのまま星と女性というふうに置き換えられる場合もあるでしょう。ギリシャのデルフォイの神殿では、巫女たちは神と結婚するために、地上の男性とは関わってはならないと言われていました。性的なエネルギーが異性との関係に使われないと、余剰の成分はこうした神秘的な接触に使われる場合もあれば、行き場を失って妄想に走るという場合もあります。妄想的に見えても、必ずしもそうではないケースもたくさんあります。もっと日常的な解釈として、恋人のカードは恋愛、そして星のカードは遠距離恋愛という場合も。実現には長い時間がかかり、その間忍耐強く待たなくてはならないということです。遠い距離は海外という場合もあります。関係が始まり、それが遠い夢を育てるような状況を作り出したというのが、二つのカードの言葉をつないだものなので、そこからいろいろなケースが思い浮かびます。星のカードはその場かぎりの生き方でなく、長期的希望です。関係性によって取り組み方がそのように変わったのです。

Ⅵ 恋人

ⅩⅧ 月

発生した可能性が未知の旅へ向かう
深い衝動を刺激され落ち着きを失う

恋人のカードは6の数字をあらわしていて、六角形とは三角形と三角形が結び付き、互いに共鳴し合うことをあらわしています。両方の意志が直接伝わっていくので、片方だけが何か判断したり、孤立して振る舞うことはほとんどありません。この六角形は、相手次第でいくらでも変化することをあらわしていて、そこに歯止めというものがありません。関係性の中で休みなく変化していくのです。集団は時々異常な事態に陥ることがありますが、この理由は関わってる相手に責任を押し付けた結果、自分で判断しなくなり、すべての人が自分の判断を捨てて、誰かに託してしまうことから来ているのではないでしょうか。

月のカードは、目覚めた意識が眠り込むことで封印が開き、意識の低いところ、ないしは深いところからザリガニが上がってくるのです。それは人にはふさわしくない衝動とも言えます。人間らしさを保とうとする意識がいつもは食い止めているのですが、眠った時には夢の中に怪獣やらさまざまな異型の存在が浮かび上がってくるのです。エクトル・ベルリオーズはそれを『幻想交響曲』の中でワルプルギスの夜として描いていました。五角形が防衛だとすると、六角形は召喚をあらわしています。従って、恋人のカードというのは閉じないことや召喚をあらわします。月のカードと結び付きやすいのです。恋人のカードによって関係が発生し、その関係は未知の旅へと向かうことになります。月のカードでは犬が吠えていますが、これはある種のリスクもあることを示し、このまま突き進むと、自分を守ることができなくなることもあり得ます。危険な恋愛という可能性もあります。しかし忘我状態になるくらい、深い衝動を刺激する面もあります。基本的に月のカードは、十分に制御できていない荒い生命力を刺激してくることもあるので、落ち着きを失いやすいのです。偶然に任せた行き当たりばったりに向かっていく可能性もあります。しかし、新しい可能性が開くことも事実です。

VI 恋人

XIX 太陽

恋人のカードは、その手前にある5の数字のついた法王のカードの、個人として閉じていき、自分の内面には強い意欲の保たれた生き方から転じて、自分自身を環境に対して開いていくことをあらわしています。この開いていくとは、重要な相手との関係を作り出すことで、自分自身を孤立した形で発達させることができなくなる代わりに、自分もまた閉じ込められないでいろいろな可能性が出てくるという状態になることです。相性の良い相手とうまく結び付くことで、人生は新しい展開になっていきます。

続くのは太陽のカードです。太陽のカードは、太陽の下に二人の子供が遊んでいるという姿をしています。カードの絵柄を見るとどこか恋人のカードと似ているように見えるでしょう。恋人のカードでは上空に天使がいます。太陽のカードでは同じ場所に、太陽があります。太陽というのはこの太陽系の中では唯一の絶対の意識をあらわしています。絶対の意識とは、陰陽に分かれていないということです。つまり男と女に分割されておらず、この中和的な意識がもう一つ下の次元に降りると、それは男性と女性に分割されるということなのです。恋人のカードは良い出会いをあらわし、相手は他人ということですが、太陽のカードは必ずしもそうではありません。元は一体化していた太陽のような意識が、地上では二人の存在となることをあらわすので、つまり太陽のカードでは相手は分身だという意味でもあるのです。恋人のカードでは時間の経過とともにうまくいかなくなり、分かれることもあるかもしれませんが、太陽のカードはそもそもが相手は自分でもあるので、離れることはなく、離れるとしたら、それは意識の裏側に回って忘却してしまうという意味なのです。そのように考えるならば、このセットでは、恋人のカードは太陽のカードへと発展するということになりますから、だんだんと相手が自分の分身のような役割になってくるというふうに考えてもよいのではないでしょうか。唯一性を表現するための不可欠な片割れです。

二つの存在が一体化 相手が自分の分身のような役割となる

不可能だったことを可能に導く出会い
相手の出現が閉塞感を緩和

Ⅵ 恋人

XX 審判

恋人のカードは、互いに共鳴するものが結び付くことを示しています。どんなことが起こるのであれ、恋人のカードがやってきたら、その人にとってふさわしい相手がやってきたと考えるのです。自分一人に閉じ込められているように感じている人から見ると、これは自分が外に開かれていく初めのきっかけを作り出し、すると連鎖的に、さまざまなチャンスも同時に訪れてくるということも多くなるのです。それは恋人のカードを契機にして、自分が世界に対してオープンになったことが原因なのでしょう。

次に続くカードがどんなものであれ、それは恋人のカードが呼び出したものでしょう。審判のカードは、墓が開いて死者が蘇ることをあらわしています。偶然それが開かれたのではなく、天使がラッパを吹き、強い意志によって呼び出したのです。つまりは強い望みがあれば、どんなものであれ、例えそれが死者のようなものであれ、起こしてしまうということを表現しています。開かない蓋をこじ開けていくような力が必要で、それは本気でないといけないということでもあり、強い継続力も要求されます。過去に失われたものが蘇るということでは、恋人のカードは失われたものを取り戻させる力を発揮したことになります。出会いによって思わぬチャンスがやってきて、以前一度チャレンジしたがうまくいかなかったものが、うまくいくようになるという可能性もあります。相手は自分の過去を思い出させるということもあるでしょう。審判のカードは限界を突破する力が強く、どんなものでも不可能はないということをあらわしていますから、恋人のカードによって、そうした転換が生じたのです。時には審判のカードは復活愛を示すことがあります。自分が狭い時間や空間に閉じ込められておらず、もっと広いところで生きているという実感を与えるのが審判のカードであり、その意味では恋人のカードによって相手が出現することで、閉塞感が緩和されるということになるのです。

Ⅵ 恋人

XXI 世界

自分に欠けたものを補う相手との出会い 二人でいれば完全体になれる関係性

恋人のカードは、自分に適した相手、これは必ずしも異性に限定する必要はありませんが、そうした相手と結び付くことで、自分を環境に開き、環境との関わりの中で人生が展開していくことをあらわしています。自分らしい人生を作り出すには、それにふさわしい相手というものが必要で、タロット占いでこのカードが出てくると、世界と自分の意味ある関係性が発生するということを示しているのです。相手に対して自分が答え、また自分も相手に対して答えていくようなリズミカルな応答性が生まれてきます。

世界のカードというのは、人間個人が完成していき、足りないものは何もないという最終的な段階のカードです。真ん中に立っている人は、男性と女性が結合していて、両方の性質を持っていることを示しています。もしこれが男性的なものか、あるいは女性的なものであるすると、世界のカードは閉じることができず、その周辺にある四つの元素のどれかの支配を受けざるを得なくなります。人間は部分化してしまい、足りないものを環境とか世界との関わりに託さざるを得ないのです。そうするとそこで安定した自分というものを手に入れることができなくなります。恋人のカードは足りないものが異性としてあらわれてくることが多いと思いますが、その結果として完成状態に向かうということは、自分にとって重要なまさに欠けたものを補うような相手に出会うという意味です。世界のカードでは周辺に四つの元素がありますが、火と風は男性的なものをあらわし、水と土は女性的なものをあらわします。モーツァルトの歌劇『魔笛』では、これが四人の人物として描かれています。男女関係などでこの四つを揃えるというのは、それぞれ二人が二つの元素を受け持つということになるでしょう。この恋人のカードでの出会いで、これまでできなかったことが急速にうまくいくようになり、二人いれば安定した場ができることになります。

Ⅶ 戦車

The Chariot

VII 戦車

0愚者

戦車のカードは目標に向かって突進することをあらわしています。戦う姿勢であり、それは勝ち負けがあるのですから、あるものを肯定し、別なものを否定するという選別も含まれています。つまり同時に違うものを追いかけるという性質はなく、一つの目標に向かって走るという傾向があるのです。やはりどのような場合でも、こうした要素が必要な時はあるのです。個人を緊張に満ちたものにしていきますが、地上で生きている限りはそれを避けることはできないのでしょう。この戦車が何の目的で走っているかは、次の愚者のカードでわかります。

しかしこの愚者のカードは、タロットカードの中では最も無目的で、無謀な性質をあらわすカードです。何かを得るということより、失うことで軽くなるカードです。自由に向けて積極的に飛び出すということになるのですが、それは建設的な方向とか、物質的な方向を目指すわけではないので、他の人には理解のできない行動をしているのかもしれません。

自由へ向けて積極的に飛び出す小さいものを手放し大きな世界へ向かう

崖の向こうに飛び込むのは危険性が伴います。誰でもたくさんのものを手に入れるという方向と、反対に、なくして自由になるという相反する欲求を強く持っています。そのため、この組み合わせが異常なものだとは言えないのです。小さなものを手放すと、より大きな世界に向かうことができるという意味もあります。愚者のカードは今まで住んでいる世界よりも遥かに大きな世界にジャンプしたいという欲求に従っています。結果としては良いものを得る場合もありますが、何かを壊したり、台無しにしたりする行動であることが後でわかることも多いでしょう。この場合は、どういう目的か確認するとよいでしょう。昔、「ええじゃないか」騒動というものがあったと日本史の教科書に書いてありましたが、それを連想する人もいるかもしれません。破壊工作のような面もあるのです。解体に向けて走ることや、走った結果行方不明になることなどもあるかもしれません。

考えるより先に飛び出す
行動し続けることで生み出される直感

Ⅶ 戦車

Ⅰ 魔術師

戦車のカードは自分が信じる価値の勝利に向かって突進します。それは反対のものを否定する行為であるので、考え方は狭くなっていきますが、実際には考え方は狭い程、押しの力は鋭く濃くなる傾向もあります。反対に心が広い程、個の勢いは弱まります。そのため、実際的には心が広い人程、押されてしまいます。ちょうどこれは水道の水の圧力のようなもので、管が細い程、勢いよく水が飛び出すようなものでしょう。戦車のカードの集中性や攻撃性はいつかは緩めなくてはならないのですが、今はここで戦車のカードが出たのだから、戦車のカードのような行動をする必要がある時期だということなのです。そのため、一気に集中力を持って飛び出すのがよいでしょう。ここでは相手を理解することは負けることでもあります。心の広さは負けることで培われ、勝つことでむしろ心は負けてしまうという反対の法則が成り立ちます。物質的な世界では見えるものがすべてなので、負けてしまう方が心理的には強いということはあまり重視されていないのです。例えば、いじめをする人は心理的には弱者です。それはともかく、この力は次の魔術師のカードへと受け渡されます。

魔術師のカードは新しいことをスタートするという意味です。魔術師は越境者を意味しています。時にはそれは商人でもあり、価値を持ち運ぶ存在だと考えればよいのです。この新しいことのスタートは、手前にある戦車のカードの勢いで始めなくてはならないということになります。考える前に走るような姿勢が要求されていると考えてもよいでしょう。今はともかく走り続けようということです。また積極的な高い興奮状態の中でのみ、新しいことを思いつくことができるという意味にもなります。走り続けていれば何をすればよいのか直感的にわかるのです。止まった時にはアイデアも消えてしまうのです。この二枚のカードは生命の樹では連結していて慣性が働き、勢いが止められなくなっています。

Ⅶ 戦車

Ⅱ 女教皇

行動開始後の行き先不明状態 知的な取り組みを一気に進める

戦車のカードは図柄で見たとおりに、積極的に突き進んでいくような性質を持ったカードです。タロット占いでこれが出てきたら、いずれにしてもじっとしていてはならないという意味になってきます。必ずしも行動的にしなくてはならないという意味でもなく、例えば、考え方をはっきりさせなくてはならないという意味でもあるでしょう。あれかこれか迷うのではなく、どちらかをはっきりと選ばなくてはならないのです。数字の7は明暗というものが出てくるので、この二つの間で葛藤が発生しやすいのですが、生きている以上は、はっきりと何かを選ばなくてはならないという状況は多いのです。

次に出てくるカードは女教皇のカードです。これは決断力のないカードですから戦車のカードとは正反対です。あるタロットカードの教科書では、この二枚のカードは最も悪い組み合わせとして説明されています。女教皇は潜在力の領域をあらわしていて、戦車のカードのような緊張した姿勢では女教皇の持つ可能性は見えなくなってしまうことが多いといえます。勢いよく積極的に行動しようとしたが、行き着く場所が決まりにくく、途中からわからなくなってしまった。可能性がたくさんあって、そのどれを選ぶべきか不明になってしまった。走ってみて初めてそのことが判明したのです。しかし、もし女教皇のカードが目的であったら、例えば知的な分野とかものを書くとかという場合には、積極的な取り組みの戦車のカードは、その方向に向かって一気に進めていくという話です。例えば一ヶ月以内に一冊の本を書かなくてはならないとか、急いで知的なものを完成させるような場合です。初めは勢いよく走っていたが、結論が付かないままになってしまうことが多いにしても、可能性が実はたくさんあったことがわかっただけでも、それは利益と言えるでしょう。合計すると9の数字となり、9の隠者の放浪のように見えてきます。決定したターゲットがなく、走りながら探し物を見つけます。

Ⅶ 戦車

Ⅲ 女帝

前進することで確実に生産的成果を得る
振り返ることなく不休で加速し続ける

戦車のカードは自分が決めた目標に向かって積極的に前進します。白か黒かという選択がなされているので、つまりは価値の優劣があって、どちらかの正しいと思う方向に走っていくので、ここでは明暗のはっきりした結論に向かっていこうとします。次に女帝のカードが組み合わされます。生命の樹で考えた時に、女帝のカードは母親と父親を結ぶラインの上にあります。また戦車のカードは、この母親から意志の実行であるゲブラーまでつなぐラインにあります。つまりはこの二枚のカードは母親を示す場所を通じて連続しているということなのです。戦車のカードが積極的に前進しようとする時に、その活力源はそもそも母親を示すビナーからやってきます。戦車のカードは前進することで、確実に生産的な成果を得ることができます。言ってみれば工場の生産量が加速していき、勢いよく増産するようなセットであると考えてもよいでしょう。

両方とも奇数の数字なので、動きが止まることがなく加速します。3と7の数字を足すと10の数字になります。これは具体的に達成して形にしていくということをあらわす数字なので、戦車のカードと女帝のカードは、前向きで生産的であると考えればよいのです。高度経済成長期のようなイメージもあるかもしれません。悪いところがあるとすると、考えたり立ち止まったりすることがなく、機械が休みなく働くように、自動的に動いていく可能性があることです。沈思黙考とか冷静に考えるという要素はここにはありません。悪い方向に向かったとしても、それを止めることはできないのが難点です。捨てる、開放されるというのは生命の樹の左の柱です。この戦車のカードあるいは母親の中枢であるビナーは右なので、我欲や物欲を高めていく傾向があります。また戦車というのは、母親的な力に依存しているという法則も成り立ちます。たくさん子供を生むことが良いことという発想法もあるでしょう。

Ⅶ 戦車

Ⅳ 皇帝

活動を高め大きくしていく 勢力拡大のために戦う

戦車のカードは積極的に突進します。一つの目標に向かって走るので、意識のフォーカスは狭くなっていき、結果的に影の領域を増やし、緊張は高まります。例えば、仕事に集中する人は仕事で成功しやすいのですが、当然ストレスは増加します。戦車のカードにストレスはつきものです。個人が生きているということ自体が、その存在は走り続けているわけですから、生きている間は戦車のカードであると考えてもよいのです。

次に皇帝のカードが来ると安定、維持、拡張、支配などの意味が加わりますが、皇帝は継続性ということが一番重要なので、戦車で走っていく姿勢が、結果的に安定した場を作り出したと考えることになります。つまり戦車の戦闘性は一時的なものでなく、その後もずっと継続し、その姿勢が定着していくのです。そしていつの間にか走っていることがわからなくなります。皇帝のカードには、決まりきったものをどんどんと拡大していくという意味があって、例えてみれば、一つの決まりきった製品を、世界中に普及させるというような姿勢なのです。新しいことを作るわけではなく、むしろ新しいことを作ってしまうと、皇帝の意味は損なわれてしまいます。戦車のカードは積極的な行動を示しているのですから、その目的は皇帝のカードとなれば、もっと普及させることを目的にしていると考えればよいのです。邪魔なものがあれば排除するのではなく、それを飲み込んでいくというのが皇帝のカードのあらわす4の数字の性質です。これは大が小を食ってしまうという意味でもあります。活動力を高めて大きくしていく。店舗拡張やチェーン店の増加などはこういうセットではないでしょうか。戦車は排他的ですが皇帝は排他的でなく飲み込んで拡大していく。勢力拡張のために戦うというのは、このセットの一番基本的な性質ではないでしょうか。確実な地盤を築くということが成果として得られます。皇帝が地盤という意味なら地盤作りに奔走することになります。

Ⅶ 戦車

Ⅴ 法王

自らの優位性を主張する積極的行動で指導者の立場となる

戦車のカードは目的に向かって突進します。対立したものをまとめるというより、反対に特定の目的に集中して、それを強化することになります。その結果として、勝つものと負けるものが出てきます。戦車のカードではこの対比を避けることは難しいでしょう。勝ったものも負けたものも、広い視点で考えると自分自身のことですから、自分の中で明るい面と暗い面が出てくるということにもなってきます。自分の中のある部分を強調し、ある部分を闇の中に追いやったという意味にもなるのです。

この次に法王のカードがやってきます。戦車のカードで得たものが、自己表現へと発展していき、人に対して積極的に主張するものが出てくるのです。時には自慢できたり、また人の尊敬や憧れを誘う場合もあります。法王のカードは人との対等性でなく優位性をあらわしています。そのため、一方的に徹底して主張したりしゃべったりするということも出てくるでしょう。戦車は競争に勝つという意味であり、また法王は人にひけらかすということですから、自分の成功を人に発表する、自慢するということになります。法王のカードの5は個人としての輝かしさを補強します。戦車も法王も奇数のカードで能動的なため、やりたい放題になる傾向があり、個人的には満足しすっきりできるでしょう。もし法王のカードをカリスマ的な性質をあらわすカードだと考えた時には、積極的な行動によって指導できるような立場になることをあらわしていますが、関わる相手を理解するという要素はこのセットには見られません。戦車によって意識に明暗ができて、その明の方を法王がアピールするのですから、知らず知らずのうちに差別も出てきやすくなります。本人にとっては自然で素直な考え方も他人から見ると、偏ったものに見える場合もあります。基本的に偶数は受容的で内向きです。奇数は外向きで、行動的だと考えてみるとよいでしょう。ここでは両方に能動的です。しかも7と5は外へ表現という代表的数字です。

VII 戦車

VI 恋人

活発な行動がふさわしい環境を呼ぶ 理想的出会いが見つかるまで走り続ける

戦車のカードは、目標に向かって積極的に飛び出していくカードです。二つの馬は対立した意見をあらわしていて、どちらかを選ぶことで、その方向に走っていきます。右眼と左眼のように均等に働くことはできず、どちらかが優先されていくのです。もう一つの馬は裏側に回ることになります。これは対立を残すことになるので、いずれは、引っ込めてしまった側の勢いが戻ってきます。つまり何かすると反動もあるということを意味しているのです。それでも私たちは常に選んで前進しなくてはなりません。

続くのは恋人のカードなのですが、タロットカードの順番からすると、これは反対側に戻っていることをあらわしています。恋人のカードは自分にとって最もふさわしい相手とか環境に遭遇し、そこで関わりが出来上がっていくことを示しています。その結果、戦車のカードになって前向きな行動力が出てくるのです。誰かと出会うことで積極的な行為が始まる法則があると考えてもよいのです。しかしここでは反対の順番です。何も考えずに走っていると、気が付くと、自分にとってフィットする環境に出会ったということもあるでしょう。そもそも恋人のカードは意図的に選ぶことができないような図柄になっています。何かを目覚めさせるには、とりあえず活発に活動してみるとよいというふうに考えてもよいのではないでしょうか。例えば、就職活動でいえば手当たり次第に模索している間に、自分に一番フィットするものが発見できることもあります。戦車のカードでは人間と動物、この配置関係が恋人のカードでは天使と人間というふうに、次元が一つずれることになります。その点では情動的または人間的に行動したものが、結果的により次元の高いメンタルなものを刺激したと考えてもよいかもしれません。良い理想的な出会いが見つかるまで走り続けると考えると、結婚相手を急いで探しているというふうに見える場合もあるかもしれません。しかし、何もしないよりは進み方は早いのです。

Ⅶ 戦車

Ⅷ 正義

現実を知り大きな視点へと移行 冷静な判断を身に付ける

戦車のカードは、素早いスピードで目的に向かって走っていきます。考えて走るというよりは、むしろ走る中で考えることになるでしょう。精神状態というのは走っている状態の中では変わってくるものです。つまり走っている状況でないと見えてこないものというのがあり、それは止まっている時にはわからないのです。この後に八番目の正義のカードが続きますが、基本的にこのカードはパワーが蓄積して、より優れたものを生み出す土壌が育成されます。タロットカードの順番としては、この戦車のカードと正義のカードはそのまま並んでいるカードですから、自然な流れを持っていることを示しています。

戦車のカードでは達成できるかどうかわからないまま、目標に向かって走っていますが、正義のカードというのは、左手に天秤が握られています。これは初めは戦車のカードの中の二頭の馬のことでもあり、戦車のカードがＡからＢに走っているとしたら、正義のカードではこのＡとＢを両立させていることを示しています。つまりは戦車のカードの馬が走る方向は比較的衝動的だったのですが、正義のカードの人物は冷静に判断できることを意味します。単純に妄信して走っていた人が、ふと立ち止まり、もっと冷静に考え、より優れた判断をしようと考えているわけです。今まで当たり前と感じていたことも実は違うかもしれない。そのように冷静になってみると、戦車もより良い目標に向かうことができるのです。このように考えれば、この二枚のカードというのは、生かされていた者が自分の現実を知り、より大きな視点へ移行できたのです。片面しか見えなかった人が、両面を見えるようになったということが一番大きなメリットです。それは戦車として走る行為の中で初めて可能になったことなのです。今までは盲点で見えなかったものが見えるようになった。信じて疑わなかったことについて考えるようになったということなのです。

こだわりから解放され直進性を失う 途中で目的を失いさまよう

Ⅶ 戦車

Ⅸ 隠者

戦車のカードは目的に向かって疑うことなく走り続けます。それはある意味、自分の欲望に忠実になっているともいえます。欲望はそもそも自然なものというより人工的で、社会から植え付けられたものが多いのですが、それに深く入り込んでいくのが戦車のカードでもあります。社会参加するという意味では戦車のカードは健全なカードだとも言えます。企業とか組織は、社会が作り出してきた欲望をストレートに達成するように作られていて、戦車のカードはその方向に素直に乗せられてしまっているということもあります。

続くのは隠者のカードですが、戦車のカードと違うところは、隠者は社会のどこにも根付かず自由性を発揮して、この中で自分の精神的な探求に向かう性質があることです。つまり社会からもたらされたものによって突き動かされている戦車に対して、隠者はもうむやみに支配されてはいないということなのです。そもそも隠者のカードは精神性ということが強調されていますが、戦車のカードは精神性は強くありません。戦車のカードと隠者のカードの共通点は、移動性をあらわしていることですから、旅行や移動などにはこのセットは出やすいでしょう。戦車はターゲットに向かって移動します。隠者は明確な目的に向かって突き進むことはなく、むしろさまようと考えてもよいでしょう。目的地を決めて走っていた人が、途中から目的へ直進する意欲を失い、さまようようになったと考えてもよいのかもしれません。こだわっていたことの価値から自由になることで、直進性がなくなってしまうのです。戦車のカードではあれかこれかという二者択一があり、その一方に走りました。次の正義のカードでは、この二つの勢力は統合化され、両立されようとしています。さらに次の隠者のカードでは、この両方から自由に離れていくということになるのです。隠者は極めて応用力があって、また、命令には従わないということでもあるのです。戦車のカードは乗り物で隠者のカードは旅です。当初の予想よりも遥かに遠いところに行ってしまったということもあるでしょう。

Ⅶ 戦車

Ⅹ 運命の輪

自らの積極性でつかみ取るチャンス 目的に向かい走り続け結果を得る

戦車のカードは積極的に走っていきます。名前と絵柄のとおりに、まるで戦うかのように目標に向かって挑戦するのです。誰でもある時期にはそのような体験も必要でしょう。今このカードが出てきたということは、何らかの意味で、行動の必要があるというわけです。走っていくということはある価値を強調していき、結果的にそれは反対の価値を押しやることになりますから、明暗の対比が激しくなり、それ自身が生き方の緊張感を高めていく結果になります。このカードはリラックスしたり、癒しになったりすることはなく、むしろテンションが高くなっていく結果を導いていきます。そして結果としては、運命の輪のカードに行き当たることになります。そもそも運命の輪はチャンスが訪れることをあらわしています。10の数字というのは、精神的な充実感というよりは、はっきりと結果が形にあらわれるということを意味しており、このカードが出てくると、具体的に成功するとかチャンスがやってくるとか何らかの動きが発生します。戦車のカードは積極的に飛び込んでいくわけですから、その結果チャンスをつかんだということになるわけです。おそらく自分自身がテンションを上げることで作り上げていくようなチャンスというふうに考えてもよいのです。戦車のカードの持つ7というのは、実は、目的地に行きつかないという性質があります。そのため、運命の輪が出てくると、着実に動きがあらわれてくるということで、戦車自身の持つ不足を満たすことができるのです。10の数字は二桁になりますからステージが変わります。ちょうど走り続けると、急に景色の開けたところに来て、感動するというようなものでしょう。大きな活動の場を手に入れやすいのですが、それは戦車のカードで走り続けた結果と言えるのです。そのため、何もしないで期待することはできません。目的に向かって走るということが大切なのです。

VII 戦車

XI 力

改革的な挑戦意欲
行動によって昇華し衝動を冷静に扱う

戦車のカードは、図柄で見てもわかるように、積極的に戦闘的に飛び出していく性質を持っているカードです。タロット占いでこのカードが出た場合には、ある目標に向かって飛び出していくような状況にあることを示唆しています。行動意欲を刺激されるには、何らかの落差を体験していなくてはなりません。水が高いところから低いところに流れるように、落差があればそこにエネルギーが発生し、そして行動意欲が刺激されるからです。この落差はある意味ストレスでもあるので、戦車のカードが出てきた時には、安静な気持ちというよりは、駆り立てられるようなストレスと意欲が強化されていることになります。時にはそれは怒りの場合もあるでしょう。

力のカードは、ライオンを抑えている女性が描かれていますが、このライオンを本能的なもの、自然に見える繰り返された習慣的なものと考えると、それに対して改変しようという姿勢のカードになります。つまりは川の流れを逆流するようなもので、実際、力のカードの女性の帽子に描かれた無限マークは転覆を、また11の数字も反抗を意味します。戦車のカードの挑戦意欲は、この改革的な方向に向けられているということになります。従って戦車のカードは、多くの人が素直に認めるような方向に走っているというわけではないことになります。戦車のカードでは走る馬が描かれ、力のカードでは違う動物ですが、動物を制御する姿が描かれていますから、初めは駆り立て、そしてそれをうまくコントロールしようという推移が出てくることになります。煽ったり抑えたりという変化のある組み合わせとも言えます。行動によって昇華し、次第にこなれて、自分の衝動を冷静に扱うことができるようになる。長距離走などで初めはむやみに走っていた人が、自分のペースをつかみ、うまく管理しながら走るようになれたという場合もあるでしょう。昇華のためにはむしろ無駄に思えてもエネルギーをたくさん消費した方がよいのかもしれません。

Ⅶ 戦車

Ⅻ 吊られた男

積極的行動が混乱を招く
進んだ先で身動きのとれない状況

戦車のカードは積極的に前進していき、立ち止まらないことをあらわしています。もしここで、戦車の到達点がはっきりと決まっていれば、このような戦車の前進する力は強くはありません。結果がどうなるか、自分でもよくわかっていないという段階で、戦車のカードの力は強まるのです。戦車のカードは7の数字ですが、7というのは格差のあるものの間をつないでいこうとします。この落差のあるものは落差が強い程に、戦車のカードの推進力は強烈になっていきます。しかし音階で言えば、7はドからシまで上がるかドからレまで下りるかであり、次のドの音という最終地点には到達しません。

続く吊られた男のカードは、行動力を奪われた人物を表現しています。吊られた男は精神的には活発でさまざまなことを思いつくのですが、肉体面では身動きがとれず、どこかに幽閉されているかのように、何もできない状態です。むしろ何もできないからこそ、頭の中の活動は活発なのです。戦車のカードの行き先は、吊られた男だということです。積極的に進む体制にあるにもかかわらず、待たされているという場合もありますが、むしろ進んだ先が身動きのとれないような結果になっているということもあります。積極的に行動した結果が、混乱した状況を生み出してしまったという場合もあるでしょう。いずれにしても吊られた男は正常な状況ではなく、物事が転倒した状態にあるのです。初めの予定などでは予想もしないような展開になってしまった。車の運転のスピードが上がり過ぎて、自動車が横転してしまったということもあり得るのではないでしょうか。吊られた男は異常事態であるということを考えてみましょう。二枚のカードは上と下という組み合わせで考えることができるので、戦車は活発な精神面をあらわし、吊られた男は現実に身動きとれないことをあらわします。金縛りというのは、精神が活発であるが肉体は疲れ切って寝てしまったという時に生じる現象です。

VII 戦車

XIII 死に神

挫折がより大きなチャンスを呼ぶ 慌てた結果台無しになる

戦車のカードは絵柄で見たとおり、戦闘的に前進するような意味を持ったカードです。それは戦いに向かっていき、勝負をはっきりさせようとします。その結果、死に神のカードがやってきます。死に神のカードの絵柄を見ると、死に神は地面の上にあるさまざまなものを狩り刈り取りしています。乱雑な部屋では運が悪くなるという理由で、部屋を整理するというメソッドか流行しました。死に神のカードはこのような意味としても働きます。無駄なものを捨てて粛清し、整理していくということです。その人にとって重要でないものに心奪われるということを許してしまうと、人生は混乱します。それを整理するということです。

戦車のカードは、結果として、このように向かった先を整理してしまう効果を発揮するということになります。破壊的なものになるかどうかは、何を維持し何を不要とするかという判断によりけりです。死に神は新しく生まれるための粛清なので、長期的な目で見れば、もともとが建設的な意味を持つものです。死に神の整理整頓力は、戦車のカードが関わることでより加速し、より強力な形で働くことになるでしょう。表面的に考えた場合には、積極的に進めようと思った時に突然うまくいかなくなるとか、挫折するという体験は、良くないことのように見えてくるかもしれません。ところが、これが果たして不幸なことなのかどうかということを、その場で判断してはならないのです。なぜなら、もっと長期的な意味では、より良いことを進めようとして、実はあまり重要ではないことを停止させたということもあるからです。一つのことがうまくいかなくなったために、むしろそれがより大きなチャンスを作り出していったということはよくある話です。戦車は無駄なものをなくすため積極的に減らす力を発揮しています。しかし、時には慌てた結果台無しになったということもあるでしょう。

VII 戦車

XIV 節制

事態の転換への戦闘的挑戦 形になることに果敢に挑む

戦車のカードは積極的に前進するカードです。前進する力の活力源は、今いる場所とターゲットになる場所との落差です。この落差が激しい程、そこに引き寄せられていきます。自分中心な視点では、どこかに走るとは、自分から対象に向かって進んでいるように見えています。しかし実際には、対象の方が引っ張って、自分がそこに引き寄せられているにすぎないかもしれません。自分しか見えていない人には、それらはすべて自分が、というふうに考えますが、時には大きな勘違いになる場合があります。戦車のカードも意欲と勇気を刺激して走るのでなく、落差にあるものに向かって落ちていくように引き寄せられているだけかもしれません。

節制のカードは自己生殖の数字に基づくカードで、一つの器からもう一つの器に同じ内容物を移し変えています。戦車は戦闘的に何かに向かうのですから、それは節制のカードと組み合わされたら、一つの器からもう一つの器に向かって、積極的に移動するという意味になります。人の生まれかわりは違う身体に同じ魂が移動すること。伊勢神宮の二十年ごとの移動も節制のカードに関係し、引っ越しも同じ人物が違う場所に移動することですから、やはり節制のカードです。衣替えということもあるでしょう。これらが事態の転換ということに関係するのならば、戦車のカードはこうした移動や移し変えなどに、戦闘的に挑戦するということになります。意識をあらわす太陽の器からイメージ化をあらわす月の器への移動が本来節制のカードの意味で、精神的な目標が、具体的な形になることをあらわしますから、形になることに果敢に挑戦するということになるのでしょう。節制のカードはじっくりと変化します。しかし戦車はしばしば急ごうとする姿勢でもあるので、変化の遅さにいらいらしているという場合もあるかもしれません。節制のカードは戦車のカードの倍数で、倍数はより精妙な可能性へと開かれることを示します。外的対象から、自分が変化することへ目的が変化したのです。

Ⅶ 戦車

XV 悪魔

意志を強引に押し付ける はっきり言えない人が裏で手を回す

戦車のカードは、戦争に出かけていくような図柄を描いています。戦いというのは、正しいと思うものが間違っていると思うものに対して戦闘的に攻撃することをあらわしていますが、この自分が正しいと思う姿勢は、単に自分がある価値観に従っているということを表明しているにすぎません。異なる価値観になれば、そこで今度は立場が違ってくるのです。その点では、一つのことにこだわるということを意味しているのかもしれません。そしてこだわっているものがあると、その人は緊張していますから、怒りとかストレス、衝動性などをたくさん持つことになります。戦車のカードはなかなか落ち着けないのです。知らず知らずのうちに公平ではない態度を取ることもありますが、しかし公平ではないことを自分で気が付かないことが多いでしょう。

悪魔のカードは、基本的には周囲に自分を押し付けることをあらわしています。カードの図柄を見ると、上に悪魔が存在し、それに支配された下界の二人がいます。しかし必ずしも悪魔の姿勢が悪いというわけでもなく、より上の次元の力が、物質的な領域に対して強い力を持っているということです。同じ存在が上を向くと天使で、下を向くと悪魔になるのです。戦車のカードの積極性は、意志を強引に押し付けることになるということでしょう。悪魔のカードの図柄はより上の次元の力の介入なので、表向き押し付けていないように見えても、実際には深く浸透してくる力によって支配を受けているということも。戦車のカードと悪魔のカードは、図柄としては配置が似ているので、二頭の馬に乗っている男性が、後に、二人の手下を持つ悪魔に変わっていくと考えてもよいかもしれません。日本人は昔から表向き意志表示をはっきりさせないで、裏で怨念などの力で支配しようとする癖があると言われていました。はっきり言えない人が裏で手を回すということです。戦車のカードははっきりと意志表示することです。悪魔はしばしば裏の動きです。この両方が働いているのです。

積極的行動が他も自も限界をも突破
挑戦により自己破壊へ向かう

Ⅶ 戦車

XⅥ 塔

戦車のカードは、積極的に前進する状況を示しています。何かに向かって前進するのですが、その意欲を作り出しているのは、自分自身の中にある価値観です。戦車は目標に向かって走っていきますが、それが実現するという保証はありません。むしろこの戦車のカードでは目標というのは実現するというのは難しいということを裏に含んでいます。目標地点に近づいても、それはゼノンの矢のようにいつまでたっても到着しないという意味もあるのです。これは7の特徴です。つまり落差があるものに向かって走るのですが、落差があることが原動力なので、落差がなくなってくると行動の動機が見えなくなっていく。到着してしまえば落差がなくなるので、達成したという充実感は感じられないのです。そのため、目標に到達したということより、そこに向かって走っているということだけを表現しているのです。

続く塔のカードの数字は16ですが、これは合計すると7になって戦車のカードと同じグループに属します。違いというのは戦車のカードは奇数なので、外に対して走っていきます。しかし塔のカードは偶数なので、攻撃力は自分の内側に向かってくるのです。これが雷が落ちてくるという図柄として表現されています。二つの意味を結び付けると、行動すればする程、外に働きかければ働きかける程、その結果は自分に戻ってきて、自分の殻が壊れる結果を導くことになるということですが、今までの自分を閉じ込めていた制限とか限界性とかブロックのようなものが、積極的に行動する中で脱皮していくような影響が働くということになるのです。それは良い意味で働くことも多いし、時には、破壊的な結果にもなるでしょう。悪い意味としては、自己破壊に向かっているということです。しかし世の中で、破壊的なものというもので、自己破壊でないものは何一つありません。良い意味としては、積極的に挑戦して、他も自も限界を突破するという意味です。

Ⅶ 戦車

XⅦ 星

遠くにあるものとの間を積極的につなぐ未知のものを持ち込む

戦車のカードは迷うことなく前進する意味を持っています。何かが進むと、必ず何かが後退します。従ってすべてを両立させるということは無理なのです。成功するにしても、前進するにしても、いずれもその行為は何かを犠牲にすることになります。このように考えれば、進む時には常にそれを踏まえた上で行動すればよいわけです。星のカードは遠く未来にあるもの、今までは手が届かなかったもの、実現されていない理想を、つまりは天空の星が象徴するようなものを、受け取って地上の池に流すという行為をあらわしています。

星のカードでは遠いものと近いものの間に連絡の通路がついていて、この間を強いエネルギーが流れ込んできます。もともと戦車のカードの7は、宇宙法則としてのオクターブの法則であり、これは落差のあるものの間の伝達法則です。落差のあるものの間に通路ができると、必然的に戦車のように激しく動くものがあるのです。星のカードでは一番上に星があり、下に自分がいて、この間が七段階のオクターブのようになっていたり、また星そのものが中心プラス7の数字に基づいた配置になっているなどの関連はあります。遠くにあるものとの間を、戦車のカードが積極的に連絡をつけて流通させるということになるわけです。星は空の遠いところにあるので、これはいつも馴染んでいる既知のものではないのです。つまりそれはまだ開発されていないビジョンとか、手に入っていないものをあらわしていて、そこに向かって戦車が進むには、手探り状態は避けられません。遠いものはすなわち非日常的なものであると考えるべきです。節制のカードと同じく、すぐに達成はできないので、戦車のカードの人はいらいらする場合もあります。星のカードは遠いものを持ち込むということで、輸入業のような場合もあるでしょう。星のカードは巫女的な意味もあるので、宇宙的な意識とのチャネリングという特殊ケースもあります。戦車のカードはしばしば微妙さを見落とします。

Ⅶ 戦車

XⅧ 月

無意識の探索の旅へ突入 チャレンジの途中で地盤が流動化

戦車のカードは積極的に前進するカードで、戦闘的な意味も含んでいます。ある意味ではこれは対立を深める要素もあります。対立したものというのは、もともとは同じものだった、それが分離した形で、結果的に明暗が作られてきたので、戦車のカードが戦闘的に向かっていくものは実は自分自身の片割れと考えてもよいのです。問題がスムーズに解決するには、立ち向かっていく対象というのは、もともとは自分に縁があるものだったと考えてみることです。だからこそ自分がターゲット化するということなのです。月のカードは、自意識の監視から逃れて、無意識のものが表面化することを示しています。

そもそも戦車は無意識の領域を覗くという性質はあまり持っていません。これは、自分が同一化したものが善であり、それ以外の自分が同化しなかったものは、外部的であったり敵対したものであったりするわけで、それは元は一体化したものが分離した結果なのです。それは自分には関係がないという姿勢を強固に維持することで戦車の行動が成り立ちますから、無意識という、自分が同化していないものの蓋を開くことがないのが、戦車のカードであり、また蓋を開かないからこそ、戦車の行為が成り立つのです。かつて自分が関わっていた、そして今はそのことを忘れているものに向かって突入することで、その後は混乱が生じる可能性は十分にあります。戦車の行き先は、無意識の探索の旅が決めるので、はっきりした到着地という予定が立っていません。何かあるたびに進路が変わり、模索するような行動になってしまいます。未知なものを探索するというのは、ほとんどの場合が大きなリスクを伴っています。戦車のカードが走っていると、足元がぬかるみになってきたと考えてもよいのです。行動のための明確なベースとなるような地盤が流動化するのです。それなりに大きなチャレンジですが、予想もしない結果になりやすい、そして面倒なことを避けたいのなら、考え直した方がよいということになるでしょう。

Ⅶ 戦車

XIX 太陽

思い込みによる争いを乗り越える本当の敵ではないものと遊ぶ

戦車のカードは、自分が信じた価値観の達成に向けて、積極的に前進することを表現しています。ここでは、勝負、つまりはあるものを肯定し、あるものを否定するという姿勢が強く打ち出されます。7の数字というのは、このように光と闇の落差を作り出していきます。そのことに気が付くのはずっと後の話なのです。ところが、この後に太陽のカードが続くと、この戦車のカードの明暗の対比という、戦車のカードの行動の前提になる部分に大きな変化が生じることになります。戦車のカードが作り出したような光と闇の対比は、そのまま太陽のカードでは二人の子供に代わっていき、この二人の子供は仲良く公平に遊んでいるのです。つまりは戦車のカードが敵とみなしたものが仲間になっていきます。

太陽のカードは、光の下にある子供と暗闇の中に潜んでいた子供、この両方を対等に取り上げることで、これまで一つ次元が上がることを意味しています。これは一つの次元の陰陽を統合化すると、それはすぐに次の次元への扉となるからです。そのため、後で統合化されることがわかった上で、仮装敵国のようにして戦車が走っていくこともあるでしょう。退けたものを退けたままにしておいてはならない。戦争をする人は、自分たちが勝った時は喜ぶかもしれませんが、冷静に考えてみれば、負けた相手も劣っているわけではなく、単に考え方が違っていただけなのです。そして、戦うはめになったのは、自分の考えが正しいと思い込むことで、結果的に相手が間違ったと考えるようになってしまったことなのです。自分の思い込みにはまればはまる程、戦わなくてはならない相手がたくさん出てきます。太陽のカードはそれらを乗り超えるという結果をあらわします。つまり、この二枚セットはゲームとして戦っているということもあり得るでしょう。本当の敵ではないものと遊んでいる場合もあります。行動することで陰影は際立ち、二人に子供の遊びは活発なものとなっていきます。

Ⅶ 戦車

XX 審判

目標達成のための果てしない努力 積極的アプローチが壁を突破

　戦車のカードの積極的な挑戦は、事態を打開する力があるので、ある時期にはどうしても必要だということも多いでしょう。このカードが出てきた時には、積極的に前進するという性質が発揮されなくてはなりません。そのことで初めて開かれてくる現実というのがあります。じっとしている時には、想像がつかないのです。さらに行動すると、誰でも必ず後で反動がやってきます。そのため、行動した直後にそれを後悔したり、不安になったりすることがありますが、それはどういう時でも生じることなので、自分の行動が間違っていたというわけではないこともあるでしょう。その後の審判のカードは今まで開かなかった墓の蓋が、繰り返される働きかけによって開いていくことを表現しています。当然のことながら戦車のカードの積極的なアプローチ、時には強引なまでの押しというものが、この蓋を開くことに直接関係しているのは間違いありません。目標あるいは興味があること、今のテーマ、これに対しては実現するまで徹底して働きかけるということが大切だということです。そうすれば必ず開くということなのです。無理だと思われたこと、達成できそうにないと思われたこと、これまで長く続いてきた記録、これらを突破することにテーマがあると考えてもよいでしょう。これまでそれができなかったのは単にそこまで積極的に働きかけることがなかったということなのです。

　審判のカードでは天使がラッパを吹いていますが、このラッパというのは、小さな信号がだんだんと大きく広がっていく形をしていて、例えば、自分自身が何かしたい時にその気持ちを繰り返し唱えることで、だんだんと大きく広がっていくような状況を示しています。記録を破るために、毎日果てしなく練習したりするということも、この二枚セットで考えてよいのではないでしょうか。もちろん実現できた時には、大きな達成感が手に入ります。

VII 戦車

XXI 世界

大きな野望に取り組む完全に満たされることで行動停止

　戦車のカードは、二頭の馬を駆り立てて、戦いに赴くような姿が描かれています。仕事でも恋愛でも何でもよいのですが、自分の方から飛び出していくような姿勢であることが特徴です。つまり受け身になってじっとしていては何も始まらないということですから、タロット占いでこれが出てきた場合には、いずれにしても挑戦的に取り組む必要があるということになるでしょう。その次にタロットカードの最終段階である世界のカードがやってきます。この世界のカードというのは偏りがないことを示しています。生命のエッセンスは中心にあって、外側には四つの元素が揃っているのです。戦車のカードは、肯定的なものと否定的なものという明暗がはっきりしているために、偏りは強く、にもかかわらず結論としては世界のカードになっていきます。戦車が駆り立てている馬というのは移動するものです。それは世界のカードで言えば周辺の四つの生き物のうちの、風と火のいずれかに対応するものです。そして残りの水と土は、じっとしていることの多い元素ですから、戦車のカードは世界のカードの一部を強調しています。つまり戦車のカードで走っている間は、戦車のカードには世界のカードの、全部の元素を揃えることで行動が停止するということについてあまり理解していないことになります。

　世界のカードが目標ということは、大きな野望でもあり、また何でもコンプリートで手に入ることをあらわします。戦車の行動意欲は足りないものがあり、また影になっている部分が多いからこそ、積極的になれるというのに、その不足を世界のカードが補うことになるのですから、世界のカードに至った段階で戦車の行動は停止してしまいます。世界のカードは総合的な場ということをあらわすこともあります。あるいは町や都市という場合も。積極的な不動産取得という場合も出てくるでしょう。大それた野望を満たすということもあり得ます。

Ⅷ 正義

Justice

LA JUSTICE
LA GIUSTIZIA
JUSTICE
LA JUSTICIA
VIII
GERECHTIGKEIT
GERECHTIGHEID

VIII 正義

0愚者

検討した上で放棄 視野拡大のためにこだわりから離れる

正義のカードは8の数字に関係し、これは力の溜め込みとか圧縮とかを示しています。受容の左手の天秤は対立するものの両立をあらわし、能動の右手の剣は決然とした意志をあらわします。力の溜め込みがあるために即断即決をせず慎重に考え、決めた時には強い説得力があり、有無を言わさぬ押しの強さを発揮することになります。西欧では2の数字は無知を、8の数字は智恵をあらわす女神を意味すると考えられていたという話があり、正義のカードは実際的で、賢明であると考えるのです。このカードがタロット占いで出た場合には、すぐに判断せず、また二者択一に走らず、全体を見る姿勢を発揮しましょうということになります。手前の走り続ける戦車を止めるのですが、判断というのは、このように動きを止めることなのです。意識的になるというのは、動き続ける眠りから醒めることなのです。

その結果として愚者のカードが出てきました。これは今までつかんでいた価値観や立場、状況というものを手放し、今の場から去ることを意味しています。そう説明するといかにも投げやりにみえるかもしれませんが、前提に正義のカードがあるため、よく検討した上での放棄になるのです。私たちは何でも理由を考えたりしますが、理由を考えることで、今までの世界につなぎ止められます。愚者のカードは無意味化するという性質があり、理由を考えるという因果の循環にとらわれずに、そこからジャンプするという働きです。考えることそのものを止めてしまおう、あるいは考えた結果、因果の連続性にこだわることは止めよう、視点を大きく拡大しようということになるのです。全体の枠組みをもっと大きくするために、今までの視点から離れようと考えたのです。正義のカードの女性は椅子に座っています。椅子とは地位のことで、これは権力者でもあります。愚者のカードでは移動する、去るということであり、地位から離れるということも考えられるでしょう。今までこだわっていたことに意味を感じられなくなってしまうということでもあります。

Ⅷ 正義

Ⅰ 魔術師

慎重に考え外からのものでスタート
新しいことを立場にとらわれず判断して開始

正義のカードはじっくりと考えて、賢明な判断をすることを示しています。数字の８は圧縮、集中、場のコントロール、特定の立場にはまらず客観化するなどの意味を持っています。天秤を持ち、ここには二つの価値を比較している姿が描かれていますが、一方を選ぶというよりは、この比較している二つのものを両立させようとするのです。つまり真ん中から持ち上げているということが、その意味を持つことになるのです。このカードが出てきたら、やはり何か今判断しなくてはならないことがあり、その場かぎりの判断をしてはならず、じっくりと考えて、決定する必要があると示されているのです。

　続くのは魔術師のカードですが、これは外部にあるものを身近な世界に持ち込む、越境者または商人などを示しています。古い時代の発想では、これはメルクリウス、つまりヘルメスをあらわしていて、象徴はコウノトリなどです。赤ちゃんはコウノトリが運んでくるというのは、この魔術師の作用、つまり新しい魂は魔術師のカードが示すような力によって、この世界に持ち込まれるということを暗示しています。魔術師のカードが出てきた時には、外部から新しいものを持ち込むことなのですから、言葉でつなぐと、慎重に考えた結果、外から持ち込んだものによって、新しくスタートさせるという意味になります。

　外から持ち込むのでなくオリジナルで作るのなら女帝のカードになりやすいのです。もともと正義のカードが示す８の数字は、外部に対しては無関心な傾向であり、魔術師のカードには少し疎遠なものです。魔術師のカードの１を足すと合計で９となり、これは隠者のカードの数字と同じになります。隠者は正義のカードのようにどこか特定の場にこだわらず、旅の存在となります。この点で正義のカードの人は、自分の立場にこだわらず、外に目を開いていると考えてもよいのです。そして自分の立場が脅かされる危険も意識した上で、新しいことをしようとしているのです。

Ⅷ 正義

Ⅱ 女教皇

大切なものを守るため意志表示を回避
正しい判断として無行動を選ぶ

正義のカードは、冷静に正確な判断をすることをあらわしており、自分が決めたことに対して、周囲の人が反対したとしても、それに振り回されることなく、自分の決定に対して自信を持つということも意味しています。また数字の8は権力や押しの力にも関係し、周囲を威圧するような力もあります。生命の樹で言えば、意志のゲブラーと個人の本質的な中心軸を意味するティファレトの間のパスで、自分が確信することを強く押し出し、それについてどんな反対者がいても曲げないということをあらわします。これが次の女教皇のカードと結び付くことになります。

女教皇のカードは生命の樹では、頭のてっぺんと胸の中心のティファレトのパスで、実際的な行為を示す左右に接触していません。つまり自分の本質を示す場所にとどまり、本質的なところを維持するために、外界の行為には関わらないのです。例えば、それは教養を溜め込んだり、書斎の中にいて研究したりしている姿をあらわしています。正義のカードは外部に対して押しが強いのに、その後に女教皇のカードがやってくると、自分の一番大事なものを守り、外部に対して意志表示をしなくなる、あるいは無関心になるということです。正しい判断として、何もしないことを選ぶというふうにもとれます。女教皇には膨大な潜在的資産があり、外からの積極的な刺激があれば、どんなことでも取り出せるような大きな可能性を示していますが、自分の方からは何もしないのです。女教皇は情報だけを与えるという意味では、必要な知識を提供して、判断に関しては相手に任せるような姿勢を暗示するかもしれません。裁判では判例を重視しますが、女教皇が持っている本は、そのようなすでに書かれた事件などを意味することもあるでしょう。質問されたことについては、本の中のどれかを指で示し、新しい決断はしないということにも関係するでしょう。決めかねているともとれます。

Ⅷ 正義

Ⅲ 女帝

熟考の末に前進や拡大へ向かう 計画的で予定をはっきりさせた生産

正義のカードは判断をし、決定をする人をあらわしていて、それはとても強い影響力を持っています。カードの数字は8で、これは日本では末広がりという意味で良い評価が与えられています。例えば、漢数字の「八」とその形が似ている富士山も高評価を得ています。どこの場にも、正義のカードのような人は必要です。8の数字はあまり変化しない、動揺しないという特徴もあります。西欧ではこれは知恵の女神という意味が与えられていました。このカードがタロット占いで出てきたのなら、いずれにしても、立場を揺るがすことなく熟考して、判断しなくてはならない状態です。偏った見解を修正して総合力を生かさなくてはならないのです。

この後に続くのは女帝のカードで、数字は3です。女帝は生み出すこと、常に創造的であること、試行錯誤を繰り返すこと、流動的で生産することを止めないこと、また、前に作ったものを壊してしまう場合もあるという性質です。正義のカードの8は、圧縮して外に力を逃がさない性質があるのですが、女帝の3は垂れ流し的な要素があり、外に対して開放的で閉鎖性も、また固着性もありません。判断の結果は抑制的なものでなく、常にゴーサインを出しているような姿勢になりやすいでしょう。何か決めなくてはならないことがあるなら、よく考えた結果、前進、生産、発展、拡大の方向に向かうという結論が出たこともあらわします。例えば、子供を生むべきかどうかという問題を考えた末に、やはり生むことにします、ということです。正義のカードが初めにあるのですから、成り行き任せではなく、十分に考えた結果です。単独で女帝のみのカードならば、衝動に任せて成り行きで、ということが多くなるのです。正義のカードの結果、計画的で予定をはっきりさせた生産というふうに考えてもよいでしょう。合計すると11となり、それは常識を覆すという意味となり、他と似たようなものは作らないということです。

Ⅷ 正義

Ⅳ 皇帝

打ち出された基本姿勢 反対勢力を押しのける決まりごと

正義のカードは、椅子に座った女性の姿で描かれています。タロットカードでは椅子に座っている場合には、それは固定された立場をあらわします。正義のカードの女性は、天秤で二つの価値を比較していて、またその二つを両立させようとしています。この手前にある戦車のカードでは一つを否定し、一つを肯定していました。つまり正義のカードの女性が持つ天秤の錘のうちの一つが力を握っていたのです。戦車のカードの二頭の馬は、正義のカードでは天秤の二つの錘に変化しました。正義のカードは戦車のカードの欠陥を乗り超えて、自分の思いを盲信せず、対立する価値両方に対して優位に立って余裕ある姿勢で決断をしようとしているので、客観化という姿勢が打ち出されます。

皇帝のカードの4と正義のカードの8は類似した意味があると考えられています。権力とか力に関係するのは、4、8、16などの数字です。皇帝のカードでは、自分の姿勢を決めた後、その姿勢を次第に拡張していきます。やはり皇帝は領土を拡大するのです。この場合、対立したものを排除するというよりも、それを噛み砕いて飲み込んでいきます。正義のカードがはっきりと考えを打ち出した時、それを皇帝のカードは隅々まで広げていこうとしますから、基本姿勢が打ち出されたもの、あるいは公式見解をあらわします。例えば、企業の発表会で基調講演というものがありますが、そのようにベーシックな姿勢を強く打ち出したものとなるでしょう。8も4も力の拡張という意味では同系の性質ですから、がっちりした強い力で押していくという傾向が強まります。例外的なことや細かいことには反応しないけれど、それは鈍いという意味ではなく、細かいことには反応してはならないということなのでしょう。またこのセットは反対勢力や敵対するものを押しのける力があります。法令とか法律で決まったことなどという意味も出てくるでしょう。最もスタンダードなものを示しているのではないでしょうか。

Ⅷ 正義

Ⅴ 法王

溜め込んだものを一気に放出 隠していた特異な意見の表面化

正義のカードは、冷静な判断で他の人が覆すことのできにくい、しっかりした決断をすることをあらわしています。天秤の二つの錘を比較しているところから、選ぶとか二者択一ということを思い浮かべる人もいるかもしれませんが、８の数字は選ぶことには関係しておらず、むしろ総合力、固めてしまうこと、両立、客観化などを意味します。天秤の真ん中を持つというのは、両方の端にあるものを結び付け、さらに高度なものに持っていくということを意味しているのです。古い時代には、剣というのは蛇に結び付けられ、太陽神にも関係していたと言われます。聖書ではアダムとイブに知恵を与えたといわれるのは蛇ですが、知恵や剣、太陽などが関連していたということになるのです。

法王のカードは５の数字、すなわち自己主張、他の意見を取り入れない一方的な姿勢、また外に対して、上からの目線で、自分の思想を広げていくことを示しています。正義のカードで決めたことを強く押し出し、それを布教するかのように、目立つ形で主張しているということになります。そもそも正義のカードの８には自己顕示欲はないのですが、法王の５の数字は自己顕示欲を示します。そこには宣伝や自慢、自己劇化なども含まれます。８の数字が偶数で内向きなのに比較すると、５の数字は奇数で外に向いていますから、長く溜め込んできたものを、ある時期から一気に外に放出するかのような転換が起こることが考えられるのです。ところで、何か考えなり意見なりを溜め込んでいるということそのものが、それは多くの人が考えているようなことと同じとは言えないでしょう。他の人と共通しているとそれは溜め込みになりません。前々から思っていたが、確信した段階で「実は」というふうに意見が出る時には、それはこれまでの常識とか考え方に対して異を唱えることが多いはずです。それを法王が強く押し出した時は、特異な意見の表面化ともいえます。

Ⅷ 正義

Ⅵ 恋人

冷静に考えた後に直感で判断
自分の意志で決定するはずが状況任せに

正義のカードは、冷静な判断力で確信のある決断をすることをあらわしています。図形では天秤を持っていて、二つの錘の比較をしています。二つという時には、たいていの場合、対立したものを意味しています。続く恋人のカードですが、これも選択ということをあらわすことも多いでしょう。そもそも二人の女性を見ている男性がいるわけですから、二人を比較しています。ということは、正義のカードでは天秤の二つの錘、恋人のカードでは二人の女性ということで、類似している面があるということになります。恋人のカードの図形では、上空の天使が今まさに射ようとしている矢でわかるように、個人の意志が決めるわけではなく、天に任せるような姿勢であると言えるのです。正義のカードの場合には、意志決定をあらわすところの剣は座った女性が右手で持っています。椅子に座るというのは、何らかの地位があるということをあらわしていて、その立場の中で決断するということになります。恋人のカードは運命に任せ、正義のカードは立場のある人が冷静に考えながら決定するという違いです。

始めに正義のカードが来るということは、初めは個人の意志で決めようとしていたのです。ところが、恋人のカードになってしまったために、後から自分の資質や状況に任せて決定しようという話になってしまいました。なるようになると投げ出してしまったような感じかもしれません。数字の意味から考えると、正義のカードの８の数字は４の倍数です。恋人のカードの６の数字は３の倍数です。４の数字は着地や安定ですが、３の数字はジャンプや高揚感をあらわします。そのため、じっくり考えていたつもりなのに、結果は、高揚感とか直感で決めてしまった、あるいはそのようにした方がよいということです。また正義のカードが決めなくてはならないテーマが恋人のカードのように人選びならば、これは人事に関係した課題であるとも言えます。

Ⅷ 正義

Ⅶ 戦車

両立を目指すも二者択一に戻る
優れた判断ができず予想不能な逆転の危険性

正義のカードは決断、冷静さ、知恵、バランス、力の溜め込み、権力、説得力などをあらわしています。椅子に座っているのは立場が決まっていること。剣は支配力や統一性です。天秤で二つの錘を比較していますが、しかし二者択一のカードではありません。例えば、占星術ではサインの八度というのは、七度で発生した対立事項を客観化して、そこから脱出することを意味します。つまり、富者と貧者という対立がある時、貧者が努力して富者になるのは二者択一からの脱出ではなく、反対側に移行するだけということです。そうした発想法そのものを全体として掌握し、それに支配されないようにしようというのが、サインの八度ということになり、また正義のカードにも共通した性質なのです。

　二つの状況の間を移動しようというのが7の戦車のカードで、貧富という点で言えば、富者になろうとしますが、この貧富という枠組みから決して自由ではないのです。ここでは正義のカードの次に戦車のカードが来ますから、数字の順番としては、逆になっています。数字は増える程に、前の状態を乗り超えるという意味を持っていますから、ここでは退行している面があると考えてもよいでしょう。正義のカードで対立したものを両立させ、より優れた判断をしようとしたのですが、結果としては、二者択一的なものに戻ってしまったと考えてもよい面があります。二つのうち一つを選ぶと、明暗の葛藤に入ります。

　退けたものも自分の一部なので、それは必ず後になって表に出てきますから、いずれは決めたことが後で反対になったり、また予想しなかったような逆転が生じることも多くなります。例えば、裁判官のような立場の人が、途中で自分の感情が出てしまい、自分の信念に基づいて決めてしまったなどということもあり得ます。熱意のこもった行動性というのは、本来は正義のカードの段階で終了しているはずのものです。7と8を足すと15で、結果は悪魔のカードも参考になります。

Ⅷ 正義

Ⅸ 隠者

拘束から抜け出し自由な判断
利害にとらわれず全体的視点で決断

正義のカードは決断力を示すカードです。社会の中でこのカードに等しい立場というのは、会社でなら決定権を持った上司的な役割の人でしょう。また生活の中では、何か決めなくてはならない時期を示します。私たちは普段から価値基準を決めていて、たいていは自動的に処理されると思います。何が正しく、何が間違っているか、あるいは何が好きで、何が嫌いかというのは立ち止まってあらためて考えることは少ないと言えます。しかし重要な節目には、目覚めて、自分の意志で方向を決めなくてはならない場合があります。自動的に走っているというのは手前の戦車のカードを意味しています。自分の価値観を信じて疑わないのが戦車のカードですが、正義のカードはこの戦車の無意識的な疾走を一度停止したのです。

次に隠者のカードが来ますが、これは正義のカードの次の番号なので、正義のカードよりもさらに進歩した状態を示しています。数字では順番なので、とても自然な流れにあるセットです。正義のカードは自分が特定の有利な立場にあることを意味していましたが、隠者のカードはその立場を捨ててしまいます。というのも、判断の応用性を発展させるには、特定の場所にいるとそれに染まってしまい抽象的、精神的、応用的な資質が育成できないのです。正義のカードと隠者のカードは、社長と名誉職のようなものかもしれませんが、隠者は旅に出ることで、拘束から抜け出し、そのことで初めて全体像というものを見ることができるのです。そのため、このセットは特定の立場を免除されるという意味もあり、現実的な負荷を負わない形で、自由に判断をするということで考えてもよいでしょう。利害にとらわれない考え方をするということです。8は組織ということもあり、この場合9は複数の組織としての比較もできます。例えば、会社であれば自社のメリットにこだわらないで、また自社の偏りとか特徴をよくつかんだ上での判断です。

Ⅷ 正義

X 運命の輪

計画実行のチャンス
考えを溜め込まず時流に乗る

正義のカードは選ばなくてはならない状況があり、そこでじっくりと考えて判断することをあらわしています。即断即決せず、しばらく時間をおいて考えると、その場かぎりの判断ではなく、長期的なことも考えて決めることができるでしょう。このカードの8の数字は、力の溜め込みに関係する数で、日ごとに凝縮されていく性質を持ちます。これまでの経験の蓄積や集中力も、だんだんと高まっていくのです。また右手に持つ剣は、曲線でなく直線ですから、いったん決めたことがそのまま直線的に進んでいくことを表現していて、いったん決まってしまうと、変更ができないということでもあるでしょう。

運命の輪のカードはチャンスがやってくること、上り坂に入り、これからだんだんと盛り上がっていく情勢を示しています。運命の輪はタイミングが大切です。しかし正義のカードが示す8の数字はどちらかというと、タイミングは関係なく、むしろじっくりと溜め込みをして、周囲の状況には振り回されないということを意味しますから、時期を気にすることはあまりないのです。ただし8の数字の溜め込んだものは、限界まで来ると流れ出しますから、それが運命の輪の時間の流れの中でのチャンス到来と結び付くことにはなりやすいでしょう。これまで温めていた計画を、今が実行するチャンスだと考えてもよいのです。運命の輪のカードの10の数字というのは、それまでの一桁の数が二桁に変わって、そこで新しいスタートという意味を持っていて、つまりステージの変化をあらわします。たいていこれは一桁の数字にはできないことで、つまり手元でじっと考えていたりすることは、まだ手の内にあるために外に出ることは少ないのです。10の数字は手放すことと、チャンス到来が引き換えになるものなのです。正義のカードはなかなかそれができにくいカードですが、ここでは自分の手の内にじっと持つということを断念して、時流に乗ろうということにもなります。

Ⅷ 正義

Ⅺ 力

正義のカードは冷静な判断力を発揮する人をあらわしていて、周囲の意見に振り回されることなく、自分の意志をしっかりと維持することのできる人を示します。実際、右手に持つ剣はまっすぐです。右手は個人の意志をあらわしていますから、この人物は決めたことを変化させにくいということをあらわしています。座っているのは、立場が固定されていてそこから動くことはあまりないということです。タロット占いでこのカードが出てくる場合には、自分の立場が決まっていて、そして何か決めなくてはならないような状況であることが多いでしょう。

力のカードの数字は11です。この数字は10という数字に対して、あらためて新しい1を加えることで、合計して2という相対性を持ち込んだことをあらわしていて権威や達成、常識というような意味を持つ事柄の価値観を相対化します。女性が抑えているライオンは本能的な心をあらわしています。そして本能的なものとは、繰り返されて当たり前になったことや自然なものを表現しています。

判断し改革的姿勢を打ち出す
前例のない意見が安定を揺らがす可能性

正義のカードという判断のカードが下した結論は、これまで繰り返されたことに対して改革的な姿勢を打ち出すということを物語ります。力のカードは10の数字を相対化しますが、正義のカードの8はこうした10の数字、すなわち社会の機構や集団的な趨勢の考え方に従属したところで判断することが多いので、結果として、社会の中で特定の地位を占めます。しかし力のカードの11は、そうした最も公式的で常識的な価値観である10に対して反対の姿勢を持つことになり、正義のカードの立場は、その結果として危うくなる可能性はあります。8と11を足すと19で、太陽のカードに対応します。それは正反対の意見のものを受け入れて、共存するという意味です。そして極めて未来的です。そのために安定した立場が揺らぐ可能性はあります。前例のないことを打ち出そうとしているのです。

Ⅷ 正義

ⅩⅡ 吊られた男

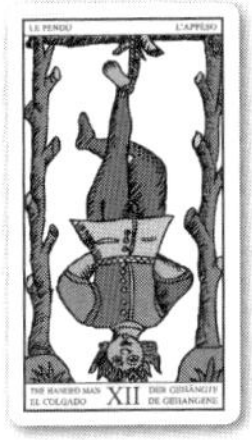

判断の結果の無行動　決断を他人に話さない

正義のカードは、生命の樹では胸の中心の、その人の本質的な判断をあらわすティファレトと意志の発揮のゲブラーの間のパスです。自分で納得いくように決めたことを決然と打ち出すという意味です。ゲブラーは右手に対応し、正義のカードでは剣が握られていますから、決めたことは変更しないという傾向もあります。これは右のパスなので、外の変化に対しては少し無関心で、状況の変化を読み取るのはあまり上手ではありません。吊られた男は、この正義のカードの一端に関わる意志の中枢であるゲブラーから、下に向かって知性の中枢であるホドをつなぐパスです。そのため、正義のカードの内心の確信で意志を決めるということと、今度はこの自分の意志を霊感の源流にして、そこから言葉を聞き取ろうとする吊られた男は直接関係しています。

　吊られた男が大地から離れて吊られているのは、自身の意志を聞き取るために、外界に対して全く無関心になっているからです。しかもこれも右側のカード。周囲の環境や状況というのは、全くのところ、このセットにはあずかり知らない事柄なのです。誰かの意見を参考にすることや、またこれまで出ている凡例や様子を見るなどということはあまり重視されていません。もともと吊られた男は大地に接触しておらず中空にいますから、それは現実的な判断はしないという意味でもあります。判断の結果、行動面では何もしないことに決めたとかなどです。また実際的なことよりも精神的、内面的、芸術的な面を重視したということも考えられます。さまざまな要因のバランスを考えた結果、工事が中断されていて、機材が宙ぶらりんのままという場合もあるでしょう。また、吊られた男は手足を縛られ、頭の中でのみ活発という意味もあるので、正義のカードの人物は、自分が決めたことを誰にも話さないという結論になることもあります。

無駄を排して必要なものだけを残す
これまで続いてきたものを停止させる判断

Ⅷ 正義

XIII 死に神

正義のカードはイメージとしては裁判官のような印象を受ける人もいるでしょう。８の数字はしばしば権力に関係し、また力を溜め込むために、他の人が無視できないような強い力や圧力、集中力などを発揮します。あまり開放的ではないので、周囲の動きに対しては鈍いのですが、その分、外部的な影響に振り回されることなく、自分の意志を貫くということになります。

続く死に神のカードは、地上を粛清している姿をあらわしていますが、これは物質的な面での整理整頓などに関わっています。無駄なものを排して、すっきりさせるという点では、タロット占いで死に神のカードが出てきたら、増やすことよりも減らすことを重視した方がよいでしょう。死に神のカードの数字13は古い時代には神聖な数と言われていて、より上位の次元にある秩序を地上に持ち込みます。そのために古いものを粛清するという意味があるのです。骨だけの身体は、肉という周辺的な要素を取り除いたので、根幹的な本質だけを残すという意味になります。正義のカードは決断を示すのですから、その結果が死に神のカードとしてあらわれているとすると、無駄なものを思い切り除去して、大事なものだけを残すという判断になるということです。また、これまで続いてきたものを停止させるとか、リストラなどもイメージされるかもしれません。死に神があらわれる時には、必ずそれまで続いてきたものが落ち込みますが、それは悪い意味ではないことも多いのです。これは、より良いもの、より大きな成功、より発展することのためには切り換えが必要だからです。そのために、切り換え期に必ずやってくる死に神が必要だということは多いのです。これまでのことが盛り上がっている結果、移行できないこともあるため、死に神はどうしても必要な場合があるのです。そして死に神が出てきた後は、たいていの場合、盛り上がる状況がやってきます。どんなことでもうまくいく時には、その前に落ち込みの段階があります。正義のカードはわざと死に神の状況を作り出すのです。

Ⅷ 正義

XIV 節制

比較の後に活用 どのように変化するのかを選択

正義のカードは正しい判断を下す冷静な人を表現しています。8の数字は圧縮によって硬くなる性質をあらわし、外部からの衝撃には強くなります。宇宙の法則は七つの原理、あたかも音階のような原理でできていると言われます。この場合、8の数字はドからシまで、さらに次にドを加えることになり、始まりと終わりを握ることになります。正義のカードの人は、何かをスタートさせたり終わらせたりする決定権を持っているというふうに考えることもできるのです。オクターブの法則の適用範囲を縮めたり大きくしたりできるというのは8の数字の特性で、七つの法則をいろいろなサイズに当てはめることのできる技能は、いろいろな問題に対して、共通した、常に変わらない判断ができるという意味になるのです。

　次に節制のカードです。正義のカードでは二つの錘を比較していましたが、節制のカードの絵柄では、二つの器の中を液体が移動しています。つまり正義のカードでは両方の重さを量っていたのですが、節制のカードでは影響が一つから一つへと受け渡されます。正義のカードでは二つの錘に対して、自分自身は第三の立場に立つので、両方のものに対しては働きかけることは難しいのです。しかし節制のカードでは、この二つのものの価値を比較した後は、一つから一つへと同じ液体が移動していくことになります。ですから、始めは外から見て比較していき、その後で活用していくということになります。例えば、二つの家を見比べて、決まったら、実際に引っ越しするということです。節制のカードは生まれかわりなどを意味します。それは身体が異なるのに、魂は同じものが移動するからです。こうした移動先と入っていく先を、正義のカードによって冷静に考えて計画していくということに考えるとよいのではないでしょうか。どう変化するかを選ぶということです。

見比べていた対象に自ら干渉
距離を保てず強く執着するようになる

Ⅷ 正義

XV 悪魔

正義のカードは対立するものを調停して、冷静に正しい判断を行うことをあらわしています。数字の8は自分の扱っているものをつかんで離さず、枠を作ってこの中で管理しようとする性質も出てくる場合があります。そもそも8というのは集中的で、気を散らす傾向が少なくなってきます。だからこそ、うかつにならずしっかりと意識的にターゲットを扱うことができるのです。また判断に時間はかかりますが、それは力を溜め込むということに関係していて、後になってもそれほどは変更しないという統一性にも関わっています。

続く悪魔のカードは、絵柄では上に両性具有の悪魔がいて、下に二人の手下が立っていて、その二人を悪魔が支配しているかのようです。この二人の手下は正義のカードの二つの天秤の皿と類似しています。正義のカードでは、二つの皿のバランスを取りつつ、その両方を均等に扱っていて、自分は第三の視点でそれを見ています。つまり、これは事物に対する姿勢です。それが悪魔のカードに変化していくとなると、二つのものを見比べていたのが、今度はその二つのものに対して働きかけと支配が始まるということです。それにそもそも二人の手下のような存在は、ものではありません。質問されたり、相談されていた事柄に関して、途中から関心が強まっていき、自ら干渉するようになったと考えてもよいのではないでしょうか。批評家や買い手がやがては製作者になるという場合もあるし、悪魔のカードの15は外界に対して自分を強く押し出すことですから、正義のカードで内向きに溜め込んでいたものが、強く外に押し出されることになります。支配することは支配されることであるという点から考えると、取り組んでいることに対して距離を保つことができなくなり、強く執着するようになったと考えてもよいでしょう。判断したことにこだわり、それを他に押し付けるようになったのも、考え方に自信がついたからです。

Ⅷ 正義

XVI 塔

決定したものが既存のものを打ち砕く状況に変化をもたらす判断を実行

正義のカードは、名前から言えば正しく判断するというカードです。一つのことに没入している時には正義のカードは不要です。しかし比較したり選ばなくてはならない時には、冷静な判断が必要になってくるということなのでしょう。次にやってくるのは塔のカードです。生命の樹ではこのカードのパスは、外に対する期待をあらわすネツァクである金星と自身の持つ知識ホドである水星との間にあります。そのため、雷が金星で塔が水星になります。例えば、何か習得してそれが塔のような体系として完成したと思っても、常に変化し続ける外界からもたらされる新陳代謝の波によって、この守りに入った知識が修正を迫られるということになるのです。

正義のカードではこの外界にあるものというのは、左手に握られた天秤です。守りに入るものは右手のものなので、そこには剣が握られています。雷はいやおうなしに右の中枢に属する塔を壊すのですが、正義のカードでは、外からやってくるこの左に対応する雷の刺激は、選別または比較をして、どれを選ぶかを決めることができるのです。正義のカードの人物は雷を防ぐこともできれば、雷を選ぶこともできるのです。ここではたいていは、決定したことが従来の何かを打ち砕いていくということを示します。状況に変化が必要だということを踏まえた上で判断したわけですから、中途半端なところで止めるわけにはいかないでしょう。状況によっては、この二枚のカードは、間違った判断をしたことによって取り返しのつかないことが起きてしまったというふうに解釈する人もいるかもしれません。しかし十分に考えないで間違ってしまった場合には塔のカードが先に来ますので、ここではやはり正義のカードが決めた能動的な結論が塔のカードになります。戦車のカードであれば、うっかり壊してしまった。正義のカードであれば、わざと壊すことにしたということになるでしょう。

VIII 正義

XVII 星

正義のカードは冷静に判断する姿勢を意味しています。星のカードは遠い希望を夢見て、それを日常の生活の中に持ち込むことを示しており、星は希望、そして足元の池が日常の生活を示しています。ところで、この正義のカードと星のカードは、実は数字では同系列なのです。星のカードの数である17は、合計すると8になります。8は偶数で内向き、17は奇数で外向きです。もともと8はエネルギーを溜め込む性質を持ちますが、17では星の力を溜め込んだ後、いっぱいになると定期的に身近なところに放出します。根底の意味では共通点がありますが、しかし絵柄として対立したものもあります。

正義のカードは権力的な立場などがあり、椅子に座った姿として描かれます。しかし星のカードでは裸の女性がいて、それは衣服が示す立場や地位などが失われたことを示しています。従って、この二枚のセットでは立場のある人が自分の立場を捨てて、また自分が得たものを人に与える姿勢に変わったことをあらわすのです。正義のカードでは力ははみ出さないのですが、星のカードではみ出し溢れてしまい、それを地上にこぼすのです。得るものがあまりにも大きく、自分一人では受け取りきれないかのようです。ある程度閉鎖的で守りにいる人が立場を捨てて与える立場に変わるのは、受け取るものが大きくなってきたからです。つまりは通路として生きるようになった。通路となるためには、自分を閉じ込めるものがあるとうまくいきません。自分のところで確保しようとしなければ、より大きなものが入ってくるのです。貯金をしている人が、積極的に投機することでかえって収入が増えたようなものかもしれません。この開放に向かうというのが重要なセットと言えるでしょう。正義のカードの8は内向きに力が集中しますが、星のカードは自分の手元に何も残さないことが多いのです。

受け取るものが増大し解放へと向かう優位な立場を捨て与える姿勢へと転換

Ⅷ 正義

ⅩⅧ 月

全く歯が立たない事態に遭遇 判断力では扱えない分野

正義のカードは、十分に考えた上で決定する力をあらわしています。正義のカードは八番目のカードのため、8の数字がその本来の性質を決定しています。音階で言えばドの音からシまでの一オクターブは、七つの音を示しています。次のドの音が加わると八つの音になります。上のドと下のドを掌握すると、宇宙法則を示す七つの原理は、さまざまなサイズの場所に応用的に当てはめられることになります。簡単に言えば、7の数字を示すところの戦車のカードの行き先を自由自在に決定できるのが正義のカードなのです。

　月のカードですが、これは私たちの脳が眠っている時には、活動範囲が限定されなくなって、さまざまな無意識の情報を取り込んで不思議な夢を見たりするような体験をあらわしています。9の数字やその倍数の18の数字は旅をすることをあらわしています。9は8の数字の次にある数字ですから、8の数字が特定の立場において、全体を把握することに比較して、遥かに自由な判断ができることをあらわしています。そのため、正義のカードという8の数字から見ると守備範囲を超えた状況を示します。音階で言うドからドまでの範囲の、下側のドの音の封印的な力が保てなくなり、下の次元のザリガニが上がってくるような状況を意味しています。料理の専門家に、全く自分が知らないような、例えば、自動車の構造について決定をして欲しいと要求しているようなものなのです。この二枚のセットは判断しようのない事態に遭遇しているので、頭で考えることを止めることをあらわします。これまで持っている知識では全く歯が立たないことを自覚するべきであると示唆しているのではないでしょうか。そもそも月のカードは通常の知性的な脳の働きが凍結することをあらわし、正義のカードが持つような判断力では扱えない分野のことに頭を突っ込んだと考えてもよいのです。月のカードはぬかるみ状態の足場という意味で考えてもよく、足場が決まらないところではまだ決定はしない方がよいのです。9は冒険で8はストップ。つまりストップできない事態です。

VIII 正義

XIX 太陽

正義のカードは公平な判断力で、決定をする人をあらわしています。天秤の二つの錘はさまざまな意味があるでしょう。二項対立的なものはすべてここに当てはまります。ただし、二項対立というのはどちらかを選ぶとその場では決めたことになったとしても、後で反対になります。両方合わせて一つだからです。正義のカードと太陽のカードの配置の共通点としては、正義のカードは上に女性が立ち、下の右と左に剣と天秤が存在しています。剣は決断をあらわし、天秤は比較している状態をあらわします。太陽のカードでは、この女性の代わりに太陽が、下に剣と天秤の代わりに二人の子供が遊んでいる姿が描かれています。

太陽のカードの数字の19は、10と9に分けることができますが、一人は実際的で、もう一人は精神的なものをあらわしています。10の数字をあらわす一人目の子供は、正義のカードでは剣に関係しています。9の数字をあらわすもう一人の子供は、正義のカードでは天秤をあらわしているでしょう。

支配欲を捨て対立するものを受け入れる
自身に固着せず大きなものに委ねる

正義のカードでは自分が人為的に判断する側にいて、あらゆる事態を自分の手の内に収めているような図柄だったのですが、太陽のカードになると、判断する力は自然界の太陽となっていき、人間は下の二人の子供になっていくのです。太陽は太陽系の中では静止した絶対の軸なので、太陽系の中ではこれ以上の至高のものは存在しません。その下で自分自身の考え方に対して、対立するような意見の子供がいても、決裂することがなく、上手につき合うのです。自分が支配するという姿勢を捨てて、大きなものに委ねていき、この中で対立するものを受け入れていくような姿勢です。正義のカードで比較していた天秤の二つの価値は、本来一つのものであったことをより重視した視点になります。あれかこれかというものではなくなったことを意味しているのです。それに、太陽のカードの二人は遊んでいるので、正義のカードの決定は、しばらくは二つの間を遊ぶようなものとなり、決定よりも対立めいたものを残したまま交流を進めることになります。

Ⅷ 正義

XX 審判

制約に支配されず広範な視野で判断　過去に決まったものに隠れた別の真実

　正義のカードは決断することを示していて、決定したことをあまり覆すことは少ないでしょう。8の数字は集中力をあらわしていて、それは固い壁に囲まれた場所のようにエネルギーが分散することなく、だんだんと固まっていきます。あまり雑念に支配されないのです。審判のカードは個人的な偏りを示していません。個人的な偏りとは、個人は「今、ここ」という場所に限定されていますから、それにまつわる利害の中で生きています。審判のカードの絵柄では、死者が蘇るのです。つまり「今、ここ」という限定がもっと緩和され、非個人的な広い意識の中に入ったことを意味しています。

　正義のカードは正しい判断をしようという意志をあらわしていたわけですが、あたかも審判のカードのような視点で判断しようという話になると、正義のカードの人物も自分の置かれた立場からくる視点の制限を乗り超えなくてはなりません。審判の20の数字は女教皇の2の数字と同じ系列です。女教皇が持つ書物は無意識の中に、謎のものとして埋もれていました。審判のカードはそれを明らかにしたという意味なのです。たいてい私たちは過去から未来へと進んでいますが、逆向きの因果律として、未来から過去へという流れも審判のカードは内包しています。例えば、正義のカードが裁判のようなものだとすれば、過去の判例が蘇るようなものもあるでしょうし、利害を離れたあらゆる広範な事例を検討することになるでしょうし、しばしばまさに非常識と言えるような考え方も無視しない必要があるのです。今の自分から見たらこれが自然です。このようなものが制限であり、審判のカードはその制約に全く支配されていないのです。また死んだ者が蘇るとしたら、これは一度決めたものでも、真実は違うかもしれないと考えることをあらわします。過去決まっていたように見えたものが、実は違う真実を持っていたということもあるのです。

すべてを共存させる完璧な結論
周辺を明らかにした後に開く次の次元の判断

Ⅷ 正義

XXI 世界

正義のカードは、何か判断しなくてはならないというカードです。世界のカードはタロットカードの最終段階をあらわしていて、ここでは世界を示す四つの元素が周囲に配置されています。そして真ん中には、エッセンスをあらわす人物がいて、これは四つの元素のどれにも接触していません。周辺部分が全部揃うと、真ん中に次の次元が開くという原理をそのまま描いたものです。頂点にあるものだけが、次の世界に接触することができるというルールです。

正義のカードの判断はこれまでの材料をすべて並べて、そこから考えられることをあらわします。それは世界のカードで言えば、周辺の四つの生き物のうちのどれかの視点です。ここでは、世界のカードが関与しているのですから、これまでの材料をすべて並べたところで初めて開く次の視点というものが大切です。それは次の視点を持たない人から見ると、どうしてそのような判断をするのか納得できません。何か判断する時に、多くの場合、証拠を求めるかもしれません。この証拠というのは、目の前にあるこれまでの材料を並べ立てたものです。しかし、世界のカードの中心で開くものは、次の世界ということで、それはこれまでの材料の中には足跡がないのです。つまりそのような判断をした時に、それはどういう根拠で、何を証拠に判断したかという題材を疑い深い人に提示することはできません。証拠を通じてしか認めることのできない人は、その人自身、この中心の力を忘却してしまったために、判断不能に陥っているのです。中世の錬金術師たちは、この中心の力である第五元素を求めて果てしなく探求したのです。最も本質的で、最もエッセンスの部分から判断をするということなのです。それは理論でもなく、感情でもなく、具体的な条件からでもなく、過去の事例からでもないところからの判断であり、完全な決定をすることです。すべてを共存させることのできる、パーフェクトな結論が出るのです。

Ⅸ 隠者

The Hermit

Ⅸ 隠者

0 愚者

精神的向上のため現状をゼロに探索と旅の中で本当の目的を発見

隠者のカードは、自由な探求の中で精神的な向上をしていきます。実利的なメリットはあまりないのですが、精神的な分野では強いカードです。また旅をするという意味があります。実際的な旅をするという意味もありますが、それ以上に、精神的な面での応用力という意味での旅なのです。一つの分野に詳しい人は、他の分野のことも応用的に理解できる。それに読書をしていくと、それは精神の旅をしているようにも見えるのではないでしょうか。いずれにしても隠者のカードは哲学や宗教、精神性などをあらわすカードなので、例えば、文章を書いたりするということなどでは縁があるカードです。

この後に愚者のカードがやってきます。これはこれまで慣れ親しんだ場所から離れて、もっと大きくジャンプすることをあらわしますが、これまでしていたことを犠牲にすることが多くなります。仕事を辞めたり、離婚したり、引っ越ししたりなどです。実は隠者の数字9と、愚者の0というのは共通点があり、9は後天的に0を再現しようとしたものです。十進法では9というのは最後のすべてを持ったものをあらわし、すべてというのは、何も持たないものと類似しているのです。もともと隠者と愚者のカードは、両方とも旅をするという意味では共通しています。ともに規制するものは何一つないので、あてどなくさまようもののように見えるかもしれません。隠者は自分のこれまでの自分の能力では手に負えない、大きな題材にチャレンジすると考えてもよいかもしれません。他のカードであれば、愚者のカードは台無しのカードに見えるのですが、隠者に関するかぎりはそうは言えません。さまよった揚げ句行方不明になるような印象だとしても、本人からすると、楽しいこともあります。本当の目的というのは、頭で考えてわかるものではありません。実際にそれはこの二枚のカードのセットが示すように、探索と旅の中で見つかるのではないでしょうか。

探索の旅先で見つけたもので新たに始める 情報発信をスタート

Ⅸ 隠者

Ⅰ 魔術師

隠者のカードは、立場に縛られることなく自由な状態になることで精神も解放され、考える力が強まっている状態でもあるでしょう。手に持っているランプは本質的な目的ということをあらわしていて、自分の根本に迫るような精神的なものや哲学的なもの、思想的なものが、このカードでは重視されています。従って、商売とかではこのカードが出てきた時にはあまり適してはいないかもしれません。出版、思想関係、教育、旅行などであれば適していると思います。

次に続くのはタロットカードの一番始まりの魔術師のカードです。隠者のカードが探索の旅をあらわすのならば、この中で何か新しいものを見つけ出してきて、それを持ったまま戻ってきて、そして何か新しいことを始めていくというふうに考えてもよいのです。魔術師はどこかから価値を運んでくる者というのが基本だからです。旅先で面白いものを見つけて、それを地元に戻って商売しようとするということも、このセットで考えやすくなります。あらかじめ何か計画があるわけではなく、むしろ探し物をすることでそれを見つけ出すことができることも。隠者のカードは9で魔術師のカードは1、足してみると10の運命の輪に対応します。隠者のカードは決して着地することなく放浪し、精神の中をさまよっていますが、新しい題材を見つけて、急に社会に、世界に、時の中に着地して、具体的に何かチャンスをつかんだり、活動したりするということになるのです。隠者のようにさまようことに飽きてしまったということもあるでしょう。隠者も魔術師も奇数の数字なので、落ち着かないのですが、足すと偶数になり、どこかに落ち着くということにもなるのです。隠者のカードが物質性をあらわさないということならば、情報発信をスタートさせることも考えられるので、例えば、ブログを始めましたということなどもこのセットかもしれません。

Ⅸ 隠者

Ⅱ 女教皇

隠者のカードは、自由な立場の中で精神的な探求をしていく姿勢をあらわしています。頭の位置に掲げたランプは、図柄として右上にあればそれは発明や発見などの意識の白熱をあらわしていて、未知の暗闇の中をこの灯を頼りにして歩いていくのです。これは誰かに質問したり、相談したりできない状況をあらわしています。孤独な中での旅と言われています。この隠者の探索は次の女教皇に向かいます。女教皇は神殿の奥にいて秘密の書物を持っています。この書物は、カバラの分野であればトーラ、すなわち律法でモーセ五書やタルムードなどをあらわしています。日本であれば日本書紀や古事記です。宇宙的な書物という点で言うと、精神世界の分野でアカシックレコードと呼ばれるものがあります。これは宇宙の図書館と言えるもので、未来から過去まで宇宙で起こるあらゆることが記録されていると言われています。これらは意識の深い部分にあるので、通常の日常的な意識ではリーディングすることが不可能です。

通常では読むことのできない知識の解読
実行力が必要な事柄には無力

暗闇の中でランプを頼りに探索する隠者は、日常的な関心事とか社会生活においてのテーマはすべて完了しているために、容易により深いレベルに入り込むことができる、この女教皇の持つ宇宙の秘密の書物を読むことができます。隠者は暗闇の中を歩いているということがキーワードです。他の手を借りることができない。だからこそ、誰も読めなかったものが読めるのです。いつもは読むことのできない書物や知識を解読するということが、このセットの意味になるでしょう。応用的な知性を通じてリーディングするというのは、なぜそれが読めたのかわからないというくらいに深い部分まで入り込むことができる場合が多いのです。そして協力者はいません。隠者は精神性が強く、女教皇には実践力や行動力が欠けているので、この二枚のセットは、実行力が必要な事柄では無力になりやすい傾向があるでしょう。

Ⅸ 隠者

Ⅲ 女帝

精神的意味における強力な生産性
多岐にわたる活動力を生産的に吐き出す

隠者のカードはどこにも依存しないで探求を続けていき、やがて精神的に熟達していくという意味を持っています。数字の9は一桁数字の完成の数字で、基礎的な面をすべて自分の中に持つことになります。そのため外界に依存する必要がなくなります。例えば、父的なものが自分に欠けている人は、常に外部にそれを求めます。それが環境との深い関わりを作り出すのです。女性的なものが欠けている人は、外部に女性を求めるという具合です。この隠者のカードではあらかた手に入ることで、自分で自由に動くことができて、また判断もできて、誰に迎合も遠慮もしないで生きることができるようになるのです。そのようにして、初めて素直に考えることができるのです。隠者が旅する者であり、縛られていないというのは重要なことでしょう。

このように誰にも引っ張られていないような状態で、次に女帝のカードが続きます。これは生み、増やす意味を持ったカードです。隠者のカードの9と女帝のカードの3は、3あるいはその倍数グループということで、とても親近性の高い間柄にあります。3の数字は運動性とか飛躍する力を示しています。例えば、隠者のカードを精神的・思想的なものとみなすと、その生産性ということで、たくさんの思想展開をする人やたくさんの本を書く人というふうに解釈できる場合もあるでしょう。とどまることなく応用性を発揮して、興味が多岐にわたり、そのバラエティを持った活動力をそのまま生産的に吐き出すことができるのです。常に考え、常に生み出していると考えるとよいでしょう。一つのことだけでなく、いろいろなところに拡大しつつ、生産的なものにしていくのです。両方共通して、どこかで止めることはできないという意味もあります。合計すると12になり、吊られた男の数と同じになります。吊られた男も精神的な意味では果てしなく生産性があるカードなのです。

Ⅸ 隠者

Ⅳ 皇帝

動的なものが固定的なものにつながる思想が広まり普及する

隠者のカードは数字の9と同一の意味で、たいてい9の数字というのは哲学や思想、宗教などでの活動を意味します。隠者は洞窟に隠棲すると書かれているタロットカード解説の本もありますが、実務また特定の立場から離れて、精神の旅をする数字です。占星術ではこれは射手座で九ハウスなどに対応します。柔軟な精神があり、物事の本質を見極めようとします。このカードは立場から離れているという意味では何か特定の職業で、このカードが出てきた場合には役割を果たせないということもあるでしょう。固定的な立場というのは、この手前の8の正義のカードの方が遥かに適しています。

続くのは皇帝のカードで、これは4の数字に対応しています。3、6、9の数字は基本的に動きをあらわし、それに比較して4と8などは維持を示すので、隠者のカードと皇帝のカードは明らかに種類の違うものです。放浪の僧侶と権力を持つ王が合わないように見えるのは誰にも明らかです。動機が隠者で、結果が皇帝となるというのは、動いているものが後で固定されたものにつなぎとめられることをあらわし、放浪者が定住者になるようなくらいのギャップがあります。隠者が知恵をあらわすことになると、それによって権力や立場、拡張力が手に入ることになるのです。例えば、研究者が学校で地位を得るなどということならば、この二枚セットは理解しやすくなります。またある思想が広まっていき、普及するということも考えてもよいでしょう。時代の中でも、時に、特定の思想や哲学などが地域的に拡大していき、スタンダードとなるような現象はいくらでもみられます。皇帝のカードは領土を拡大するという意味で、スタンダードになっていくような力をあらわしています。それは反対者を飲み込むことで広がるのです。反対者を排除する場合には拡大することはありません。宗教の勢力の拡大という意味もあるかもしれません。

Ⅸ 隠者

Ⅴ 法王

探求の末に手にした知識を主張発信することで自身の探求が深まる

隠者のカードは暗闇の中をさまよう老人として描かれています。探求の旅の中で本質を求めているという姿です。東西を問わず9の数字は哲学や思想、宗教などに深く関わる数字だと考えられています。暗闇の中を歩くというのは、未知の領域を歩いていると考えてもよいのです。不可視のものだと言えば、精神や霊的な世界ということになりますし、もっと日常的なものだと言えば、探索や旅などの意味にもなります。そもそも9の数字は旅に最も関係のある数字ですから、このカードを航空機と解釈した場合もあります。

ここから法王のカードに受け渡されます。法王のカードは5の数字で、自己主張や自尊心、内面的なものを外に拡大するなどの意味です。法王のカードは、自分が出したものを受け取ってくれる人がいるという恵まれた状況も示しているはずです。ある程度地位とか立場が確保され、他の人と公平な立場というよりは、むしろ自分が優遇されるか、上位にいるということになります。隠者との決定的な違いは、隠者は探求のために地位とか立場を捨てたことをあらわしています。実際に地位とか立場があると、思想的な探求というのは公平ではなくなってしまうのです。しかし、この隠者の探求の後に立場の強い法王になるのですから、自分が求めて手に入れた知恵や考え方などを後で発表するという組み合わせで考えてもよいでしょう。ただし、法王は皇帝のカードのような勢力拡大ということにはあまり関与しておらず、自分の見解を発表したりすることに関心が強く出てきます。隠者が探求したものを外に対して強く主張し、それを受け取る人がいるということになるでしょう。また、9と5を足すと14で、これは自己生殖である節制のカードの数字になります。発表する行為の中で自分自身の探求が深まるという意味も出てきます。学校の先生は教えることで、実は本人が一番学習しているのです。

Ⅸ 隠者

Ⅵ 恋人

隠者のカードは精神的な探求力を意味しています。そして暗闇を歩くのは、未知の領域に対する探索ということなのです。基本的に3、6、9という3の倍数は生み出すことや柔軟に変化することなどをあらわしていて、ジャンプしたり、高揚感を持つ数字です。それは変化そのもので、それに対して4と8などは変化に抵抗し、固めていく数字だと言えます。9の数字の隠者は誰にも縛られることなく、また立場に依存することもなく、暗闇の中を自身の持つランプのみで散策しています。

恋人のカードですが、すでに説明したように、恋人のカードの6の数字は隠者のカードの9の数字と親近性が高く、3の三倍の隠者と3の二倍の恋人のカードは、かける数字の意味のとおり、恋人のカードは二人の相対的な関係性の中で高揚感としての3の数字が働くのですが、隠者のカードには相手が必要でなく、それ自身の探索や行動、行為がそのまま高揚感を生み出します。つまり、自分の中にすでに自立的に運

自立性を失い相手との関係性の中に埋没
旅先で異性の相手が見つかる

動するエンジンが備わっているのですが、恋人のカードでは相手との関わりの中でないと、そのような高揚感が働きません。これは年齢的に隠者は老人のようで、また恋人のカードは異性が必要な若者という印象で考えてもよいかもしれません。そのため、この二枚のセットは数字としても、また経験的にも逆戻りの要素があります。つまり不足がないので生活に戻る必要のなかった、いわば隠棲期の老人が町に戻り、関わる特定の相手を持ち、そしてまた生活の中に埋没するというような状態でもあるでしょう。関わりの中に自分を縛る結果になるのですが、それは隠者よりも遥かに社会性や環境との関係が深くなりますから、他人から見ると、この方が理解しやすいのです。隠者のカードの9と恋人のカードの6は足すと15となり、これは外界に対する深入りという意味もあります。旅先で異性の相手が見つかるなどということもこの二枚セットのイメージに入ることになるでしょう。

自由な視点から地上的な争いに加わる
限界を突破し制約を出し抜く

Ⅸ 隠者

Ⅶ 戦車

隠者のカードは9の数字に関係していますが、この数字は十進法においては、最終的な完成をあらわしています。完成したものというのは、外部に依存しないので身軽で自由です。どこにも引っ張られることがないのならば、自由に旅することもできるし、転居することもまた違う職業をしたり、あるいは何もしないで放浪するようなこともできるのです。戦車のカードと隠者のカードとの共通点は、移動性ということかもしれません。戦車のカードは攻略目標が明確です。実は目標が明確というよりも、目標に支配されています。隠者の場合には、この特定の価値観に支配されないということが重要だったのです。この特定の目標に支配を受けている戦車と支配を受けない隠者の違いから、移動性という面での違いを考えてみると、隠者のカードの9の数字はどこにも制約を受けない高揚感として、空を飛ぶものにも対応しています。

つまりは上に移動するという意味です。確かに、隠者は精神的に向上したり質を上げる性質があるので、それは上移動です。そして戦車は、地上的な何かの価値の明暗に支配されて動くので、それは地上を横ばいに移動することしかできないとみなしてもよいでしょう。それはかなり二次元的な視点です。隠者の自由な視点から、あらためて地上的な価値の戦いに赴くということを考えてみると、世捨て人が生存競争に加わるようなもので奇異な印象もありますが、隠者の上移動可能な視点から見れば、戦車の行動は遥かに自由で、他の人から見ると奇抜な視点もあります。衛星からのナビゲーター付きで移動する戦車は、視点を大きくしたり小さくできるので、それは商売や仕事、学者などあらゆる点で、巧妙な工夫を持つ実用性が出てくると思われます。9と7を足すと塔のカードである16になります。それは限界を突破して、これまでの制約を出し抜くという意味もあります。

Ⅸ 隠者

Ⅷ 正義

隠者のカードは立場から離れて、自由な旅の中で精神的にグレードアップするという意味があります。ここでは特定の場との契約が成り立っているわけではないということも重要です。例えば、専門的な分野があるとか職業があるということは特定の立場であり、そこでの利害が判断に偏りを与え、隠者の力を弱めることにはなります。一つのことで十分に経験を積んで、そして立場から離れた人というのが、隠者のカードに近い状態にいると思われます。基本的には隠者は実用的ではないと考えることができます。

ところが、次に正義のカードがやってきます。数字としては隠者の前の8で逆戻りです。正義のカードは具体的な立場に立ち、そこでないと正しい判断ができません。8の数字は、特定の場という囲いのあるところで力が圧縮される意味があるのです。つまり、隠者のカードによって特定の環境や場から離れていき、自由になり、そこで考えた後、また戻ってきて、具体的な現場で力と説得力を持ち、正しい判断を下すという意味になります。旅をする隠者のカードは、例えば国内のよその地域や海外に行くという意味も含まれます。一度視野を広くして、また利害の絡まないところで考えて、あらためて戻ってくるということです。このセットをもっと日常的な意味にも適用すると、休暇を取るということもあるかもしれませんが、しかしまずは隠者があり、次に正義のカードですから、退職した人が新しく力を発揮する場に入るということにもなりやすいでしょう。数字が隣り合わせでありつつ逆行する場合には、やり残したことをするために戻るという意味にもなるでしょう。この場合、義務から逃れる前にもう一度現場に戻り、そこで役割を全うするということもあります。抽象的で哲学的な思想から実際的なことに関して参考にすることも考えられます。職場の人事を老子や孟子の思想を参考にして決めてしまうという人はたくさんいるのです。

視野を広げて熟考した後の復帰
抽象的思考を実際的事象の参考に

Ⅸ 隠者

Ⅹ 運命の輪

機運の到来で精神力が実際的なものに反映
机上のものを現実に生かす時期

隠者のカードは基本的には哲学的や思想的、知的な分野に関係したカードです。また、ランプを持ち暗闇の中を歩くのは、未知の領域を探索しているからです。発明、発見、啓示、開発などにも関係すると考えてもよいでしょう。文章を書いたり、考えたり、学習したりする分野も、もちろんこのカードに関係します。共同体とか、人々の輪から離れて一人孤独な状態ということを説明している本もあり、そもそも隠者という名前からすると、隠棲する人と関連していることも多いでしょう。

次に運命の輪のカードが来ますが、数字の順番では隠者は9で運命の輪は10となり、隣り合わせです。これはこの二枚セットが自然な流れで進んでいることをあらわしています。十進法では、最終的な数字は9で、それは内面的な部分ではすべて完成した状態をあらわしています。そうすると、これまでの経験をすべて総括して、次のステージである二桁の1としての10の数字に進むのです。そして10まで進むと、これまで経験したことをまとめてしまい、その内部にはもう手を出さないということになるのです。それらすべてを総括した段階で、占星術では、9の火の精神性（射手座）は10の土の実際（山羊座）に転換されていき、精神上のものや実験的なものが、実際のところで生かされることになります。たいてい外面的なところで、機運がやってきます。そして特定の環境の中で活動することになるのです。中国の禅の十牛図では、九図で山の上で隠棲していた人が、十図では町に下りてきて、人々に教えを垂れるのです。9から10は、宇宙から町中へ、という変化をしやすいと言えます。これまでは机上のものでしかなかったものを、仕事などや実際的なところで生かすことができる時期が来たということを意味していることが多いでしょう。時間のない世界で考えていたことが、時間の中に何かを生み出すのです。達成感は十分にあります。

Ⅸ 隠者

Ⅺ 力

隠者のカードは哲学や思想、旅をしたりするということも意味しています。９の数字はもともと３の倍数なので、高揚感の高いもので上昇力を意味します。つまり旅は、地上を横ばいでなく、むしろ航空機のように上に飛ぶ類のものを使うことが多くなります。精神的にジャンプするのです。そして実際にも、上空に向かう旅です。

力のカードは女性がライオンの口を持っています。ライオンというのは哺乳動物ですが、人間の脳は虫、哺乳動物、人という三つの階層からなり、哺乳動物はこの真ん中で、感情や本能的な要素でもあって、それに対して人間をあらわす女性がどういう態度でいるかということが、このカードの主眼です。力のカードの11という数字は、これまで常識だと思われていたことを覆すという意味もあって、本能的なものとは繰り返されて自然になったものだとも言えるので、今まで当たり前だったように考えられていたものに対して、川の流れを逆流するように流れを変えるような行為をするというふうに考えてもよいでしょう。実際、人間的な特質の一つはこの自然なものに対して逆流するということで、これが大きな弊害も作れば、また反対に進化を促す力でもあるのです。隠者のカードが一人で考えるということをあらわすのならば、それは結果的に今までの流れを変えていくという方向に働いていくというふうに考えてもよいでしょう。改革的な思想とか今までのものを素直にそのまま受け取るのではないような意識的なものをあらわしています。深く考えることで誘惑に勝つという意味で結び付けるならば、精神的なテーマを追及するために、日常的なところで働く欲求をコントロールするという組み合わせで考えてもよいでしょう。例えば、お寺で瞑想する人が、下半身的な欲求や食欲などをコントロールするという組み合わせで連想してもよいでしょう。単純に考えても、食欲に勝てないで食べてしまうということも、動物に引きずられたと考えてもよいのです。隠者はそれをコントロールするのです。

改革的思想で既存の流れを変革
精神的テーマのため欲求をコントロール

IX 隠者

XII 吊られた男

何もない場所で考える 物事の追求に精神活動が必要

隠者のカードは、真実を求めて暗闇の中をさまよう姿をあらわしています。これは未知の旅なので、あらかじめわかっていることをしているのではありません。考える人や探求する人、どんな分野であれこのような姿勢を持つ人は隠者のカードで表現してもよいでしょう。また抽象的な思想を意味しますが、しかし、どんな分野のものも人間の意識の投影なので、さまざまなことに関心を抱くことは、それが結局のところ人間の本質的な面を極めることに通じてきます。そのため、必ずしも隠遁し、哲学的なことを探求するという形にはなっていなくてもよいのでしょう。この隠者のカードがどういう方向に関心を抱くかというのは二枚目の吊られた男のカードで説明されることになります。

吊られた男は手足を動かすことができず、吊られたままなので、何一つ行動できません。すると、頭の中で活発に活動することのみが許されることになります。日本の古い時代には、冬は身体が活発に動けないので室内に閉じ込もり、しかし魂はむしろこの身体から分離して活発になるので、霊肉分離の意味で冬というのは「フエル」という語源から来ていると考えられていました。隠者のカードにとって吊られた男というのはとても好都合な、満足できる組み合わせであるかもしれません。何か追求する時に、行動するのではなくむしろじっとして、心の中でまた想像の中で、考えて組み立てていくのがよいということを示しているのです。知りたいことがある時に、本を読むのは吊られた男らしくありません。手足が使えないというのはこのような具体的なものが使えないという意味でもあり、純粋に自身の意志に聞き取る力でもあるのです。まさに何もないところで考えようというのが正しいことになります。リラックスしたり、瞑想したり、アイソレーションタンクや、酸素カプセルの中に入るということも、この吊られた男に似ていることになります。半眠状態で横たわるとか、また何もない空間にいることが適しています。

Ⅸ 隠者

XIII 死に神

広い視野での熟考のため現状を整理整頓粛清することで手にする自由

隠者のカードは、固定された立場から自由になって、旅をしていくようなカードです。もちろんこのような状況の中では思想的または哲学的な面が発達してきます。固定された立場はたいてい具体的なセンスを高め、固定された立場から自由になった人は、考え方が抽象的・精神主義的になってきます。置かれた場によって、気持ちも考え方もどんどん染まっていきますから、どこにも長くとどまらないという姿勢を貫くと、隠者のカードの純粋な意味を保つことができます。

この目的のために、十三番目の死に神のカードがやってきます。死に神のカードは、絵柄では地面を整理している形が描かれています。邪魔なものがあるとその人は雑念に振り回されたり、集中できなくなったりしますから、スムーズな発展をしたい人は、余分なものを整理整頓する必要があります。大きな範囲で影響が出てきた時には、もちろん部屋を片付けるというだけではとどまらず仕事や立場、状況の中で停滞や不毛などの現象が発生することもあるでしょう。空間で整理整頓は、また時間の中で生じる場合には何もしない、できない時期があったりするということにもなります。しかしそれらはあくまで隠者の目的によって生じることです。隠者は立場から自由になって、そこで深く考えたい。そのためには、今自分の置かれた立場というものを整理整頓しなくてはならないと考えているのかもしれません。例えば、私たちは何かする時に日常的なものがたくさん置いてあるような自分の部屋で考えるよりも、何もないホテルの部屋で考えた方が集中できるという場合があります。隠者は隠者であるために、地上の余分なものを粛清しようとしていると考えるとよいでしょう。実際のタロット占いでこの二枚のセットが出たことがありましたが、そこでは、飛行機が不時着した状況を示していました。隠者は旅をするものをあらわし、ここでは飛行機です。そして下の部分は、死に神によって足がなくなっていたのです。その飛行機は足が折れて、ハドソン川に不時着することになりました。

理念の具体化
再来や生まれかわり

IX 隠者

XIV 節制

隠者のカードは深く考えるカードですが、隠者という言葉からも連想されるように、共同作業に適しておらず、一人で孤独に考えるということも想定するとよいでしょう。また暗闇の中を歩いているという意味では、時にはこれを夜型の人とみなす場合もあります。暗闇を照らすという点では、照明器具を扱う人という意味も含まれているかもしれません。職務から離れて、もうどこにも責任を持つ必要のなくなった、引退した人ということもあるでしょう。本質的なことを考えるためには、具体的な作業をしておらず、ある程度暇な方がよいということもあります。

続く節制のカードですが、翼を持つ天使は見えない自然界の作用であり、器から器へと同じ液体が移動するのは、中身の同じ本質が、状況が違うところで再生するということを意味しています。それにそもそも14は自己生殖をあらわす数字なので、精神的な面で考えた内容が実際的なイメージの中で具体的に形になるという意味もあります。漠然とした抽象的なものは、地上に存在する既存の何かの形の中に入り、本質の宿る形が出来上がるということになるのです。隠者のカードはかなり抽象的ですから、その理念の具体化という意味にもなるでしょう。異なる器に入れ替わっていくという点では、一つのコンセプトが違う分野で応用的に再生するということにもなります。アルバート・アインシュタインの相対性理論は原爆を作ることに応用されました。全く筋違いのところに、そのまま応用・転用ということもあり得るわけです。9の数字は同じ魂が違う場所に移動するということで、節制のカードは生まれかわりを意味することもあるので、このセットは再来や生まれかわりという意味も強められます。違うシーン、違う人物に、本質的に同じものを見るということもあります。形で見れば違うもの、しかし内容でみれば同じ思想や考え方、内面性を持っているということです。

IX 隠者

XV 悪魔

隠者は数字が9なのでそれは思想や宗教、哲学などの分野で考えたり探求したりするという性質になってくるでしょう。占星術では9の数字というと射手座で九ハウスです。ホロスコープを九分割するハーモニック9はもっぱら精神性とか霊性などを考える時に使われます。これらは9の数字という点で共通している面があるのです。そのためこのカードが出てくると、精神性に関わる分野となり、業種を決めやすくなります。一人探究している姿なので、その作業は孤独なものかもしれません。老いているという特徴から読む場合もあるかもしれません。

この隠者の探求の方向性は次のカードで示されます。それは悪魔のカードとなり、支配的な状況を提示しています。しかし外界の誰かに支配的なら問題かもしれませんが、自身の身体組織に支配的な場合は、むしろまとまりの良さをあらわします。悪魔のカードを松果腺の脳下垂体に対する支配力とみなしてみましょう。松果腺は時空間を超えた自由な意識に

内面的知恵にとどまらず外部に力を提示 思想の無理強い

関係しています。それはある意味で隠者のカードにも似ています。それが身体の不随意的な働きに結び付くには脳下垂体とつながる必要があり、悪魔のカードでは下に立っている二人の手下の姿をあらわしています。その段階で願望実現や未来を見通すこと、周囲に振り回されないことなどの特質が出てきます。隠者の精神的探求は、そのまま、力の開発にも関係することになります。悪魔のカードの15の数字は6の奇数系で、外に自分を押し出すということになるので、内面的な知恵にとどまらず、外に実力を見せるということも出てきます。昔、僧侶や修行者などは現実に神通力や治療力を発揮するのが普通だと思われていた時代がありました。これがこのセットに体言されているでしょう。悪魔が押し付けをあらわす時には、隠者は思想という点では、思想の無理強いということになります。洗脳という場合もあるでしょう。

IX 隠者

XVI 塔

本質を引き出すため枠を打ち破る既存の型の解体を歓迎

隠者のカードは、一人で深く考え、探求するような意味を持ったカードです。隠者は共同体とか組織、家族などに縛られているわけではありません。9の数字は環境から独立します。9は十進法では最後の数字で、基本的な要素をみな自分の中に身に付けたことをあらわしていて、そうすると環境に対して依存的に生きる必要がないのです。女性的なものを持つと、外部に女性が必要でなくなる。また男性的なものを持つと、外部に男性は必要がないという理屈と同じです。つまり人間に必要な基礎的な要素というのは九つということなのです。隠者は孤独ですが、それは何かが足りないので孤独なのではなく、満たされているために、孤独だと考えてもよいのです。

9の数字はある意味では極を意味していて、形も0に似ていますが、後天的に0に近づいたという意味も持っています。もちろんこの0の数字は愚者の意味です。また老人で描かれていますが、童子と老人は世界の中では始まりと終わりにいて、これが極にいるという意味になるのです。日本ではこの老人は、能などで登場する翁と同じ力を持っています。それは次に続く塔のカードの力を持つことになります。塔のカードは定期的に訪れる脱皮のことを意味していますが、それは大きな範囲の場合もあれば、小さな範囲の場合もあります。占星術で言われているサターンリターンなどは二十九年ごとに訪れる塔の崩壊と再構築を示しています。これまで型に決まった生き方が一度解体して、また新たに建築されるのですが、隠者のカードは立場を捨てて旅の存在に変わるので、基本的には隠者は塔のカードを歓迎しています。もっと純粋なものを求めるために、形に閉じ込められるのを嫌うからです。その点では、これは本質的なものを引き出したいために、生活の殻や意識の殻を打ち破る行動をしていくことをあらわします。例えば、教育システムの型を破って、自由な学校を作るというのもこのスタイルかもしれません。

Ⅸ 隠者

ⅩⅦ 星

自由な精神探索の果ての真実の希望 探索で見つけたものを受け取る

隠者のカードは、どこの立場にも固定されず、自由な旅の中で精神的な探求力を発揮します。ここでは引退した老人のようなイメージで考えてもよいのです。形よりも本質的な、究極のものを考えて放浪している姿と考えてもよいでしょう。星のカードは、遠いビジョンを身近なところまで下ろして達成することを示します。到底、無理なことに見える星のように遠い目的が、身近な池の中に流し込まれるからです。時にはこの達成のためには大変な時間がかかることもあるでしょう。

隠者のカードの次に星のカードが来るなら、隠者は精神的な追及の果てに、この天空の星を発見するということになります。遠い星の力は、自分の信念や考えごとから離れないことには見つけ出せません。これは星のカードが、人格の殻を打ち破る塔のカードの後にやってきたカードであるということからも言えるからです。隠者は地位から引退して、身一つの状態になっています。星のカードの女性は裸で野原にいて、これは守るべき地位や立場などが失われていることをあらわし、この点で隠者とどこか共通しています。いろいろな外部的な価値に守られて生きている間は決して見つからなかった夢や真実の希望は、隠者のように自由な探索ができるような状況になって初めて発見できるということでもあるでしょう。隠者のカードの9と星のカードの17を足すと26になります。これは偶数形で、最もおいしいものを受け取り、特別な恩恵と力を持つという意味になります。そもそも、8の関連の8と17、26などはみな、力の圧縮に関係するのですが、17は奇数であるために一度受け取ったものは池に流してしまうのです。26は偶数となり、与えられたものを失わないという意味が出てきます。探索の中で見つけたものを受け取る代表になるのです。隠者が旅行ならば、旅先でわたりをつけて、そこで独占契約を結んだというようなイメージでもあります。

Ⅸ 隠者

ⅩⅧ 月

9と18の数字のついたカードは、ともに9の数字に関係した類縁カードで、タロットカードの中では9関連はこの二枚だけです。隠者は精神的な旅、つまり上位の次元に当たるところでの旅をして、月のカードは地上あるいは地下の旅、つまり下位の次元に当たるところで旅しています。普通、模索というものは、どちらか一方のみのはずです。精神的に探求している人は物質的にはおとなしく、物質的に探求する人は精神的には比較的決まり切った考え方をしています。隠者の側は抽象的・哲学的で、月のカードは具体的な物質的刺激の強さがあります。隠者のカードは考える力であり、物事の本質を突き詰めようとしている面があるのですから、何を見てもそこに深い意義を感じ取ったり、シンボリックに理解したり、自分の精神との共通点を見いだしたりするということになるのです。昔、錬金術師たちは賢者の石を実験室で作ろうとしましたが、それは精神が同時に変化していく中で作られていくものだと思われていて、清浄な生活と清浄な想念を持たなくては、賢者の石は作られないと考えられていました。現代では、精神と物質は無関係と思われているので、精神が何か新しい体験をしても、それは物質的には何も変わりません。

同時進行で起こる精神の発見と生活上の冒険
心身ともに進歩する

しかしこのセットでは、精神の発見と実生活上での冒険は同時進行です。9と18を足すと27で、これも9の数字の系統に他なりませんが、強い向上心をあらわします。9が精神の探求で18が物質的な探求とすると、三番目の27はその両方を生かすことで、いわば交互に両方を進歩させていきます。たいてい27の数字は求道精神などや強い努力、目的のためには他を我慢するような面もあり、またとても実践的なので、思ったことをそのまま具体的にすぐに実行します。その結果、月のカードが示すように驚くような体験を他の人にもたくさんしますが、それは自分の心の中にあることと常に同時進行で、ダイナミックです。

IX 隠者

XIX 太陽

隠者のカードは深い考え方や抽象的な思考力などに関係しています。隠者は杖を持っていて、この杖は大地と本人をつなぐものであり、探索のための自分固有の判断の方法を持っていることになります。自分が歩く前に、この杖が先にあるものを探り、推理する力を与えるのです。この隠者の探求力が太陽のカードに向かって進んでいくことになります。

太陽のカードは、太陽の輝きの下で二人の子供が手を取り合っています。子供が一人であれば、これは単純に成長力をあらわしています。しかし二人の子供という時には、たいていの場合対立的な可能性というものを示していて、しかし太陽はこの二つを公平に見ています。太陽系の中で唯一動くことなく恒久的な価値を持っているのは、太陽であって、つまり恒久的な価値を得るには、対立するものの両方を成長させなくてはならないということを語ります。私たちはいつもはこの二人の子供のうち、一人の子供だけを意識しているので、もう一つの存在を忘れてしまいます。しかし隠者の探求力がこのカードに向かう時、もう一つの隠れたものを見いだすことになるでしょう。もし隠者が永遠の真実を追究するならば、必ず隠れたもう一人の子供を見つけ出すのは間違いありません。男性と女性、光と闇、右と左、上と下、表と裏、肯定的なものと否定的、前進と後退、上昇と落下、全体と部分などです。私たちは常にこのどちらかだけを重視します。実際の人生の中ではそのようにして片方を選ぶことで、制限された人生の中に入ります。しかし、全体を理解するためには、この相反するものを両方認識しなくてはならないのです。二人の子供を右脳と左脳というふうに考えると、隠者は全脳的に考えていることになります。通常の視線に入るのは常に左脳的なものだけで、右脳的なものは視野の周辺部に広がっていますから、たいてい見落とします。しかし、新発見は常にこの視野からこぼれた領域にあります。

相反する要素を認識し全体を理解
全脳的に事象をとらえる

通念や既成事実を再検討
廃れたものの再生

Ⅸ 隠者

XX 審判

隠者のカードは、絵柄として暗闇の中をランプの灯りを頼りにして旅している老人を描いています。暗闇というのはよく見えないものや未知のものをあらわします。審判のカードは、天使がラッパを吹くと、墓の中から死者が蘇ることを絵柄にあらわしています。ラッパは意志の強い拡張で、小さくて聞こえない声もラッパを使うと拡大され、うるさいくらいになります。それを墓に当てるというのは、硬く閉じて開かない現象に対して繰り返し強く働きかけることをあらわすのです。ラッパを吹いているのは天使ですが、しかし二枚セットで考えると、主体は隠者です。開かない扉をこじ開け、死者を再生させようとするというのは、決まりきった通念で凝り固まり、もう再検討されることのない既成の事実などについてあらためて考え直すということも意味します。墓が物質だとすると、物質の謎について解明する科学的な姿勢という場合もあります。少なくとも隠者は精神的、哲学的なことだけでなく、物質的なことについて関心を抱いているということになります。死者を蘇らせるということがテーマですから、それは物質だけでなく、歴史とかいろいろなものが想定できるでしょう。

タロットカードの二十二枚は対照的に考えることができるという点では、閉じられた書物は女教皇であり二番目です。審判は最後から二番目で、女教皇の書物が開かれたことをあらわすという読み方もできます。隠者は、本来は放浪する性質ですが、審判のカードでは開くまで扉を叩き続けることをあらわし、いったん興味を持つと、それが完全解明されるまではこだわり続けるということになります。廃れたものを再生させる。意味がないと思われたものに、新しい意味を与えるような研究ということも考えられます。

本質に取り組むに足る余裕
求める場所に入ることが可能

IX 隠者

XXI 世界

隠者のカードは、具体的な立場から自由になって精神の旅をすることなどをあらわしています。職業や立場など具体的なよりどころが多い程、哲学や思想などは個人性が強まって偏ったものになってきます。隠者はそのような偏りを嫌うのです。世界のカードは、タロットカードの体系の中では最終的な完成をあらわしています。古い時代には、世界は四つの元素とそのエッセンスである五番目の元素で成り立っていると考えられていました。世界のカードでは五つの元素は完全に揃っていき、何一つ足りないものはありません。すべてが揃うことで、最も繊細で最も柔らかい生命のエッセンスとしての、第五元素は中心で安定して、人間はそれ自身がこの位置に立つことになります。その人は世界の部品ではなく、その人そのものとして条件付きでない人間として生きることができるようになるのです。

隠者のカードは、もともと哲学的な探求が重要であったので、ここではたくさんお金を儲けたいとか、生活を豊かにしたいとか、権力を持ちたいとか、実際的な目的というものにあまりこだわりません。しかし、ほとんどの人は何か自分がしたいことをしようとしても、お金を稼ぎ、義務を果たさなくてはならず、一番大切なことに集中できません。世界のカードは、こうした諸事である四元素から開放され、中心の位置に立つことができるので、一番大切で一番重要なことに取り組むに足る余裕を手に入れたことをあらわします。悪とは過剰さ、あるいは不足を意味します。たいてい真ん中に立つことができないのは、この元素の過不足から来ています。どこにも過剰に肩入れしないのならば、私たちは余裕のある中心に立つ可能性があるのです。隠者は何にもこだわらずに、この最も本質的なことに取り組むことができるのです。また世界のカードは寺院や神殿、学校のような場合もあります。探求の果てに自分が求めている場所に入ることができたと考えることもできます。

X 運命の輪

The Wheel

既存のものを手放す機会の到来
これまでの世界観からの大転換

X 運命の輪

0 愚者

運命の輪のカードは数字の10に関係していて、これは一桁から二桁へとステージが転換する扉を意味している数字です。これまで内面にあったものが外に表現されたり、比較的具体的な場所での自己実現に関係する数字です。それは大きく展開するチャンスを意味することになります。たいていチャンスが来たというのは、今までの状況から抜け出して、望んでいたシーンに転換することを表現しているからです。転換した時には、もうその前まで扱っていたことは扱いにくくなります。例えば、部屋に閉じ込もっていた人が外に出るようになると、部屋の中のものが急に色褪せて見えるようになります。新しい世界は前の世界を犠牲にするのです。10の数字はそのように転換するのです。

この転換は、次に何を誘発するのかというと、愚者のカードへとつながります。これはゼロになること、今までの足場を失い崖に飛び込むこと、より大きな世界へと移ることを意味します。運命の輪は確かに場面転換をあらわすのですが、その行き先が崖の向こうとなると驚く人もいるでしょう。手放す機会が来た、去る時がやってきたという場合もあるでしょう。愚者のカードは必ずしも否定的ではなく、むしろ全カードの中で最も大きな意義を持つ場合もあり、大きな開放をあらわします。例えば、海外に引っ越しするというのも、ある意味では愚者のカードです。愚者のカードは0の数字ですが、これはその人が属する世界の輪そのものです。この属する一番マクロな輪そのものを転換するというのが愚者のカードなのです。今言えることは、これまでの世界観では計れない一つ大きな領域に移動するために、それをこれまでの尺度で考えてみると、もったいない、大きく失ったというふうに見えることです。愚者のカードには冒険性がついて回りますから、思い切りが必要だし、何かを得るために何かを失うことも多いでしょう。チャンスを得るために、これまでの足かせをはずしておくという意味もあります。

X 運命の輪

I 魔術師

チャンスが到来し新規に始める時期 具体性のある物事を強調する

運命の輪のカードは好機が訪れることを示しています。本来は数字の10の意味から状況が転換していき、今までとは違う局面が開かれてくることをあらわしています。運命の輪の絵はいくつかの動物が描かれていますが、上がるものもあり、また下がるものもあります。しかし、輪は回転しているので、一度上がってもまたいつかは下がります。反対に下がったものもいつかは上がります。時の中の変化であり、それは恒久的なものではありません。しかし、今起きている変化は、なかなか感動的なことであると思うべきでしょう。小さなことを気にしていると、この新しい状況には飛び込めません。

続くのは魔術師のカードです。魔術師は新しく何か始めることに関係していて、魔術師のカードが出てくる時には、いかなるものであれ、何らかの形でスタートするものがあると考えるべきなのです。つまり、運命の輪のカードと魔術師のカードを組み合わせると、チャンスが到来して何か新しく始める時期がやってきたというふうに文脈をつなぐことができます。運命の輪の10の数字と魔術師の1の数字は同じ系統です。この場合に、1の数字は漠然とした始まりですが、10の数字はいつ、どこで、どういうことを、というふうに具体的です。つまりどこか具体的な場所で具体的なことを始めるということがはっきりと強調されていることになります。何らかの形で優遇されている状況を運命の輪が示しているのですから、いつでもこのようなことができるという意味ではありません。たまたまチャンスがやってきたのですから、のんびりしていればやがてそのきっかけが失われ、運命の輪が下に向かって回転していく可能性があるのです。10の数字も1の数字もスタートという意味では共通しているので、この二枚の組み合わせは始めるべきであるということを二重に強調していることになります。珍しい組み合わせですから、このメッセージを大切にしましょう。

現状を打開するチャンス
封印されていた情報や可能性の開示

X 運命の輪

II 女教皇

運命の輪のカードがやってくると、時間の流れの中で一つのチャンスが訪れつつあることを理解することになります。運命の輪は常に回転しているので、上がってくる時もあれば、下がっていく時もあります。また一度失われたものも、再び上がってくることになるのです。しかしこのサイクルにはいくつかの種類があって、大きなスパンのものから小さなものまでさまざまです。とりあえずどのサイクルかわからないまでも、このカードが出てきた時には、今自分が置かれているところにおいての転換のチャンスがやってきていることを示しているのです。勉強をしていた人は、それを実際的に生かすようになります。９の数字は勉強で10の数字は実際化、つまり学生です。就職という推移も9から10です。収入が上がってくるということもあり得るでしょう。

続く女教皇のカードは、あまり実際性とか実現力ということには関係しないカードです。しかし、潜在的可能性とかあるいは女教皇が手に持っている書物から連想されるように、情報や知識に関しては、今引き出せる可能性が出てきたということになるでしょう。女教皇を知識的な分野に関するものと考えると、時期がやってきてこれまで封印されていた情報が開示されたというケースもあるでしょう。入ってみたかった図書館に入ることが許されたというと、小さな出来事に見えるかもしれません。状況を打開するための情報を手に入れた、手がかりが見つかった、また研究職ということであれば、そういう分野に取り組む時期が来たと考えてもよいわけです。10と2を合計すると12になり、吊られた男のカードと同じ数字になります。これは大地に着地していません。時期が来て、援助金などが出て、働かないで済むようになったという場合もあるでしょう。もともと女教皇は生命の樹では中心のパスです。つまりは自分本来のものに戻ることができる時期が到来したということでもあります。

強力なエネルギーの下で生産力が上昇
一人ではこなしきれないパワーを生産活動に転化

X 運命の輪

Ⅲ 女帝

運命の輪のカードはステージの転換をあらわしています。数字の10はそれまでの一桁の数字が二桁に転換する初めの場所ですが、明らかにこれはそれまで続いていたものが終了し、そしてより大きなステージに移り変わったことを表現しているのです。十把一絡という言葉は、それまでの九つをまとめて、それ全体が次の大台に上がることを連想させます。もっと違う考え方ではこうした空間の広さが変わるというだけではなくて、別の生態圏との接触ということも視野に入れることができます。地球には立体幾何図形の頂点のように、複数のエネルギーの頂点の場所があり、それを地球グリッドと呼んでいる人もいます。こうしたエネルギーのポイントが異なる生体圏である人間の中に持ち込まれていくと、個人の活動力は急激に強まります。つまり、一人の人間の力を超えたものが入ってくるということになるのです。こうしたものも運命の輪に関わっているというふうに考えても不自然ではありません。運の強い人や弱い人の違いはこうしたエネルギーとの接触状況をあらわしているという説もあります。

この後に女帝のカードが続きます。女帝のカードは生産力をあらわしていて、休みなく生み出すことになるのです。運命の輪のカードは個人を超えたより大きな力が流れ込んでくる。生命の樹のパスでは、これは集団的意識の領域から、個人の楽しみという領域に流れ込んでくるものをあらわしているのですから、いずれにしても一人ではこなしきれないようなパワーが入ってくると考えれば、それをそのまま何か生産活動に流し込んでいくというふうな流れは健全なものだとも言えるのです。止むに止まれぬ生み出したい衝動がやってきたのです。こういう時には生み出せばよいのです。いずれにしても自粛しようという流れでないことは確かです。より強力なエネルギーがやってきて、そして増やしていくという文脈なのです。工場であれば増産体制です。

X 運命の輪

Ⅳ 皇帝

運命の輪のカードはチャンスが巡り、向上のきっかけが手に入ることを意味します。だんだんと盛り上がりが見えてきます。生命の樹のパスの考え方から言えば、運命の輪のカードは、個人ではこなしきれないようなより大きな力が入り込んできて、それをうまく循環させるためには、それにふさわしいようなより大きな活動をしないとならないというふうになってきます。小さな範囲で生活していた人は、もっとたくさんの人と関わってより大きい場に移動しなくてはならないような場合も出てきます。もちろんそうなると、より大胆で、挑戦的な、あるいは時には冒険的なチャレンジをしなくてはならない場合も出てきます。気が大きくないといけません。

続く皇帝のカードは継続や普及、安定などをあらわし、運命の輪のチャンスがうまく着地する傾向を示していると思われます。つまりは一時的なチャンスで終わってしまい、その後に続かないということではなく、今後も継続し広がっていくようなものが、ここで始まったとみなしてもいいわけです。

チャンスの有効活用
好状況の下で同じものを増産

もし皇帝のカードが権利を示すなら、そういうものを手に入れるチャンスが来たのです。もともと運命の輪は浮き沈みが多いので、すぐにチャンスは去りますが、皇帝のカードは好機を逃さずにその状況を維持するという点では、運を期待し過ぎない姿勢につながっていくでしょう。つまり運が良いから今の状況が訪れたのではなく、それにふさわしいからやってきたとみなしてもよいのかもしれません。チャンスは一回きりでも有効活用できるでしょう。ただし、維持することにこだわるのが皇帝のカードという意味では、状況に柔軟に対応できにくい面が出てくる可能性もあります。大きく普及させるというのは、お店で言えば、チェーン店を増やすとか、同じ型のものをどんどんコピーして増やすという意味ですから、大がかりになる可能性もあります。10と4を足すと14で、同じ内容のものの器を変える、移転するなども考えられます。

X 運命の輪

V 法王

チャンスが到来し自己主張が可能に はまり役のように最適の環境

運命の輪のカードは、大きな輪が回転している図柄が描かれているのですが、これは機械的な回転をしている時計ではなく、生命エネルギーの循環のようなものを示しています。交感神経と副交感神経が交互に働くように、人生の中で対外的に盛り上がり自己実現が強まる時期と、今度は深いリラックスの中に入り込む時期が交互に訪れ、片方だけにずっととどまることはないのです。タロット占いでこの運命の輪が出てきた時には、たいていは活動的になる時期がやってきたことをあらわし、強いパワーが流れ込んできて、積極的な挑戦をすると成功するということを表現しています。異なる階層の領域との接触を意味するのですが、たいていそれはより大きな社会や組織、集団などとの接触になりやすく、個人的なところに小さく閉じ込もっていない方がよいでしょう。

続くのは法王のカードです。これは自己主張をし、人に対して自分の個人的な信念とか創意、表現意欲を広げていくカードで、5の数字が割り当てられています。チャンスがやってきて、自分の言いたいことやわがままな主張が通りやすいと考えるとよいのです。また法王の数字の5と運命の輪の数字の10は、倍数の関係で親近性が高いのです。これは手の指の数が五つで両手合わせると十本という意味と似ています。本来、自分の冒険的で創造的な意欲を広げていくのが5ですが、それを受け止める環境が見つかったというのが、その倍数の意味なのです。5の数字の意図をそのままうまく受け止めてくれる環境が見つかるのが、その倍数の10の意味なのですから、はまり役のようにぴったりとした環境が手に入ります。何かしたいことがあって場所を探していたということとは反対になり、チャンスがやってきたから自己主張ができるようになったということなのです。公共の場で話さなくてはならなくなったということも多いでしょう。逃げ隠れするのではなく堂々とするとよいのです。

X 運命の輪

VI 恋人

他の時期では見つからないものに出合うチャンス 時間の支配下のためスピードが必要

運命の輪のカードが出てきたことで、何かチャンスが訪れつつあって、うまくこの波に乗った方がよいというアドバイスが与えられます。人生にはこの運命の輪のような回転があって、ある時期には盛り上がり、またある時期には反対に自分の内面に深く入り込んで外には出ないという時があります。今、自分がどういう波の中にあるのか、うまく見分けてそれを使いこなすのがよいでしょう。人間の意識は恒久的で、それは時間の中で動かされているわけではありません。しかし、肉体とか物質とか目に見えるものは一時的なもので、それは明らかに時間的に制約があるのです。ですから、運命の輪が出てきた時にはそうそう頻繁に訪れないチャンスに向けて、積極的に動いた方がよいということになると思われます。

恋人のカードは自分にフィットする環境や相手、対象と結び付くことを表現しています。他の時期ならば決して見つからなかったものが、この時期に見つかるということなのでしょう。しかしこれは反面、運命の輪が時期を支配していて、

さらにはこれが初めに出てくるカードであるという点で結び付きは時期的に有効で、ずっと続く種類のものではないということを暗示する場合もあります。もしこれが恋人のカードが先で、運命の輪のカードが後に続くならば、それは理想の相手が現れるチャンスが来たという意味にもなりやすいのですが、ここでは時間というものが支配していますから、その時間が支配権を握ったところでの関わりという意味にもなりやすいはずです。そのため、全体にスピードも必要です。人との関わりは人生を縛る傾向があり、例えば、良くない時期に出会った関係は、その人の人生が好転しようとした時には、妨害になる場合もあります。相手は良くない時期のことをちゃんと記憶していて、そういう人間だと思ってしまっているからです。良い時期に出会う関係は、その人の良いものを維持する性質もあるのです。そのため、時期が作り出した関係も良い面が多いのです。

X 運命の輪

Ⅶ 戦車

チャンス到来で加速すべき状況
状況逆転を見据え積極的行動を

　運命の輪のカードはチャンスが巡ってくることをあらわします。盛り上がってくる時期が来たと考えるとよいでしょう。いつまでもそういう状態が続くと人の神経は疲れ果てます。そのため、呼吸作用のように上がり下がりという循環があるのが理想的です。そしてそれは輪の回転であり、横から見ると螺旋運動になるのです。前進しながら上がったり下がったりというリズムが進んでいるので、いつまでも同じ場所を回っているわけではありません。そして今は盛り上がりの時期が到来していて、この波に乗るべきだというメッセージをこのカードが発信しています。

　戦車のカードは勢いが出て一気に走るのですが、運命の輪によって時期が来たので、盛り上がり加速する時期が来たということになるでしょう。戦いの場では攻め込むべきだということでしょう。また戦車のカードは、目標に向かって集中的に走るのですが、目標がはっきりせず、どこに走ってよいかわからないとほとんど力を発揮できないものです。漠然とした姿勢でなく、はっきりと狙いを決めた方がよいでしょう。また戦車は勝利に向かって走るので、必ず何かを肯定し、それと反対のものを否定しています。戦車のカードは、両立ということでなく二者択一なのです。そのため、ある時が来ると、運命の輪がこの退けたものを強調する時期がやって来ます。この時は戦車のカードが否定したものが浮上してくることになるのですから、状況は逆転しやすくなります。ルーレットのようにたまたま運が向いていると考えるとよいのです。停滞した体験をしている人は、一気に逆転する可能性がありますから、積極的に行動的にするとよいでしょう。そしてこれが永久ではないこと、ある時期には今度は反対になってしまうことをあらかじめ意識しておくことです。運命の輪はルーレットのようなものだとみなしてもよいのです。

X 運命の輪

Ⅷ 正義

積極的に自ら決断すべき時期 状況が流動的になり変化をもたらすチャンス

多くの人は、自分の性格はある程度一定していて、時間が経過する中でも、そんなに変化をしないと考えているかもしれません。しかし、人間の性格や人格というものは、単独で作られるわけではありません。半分は環境との関わりです。そして環境との関わりがある以上は場所や状況、時期によって変化していくものです。運命の輪のカードはだんだんと盛り上がっていき、何かしらチャンスというものが増えていくことをあらわしていますが、こういう中では、人間というものは変わっていくものです。例えば、会社の社長とか地位がある人とか実力のある人。これらは、置かれた状況によってその能力が成長してくることも多いのです。つまり能力があるというよりは、置かれた状況によって能力が作られていくのです。

正義のカードは、決断力や判断力というものをあらわしていて、また他の人に対して強い説得力も持っているカードです。しかし、これは運命の輪によってもたらされたと考えると、今、正義のカードが示す判断力を要求されていて、8の数字は強い立場などにも関係しますから、地位の向上があると考えてもよいでしょう。今の時期は積極的に自分から決断する時期であって、様子を見ながら黙っているということをしてはならないのかもしれません。素早く判断し、勇気を持って前進する必要があるのではないでしょうか。正義のカードは、二つのうち一つを選ぶのではなく、両方をちゃんと生かすという賢明さが必要なので、行き当たりばったりで取り組むことはできません。数字の10と8を足すと18になり、これは月のカードの数字になります。蓋が開き、安定していた状況がぬかるみ的で流動的になり、こういう時には、今まで変えることのできなかったものを変えることができます。例えば、前のポストの人が退き、急に椅子が回ってきたという場合もあるでしょう。曖昧なままにしておいてはならず、はっきりと決断することでチャンスがやってくるでしょう。

X 運命の輪

IX 隠者

チャンスが到来し自由な立場となる
義務からの免除

運命の輪のカードはチャンスが到来したことを表現しています。何もそれは特別なことではなく、誰の人生の中でも起こり得ることです。また、常に起こっているわけではなく、上がったり下がったりしていますから、手に入れたチャンスもやがては後になってそれを失うことも多いのです。つまり、これらを波乗りのように考えていけば、それに乗ったり降りたり、人によってさまざまなアプローチがあることがわかります。運命の輪のカードが出てきたら、できるかぎりこのチャンスをうまく使って、自己実現をするべきであると考えた方がよいでしょう。

続くカードは隠者のカードです。哲学的な思索とか瞑想的な状態、孤独な状態の中で考えているような姿を表現しています。あまり実際的ではありませんが、知的な職業の人とか学校の先生とか、考えることが必要な分野の面ではこのカードは強い意味を持っていると考えるとよいのです。もともと隠者のカードは義務に縛られることなく、立場も自由な状態で考えていくということをあらわしているのですから、なかなか贅沢なカードでもあるのです。９の数字は環境に依存しないことをあらわしているので、チャンスがやってくることで、仕事から自由になるとか、あるいは自由になるための援助などがやってくるというふうに考えてもよいでしょう。仕事に追われて読書ができないとか、忙し過ぎて心の余裕がないという生き方をしている人であれば、チャンスがやってきてこの隠者のカードのような余裕のある状態になれるということになるでしょう。隠者のカードは外に対して発表したいという意欲が強いわけでもなく、あまり人に接触しないような面もあるのですから、チャンスがやってきたからといって社会的に活動するというような意味ではないでしょう。また旅ができるという意味でもあります。数字の順番としては逆行なので、行動面での退行もあり、義務からの免除という意味にもなりやすいでしょう。

チャンスが到来し改革的行動が可能に
自分の意志を貫く力の必要性

X 運命の輪

XI 力

運命の輪のカードは、場面転換ということを意味するカードです。運命の輪のカードの10の数字は一桁の数字が二桁に変わることをあらわしていて、それは今までよりも大きなところに自分が移動するということと、これまでのことから手を離すということもあらわしています。自己実現というのはこのようにステージが変わるということを伴っていて、勇気も必要なことが多いでしょう。臆病な気持ちでいると、このチャンスというところでは怖くなって逃げ出したくなることも出てくるはずです。これまで接したことのない人たちと接することになり、また自分を多くの人の前に押し出さなくてはならないということにもなりやすいのです。しかしこれは自分が大きく拡大していけるので、このチャンスを逃すべきではないのです。

力のカードは、女性が動物を抑えている絵が描いてあります。しかしこれは抑えているのかそれとも煽っているのか、はっきりしません。見た人によって解釈を変えてもよいのです。ただし、女性の帽子はレミニスカートですので、状況を逆転させるということだけははっきりしています。言葉をつなぐと、チャンスが到来して改革的な行動ができるようになってきたという意味になってきます。なおかつ力のカードは女性が主導権を握っていますから、女性が主役になるような意味を持ってくるでしょう。もともとタロットカードの流れとしては、運命の輪のカードと力のカードは順番で並んでいたカードですから、流れとしては自然です。11は10を相対化させるので、どうしても欲しかったチャンスが到来した。その後の段階で、そのチャンスや状況には飲み込まれにくくなった。手にしてみると、それに対して批判的な精神も働くようになった。これはより大きな場で、自分本来の意図を貫くということにも関係し、迎合しない力を育成する必要があるのではないでしょうか。

X 運命の輪

XII 吊られた男

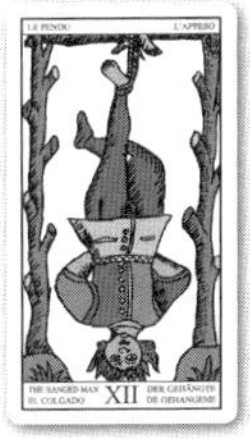

精神活動活発化のチャンス
未知の拡大された発想や内面世界との遭遇

運命の輪のカードは、一桁の数字から二桁への移行の境界を示す10の数字が割り当てられているために、段差のある場所を乗り超えて、状況がシフトするということに関わるカードです。たいていそれは大きな場に移動することを意味しています。意識としては、むしろ漠然としたところから、具体的な仕事や生かす場など、限られたところに向かうので、より具体的なところへの移行ということで狭くなります。しかし、心理的には閉じ込められたような場所から急に大きな場に移動するような感じになるので、活動力の拡大です。意識は小さな限られた場への具体化へ、そして物質的には拡大化へ。この反対に働くように見える作用というのは、人間の意識は常に反対方向に働くものが同居していることを物語ります。上にあるものは下に行くのが達成で、下にあるものは上に行くのが達成ということなのです。

吊られた男は肉体的には身動きがとれず、それがゆえにむしろ頭の中は活発化しています。内面的な世界に拡大ということを示していますから、実際的なところで達成されるものがあるということは考えにくくなります。むしろこれまで思いつかなかったようなアイデアとか、精神活動が活発化すると考えるとよいかもしれません。小説を書いたり創作したり、また考えごとをまとめたり、精神的な面で難しい課題にチャレンジしたり。このようなチャンスがやってくるという意味では他人からは目立たないものかもしれません。運命の輪はより大きな世界との接続という意味を持っていますから、今まで体験していなかったような一段階拡大されたビジョンや発想、内面世界に遭遇するきっかけが生まれてくると考えてもよいでしょう。かなり特殊ですが対外離脱に成功するということもあるかもしれません。時にはこれは休暇という場合も。動きが止まり、運命の輪とはかけ離れているように感じるかもしれませんが、冷静に見てみると、むしろこの停止とか中空に浮かぶ状況が欲しくてしようがない人はたくさんいます。

X 運命の輪

XIII 死に神

運命の輪のカードは、チャンスが盛り上がり今まではできなかったことがこれからできそうになるような状況が訪れることを暗示しています。運命の輪は誰でも上がる時期もあれば、下がる時期もあることをあらわしていて、それらは固定的ではないことも示しています。続く死に神のカードは、絵柄だけを見るとまるで不幸な事態を示しているように感じるかもしれませんが、このような通念に支配されると、タロット占いはできなくなってしまいます。死に神のカードは、新しいものを始める、そのためには前のことを停止させるか、止める時期が来たことをあらわします。

　初めに運命の輪が出てきた以上は、チャンスがやってきたがそこにうまく乗るには、今までのことを止めなくてはならないということを言いたいのではないでしょうか。例えば、恋愛のチャンスという時に、それはそれまでつき合っている人がいる場合には、その関係を止めなくてはなりません。止めることが新しいものを展開させる条件になります。対人関係では、これまでの自分に対する印象というものを相手が持ち続けている間、その人と関わっていると、自分は変わることができません。そこで、人生が変わる時にたいてい対人関係も大きく変化してしまうのです。死に神のカードは決して悪い意味ではなく、切り換えというものをあらわしています。しかし、何かが終わり何かが始まるという時に、終わる方だけを見ていると、それは寂しかったり苦痛だったり、これから不幸なことが生じるような錯覚を覚えてしまうのです。この二つのカードは、状況を変えるにはこれまでのことを整理しなくてはならないことを意味します。また表向きは悪い状況に見えて、実はそれはチャンスが近づきつつあることをあらわしているのだと考えてもよいでしょう。とりわけ具体的な面で整理整頓が必要とされることが多いのではないでしょうか。死に神は地面を刈っているからです。

状況変化のため現状を整理整頓
表面的には悪条件だが実質的なチャンス

X 運命の輪

XIV 節制

継続中のもののフィールドが拡大
望んだ生き方が現実的に形になっていく

運命の輪のカードはチャンスが巡ってきたり、また上昇運に来たことを示しています。心の充足よりも形の上での成功の傾向があります。運命の輪はいったん上りきると、今度は下りる方向に向かいます。このようにして永遠に回り続けるので、どこかにとどまることはありません。今チャンスがやってきたとしても、それはずっと続くという意味でもないのです。そのように考えれば、むしろ今のチャンスを心おきなく活用しようと思うこともできるでしょう。

続く節制のカードは、異なる器に中身が入れ替わることを意味します。内容物は同じですが器は変わっていきます。運命の輪はより大きな場にシフトするという意味ですから、この節制のカードの器が大きくなるという意味で考えてもよいでしょう。同じ職種を続けているが場所が手狭になったので大きな場所に変わる。このような時には、中にいる人はみな同じですから、節制のカードに対応します。また、節制のカードは精神的な要素が物質的な達成を可能とすることを意味していますから、望んでいた職業や生き方が形になると読んでもよいでしょう。節制のカードの二つの器は、一つは上半身の太陽を象徴とする場所にあり、もう一つは下半身の月を象徴とする場所にあります。太陽は目的を持ち、月は物質的な実現を得意分野とします。私たちは上と下に分かれた洋服を着ています。音楽家になりたいのに実際には違う職業をしているという人はいくらでもいます。しかし節制のカードは、この目標が次第に形になっていくということを示しているのです。今まではしたいことができず、違うことをして妥協していた。しかし運が巡ってきたので、自分が本当にしたい方向に転換することができるということでもあるでしょう。あくまで中身は変わらないが、器が変わるということが重要なのです。

個性を発展させ迎合しない自分流儀を推し進めてよい状況

X 運命の輪

XV 悪魔

運命の輪のカードがやってくると、ここではタイミングということが重要になってきます。運命の輪の10の数字は、それまでの1の数字から9の数字までのある意味精神的な内容が、実際の社会の中のどこかの空間やどこかの時間に流し込まれていき、形になっていくというような機会をあらわしているのです。ずっと考えていたことがある。それが世の中の動きの中でどこかで形になろうとしている。10の数字はそのようにまとまって形になっていくのですが、その代わりにそれまで模索していた内容には手をつけてはならないという条件が働きます。例えば、本が出版されることになって、もうすでに印刷され始めている時には、中を書き換えることはできないということに似ています。10は常にそれまでのことを手放さなくてはならないのです。

悪魔のカードの図柄は、上に存在する悪魔が下に立っている二人の手下に支配力を発揮しているということを示しています。これは、上の次元にあるものが下の次元に流し込まれることをあらわしていて、反対の流れは存在していません。

運命の輪のタイミングは、つまり上にあるものが下に流れていくという動きを作り出していることになります。上から下に移っていくというのは、節制のカードも似ていることになりますが、節制は内的な変化であり、それがうまくいくと外とか他者性に向かって自分を拡張していくのです。運命の輪のカードの10と悪魔のカードの15を足すと25となり、これは自己の結晶化をあらわします。自分で決めたことや自分の個性を自立的に発展させ、周囲に対していっさい迎合しないということです。その点では悪魔のカードのように、迷いもなく、自分の意図を強く押し出すとよいことになります。ごくごく個人的に追及していたことを社会が認めるようになった。自分流儀で推し進めてもよいということなのでしょう。一人で働いていた人がもっと人に依頼したり、託したりして拡げる時期でもあります。

既存の枠を打ち壊すことで訪れるチャンス どさくさ紛れに願望を実現

Ⅹ 運命の輪

ⅩⅥ 塔

運命の輪のカードに描かれる動物は、古代エジプトあるいは古い日本では、さまざまな運とか人生の諸事を動かす力の象徴と思われていました。西欧社会は動物の意義が絶滅したために、このように動物に大きな意味を与えることはなかったのですが、日本でも導きの力は動物が持っていたりしたのです。特にこの運命の輪の中に描かれたアヌビスなどは、日本では稲荷狐のことでもあり、人の生死の境界線を支配している動物でもあるのです。現象界はすべて動物やデイモスが支配しているというのがヘレニズム思想の特徴でもあるのです。運命の輪はそうした動物が人にチャンスを与えたり、また人生の盛衰を作り出すという図柄です。

塔のカードは、雷によって固い建物が壊される映像が描かれています。この硬い建物は人間のこだわりとか、時には信念や規則、ルール、人間を縛ってくるさまざまな形をあらわしています。どんな殻も新陳代謝が必要で、ある時期が来ると壊れる必要があります。それがどんな良いものに思えても、やはり新陳代謝が必要です。そして壊れる時には強い開放感が訪れるので、それは時にはお祝い的な意味を持つこともあります。このカードをまるでシャンパンを抜いた時のような状況と考える人もいます。運命の輪のカードは状況が変化して、関わる場所がより大きなところにシフトすることを意味していますが、このためには今まで自分を閉じ込めていた小さな建物が一度は壊れないと、そこから脱出できず、次の大きなチャンスに飛び込むことができないということになるでしょう。従ってチャンスは、何かが壊れたり破綻したりする時に訪れると考えてもよいのです。これだとどさくさ紛れに自分の願望を実現するというふうに見えるかもしれませんが、そういう場合もあるでしょう。より大きいところに向かうために今までの枠を壊していくのです。合計すると26の数字となり、これはおいしいとこ取りという意味があります。破綻がチャンスをもたらします。

X 運命の輪

XVII 星

上の次元の力を受信するチャンス
連絡し難い相手との連絡

人生の中で浮かんでくる時もあれば、沈んでいく時もあります。人間の神経に交感神経と副交感神経があるように、テンションが上がる時とリラックスする時というのは交互に訪れます。一方だけを重視するわけにはいきません。運命の輪が出てきた場合に、それはチャンス到来と考えてもよい面があります。こういう時は活動力が強まり、何かしたくなるというわけです。占星術の場合には、このサイクルは複数あって、惑星で言えば速いものは一回転が二十八日で、一番遅いものは一回転が二百数十年です。あるサイクルが上がっていても、違うサイクルは下りているという場合もあります。タロット占いでは、質問するテーマを特定して、そのことでは、今盛り上がりつつあると考えるとよいでしょう。

悪魔のカードが上の次元から下の次元に向かって影響力が下りてくるということを考えるならば、星のカードでは、上にある天空の力と地面が、仲介者を通じてつながっていき、流通性を持つようになると考えてよいでしょう。星のカードは仲介者としての女性は裸でいるので、社会的なところでの立場を持っておらず、素朴な生き方の中で星の力を受信しているということになります。運命の輪が示すようなチャンス到来というのは、星のカードが意味するチャンスがやってきたと解釈されますから、社会的な立場が上がるなどは示していないかもしれません。遠いところと通信するということでは、身近なものでは外国語や貿易なども。あるいは宇宙的な知性との交信も想定できるかもしれません。ただし星のカードは、受け止めるだけでなく、その影響を地面の池に流し込んでいるので、自分が受け取ったものは与えなくてはならないということにもなるでしょう。いつもメールしにくい人にメールするというのも、星のカードだと思います。そのようなタイミングがやってきたのです。合計した数の27は向上心をあらわし、大きくジャンプします。

X 運命の輪

XVIII 月

さまようことで良い探し物ができる 突破することが次の土台を作る

運命の輪のカードは、チャンスが巡ってきてこれまで自分が思っていたことが、形になっていくという意味を持っています。それはしばしば上昇運をあらわしてもいます。運命の輪は生命の時計です。絵柄では運命の輪の一番上の部分は社会的な成功をあらわしています。一番下の部分は心の満足、人には見えないけれども安心できる場所に戻った状態を示しています。そのように考えていけば、上がったとしても、あるいは下がったとしても、両方ともに大きな満足感があるはずなのです。もし人生の成功が社会的にうまくいくということだけを重視したならば運命の輪は一番上の場所が一番大事だと考えられるでしょう。しかしそれはとても狭い考え方です。この運命の輪のカードは、そろそろ自分の状況が一段向上することを表現しています。

月のカードはいつもは閉じている脳の関門が開き、まるで夢を見ているかのように無意識の印象が上がってきます。このような時には、夢遊病のように思いつきで、模索をすることになります。予定をしない旅となるのです。偶然の刺激を求めてということもあります。月のカードは犬が吠えていますから、危険な場合もあります。しかし運命の輪があるので、今回はたまたま幸運な、さまようことで良い探し物ができることをあらわすのではないでしょうか。関門の閉じた、つまりいつもの日常的な意識では決してサーチできないものができるのです。合計すると28で、これは突破することが次の土台を作るという数字です。引っ越し先を見つける時に、夢遊病のようにさまようと良い物件が見つかることもあります。これは私が実践していることですが、人間ダウジングロッドと呼んでいます。月のカードも9のグループなのでやはり旅をあらわし、動き回ることに大いに関係しています。しかし目覚めた意識では無意識の情報回路は閉じてしまうので、酩酊状態のような状況での宝物の発掘です。

チャンスの到来と二項対立でない思考
協力関係で進行すると良い結果に

X 運命の輪

XIX 太陽

運命の輪のカードは、回転する車輪が描かれていますが、これは占星術のホロスコープにとても似ています。人生の運は反時計回りに惑星が回ることで表現されています。運命の輪のカードではこの惑星の代わりに動物が反時計回りに回転しています。社会的に発展する流れというのは、右の位置から真上までの、円の四分の三の部分です。対人関係が広がっていって世界が開けるように思うのは、真下から右までの四分の三の部分です。個人の能力が発達するのは左から真下。社会的な人間から、より本質的な人間への発達は真上から左までの間です。運命の輪が出てくると、それはホロスコープを参照してくださいというメッセージである場合も多いでしょう。もちろんタロットカードだけで占いをしたい人は、運命の輪が出てきた時にはチャンスが到来したと解釈してもよいわけです。

太陽のカードの19は合計すると1になって、1、10、19と関連していくので運命の輪のカードと似たような意味を持ちつつ、より高度に発達したものが太陽のカードだと考えてもよいのです。運命の輪では、上昇していく流れと下降していく流れは、運が上がる人と下がる人のように見えてきます。ところがそうした判断は決まりきった価値判断があるからこそ決められることです。太陽のカードで遊んでいる二人の子供は対立した価値観を持っています。その二つが仲良く協力して成長していくのです。つまり運命の輪のカードはまだまだ一方的な考え方があるのですが、太陽のカードではこうした明暗の対比が消えていくのです。どんな時でも楽しめるようになる。反対の勢力が互いに相手を軸にして回るので、二つの太陽とも言われます。また絵柄からも、協力関係をあらわすので、事業拡大やチャンスが到来した時に、協力関係で進めていくとよいということにもなります。相手に持ちかけるチャンスです。

チャンスが到来し願望実現の可能性 同時に時期を問わない状況の好転も

X 運命の輪

XX 審判

運命の輪のカードは車輪がぐるぐると回っていますが、いつまでも同じところを回っているわけではありません。横から見ていくと、螺旋状に移動していくのです。従って前と同じような状況に戻ってきたと考えた時にも、実際には質は変わっているのです。そして人間の生活において平行線でずっと同じということはほとんどなくて、向上していくかあるいは反対に落下していくかどちらかしかありません。平行線でずっと同じと考えている時には、長期的には変化しているが、短期的には変化が見えないというだけにすぎないのです。このカードが出てきたら、何かがはっきりと変わり目であると考えるとよいでしょう。

審判のカードは時間の経過とともに忘れられていたものがまた戻ってくることを表現しています。厳密な意味で言えば戻ってくるというよりは、時間の作用に振り回されなくなると、過去に失われたように見えるものもいくらでも呼び出せるということをあらわしています。偶然に支配されることなく、どんなものも興味を向けることで可能性を引き出すことができるという、自由性を獲得するカードなのです。これは願望実現にも関係しています。世の中にはたくさんの願望実現のメソッドがありますが、基本は時間のない四次元の世界においてのイメージを、この三次元の世界の中に持ち込んでくるという理論からできています。それはまさに審判のカードの意味していることそのものです。運命の輪のカードがチャンスを作り出し、大きな願望実現のチャンスであると考えてもよいのです。ところがこの二枚のカードには矛盾もあります。運命の輪のカードは時間の支配をあらわしていて、審判のカードは時間の支配を抜け出すことを意味しているからです。審判のカードはちょうど反対方向に回転する二枚の運命の輪のようなものでもあるのです。これは最後には運命の輪のようなチャンスの時期を問題にしなくても状況が良くなることをあらわします。

X 運命の輪

XXI 世界

運命に翻弄されず優位に立つ
進行中の事柄を完成させる時期

運命の輪のカードは時の流れの中で、もともと持っていたものが、地上に実現していくサイクルがやってきたことを示しています。10の数字は一桁から二桁に移動する境界なので、それはステージがシフトすることをあらわしていて、それまで心の中にあったものは形になります。またそれまで活動していた人は、もっと大きな場に引き出されます。それはやはり拡大したり、成功したりするためのきっかけを生み出しますから、このカードが出てくると新鮮な気分で元気になるでしょう。輪を動かしているのはいくつかの動物ですが、動物は自然界との仲介者なので、自然の働きによって変化していくサイクルを物語っているとも言えます。人生を動かすのは知性ではなく馬であると、ある哲学者が言いましたが、人間の組織の中でも、哺乳動物に対応する旧皮質と虫に対応する古皮質は行動と人生を強く支配していて、知性をあらわす脳の部分は説明能力はあっても、運を動かす力はないのです。

世界のカードはタロットカードの中では最後のカードであり、あらゆるものがすべて手に入り、整った状態を表現しています。運命の輪のカードで輪を動かしていた動物は、今度は世界のカードの楕円の輪の外側に配置されています。二枚のカードに描かれているのは違う動物ですが、世界を動かし、また世界の部品となる動物たちという意味ではこれらは共通した存在です。動物たちには必ず親和か敵対という関係が成り立ち、ある時はあるものが勝ち、ある時は違うものが勝つ。これが運命の輪として、人生を振り回しているのですが、世界のカードではこうした牽制関係にある動物を均等に配置し、中心に空白地点が生まれ、運を支配する動物の力に振り回されなくなることをあらわします。運命に翻弄されるのでなく、運命に対して優位に立つ。また何かしている人は、そろそろ完成させる時が来たことを知らせているのだと思われます。身近な話であれば、家を買う時期であることもあるでしょう。

XI 力

Strength

XI 力

0 愚者

力のカードは、動物に対応するような要素をコントロールすることを表現したカードです。ある人は動物を抑え付け、ある人は動物を煽り、それぞれの人が動物に対してどのように考えているかによって、姿勢が全く違ってきます。エジプトと日本は、動物を否定的なものとみなさない文化でした。今でも神社などでは動物は神聖視されていて、これはエジプトでは神様は動物に姿を変えたという考え方とかなり似ています。私たちの脳は人、動物、虫という三つの階層でできていて、力のカードは人間の知性に対してではなく、動物領域または無意識領域などに対してのアプローチをあらわしていると考えてもよいでしょう。ある研究者は力のカードは影の領域に幽閉されていた生命力を開放する作用と述べています。力のカードの11という数字からは、これまでの通念に反逆するという意味が出てきます。例えば、占星術の水瓶座も十一番目のサインで、社会に対する反抗心を少なからず持っています。

生命力を解き放ち未来を模索 通念に順応せず立場を捨てやすい

愚者のカードは、仕事を辞めた、家庭を失った、自分が属する共同体から飛び出したなどをあらわします。いずれにしても今までのものをすべて失うことで、より大きなところへ飛び出していくのです。所有しているものがあれば、私たちは外の世界に追い出されたりしません。愚者のカードは今まで持っていたものを失うことで、今までの世界から弾き出されていきます。力のカードはこれまでの通念的な生き方に順応せず、異を唱え、また自分の内側に閉じ込められていた生命力を解き放つのですから、結果として、愚者のカードのように、多くのものを失い、立場から去っていくというのはわかりやすい展開であるとも思われます。愚者はマニュアルのないところを自分の足で模索するということもあります。一時的に乱れていくにしても、後で建て直しはできるでしょう。そして、その時には今の成果を十分に生かすことができるのです。

XI 力

I 魔術師

通念を見直し新規の課題をスタート 抗議の意から新たな路線で改革

力のカードは動物を抑えている女性が描かれていますが、古い時代の違うカードでは、聖書に基づき屈強な男性がライオンをねじ伏せている光景が描かれていました。このような単純な図柄であれば、動物とは本能的で克服するべきものであると解釈できますが、しかしこのカードにはねじ伏せるという意味を考えるケースは少ないようです。豊川稲荷に見られるような動物の上に乗る女性、あるいは動物を上手にコントロールする女性というような意味合いで考えてもよいところから、女性の性力であるシャクティ説を唱える人もいます。例えば、巨大な龍をうまく手なづけている弁財天というのも、このカードに似ているかもしれません。動物は自然界の象徴です。そして女性は自然界により接近しやすい傾向があるので扱いやすいのです。男性であれば、やはりねじ伏せるとか緊張関係になるというものかもしれません。

　このような動きの後で、魔術師のカードが並びます。魔術師はどこかから持ち込んできたもので、新しい土地で、新しい商売とか仕事をしようとしています。持ち込むことというのが魔術師のキーワードです。今まで自然に思えてきたことをいったん見直したり、流れを変えたりすることで、新しい課題が出てきて、それを新しくスタートさせるという意味になるのでしょう。自然に放置したままでは決して出てこなかったものが、ここであらわれてきたのです。視点を変える、方針を変える、整理するという行動の中で、新しく出てきた路線ですが、もともと力のカードの11は、従来の成功した事例を模倣することを嫌うので、抗議の意によって始まったことも含みます。例えば、ホメオパシー医術も従来の西洋医学に対しての反対意見を持ち、大きく改革しようとした流れです。そのようなムーブメントは抵抗を受けやすいと思いますが、しかし迎合しない性質なので、諦めず取り組めるでしょう。

XI 力

II 女教皇

未来の改革のため過去の記録を参照
過去の資質を覆し新規の流れを求める

動物と人を入れた絵を描いてもらうと、その人の中での人と動物の関係が如実に出てきます。動物をあらわす要素は人の脳の中で古い部分ですが、人間の知性はその土台の上で形成されているので、動物の部分が弱くなると、人生そのものがうまくいかなくなります。そのため、動物を抑圧しているような、あるいはねじ伏せているような形で絵を描く人は、たいてい元気もなくなってきます。しかし動物を野放しにすると、それは習慣の奴隷となりいつまでも同じことしかできないという人生になってきます。うまく生かすことはなかなか大変です。力のカードでも女性は優しく動物を扱っています。

女教皇のカードは2の数字が割り当てられていますが、2は相対性、相手次第、潜在力、身体の中に眠る可能性、遺伝的なもの、過去の資質などを示しています。女教皇の絵柄そのものは書物があり、知的な印象もあると思いますが、実はこのカードは、身体の中に眠る潜在的な可能性や遺伝的な書物と考えた場合には、力のカードで女性が手で抑えている動物の中に眠った資質であると考えてもよいのです。力のカードは11で、タロットカードの中では2の系統は、2、11、20の三枚。2が過去の資質ならば11は未来の希望。そして20は過去と未来の双方向性で、自由に行き来することです。女教皇の持つ性質は過去の資質に基づき、その人の方向性が決まるというものですが、力のカードは明らかにこの過去の資質に対して異を唱えていて、この自然な川の流れのようなものを覆して、違う流れを作りたいと述べているのです。屈折した読み方になるかもしれませんが、新しい未来の改革のために過去の記録を参照する、そしてその中に手がかりを見つけ出すということなどが考えられます。旧約聖書を読んで、この中に未来のことを探るキーワードを見つけ出そうとしている行為など、今でも試みている人はたくさんいるので、それはあり得ることなのです。

XI 力

III 女帝

改良し積極的な生産へ転換 理想的生産が人生を変革

力のカードは、人の下半身に当たる動物的な面をコントロールすることをあらわします。それは抑え付けることではなく、うまく自分の目的に合うように調整することです。自分の感情に走らず、冷静さを発揮することでもあるでしょう。下半身を象徴とする動物的な面とは本能的・習慣的な資質で、それは馴染んだものを繰り返します。新しい改革的なことをしたい場合には、この要素をうまく扱い、作り変えることをしないと、いつまでも同じ状態が続くことになるのです。このカードは川の流れを逆流させるかのような性質であるので、誘惑に勝つことや流されないことが大切です。

次の女帝のカードは生産性をあらわし、止まることなく、さまざまなものを生み出すことを示しています。そもそも力のカードはそれまでの動きを止めてしまい、違う方向に転換することを意味しますから、女帝の生産性にしても、これまでと同じようなことを続けるということではないのでしょう。改良して、その後、積極的に生産的な方向に転換していくのです。お金を使う欲求をうまくコントロールすることで、本当に欲しい大きな買い物ができたということもあります。流されず生産性を自分の理想の方向で発揮することです。世の中には流行とかその時期の流れというものがあり、多くの人はそれに影響を受けて、何かしようとします。しかしここではそのような風潮や流行に迎合しないで、自分の生み出したいものを生み出していくと考えるとよいのではないでしょうか。また力のカードも女帝のカードも、女性が登場していますから、これは女性を特に強調したものだと考えるとよいでしょう。この二枚セットは、バースコントロールのような意味でも使ってもよいでしょう。真の意味で生み出したいものを生む。そのことで自分の人生も変わっていくということになるのでしょう。11と3を足すと14で、自己生殖の節制のカードの数字にも対応し、自己実現をあらわします。

XI 力

IV 皇帝

革新的意志の拡大
押し付けた改革を後に常識化する

力のカードは数字の11に割り当てられていますが、これは合計すると2の数字で、相対化という意味があります。それまでの権威や正道、支配的なものの価値観を相対化して、異なる路線を打ち出します。これが力のカードの女性の帽子がレミニスカートになっている理由の一つです。占星術の場合には、この11の数字は水瓶座のことで、反社会的な意志ということも意味しています。当たり前に思われていたものに「ノー」と言える意志でもあるのです。

次に皇帝のカードがやってきます。皇帝のカードは4の数字で普及することや、また勢力を拡大することをあらわしています。改革的な力を発揮した後でそれを普及していき、勢力を拡大し、他の反対勢力を制圧するということがセットの意味でもあるので、自分の革新的意志を自分のところでおとなしく発揮しているだけでは気が済まず、拡大していこうとすることをあらわします。皇帝は自分の勢力を拡大し、それをスタンダードにしようとする本性がありますから、他の人に対しても放置しておくことはできません。ややもすれば、押し付けるという傾向は出てくるでしょう。初めのうちは新しさということで、抵抗を受けたり、馴染まれていないかもしれませんが、やがては安定して、ずっと昔から当たり前だったかのように思われていく。またこれまでの権威に対しての転覆願望も自分が力を得てしまうと、権威に変わってしまうということにもなりやすいでしょう。合計すると15の数字になり、これは悪魔のカードと同じです。今までの常識を覆すことを考え、そして押し付けていくという行為は、悪魔のカードと似ているのかもしれません。皇帝のカードは、抵抗に対してはむしろ強気になります。これはそもそも4の数字は、抵抗するものを噛み砕き、嚥下し、消化するという胃に似た性質でもあるからです。異物を均質化しますが、それができない場合は吐き出します。

XI 力

V 法王

革新的思想を周囲に広める 打ち出した改革で既存のものを打ち破る

力のカードは、タロットカードの二十二枚の流れの中では真ん中に置かれています。魔術師のカードと力のカードは、ともに頭に無限大マークが付いていて、流れを逆転させる場所なのですが、力のカードはこれまでの1から10までに対して、後半の11から21までの流れを作り出すのです。魔術師は天から地へ下降してきました。力のカード以後は降下することではなく、今度は上昇すること、改革すること、転覆すること、自然な流れに対しての反対の方向を打ち出すことをあらわしています。力のカードが転覆するという意味でならば、転覆対象はライオンということになります。ライオンは動物で、それは自然なもの、これまでの流れというものをあらわします。それをストップして、何らかの方向転換を迫ることになるのです。

次に法王のカードがやってきます。これは自己主張する性質のもので、神に従うけれど人には従わない、あるいは一方的なもの、また人に対して上に立つ人などをあらわします。5の数字は自分から外に出ても、外からは入ってこないのですが、それが守りとしても働くので、5の数字を示す五角形は守りの印ともなるのです。自分の考え方を布教するのですから、力のカードで改革的な考えが生まれた時に、それを人に対して話します。法王は人が聞いてくれる立場にあるので、ブログで成功したような人もこのカードです。

法王が布教者であるなら、力のカードが加わっているという点で、プロテスタント的な方向での布教者というようなこともイメージとして参考にしてもよいのではないかと思います。力のカードの11と法王のカードの5を合計すると16になりますが、これは塔のカードの数字となります。改革的な方針を打ち出し、それを広げることで、古い塔を打ち破ります。皇帝はベーシックな領土の拡大ですが、法王はプラスワンの発展や遊びなどを意味します。そのため、文化というとそれは法王に属します。人を集めることや、目立つことも法王の力なのです。

改革や調和を目指し理想の対象と関わる 遠い理想の実現にふさわしい環境

XI 力

VI 恋人

力のカードは11の数字をあらわしていますが、この11は5と6を足したものと考えることもできます。日本では五角形は火の魂と呼び、アマテラスをあらわしています。また六角形は水の魂と呼び、スサノヲをあらわしています。それぞれ漢字の「火」と「水」という文字は、五角形と六角形に対応しています。アマテラスが地上的な支配権を主張し、海を支配していたスサノヲは、日本で初めて歌を作ったと言われるように、芸術性や水があらわすような同情心なども意味しています。この力のカードでは、女性の像がアマテラス的なもの、そしてライオンがスサノヲ的なものと対比させても面白いかもしれません。というのも、スサノヲは純粋に人間的なものというよりは、それ以外の動物や異形、無形のものを総称しているからです。女性をあらわすものは常にこの無形の、はみ出すような性質のものを統御しようとする本性を持っています。アマテラスの畑をスサノヲは荒らしましたが、それは自然信仰のスサノヲが、農耕的文化を経て、やがては都市化に向かうような流れに反対したからだと言われています。この二人の勢力の葛藤を力のカードがあらわしているのならば、むしろこれは葛藤の中で、より協和的なものを目指していると考えてもよいのだと思います。

続くのは恋人のカードです。ここでは理想の相手、環境、仕事、対象などが見つかることを意味していますが、それを人間の側は意志で選択することができません。そもそも恋人のカードの6の数字というのは、選択性は存在せず、その人にふさわしいものが必然的に呼び寄せられていくことを意味します。力のカードの女性と動物、あるいは今まで述べたようなアマテラスとスサノヲの二つが、外部の恋人関係などに投影されると考えてもよいのではないでしょうか。単に楽しく仲良くという目的でなく、人と動物の調和、あるいは新しい改革などを目指して関わろうとしているということでしょう。合計すると17で、それは遠い理想の実現のために気長に努力する数字です。

XI 力

VII 戦車

革新的目的に本能が従う 情動を支配しながら走る強力な推進力

力のカードは自分の中にある動物的な要素をコントロールすることをあらわします。動物の性質は、脳の中の哺乳動物をあらわす旧皮質に対応し、母性愛や愛情などに関係します。それに溺れると、身近な人に対しては保護的になっても、より広い範囲の対人関係では排他的になり、あまりバランスが取れません。いずれにしても、行き過ぎは公平ではない人生を作り出すことになります。力のカードは11の数字のカードですが、これはローカルな社会性の相対化や公平、博愛という意味もあり、ライオンが暴走し過ぎず、うまく人と動物の間のバランスを取ることになり、それが未来のある生き方を生み出します。衝動や感情に振り回され過ぎないことは、それを無視することとは違います。

ここではその後に戦車のカードがやってきますが、そこに描かれる二頭の馬は力のカードの下半身にある動物と似ていることになります。日本の豊川稲荷など女性が動物の上に乗っている図像は、力のカードと戦車のカードの両方が想定されるので混同しそうです。しかし力のカードで、動物の力をうまくコントロールできたならば、その後動物は御者の示す方向に正確に走ってくれることになるでしょう。このように動物が従ってくれるのは力のカードで、動物の部分や本能、感情などを抑え込むことなく、ずっとケアしていることのおかげです。動物が機械になった場合には、これはまめにメンテナンスしていて、いつまでも故障なく走る車のようです。戦車のカードの動物は二頭いて、この二頭は対立的な立場にあります。互いに仲の悪い動物たちを両方とも、うまく扱わなくてはならないので、力のカードの負担は増えるかもしれません。しかし改革的な目的のためにでも、動物を示す情動が従ってくれるというのは、強い推進力を手に入れたようなものなので、これはかなり力強いセットだと思います。合計すると18で、未知への冒険をも意味します。

XI 力

VIII 正義

力のカードは、人と動物という、意識の階層としては、上と下にあるものの調整が課題です。他のカードには、天使と人という、もう一つ段差の違う関係性なども描かれています。タロットカードは古い時代の体系なので、このように天使、人、動物などという次元の違いを意識して作られています。現代ではこれらの振動の違いによる生き物の次元の階層などは、精神世界など一部でしか扱われていませんが、むしろこの方が、バラエティがあります。人と動物の絵を描いてもらうと、人によってはっきりと、人と動物のサイズが違ってくるので、それによってその人がどのような力関係にあるのかが判明します。動物が強過ぎると引きずられるか情に動かされ、動物が弱過ぎると生命力が奪われます。その人なりの関係性というものがあり、それによって力のカードの解釈も変えた方がよいのです。

正義のカードの女性は手に天秤を持っています。二つの錘は比較によって何かを判断しようとしています。決まれば剣で決断します。力のカードは今まで当たり前だったものに対して、意識的に検討を加えるという意味があり、動物というのが今まで当たり前だったものと考えてもよいのです。これは、すでに決まったことを続けるというのは自然なことであり、そして意識的な面では眠っていることを意味します。それを変えようとするというのは動物に対して何らかの意識的なアプローチをすることだからです。この改革的な姿勢を打ち出し、その新機軸を元に判断をしていく、応用するということが、この二枚のセットの意味になりやすいでしょう。正義のカードの天秤の二つの錘は、力のカードの女性と動物という対比が投影されることもあるでしょう。これまでの通例・凡例とは違う決断をするので、他の人は疑問に感じたり驚いたり反発したりする可能性もあります。しかしそれでも確信に満ちた判断をするとよいでしょう。合計すると19となり、これは未来的で調和的な、結び付きようのないものを結び付けた決断です。

新機軸を元に下す通例と異なる判断
改革的姿勢の応用

XI 力

IX 隠者

本能を制御し本当の意味で考える
順応性が低下し偶然の支配から解放される

力のカードは、人間の女性が動物の口を抑えていて、もし動物が本能的なものをあらわしているとしたら、こうした制御しづらいような本能的なものをちゃんとコントロールするということが課題になったカードです。本能というのは生物が繰り返し行動の中で自動化して確立してきたような能力をあらわしています。それは生命そのものを維持する働きがあり、一方では変化に対して抵抗するという要素でもあるでしょう。誰でも自然のままに放置した形で生きることは気楽です。つまり、自然で当たり前に見えるものは、ここでは動物に所属したものなのでしょう。このように動物的な要素をコントロールするような生き方というのは、今までのものを変えていくということをあらわしていて、良いものをねじ曲げる場合もあれば、悪いものを改善するという場合もあるでしょう。人為的なものは不自然になりがちです。

続く隠者のカードですが、考えごとに耽ること、哲学的なもの、思想的なもの、具体的な立場から自由になって、精神の世界を旅することを示しています。哲学というのは、自然なものを自然なまま生きることでは達成されません。このようなところから考えれば、この二枚のカードのセットは、自然なままのものを止めて、本当の意味で考えるということをあらわしています。力のカードの9の数字と隠者のカードの11の数字は合計すると20になり、偶然の支配から自由になること、また時間を行き来することをあらわします。当たり前のことを当たり前と受け取らず、それを疑うという姿勢も強く出てくるでしょう。むしろその問いかけが最も重要なのかもしれません。力のカードは従わないことをあらわします。隠者のカードは離脱し、放浪することも意味しますから、両方ともにある意味ではひねくれていると考えてもよいのかもしれません。環境に対する順応性は弱まり、反逆的考え方とみなしてもよいわけです。

XI 力

X 運命の輪

改革の実行により運が巡る
孤立していたものが受容される

力のカードは人と動物の関係をうまくバランスを取ることで、真に未来のある人生を作り出すことをあらわします。決まったことをずっと続けるのは自然なことに見えます。これが動物と考えるとよいのです。人間はこのような自然性・本能性に対して、新しい改変を加えます。これは、人間には自然なまま生きるという性質が弱いために、注意深くしないと結果的に環境を壊してしまうという本性を持っているからです。つまり、人間に備わる主体性は、ある時代からはこうした自然の枠組みの中からはみ出して、自分たちだけが孤立的に生きるという性質を発揮し、結果的にそれは環境に対する暴力を発揮することになったのです。現代では自然な生態系を取り戻すことが環境を保全するのに大切なことだと考えられています。動物を殺さず、うまく生かし、共存するという姿勢が必要なのです。

　運命の輪のカードはステージが大きな場所に転換することを意味します。一桁から二桁へ。これまでしてきたことを総括して、次の大台にシフトできるのです。一つの仕事が完成すると、次にもっと大きな目標が生まれるように、運命の輪のカードは、これまでのことを完成させることで、一つ大きな領域へジャンプできるようになったという意味で、新鮮で力強いチャンスがやってきたことをあらわすでしょう。新しく改革を加えること、今まで当たり前だったことに対して流されずに考えたり提案したりすることで、運が回ってきたと考えてもよいでしょう。数字としては逆にたどっているので、これまで孤立し迎合しなかった人が、時期がやってきて、その意見が取り入れられ、結果的に環境に対しても受け入れられるようになったという傾向もあると思います。合計すると21で世界のカードになりますから、それは積極的な環境の創造という意味で、新し過ぎて反発されていたものも、いつの間にか形になっていくことを示します。

XI 力

XII 吊られた男

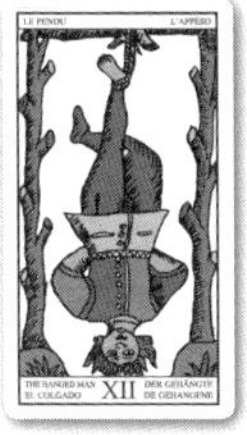

情動を新規のアイデアに結び付ける
感情がセンサーとなり生まれる新発見

力のカードは、自分の中の生理的や生命的な要素をいかにうまく扱うかという課題に関係しています。というのも私たちの身体は哺乳動物そのものなので、それを下手に扱った場合は、怠け者になって流されたり、あるいは反対に抑圧して元気がなくなり病気になったりするのです。外部に存在し、目に見える動物たちに対する扱いは、そのまま自分の中のその要素に対する扱いになりますから、例えば、ペットが言うことを聞かない人は、自分の中の動物の要素がうまく制御できない人生を歩んでいる人なのです。それは動物をうまく生かしたことになりません。動物に対する扱いはささいなことではなく、自分自身の身体とか生命に対する扱い方なので重要です。

吊られた男のカードは、身動きとれない中で精神が活発化していき、たくさんのアイデアや創意などが生まれてくる状況です。もし身体が自由に動かせるのならば、自分の内奥にあるものの扉を開くことはないので、吊られた男が達成するようなものは到底手に入らないことが多いでしょう。例えば、生活が単調で何も事件が起きない人というのは、創作ではバラエティあるものを作ることができますが、生活が賑やかな人は作品が単調になることも多くなります。多方面に活発な活力を振り向けることはできないからなのです。力のカードでは、生理的な下半身の哺乳動物的な要素をうまく生かすことをあらわすカードでしたが、吊られた男のカードではこの下半身的なものは上に向かい、頭は大地に近くなっています。考え方が転倒していて、いつもは下に見るものがより優位に扱われています。ある種の感情の衝動や高揚感などを、新しいアイデアや霊感などに結び付けようとしているのかもしれません。確かに新発見とか新しい考え方は知性から生まれることはなく、たいていまずは感情がセンサーとして働き、それを思考が後で解説することがほとんどです。合計すると23で、これは5、14、23というふうに三番目の5なので、複雑で高度な遊び精神をあらわします。

XI 力

XIII 死に神

本能に対する死と再生
慣習を一時停止し新規の流れを作る

力のカードは動物と人の関係を描いています。しかし、私たち人間は自身の中に人、哺乳動物、虫という三つの層の生命の形態を持っています。人は三層、哺乳動物は二層、虫は一層の生物と言われています。哺乳動物は二層の生物だと言われていますが、この二層であることは、環境から自分を切り離すことができない性質をあらわしています。人は三層で、それは自然環境から独立することもできるのです。例えば、動物はメロディーが転調されると、もう同じ音調だと認識できません。あくまで固定周波数としての音に反応するのです。つまり、動物は応用的な知性が発揮できないという意味ですが、逆に環境との直接的な関係が安定しているということになるのです。しかしこれも人間の中にある要素の一つです。力のカードは人間の中に内在する人と動物の関係をあらためて再調整したり、再評価したりすることに関係します。

続く死に神のカードですが、環境の整理整頓やより優れた秩序を持ち込むために、これまでのことを停止させることです。力のカードはこれまで当たり前と思われていたことを覆し、改革的な行動を取りますが、こういう考えの人にとっては、死に神のカードのようなイメージのものも好ましく受け取られます。動物の要素に流されることを止めて新しい方向を作るためには、これまで動いているものをいったん止めてしまう必要があるのかもしれません。例えば、休みなく食べている習慣を一時的にストップして断食によって体質を変えてしまうなども、このセットになるでしょう。流れを逆流させることが力のカードですが、そのまま逆流させるのは大変です。まずいったん止めてしまって、それから逆流させるということです。夢の中では、死というのは再生を伴います。同じように動物の部分に対する死と再生というふうに考えてもよいのです。断食でクリアな体質を作ると健康を取り戻し、筋肉も多少傷つけると、強く育成します。歯茎も出血するとかえって強く育つということもあります。

XI 力

XIV 節制

力のカードは、基本的な意味としては人と動物の関係をあらわしています。この基本的な意味だけ残して、後は自由に解釈することもできます。人間は人、哺乳動物、虫、という三つの層でできていると言われていますが、この三つの要素はそれぞれ位相が逆転します。つまり、人、羊（哺乳動物の象徴）、虫は、プラス、マイナス、プラスという関係性です。これは自然なままでは、動物と人は極性が逆になり、知的な要素を強調した人は、知らず知らずのうちに動物の部分を抑圧する傾向があるということです。また、人と動物の関係の両方を重視すると、一面的な人間ではない資質を育成します。力のカードの女性は帽子がレミニスカートで、これは価値観の逆転を表現していました。これまでに説明した三つの層の上にさらに四つ目の層があり、それは霊的な資質ですが、プラス、マイナス、プラス、マイナスということで言えば、知的な人間は霊的なものを否定し、しかし動物と霊的なものは共鳴するという意味にもなります。したがって霊的なものを育成するには、知的な人間の領域から一度動物の意識へ回帰することで、それが開くという発想は多いのです。古代エジプトでは神々は動物であったというのも関係するでしょう。

知性が本能に浸透
他人に言われる前に自分に言い聞かせる

節制のカードは同じ内容物が、異なる器に入れ替えられていきます。節制の図柄での上の器から下の器への液体の移動は、そのまま力のカードの女性から動物へというふうに考えてもよい面があります。自分の思いや意図は、動物的な本能性や情感性へと移し替えられ、知的な意図は、思いとして定着すると、それは自動的に働くようになってきます。合計すると25ですが、これは人間としての閉じた結晶を形成することをあらわし、人格の完成を象徴します。このような生き方では、知性と感情が離反するようなことはあり得ません。人間的または知的な意志は情緒や本能、下半身的な要素に十分に浸透し、意図のとおりに人生は作られていきます。人に何か言う前に自分に言い聞かせる姿勢が多くなってきます。

XI 力

XV 悪魔

力のカードでは女性が描かれています。野口整体の創始者であり、整体の分野でカリスマ的な業績を残した野口晴哉は、女性は本質が哺乳動物であると述べていて、身体性と密接な関係で生きていると説明しています。つまり、ここで描かれるライオンなどに容易に近づけるのは女性であって、男性の場合には、昔のタロットカードのように戦闘的にねじ伏せるような関係になってしまうということです。動物は自然界との仲介者。女性は動物と人の仲介者として存在すると考えてもよいのかもしれません。育成力というのは人というよりも哺乳動物が持つ力のため、母性ということを発揮するためには、動物に近くないといけないという意味でもあるのでしょう。動物は人よりも低いと考えられている面がありますが、これは一部の見解であって、むしろ知性を超えたものと接点を持つには、こうした動物に近い臍の意識、すなわち低自我の部分が働かなくてはならないというのが、環太平洋圏の基本的な姿勢です。

低自我が知性を超えたものと接点を持つ 訓練により強い力を得る

悪魔のカードは、上にいる悪魔が下にいる二人の子分的な存在を支配する図式です。悪魔は両性具有であり、それは上の次元に存在しています。地上では必ず人は男女に分かれますが、分かれている間は互いに縛りあいます。上にいる自由な存在は、その点で地上の男女に分かれているものを支配することになります。力のカードは人と動物で、悪魔のカードは上位の存在と人、というふうに考えると、力のカードの動物がより上位の悪魔と接点を持っているとみなすことも可能です。すでに説明したように、人よりも下にある動物は、人よりも上の次元にあるものと接点を持つことができる。それがハワイの密教であるカフナなどの考え方でもあるのです。合計した26の数字は、上から下に落ちるものを受け取ること、力の独占という意味もあります。訓練することで強い力を持つようになったことや、抜きんでた影響力を持つということも考えられます。

XI 力

XVI 塔

下意識の解放が枠を打ち壊す
本能を煽り爆発的に上昇

力のカードは、扱う人によって意味が大きく変化していき、単純な意味としては解釈しづらいカードの一つです。ここでは女性が動物の口をつかんでいます。自分の中の動物的な要素を抑制するという意味なのか、それとも自分の中の下意識としての要素を、上手にコントロールして積極的に扱おうとしているのかなど、さまざまです。牧畜中心のヨーロッパでは狼は邪悪な動物でした。農耕中心の日本では、鹿を退治する狼は救世主的な意味がありました。このように文化の中で動物の扱いは全く違うのです。動物をどのように考えるかによって、その人の人生はそのような方向に向かっていきます。アレイスター・クロウリーは動物を神様のように扱っていました。確かにクロウリーの人生は動物をより過剰に重視して野放しにしたような人生でした。動物を抑止することで、人生は秩序だったものになるかもしれませんが、どんどん元気がなくなっていきます。

塔のカードは、殻を破ることや脱皮することなどをあらわしています。私たちの自我が知性によって堅い殻を作り出すとしたら、力のカードで、動物の力を解放することは塔を壊すことに結び付きやすいでしょう。ある説では、人格の影が、本来の生命力を閉じ込めているので、力のカードの動物を解放することで生命力を得ると言われています。塔は外側の建物の部分が新皮質などの人間の知性に対応し、中にあるものを動物とみなすのかもしれません。クロウリーのように、力のカードの段階で動物の力を神聖視し、煽っていくことで、結果的にそれが枠を壊していったというふうに考えるとしたら、ずいぶん野放図なセットになると思います。合計した数の27は向上心をあらわし、持てる力のすべてを使って精神的にジャンプしようとする性質なので、塔があらわす殻を打ち破ることは重要なのかもしれません。力のカードは、女性の性力シャクティであるという説からすると、塔を突破し、爆発し上昇する力と結び付くことになります。

XI 力

XVII 星

無意識を通じて高度な意識と接触状況に左右されない完全な自由性

力のカードは、ライオンを抑えた女性を描いています。必ずしもライオンを抑止しているわけではなく、人と動物という関係を明確にしたカードです。古代のアリストテレスの時代には、こうした異なる生命圏を生命の階段として、神から物質までの次元的な階層として考えていました。タロットカードもその時代の思想の名残がかなりありますから、人、動物というのは、人と、もう一つ下の次元の関係を意味しています。人は動物よりも神に近く、また動物は人間よりもより物質に近いところにいる。そしてこの下に植物、鉱物などが続くのです。ライオンを手にした女性は、下への階段を手に入れたことにもなり、物質的な面での強力な力を身に付けることになるという意味もあるでしょう。

次に続く星のカードは、むしろ反対に女性と今度はもっと上の星の関係を描いています。その点では力のカードとは反対です。また星のカードでは、女性は衣服を着ていませんから、それは社会的な守りがない、つまり地位がないとか、立場が不安定とか、お金もないなどという意味になってきます。それに比較して力のカードは、衣服を着ていて、さらに地上的な力を持つ動物を手にしているのです。しかし、この二枚が出てくることで、生命の階段は幅が拡大されると思います。動物、人、そして神に近いところにあると言われていた第八恒星天。自分自身の中にある動物が示す本能や情感などを通じて、より上空の恒星に関わりをつけるという意味で考えてもよいのかもしれません。つまり、人よりも下のものは、人よりも上のものに連動しているという鏡像構造の理屈があるからです。無意識を通じて、より高度な意識との接触をするというセットです。力のカードは反抗心でもありますが、星のカードも立場を捨てて自由な状況の中で、遠い希望を育成するという意味があります。完全な自由性。あまり身近なところには視点が向かわない傾向があります。

XI 力

XVIII 月

人間の原始的可能性を刺激 改革のため潜在意識を探り泥沼化

力のカードは人と動物の関係を表現しています。生命の階段として知られている古い考え方では大天使、小天使、人、哺乳動物、無脊椎動物、植物、鉱物、金属というものがあります。この中で力のカードは、人と哺乳動物の部分の関わりをあらわします。月のカードは、人が描かれていませんが、吠える犬として哺乳動物、ザリガニとしての無脊椎動物という関係を描写します。つまり二枚合わせると人、哺乳動物、無脊椎動物という三つのものが描かれているわけですが、いずれもこれらは、人よりも下の、下意識あるいは無意識との関係が図示されていると考えてもよいでしょう。力のカードでは、人は動物に関心を抱き、そのケアをしています。また月のカードでは、より深層の部分をアクセスするために、目覚めた意識の監視を眠らせ、夢を見るかのような状態で、無意識から上がってくるものを待っているのです。

脳の構造の中にも、この生命の階段に似たタマネギ状の重なりがありますが、虫脳の一番中心に脳下垂体と松果腺があり、これは植物と鉱物に対応している面があります。実はこのより小さなものに向かう方向性は、反対に、より大きなものと対応しています。細胞は月に、分子は惑星に、原子は太陽に、小と大は常に反射関係があります。そのため、この二枚セットは人間の一面的ではない、多層に渡る潜在的な可能性を刺激してくることは事実でしょう。しかし、このようにより原始的な意識に接触するというのは、人の生活の安定を脅かす面はあるのではないでしょうか。月のカードが出てくると、常に封印されたものを開くという意味になるのです。力のカードは反抗的で、今までの流れを変えようとします。そのために月のカードを開くことで、素材を模索しようとしているのですが、それは夢遊病のような中で模索するということでもあり、まとまらない泥沼に入ることも十分にあるでしょう。

XI 力

XIX 太陽

力のカードはライオンを女性が抑えている、あるいは触っている、手なづけているというふうな図柄です。そこで、これをブリーダーのようなものとみなす人もいるでしょう。ライオンが本能や衝動、また動物の持つ母性、すべての生き物に普遍的な資質などをあらわすものとみなした時には、これと人らしい知性との折り合いを考えるというのがこのカードの意味になってきます。ライオンはしばしばさまざまなものに投影もされます。ペット、子供、部下、外部のものすべてなどです。自分の食欲とか種々の欲求であるとも言えます。これらをどう扱うかによって、その後の生き方が全く変わってしまうと考えてもよいでしょう。

続くのは太陽のカードです。これは二人の子供が太陽の下で遊んでいます。太陽は、この太陽系という宇宙の中で絶対の無をあらわしています。この絶対の無というのは、一段下の次元では陰陽という二分化がされます。そのため、子供は二人います。しかし、太陽という太陽系においての極限的な無に対しての二分化ということは、原初の二分化に近いものがあります。完成された自己という意識から見ると、私たちの人格は半欠け状態です。この半分欠けたものはこの世にあるのか、それとも違う世界にあるのかはっきりしません。それを引き寄せ一体化すること。しかもその関わりは、あたかも二人の子供のように遊びに満ちているということを表現しています。力のカードにおいての女性と動物は、どちらが主従とも言えない関わりで、遊ぶことの中でこなれていくことをあらわしているのではないでしょうか。柔軟な人格、上下関係を重視し過ぎないこと、状況にすぐに対応できることなどです。この二人の子供は力のカードの女性と動物の投影であると言うことならば、一人は乱暴で一人は柔和なという対比もあるかもしれません。太陽のカードはどちらも対等ということが最も重要な意味を持ちます。

喜びに満ちた自らの半身との一体化
状況に対応できる柔軟性

XI 力

XX 審判

興味の対象への集中力を手にすることで望みどおりの方向に人生を進める

力のカードは、自身の中の動物的な要素、情緒、情感、本能、感じたままに行動することなどの性質を、どう調整をつけるかということが課題のカードです。人生のほとんどは、こうした動物が象徴するような部分が支配権を握っていて、人間の知性はそれに対して解釈能力とか説明能力しかありません。というのも人間の意識は0・3秒しないと働かないと言われていて、その前の瞬間的な反応はたいてい本能的な行動になっていき、それは動物が支配しているということになるからです。事件が起きた後で、解説する。人間ができるのはこの部分であり、事件や出来事を起こすのは動物の力です。動物と仲良くできれば、人生には意図に反する事故は減ってくるのです。人と動物の関係が調和していなければ、ままならないことばかりが起こるのです。

次に審判のカードが続きます。失われたと思ったものがここで戻ってきます。時間の枠に支配されているのが人生だと多くの人は思い込んでいます。そこで過去に失われたものはもう取り戻せないと考えます。しかし、審判のカードはこうした偶発的な影響に振り回されないで、願望を確実に実現するような力をあらわします。自分の時間を生きている人は、欲しいものを常にものにしています。自分の動物、自分の無意識に対しての積極的なアプローチによって、そうしたことが可能となるでしょう。まずこれは集中力を手に入れることをあらわすのではないでしょうか。私たちの集中が掻き乱されるというのは、人と動物のどちらかがよそ見をしていることからやってきます。その二つが共同している時には、したいことをする、したいことは確実にできる、興味のあることに徹底して集中する、その結果として願望は果たされるというものだと思われます。ともに2の関連のカードで、11は未来志向、20は過去にも未来にもとらわれないことをあらわします。望んだ方向に人生を進めていく可能性が大きく開花するセットではないでしょうか。

情動を支配しすべてを手に入れる多数派が陥るものに流されない

XI 力

XXI 世界

自分の中にある哺乳動物としての感情や本能的な要素をコントロールするというのが力のカードの趣旨です。ある人は動物を抑え付け、ある人は動物をもっと煽っています。人生を作り出す本当の力は、こうした動物が握っていて、推進力そのものは、動物の方にあるのです。そして私たちは御者だと言えます。このカードは次の段階で世界のカードに向かっていきます。これはタロットカードの中では最終的な完成状態をあらわしていて、生命の最も純粋で微細な要素である第五元素が真ん中に存在しており、これは男性でも女性でもなく、その一体化をあらわしています。周囲には四つの元素が取りまいていますが、この四つの中で二つは女性的で二つは男性的です。真ん中の有利な立場に立つには、四つの元素全部をバランスよく身に付けなくてはならないのです。物質性と、創造性と、情感と、智恵です。このように例えられるような四つの元素は、地上の世界のすべてをあらわしています。

世界のカードというのは最も欲張りなカードであり、人間が手に入れることのできるすべてを手に入れることをあらわしています。清貧の達成者ではありません。そうしたものを、まずは自分の中にある動物的な要素、本当の意味での推進力の部分をコントロールすることで手に入れていくということになるのです。目指すならば中途半端ではなく、完全なものを目指している。そのために問題のありそうなものは徹底して改善するという考え方で進むことになります。気ままに流れている人は決して世界のカードには達しないと考え、まずは自分自身を上手にコントロールできることを目指すのでしょう。また多くの人が陥っていることには流されないという性格を持つことになります。そもそも、力のカードは自然に任せないということが特徴だからです。他の人のお誘いに乗りにくく、人と違う方針で成功するタイプにもなるでしょう。

XII 吊られた男

The Hanged Man

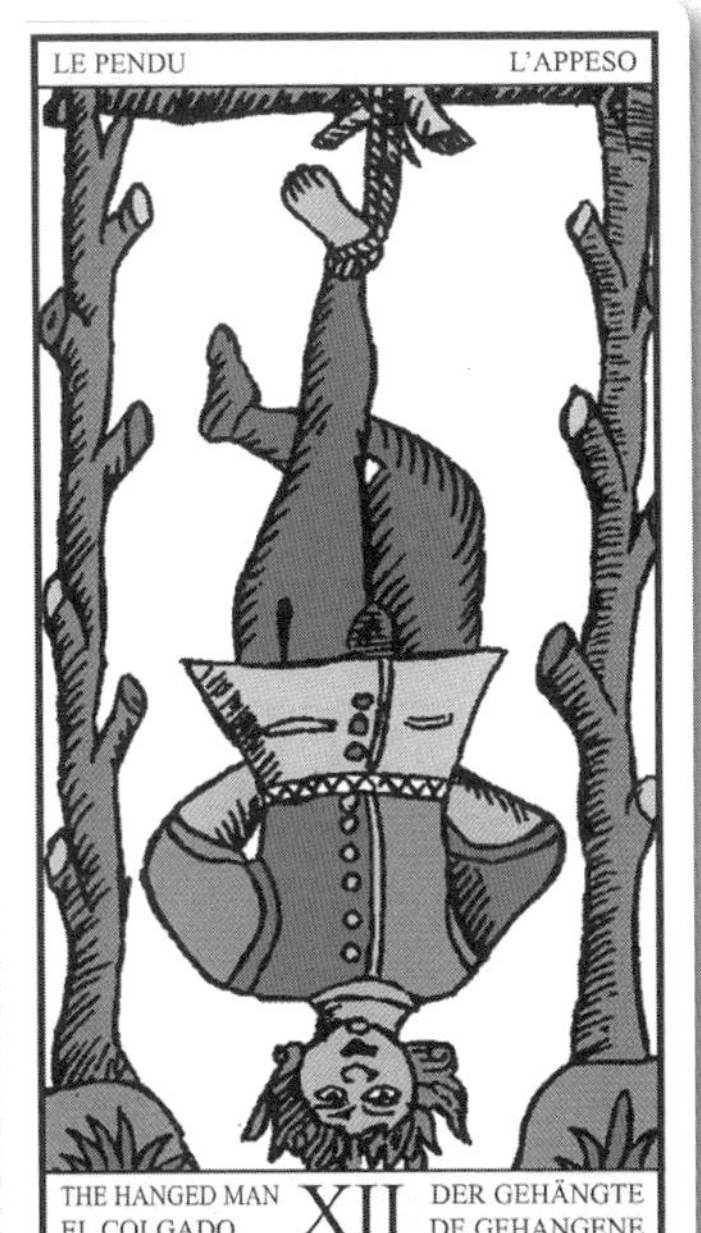

Ⅻ 吊られた男

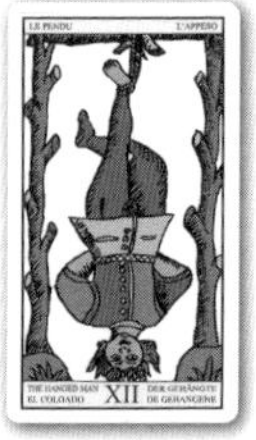

0 愚者

吊られた男は異常な状態にいます。反対側に吊られているために、手も足も使えず、できることは頭の中で考えることだけです。また頭は地上に近いところにあるために、犬の目のように地面に近いところがよく見えます。時にはこういう状況に誰でも遭遇します。例えば、どこかに足止めされる、仕事が動かない、閉じ込められて何か集中的に創作しなくてはならないなどです。このような状態は何もすることがないのなら、不幸なことに感じるかもしれませんが、逆に、頭を使い集中的なことをしなくてはならない時には好都合です。12の数字は、内的な創造性と未知の可能性を探ること、物質的には不活発で閉じ込められて堂々巡りすることなどを意味しています。人間を肉体的なところだけで存在する単一の生き物と見た場合には、この閉じ込められた状況というのは息苦しいのですが、精神と物質が別個に存在すると見た場合には、身体が身動きとれないのは、反対に精神の大きな広がりを作り出します。その場合には、中途半端に自由であるよりも動けない方が効率的とも言えるのです。

形のない領域へ意識が拡大
実際性を度外視した限界のない精神活動

続くカードはタロットの始まりの愚者のカードです。これは境界線の外に行くことを意味しています。吊られた男は身動きとれないのですが、こういう時には精神というのは果てしなく開放されます。そして愚者のカードの示すような、形のない領域へ意識が拡大するのは簡単なことです。吊られた男は肉体的に動くことを意味していないので、精神の活動だけであればいかなる限界もないからです。あまり実際的でもないのですが、しかしこの二枚のカードともに初めから実際性は度外視しているので、自由に頭の中で旅するのがよいのではないでしょうか。そして愚者は境界線を超えるのですが、これは考え方として、今までの自分の限度を超えてしまうという意味なので、あらぬことを考えたりもします。

XII 吊られた男

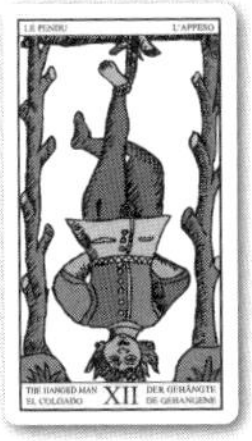

I 魔術師

視点の変革が新規のものを生み出す 不要なものを排除しすっきりとスタート

吊られた男というのは、図柄としては異様な意味を持っています。体の上下逆さまということは、事態が反対になっているということを意味しているために、本来あるべきものではないことが起きていると考えることになります。時には視点は逆転させたり、逆さまに見た方が、いつも気が付かないことに気が付くのでよいと言われることもあります。そのためにヨガの逆立ちを好む人もいます。転倒しているという点から、感覚的にも異常であると言われることもあります。動くものが動かなくなるのは、不自然かもしれませんが、この吊られた男のカードは、不自然さがもたらすたくさんのメリットを代表しているものでもあるのです。時折動きを止めること、あるべきものをそうでない形で活用することなどです。また、動けないという点では想像力が豊かになります。人間は印象活動なしに生きていけないので、動作が停止すると、その分、想像力や頭脳活動が活発化していくのです。

このような状態になった後で、魔術師のカードが続くことになります。これは何か新しく始めることを意味するカードなのですが、その始まりの力を与えたのは、吊られた男に他なりません。いつもと違う状態になって視点や考え方に大きな変化が起き、また動いているものが止まることで、新しい活力が発生したのです。通常いつも決まっていることが止まったりすると、決まったことを続けることで入り込むのを防いでいたような、より大きな範囲のパワーとか活力などが入り込んできます。それは魔術師の力を起こすには十分な力があったのでしょう。休息することでたくさんのアイデアが出てきて、それが何か新しいことを始める意志を刺激するのは、そう珍しいことではないでしょう。また吊られた男の次、すなわち12に1を足すと死に神になるので、この合計すると13のセットは、不要なものを取り除くことですっきりとスタートするビジョンが生まれることにも関係します。

XII 吊られた男

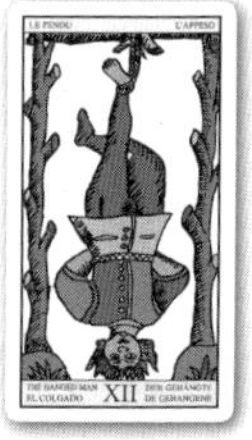

II 女教皇

無行動の中で生む新規の知恵と可能性
潜在的資質の開花

吊られた男のカードの12というのは、頻繁に使われています。月の数などもそうです。合計すると3の数字なので創造性ですが、偶数なので内向きになります。内向きの創造性というのは、精神活動を意味しますが、作家も作品を書いている最中というのは、この吊られた男の状態です。12は3×4で、これは占星術の構造でもよく使われていますが、創造的な活動を、自然界の四つの元素、火、風、水、土に浸透させ、それぞれの元素の中で自立的な生産性が生まれてくることを表現しています。つまり、素材の中に隅々まで活動的な精神が染み込んでいくのです。しかしたいてい、この生産的な活動力の3は、すべての元素に浸透していないことが多いようです。例えば、精神活動は活発でも、お金とか生活面ではほとんど創造的でない人。これは風は良くても、土の元素が不活発です。その意味では、吊られた男は平均化をしようとしていると考えてもよいかもしれません。冷暗所に貯蔵されたワインがだんだんと熟成するように忍耐強く待っているというふうに考えることもできます。身動きとれる場合には、その人はそれまでの自分の癖を続けてしまうので、不足は不足のまま、充満している元素は充満したまま、という形が続くからです。吊られている間に、これまで血の通っていなかったところまで、生産・創造原理の3が浸透しようとする時に、実はまだ使っていなかった自身の可能性をたくさん見つけ出します。

女教皇のカードは、人間の持つ潜在的な可能性を書物として描いています。私たちは、脳を数パーセントしか使っていないと言われていますが、これはこの書物の一部しか読んでいないというふうに考えてもよいでしょう。吊られた男は、今まで使っていなかったような部位を刺激します。そしてそれが新しい潜在的な資質を開花させようとします。行動して試すのでなく、むしろ何もしないことの中で、新しい可能性と知恵を開発すると考えるとよいでしょう。

XII 吊られた男

III 女帝

生産活動の準備段階 力を溜め込んだ後に走り出す

吊られた男は、反対側に吊り下げられていながら、足を「4」の形に似た姿に曲げています。直立した足は天と地をつなぐ直線ラインです。水平にした方の足の部分は横になるので、応用的な可能性を広げるということを意味します。そして、斜め四十五度の位置になった部分は、この縦軸と横軸をつなぎ、増やすという意味を持っています。縦、横、斜めが揃うと、八の字型の構造の部品を持っているということで、それはあらゆる方向性を満足させる可能性を秘めています。しかし、足は空中にあります。そのため、足があらわす地上化や実際性というテーマは想像上の、つまり机上のビジョンに他ならず、何一つ実行には移されていません。

続くのは女帝のカードです。これは試行錯誤と果てしない生産活動をあらわします。女帝のカードの3の数字は生産や創造、加速などを意味しています。女帝に欠落しているのは、生産したものを定着させたり、安定させたりすることです。これらは次の4の皇帝のカードに託され、皇帝は女帝のカードを止めることで、自分の働きをうまく発揮します。吊られた男は足が四の字に組んでありますが、これは実際的な実行、言い換えると4の皇帝のカードの力を想像していると考えてもよいかもしれません。その方向を想像しながら女帝のカードの生産性を発揮します。あくまでそれは想像上のもので、たくさんアイデアを生み出します。女帝のカードの3と、吊られた男のカードの12は、ともに3の数字のグループなので、根底にあるものは同じ性質。吊られた男のカードが内面的な生産力にすぎないという違いがあるのです。しかし後に実際的な生産力の女帝のカードが来るのですから、吊られた男は、何か生産的に活動する前の準備として、そして実際化を計画して、今動きを止めています。生み出すため、生産するために、吊られた男はじっと忍耐していると言えます。力を溜め込んだ後に、一気に走り出すような性質があるでしょう。

XII 吊られた男

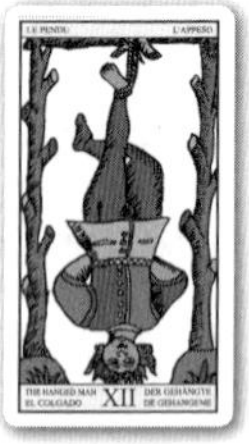

IV 皇帝

吊られた男は逆さまに吊られていて、手も足も使うことができません。閉じ込められていて、身動きとれないというような状況です。精神を活発化させるためには、物理的にはおとなしい方が好都合だという面があるので、必ずしも悪いカードではありません。皇帝のカードは、強い指導力や支配力、安定感、自分の活動の領域を広げていくことをあらわしているのです。もともと皇帝のカードは４の数字で、その前には女帝のカードの３の数字がありました。３の数字で作り出したものを、４の数字で安定させて普及させる。つまり３と４は連続的な意義を持っています。吊られた男のカードは12ですが、これは合計すると３の数字。つまり女帝のカードと吊られた男のカードというのは根本的には共通面があるのです。違うとすれば、吊られた男のカードは実際的な面では生産性を持つことがなく、内面的な想像力とか精神の活動にかぎられていることです。

　精神の活動が強い力や支配力となる皇帝のカードに続くのですから、これは精神性や知恵、時には宗教的なものまたは教育的なもの、これらの知識的な活動によって安定した状況を作り出すことができるという話になります。現代では、例えばインターネットの中で多くのファンをつかんで、そこで一つの集団性を作り出すような人々がたくさんいます。インターネットの活動は本人がどこにいるかわからないけれども、精神の活動はどんどん広がっていくという意味で吊られた男のカードそのものです。会社の社長で連絡はすべて電話とかメールを使い、本人がどこにいるかわからないというスタイルを続けている人もいます。皇帝のカードの力を発揮するのに、昔のようにその場にいなくてもよいのではないかということです。同時に吊られた男のカードというのはある種の犠牲をあらわしていますから、皇帝のカードという立場を維持するために、自分の生活的な面を犠牲にしているということも推理できるのではないでしょうか。例えば、家に帰れない病院長は珍しくありません。

精神活動により安定した環境を作り出す
立場の維持のため生活を犠牲にする

XII 吊られた男

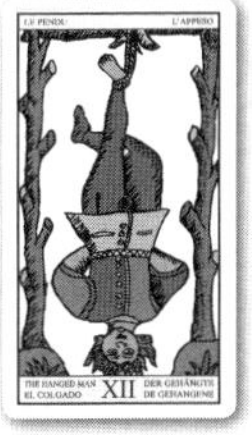

V 法王

精神的生産性を外部に発表 修行で会得したものにより高い地位を得る

吊られた男は逆さまになっていて身動きとれないので、物質的には拘束された状態であったりとか、事態が全く変化しない状態をあらわしています。ところが、このような状況の中で、むしろ逆に本人の精神活動は活発になっていきます。物質的に豊かでない場合には、反対に精神的に豊かになるケースがあるのです。もし物質的な面だけを考えるならば、この吊られた男は全くのところ異常な事態で、早くここから抜け出したいと考えることになるでしょう。しかし、吊られた男のカードには前向きな意味がたくさんあるのです。吊られた男の優れた点とは、外部に依存しないで自分自身の精神活動の中で、豊かさを生み出すことができるという点です。生命の樹のパスでは、自身の意志を聞き取る位置にあります。

ところで次に続く法王のカードですが、これは周囲の人に対して、自分自身の創造的な精神や宗教的な啓示を広げていくことをあらわしていて、周囲の人に与えるという性質を持っています。ちゃんと話を聞く人が周囲にいるのです。外面的な情報に依存しないで、自分自身の中の精神的な活動を通じて手に入れた充実した精神的生産性というものを、法王のカードを通じて、外に発表していくことをあらわしているのです。また、法王のカードは高い位置をあらわすこともあるでしょうから、それらは吊られた男の活動によって、つまりはその人の内面性や精神性、孤高によって作り出されてきたということを暗示しています。吊られた男は大地に接触していません。法王も似たところがあります。つまり生活者としては何もしていないことも多く、暮らしのための知恵などはほとんどないかもしれません。吊られた男はどこかに閉じ込められて、修業しているとか、あるいは瞑想しているとかなどということもあります。そうなれば、そういう体験の中で会得したものによって、法王の位置に就くとみなしてもよいでしょう。吊られた男は霊的な体と物理的な身体の分離をあらわしていることも多いのです。

XII 吊られた男

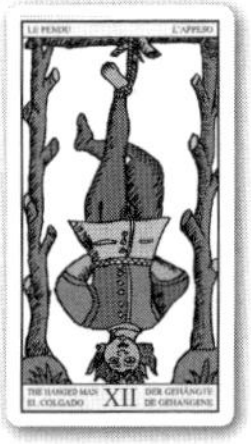

VI 恋人

未知の可能性が開拓され関係性が変化 夢で思い描いた相手との関わり

吊られた男のカードにはいろいろな意味はあります。しかし一番重要なのは、反対側になっていて、自分からは動くことができないということです。誰かが縛った足を解いてあげなくてはならない。自然的に自重で落ちることもあり得るかもしれません。そのように動けない時には、何をするかというと、動けるようになった段階でできることを夢想することなどでしょう。身体は凍結したように動かなくても頭の中は活発です。古い日本では冬至の時期に霊肉が分離して、そこで霊的力を強化するというタマフリの思想がありました。これは肉体から分離しないことには強化できないという点では、吊られた男も身動きとれない状況だからこそできるものがあって、それは正常な位置に戻った時には、もうできないことでもあるのです。物質的な意味では停滞や硬直。しかし精神的な意味では普通よりも活発なのです。

続くカードは恋人のカードで、これは6の数字なので、自分にとってフィットする相手や環境、場所などと出合うということを意味します。それを自分で選ぶことのできる人はなかなかいません。これは、その人にとって本当にフィットするものというのは本人の頭では理解していないことが多く、表向きの意識では的外れなことを考えることもしばしばだからです。吊られた男の状態にある時には、その人の精神が解放されて、今までよりも、もっと違う可能性が開くことが多いでしょう。そこで出てきた新しい切り口にフィットする相手や環境があらためて見つかるという意味に考えてもよいでしょう。つまり吊られた男のカードが始めに出てきたことで、これまで関わってきた相手とは違うものが出てくる。そうした未知の可能性を吊られた男が開拓したので、それによって関係性も変化するという意味になります。吊られた男のカードは夢を見るという意味でもあります。そこで思い描いた相手と関わりがやってくる。夢で見たビジョンが形になるには、ちゃんと着地しなくてはなりません。それは相手が出てくる時です。

行動開始前の忍耐や戦略
非行動的な人と行動的な人との取り合わせ

XII 吊られた男

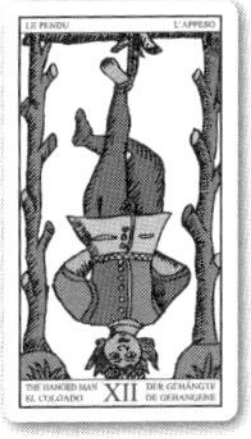

VII 戦車

　吊られた男のカードは、実際的な面では動きを止められ、停滞したり、また腐敗したりすることを意味します。人間を単一なものとみなし、精神と身体というふうに分けない考え方では、あらゆる面での忍耐の必要性も意味します。精神と身体を分ける考え方では、身体が身動きとれないことで反対に精神はこれまで以上に活発化するのだから、考え方によって解釈が反対になります。実は科学分野でもこの二種類の考え方の対立があります。もし精神と身体は別に働くし、精神は身体の付属品ではない、と考えるならば、吊られた男は自由な状況でもあり得るのです。中世のバスチーユ牢獄は、罪人が閉じ込められるだけでなく、何か作業したくて、誰にも関わりたくない時に自ら入る場所でもあったようです。政治家の入院のようなものかもしれません。これらも吊られた男のカードの意味になるでしょう。また吊られた男の12の数字は未知の可能性を探るという意味があり、それは動くことができる時には見つからないことも多いのです。収入の多い企業家というのはたいてい書斎があり、本を読むそうで、収入の低い人は本を読まないことが特徴と言われています。つまり高収入で成功している人は、吊られた男のような状態になる時間を好んで使っているということになります。

　続く戦車のカードは、これは行動的で戦闘的です。単純に戦車のカードで飛び出す前に、戦略を練る時に、吊られた男のカードの状態になると考えてもよいのではないかと思います。合計した数は19で太陽のカードと同じです。太陽のカードでは、10と9の、つまり政治的な子供と霊的な子供というふうに対比させてもよく、そりの合わないものが共同するのが太陽のカードの意義となります。つまり、吊られた男のカードという全く行動しない人と、戦車のカードという行動しかないような人の取り合わせがあってもよいのではないかと思います。二人の共同でもよいし、自分の中心に二人いるのでもよいでしょう。

大地からの分離とエネルギーの溜め込み 状況に振り回されない独立的判断

XII 吊られた男

VIII 正義

吊られた男のカードはかなりの特殊状態です。しかし大アルカナは全二十二枚で、この二十二枚が世界のどんなこともすべて網羅しているという発想で考えなくてはならないので、その点では吊られた男のカードの状態も、多くの人がしばしば体験しているとみなすとよい、つまり実は特殊ではない状態なのです。動かないことや拘束された状態、精神だけが活発化するという意味では、どこかのホテルで文書を書いているような状態もこの吊られた男のカードの状態だとみなすとよいのです。また何か食物を寝かせて熟成させるように保管しているような状態ですから、発酵を促し、しばらく寝かせておくことで洗練されてきます。速読術のフォトリーディングなどでは、一度読んだ本は一日ほど寝かせておくと脳に馴染んで記憶が引き出しやすいと言います。何でもこのようにしばらく寝かせておく、吊るしておくというのは大切なことなのかもしれません。

この後で正義のカードがやってきます。これは8の数字で、即断即決しないで、溜め込み、強い集中力を持って決断したり、判断したりするカードです。12が寝かせ、8は溜め込むのです。まるで味噌を作るようなプロセスかもしれません。合計すると20の数字ですが、これは偶然から支配を受けないようになるということが重要な意味を持つ数字で、審判のカードと同じです。偶然から支配を受けないというのは、何かしようとする時に状況に依存しないこと、時の流れに振り回されないことなどです。吊られた男は誰かに相談したり、話を漏らしたりしていません。一人で吊られているのです。正義のカードは内向きの数字で、じっくりと考え込んでいます。この二つとも、大地からの分離とエネルギーの溜め込みというセットになるのですから、ほとんど状況に振り回されないようになるでしょう。吊られた男のカードは状況に裏切られているという面もあり、時間の流れには比較的独立的です。

XII 吊られた男

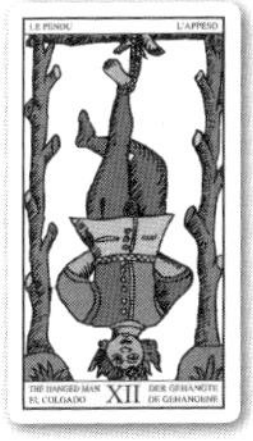

IX 隠者

精神向上のための非行動
社会的に中途半端な状況で行う知的活動

吊られた男のカードは、実際的な面では宙吊りにされて身動きとれません。精神的にはアイデアも豊富で充実しているのですが地位や立場としては膠着状態です。具体的には何一つ話が進まない状態と見てもよいので、忍耐力が大切で、そしていつ拘束が解除されるのかわからないという場合もあるでしょう。腐っていくものもあらわします。吊られた男のカードの後は死に神のカードなのですから、宙吊りで死んでいくということを暗示しています。もちろん具体的にそういう状況になるという意味ではないのです。むしろ精神とか、姿勢とか、感情とかの面でそういう体験を象徴的にしていくという意味で考えると正しい見解になるでしょう。生のままよりも、一度腐敗して発酵したものの方が平均化して洗練されており、優れているという場合も多いのです。占星術の場合には、惑星が逆行するとよくこういう状態になります。火星は半年くらい同じ場所にとどまることもあります。

次に続くのは隠者のカードで、これは精神的な向上を目指して探求する姿であり、基本的には活動分野は思想、哲学、精神性、知性などの分野です。吊られた男は身体的に拘束されているので、精神は自由に飛翔する性質があります。むしろ行動的に身動きがとれないからこそ、精神は活発になります。そして隠者のカードが目指すような模索をしていくということになるでしょう。隠者のカードの力を発揮するためには、隠者のカードの立場が有利に働きます。社会の中では、曖昧な状況やまた中途半端な状況に陥っているかもしれませんが、こういう状態だからこそできるものがあり、孤独性が強く出ている場合もありますが、それも好都合でしょう。つまり目的が隠者のカードのような精神的なもの、知的なものであるかぎりは、吊られた男のカードは能動的な役割を持っていると考えるべきです。ニートな暮らしというのも吊られた男のカードが示しています。図書館へ入り浸るということもあるでしょう。

XII 吊られた男

X 運命の輪

膠着状態の解決が新規のチャンスを招く 立場を放棄しなければ自由になれない

吊られた男のカードは実際的な面から考えると、マイナスな印象のカードです。反対に吊られ、手も足も出ない状態では具体的には何もできないので、ただ忍耐強く待つしかありません。夜に寝ようと思うが、しかしなかなか寝付けないという時も、この吊られた男と似ています。こういう時には、身体から分離したような精神の働きを開発することもできます。例えば、対外離脱なども。吊られた男のカードの両側には樹があります。この樹というのは、大地から天に向かって成長するので、日本では火の元素に対応し、また物質から精神に向かう大きな精神体系などを意味します。右と左に樹木があるために、それは対立した二つの考えがあることになります。そして、その二つをつなぐところに吊られた男が吊られているので、この二つの考えの中和的なところに立場があるのです。対立した二つのものの間に板挟み的に吊られていると考えると、何かが解決するまでは、そのままじっとしていなくてはならない、膠着状態であるとか、宙吊り状態になるということです。何かトラブルが解決するまでは何もしない状態になることもあります。そういうことをこのカードは示している可能性があります。

しかしその後運命の輪のカードがやってきます。これは大きく輪が回転することを示していて、大きな打開とステージが変わったりすることを示しています。つまり今、解決しなくてはならない問題があり、そこで足止めを食っているが、それが解決すると、急速に事態が好転し、チャンスがやってくるというような意味合いではないでしょうか。また吊られた男は足を上の方から吊られています。運命の輪にある上の場所は最も地位の高い、ステイタスなどをあらわす場所です。つまりある程度立場があるところに拘束されて、身動きとれなくなっている。そこから下りないことには、自由になれないということも意味するでしょう。

XII 吊られた男

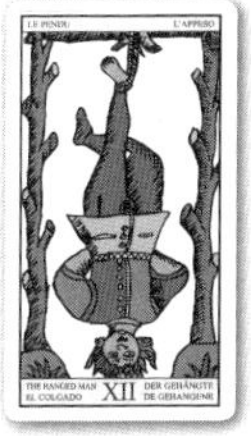

XI 力

本能や生命を精神的理念性で改革　無意識の衝動を消失

　吊られた男のカードの吊られた男は上空から吊り下げられています。カバラの生命の樹は、天から下りてきた樹とみなされていて、古い時代のプロティノスなどの流出論から生まれている面があります。これは神の世界から地上が作られたという、世界は上から下に向かって樹が伸びる思想で、柘榴にも例えられます。吊られた男も大地に立脚点を持たず、高次元な精神の世界に足場を持っています。これは具体的なことを元にして考える性質を持っておらず、精神的なことから何でも考えているという傾向をあらわしています。実際の大地の立場を持たないので、着地してない人間というふうに考えられるわけです。

　力のカードは人間の下半身に対応するような動物を女性が触っている図柄です。動物というのは、人間よりは大地に近い。それをコントロールしようとする時に、人は常に理念を持ち込むのではないでしょうか。吊られた男は上空から下りていて、地上的な欲求に支配された動物領域に関してコントロールをしていこうということになりますが、吊られた男が地上的なところに根拠を持っていないために、実用的な目的で考えているわけではありません。数字としての順番は逆となり、本来は力のカードによって川の流れを逆流させ、自身の魂の力を育成し、というのが吊られた男のカードへの推移なのです。動物の自然性を放任しているかぎりは永遠に吊られた男のカードの段階にはたどり着きません。さらに吊られた男のカードの段階で無意識的に動作する本能的な要素を淘汰しきるまで、男は吊られ続けます。あらためてこうした体験が力のカードに持ち込まれるとしたら、それは体験のフィードバックのようなもので、知らず知らずのうちに動かされてしまう衝動というものは、私たちの中からあらかたなくなってしまうでしょう。精神的な理念性から自分の本能や生命、大地から成長してきた要素に対して大きな改革を加えるのです。人工的な食物なども吊られた男のカードと同じ意味です。

XII 吊られた男

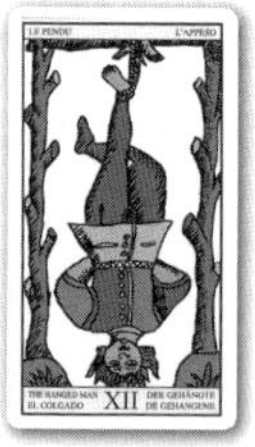

XIII 死に神

腐敗、死、再生、定着のプロセス 停滞したものを一時放置し諦める

吊られた男のカードの吊られた男はかなり不自然な体勢で過ごしています。しかし誰でも時々反対の姿勢になると、いつもは決してわからないようなところが見えてきます。そのため吊られた男の着眼点や考え方というものは鋭いものがあり、他の人にはわからないようなことがわかってくると考えてもよいでしょう。顔とか目は地上に近いところにあって、しかし自分の立場というものは上空から吊り下げられているので、とても精神的なところから地上のいろいろなことに対して観察し、他の人と違うような見方をしているというふうに考えてもよいでしょう。従って他の人はこの吊られた男から新しいアイデアとか珍しい考え方とかを引き出すことができるでしょう。吊られた男のカードと死に神のカードはタロットカードの順番としては並びどおりですから、この二枚のセットは自然な意味を持ちます。吊られた男は地上との接点が失われていて、栄養が循環しないような状況です。これは腐敗のプロセスやだんだんと肉体的に衰えていく状態であり、やがて死に神の死と再生を体験していくことになるのです。もちろんこれは錬金術の話のように象徴的に進んでいきます。状況がうまく進まなくなり、全体が停滞していき、そしてある時間が経つと回復不能になり、腐敗プロセスが進んでいきます。ところがこの腐敗は発酵と考えてもよく、だんだんとエッセンスが集まります。余分なものが落ちていくのです。そしてエッセンスは次の節制のカードで地上に下りていきます。現在何かがうまくいかない時には、それをそのまま慌てて回復させようと思うよりは、いったん放置して諦めるのがよいのではないでしょうか。やがてその後でより優れた新しい方向へ転換が生じるのです。慌てて事態を解決しようとすると、せっかく進行していた腐敗、死、再生、定着という段階が台無しになることもあるのです。中途半端に止めないことが大切です。行き着くところまで静観しましょう。

Ⅻ 吊られた男

ⅩⅣ 節制

長期間かけて確実に変化
急ぐことなく待つ姿勢が必要

吊られた男のカードの吊られた男は手も足も使うことができず、物質的な面では苦しい状況に置かれています。良い面としてはこのような状態の時には常に精神活動というものは今までになく活発になってくるのです。活動によって押し込めていた否定的な感情とか屈折した心理も表面化しますから、心の浄化にはとても良いことでもあるのです。節制のカードは、一つの器から次の器へ、液体が流れていくことを示しています。つまり中身は同じであるが、外側の器が変わってくるのです。一つの器は太陽をあらわし、もう一つの器は月をあらわしています。精神的な願望でしかなかったものが、やがては形になっていくということもあらわしています。そのためには時間や忍耐が必要で、また節制も必要なのです。節制がなければ活力は無駄なところに流れていき、目標を形にすることができなくなっていくのです。

節制のカードはゆっくりと確実に成果が手に入ることをあらわしてはいますが、その前に身動きのとれない吊られた男のカードがあるのですから、長い時間じっくりと待たなくてはならない状態となるのです。ずっと待ち続け、忘れた頃に形になっていくという場合もあるのではないでしょうか。12は生産的な3の数字に関係しています。一方で14は楽しみや遊びを広げる5の数字に関係しています。生み出す力が十分にあるということなのですが、ともに偶数なので、内側で生まれていき、そして内側で変化していきます。他人から見るとおとなし過ぎて、なかなか違いがわからない。ところが見えないところで大きな変化を起こしている。人間が成熟していくこと、理解が進むこと、それによって後戻りのない確実な変化が生じていること、急いではならないこと、外に期待しないこと、これらが重要だと言えるのです。この二つのカードの間には、死に神のカードが挟まれています。吊るされて、死んで、そして生まれかわる。このような一連のプロセスをあらわしています。

精神的パワーで地上を支配 他人を介して世の出来事を動かす

XII 吊られた男

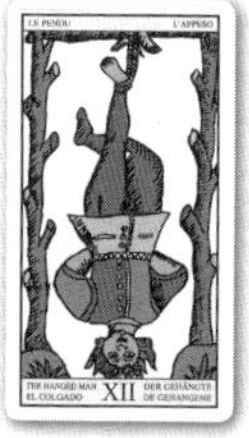

XV 悪魔

吊られた男のカードの吊られた男はあらゆることが反対に見えてきます。上にあるものが下に、下にあるものが上にあるのです。立場は上空にあり、対象として見るものは地面に近いので、精神的な観点から物質的な現象を考えているということになります。このような考え方の中では、意味とか象徴性とかを重視することになり、どんなことに対しても、そこにはどういう意味があるのかということを考えるようになります。実際問題として吊られているわけですから、何事も進めることができません。できることといえば考えることや想像すること、それ以外には何も許されていないのです。しかしあらゆる作家や物書きをしている人々はこのような状態であると考えてもよいのかもしれません。創作をする人にとっては、吊られた男のカードというのはある意味重要なカードであるのです。

続くカードは悪魔のカードです。これは上にあるものが下にあるものを支配することに関係したカードです。下には二人がいて、上には男性と女性を一体化させたような悪魔が立っています。上にあるものはこのように陰陽が一体化していることが多いのです。一体化しているからこそ上に存在できるのです。

この上の状態は、吊られた男がずっとぶら下げられていた場所だと考えてもよいでしょう。吊られた男のカードは上空から影響を取り込んでいて、その意味では精神的な部分でのパワーは十分に持っています。その力を使って悪魔のカードのように、地上の二つを支配することになります。監獄の中に閉じ込められている教祖や支配者が、世の中の出来事を動かすというシチュエーションのドラマなどがありますが、それも連想させます。自分の手足が動かせない。自分ができないことを代わりに人にさせて、しかも強い支配力を発揮する。合計すると27の数字ですが、これは強い引き上げ力や向上心なので、通常ではできそうにないことを強い意志でしようとしているとも言えます。

XII 吊られた男

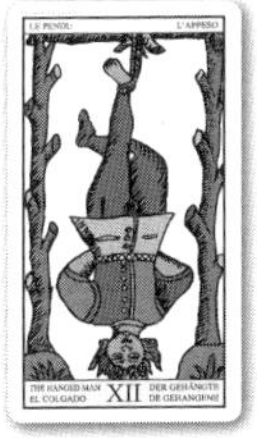

XVI 塔

膠着状態が枠の解体を招く 異常な行為がスキャンダルを呼ぶ

吊られた男は転倒した状態をあらわしています。これは身体的に、というよりもシンボリックな意味ですから、状況がひっくり返っていて、いつもの普通の状態ではないというふうに考えるとよいでしょう。正常になるまで待つということが必要なのでしょうが、元の正常に戻る必要はないと考えることもできます。一度転倒したら、今度はさらに転倒して元に戻る。例えば、病気というのは誰でも治療する必要がありますが、それを元に戻すというよりは、新しい健康を確立するというふうに考える人はたくさんいます。どんなものでも元には戻らない。とすると、新しく健康な状態を模索し構築するということです。病気や怪我には積極的な根拠があり、それをうまく汲み取って新しい地平に向かうというのは、多くの優れた医者が主張する言葉です。

これまでの価値観が通用しないような転倒状態の中で、次に塔のカードがやってきます。これは殻を破るという意味で、閉じ込められていた状況から、開放されるという意味を持っています。どんなことにも周期があり、ある時期が来れば殻を破って、再生しなくてはなりません。吊られた男のカードから塔のカードにつながるということは、もちろん吊られた男のカードの異常事態あるいは膠着状態というのは、結果的にこれまで続いてきた鋳型やスタイル、殻などを解体する結果になるのです。そもそも吊られた男は上から吊られていて、大地に足場がありません。ですから、塔のカードのように大地から天に伸びるものとは反対の見解を持ちます。動かない硬い殻は、吊られた男のようにじっと待つことの中でやがては解体し、この段階で初めて吊られた男は拘束から自由になることができます。塔のカードを否定的に読む古いリーディング法では、異常な行為がスキャンダルを呼ぶという読み方もあり得るかもしれません。吊られた男のカードが塔のカードの雷そのものであると考えてもよいでしょう。

大地と接点のない人の影響力を受け取る生活不適応の人を育てる

XII 吊られた男

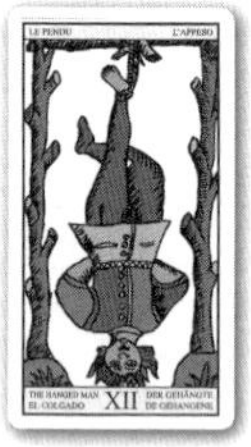

XVII 星

吊られた男のカードの吊られた男は反対側にぶら下げられて、異常な事態の中にいます。これはいつもの当たり前の状態ではなく、長くこの異常事態にとどまると元には戻らないでしょう。吊られた男は上から吊られていて、大地には接触していません。そのため、大地が示す具体性や実際性からは離れていて、天から来る抽象性や精神性というものが存在の根拠になるということになります。ほとんどの場合、私たちは大地から伸びるものが真実だと感じ、このように、天から下りてきた考え方に対しては、曖昧であまり使えないと思ったりします。つまり大地から切り離されているというのは、具体的な証拠と対応しないのです。

星のカードは天の星の力を受信する裸の女性を描いています。裸ということは、守るもののない状態で地位あるいは金銭、あるいは社会性などが剥奪されています。このような状態は不安ですが同時に自由です。しかし彼女は大地に座っています。そしてそこで星の力を受け取ろうとします。地上的でありつつ、守られておらず、むき出しの柔らかい受容性を発揮し、そこに遠い星の力が下りてきます。吊られた男が星の仲介者だとすると、吊られた男のカードの力を星のカードの女性は受け止めることになります。星のカードの女性は星に対して全面的に開いているので、抵抗する要素はほとんどないのです。これは星のカードの前の塔のカードで塔が壊れた結果です。天からの意志は受け継いでいるが、大地との接点がない人やその影響を大地に座っている者が受け取り、また不足を補うことになります。まるで生活不適応の人を育てる人物が現れたかのようです。吊られた男は社会との接点は失われていますから、それはニートの場合もあります。それの面倒を見てくれる人という場合もあるでしょう。星のカードの17の数字は、もともと8に属するので、溜め込みの節目に影響を外に放出する性質があります。つまり間歇的で適度な距離感もあり、いつも密着するわけではありません。

XII 吊られた男

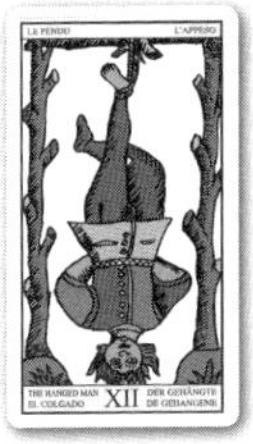

XVIII 月

吊られた男のカードの吊られた男は反対側になっていますから、すぐに移動することはできません。私たちは身体的には身動きできます。しかし、スピリチュアルな身体は肉の身体のように動くことはできません。自分の使命は何かとか、自分はどこに所属しているのか、本性は何なのかと考える人は多いと思いますが、これはスピリチュアルなレベルでは移動を好まない植物状態の段階にいると考えてもよいのです。霊的な意味では、実は人間は自立しておらず、大きな樹に所属してじっとしています。自分はそうではないと思う人は、自分を身体的な存在と見ているだけです。ということは樹からぶら下がる果実のような吊られた男は、実はそういう人間の姿を浮き彫りにしたにすぎないのではないかとも考えられます。私たちの明晰な意識は神経の刺激から来るものに依存していますから、大地と切り離された、つまり物質や器官と切り離された生存というのは夢の意識のように朦朧としてきます。

太古の意識の中で自分の位置をサーチ 状況の停滞中に予想外のものが登場

次に月のカードがやってきますが、大地の底からザリガニが上がってきます。私たちの脊髄はあらゆる生物の地図を持っていますが、このうち人間に該当する椎骨が膨らんで人間の脳になりました。それ以外の領域が何らかの理由で開かれたのが月のカードの意味です。吊られた男のカードと月のカードは、ともに日常の意識とはほど遠い特異なところにいるのです。吊られた男のカードをさなぎのような状態、あるいは冬眠のような状態とみなすと、自分の古い退化した太古の意識に触れるという体験を考えてもよいのではないでしょうか。この中で自分の位置をサーチしていると考えてもよいのです。月のカードは流動的な状況となるので、実際的な面ではこのセットは異様な状況であるのですが、探索という面では限界がありません。そもそも月のカードの18は旅をあらわす数字です。吊られた男なので行動的な旅でなく、脳内の旅をしています。状況が停滞している間に予想外のものが飛び出してくるということでもあるでしょう。

XII 吊られた男

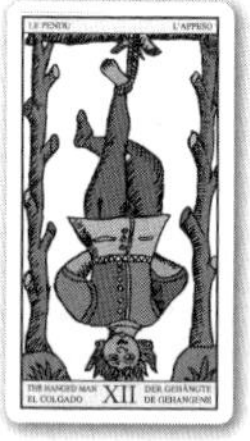

XIX 太陽

異常事態の末に影の領域を飲み込む視野拡大の過程で起こる状況の停滞

吊られた男のカード吊られた男は上から吊り下げられています。タロットカードではしばしば上の次元と下の次元という対比がよく描かれるのですが、吊られた男は不自然な形で吊られていて、自分が今置かれている状態には馴染んでおらず、それは異常な状態であると認識しているのでしょう。いつかはこの状態に馴染んで、これが普通であると考えることもあるかもしれません。もしそうだとしたら、彼は自分の定位置を変える結果になります。すると、彼は今までとは違う次元やレベルに移動するのです。そのためには、大地との接点を失い、つまり人との関係性や立場、時には親族との関係、あらゆるところから切り離されて、さなぎのように次の新しい存在状態になるまではずっと宙吊り保管されているのです。

　太陽のカードは、上の次元に太陽が下の次元に二人の子供が描かれています。吊られた男のカードは、うまく自分の生き方がシフトできたら、この太陽のカードの中で太陽の位置に収まると言えます。太陽のカードは、太陽が一なるもの、

下は陰陽分割です。たいていどの国の知識でも元は一つの原理があり、それが二分されます。中国であれば太一陰陽五行という原理ですから、やはり陰陽の前は、太一という一つのものです。太陽系では太陽というのは絶対の無の原理です。吊られた男では大地から切り離され、この中空にいる間に自分の中で男女的な二分された意識が混ぜられ、混ぜられている間はこれまでの分化された自分というものを失うので、朦朧とした意識状態に入ることになります。しかしこうした経過を過ぎれば、太陽のような大きな視点で生きることができるようになるのです。これまで敵対視し、対立していた、自分とは反対側のものを受け入れ、より余裕のある視点に変わり、また地上は一つの遊び場なのだと思うこともできるでしょう。影の領域を飲み込むための成長の時間として、しばらく吊るされていると考えられるのです。

XII 吊られた男

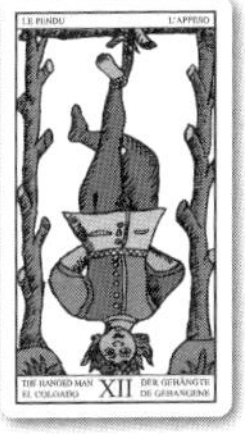

XX 審判

吊られた男は中空に吊られています。大地から切り離されているというのは、言い方を変えると、私たちの身体の中にある神経器官から切り離されている状態を意味します。ルドルフ・シュタイナーは血液が神経組織とつながりを失うと情報や印象は、地上的なものが消え去り、スピリチュアルなものになっていくと説明しています。その点では吊られた男は、神経組織から切り離された夢遊状態にあると考えてもよいでしょう。人間は元は世界卵としての球体であるという思想がありますが、これも吊られた男と似た状態です。その世界卵が割れると、私たちは時間の世界の中に落ちていくとみなされます。天体は回転していて、また物質は異なる状態に変化する。これらと同一化して生きている間は、人間もまた時間の中で生きているかのように感じますが、それは幻想であり、世界卵の段階では時間はないと主張する考えもあります。吊られた男は神経組織からは分離しているので、時間の中に生きておらず、彼にとっては夢想状態の中で、過去も未来も混ざり合ってきます。

夢想状態で体験の全貌を見る　身動きとれない状況で思いを巡らす

続く審判のカードは、時間の消え去った世界をあらわします。死ぬ前に走馬燈のように一生を回顧する体験をすると言われていますが、時間が消えそうな境界線では、これまで時間で隔てられていた体験の全貌を見るし、この体験そのものが審判のカードのようなものなのです。月のカードはさまざまな旅をしますが、審判のカードでは全貌を見るということが重要になってきます。忘れたことを思い出すので、幼少期のことをふいに思い出したりすることもあるでしょう。ある意味でこれは臨死体験的なものです。身動きとれないところでたくさんのことを回顧して、反省するところは反省し、さまざまに思いを巡らすということにもなるでしょう。小さなカプセルに閉じ込められ、それが墓にも似ているという点では酸素カプセルでさえこういう体験をする人はいます。

XII 吊られた男

XXI 世界

精神活動が生み出す像を形に 一時孤立し世界像を焼き直す

吊られた男のカードは文字どおり吊られているために、身動きがとれない状態です。そのような状況の時には、頭の中は活発になります。吊られた男のカードの12の数字は、1と2を足すと3になります。3の数字は創造的な性質をあらわしていて、何かを生み出すのです。12の数字は偶数であるために、それは内向きになっていき、内面的な創造性ということになります。創作をしている人にとってこの吊られた男のカードはなかなか適した状態を作り出すのです。世界のカードは21の数字で、これもまた3の数字の系列です。しかし21は奇数なので、外に対して働きかけます。3に関係したものは、3、12、21と続くのですが、21はそれまでの3及び12の両方を合わせ持ったような性質だと考えます。そう考えれば、吊られた男のカードと世界のカードは同じ系統でありながら、吊られた男のカードの段階では、想像的な、あるいは前駆的な状態であると考えればよいのです。

私たちは習慣的に目に見える領域を判断の基準にして、何か考えたりします。アイデアが欲しい時も実際の資料や本を読んだりします。ところが、これでは世界のカードに到達できません。というのも世界のカードはまずは根底的な個人の創造力を基礎に焼き直された世界像だからです。まずは吊られた男の体験が必要で、ここでは外の領域との関係が一度切り離され、孤立して考えたり思ったりしなくてはならないのです。そうした体験を通じて、やっと世界のカードの性質を理解することができるようになります。吊られた男は今まで足りなかったものを世界のカードで実現します。中空に吊られていた男は、再創造の現場に下ろされます。身動きとれず、精神活動をより活発にすることで、生み出され完成された、まるでファンタジーのようなイメージを、今度は形にするというのが世界のカードです。世界のカードに至るためには、吊られた男の体験を通過しなくてはならないと考えるのです。ファンタジー作家が大陸を作り、また宇宙を創造するというのもこのセットではないでしょうか。

XIII 死に神

Death

XIII 死に神

0 愚者

死に神のカードというと、凶悪な印象を感じて良くないことだと思う人は多いかもしれません。しかしそう思うと通念に支配されたことになり、タロット占いとしては当たらない結果になります。13の数字は脱出するという性質を持つので、住民を政治的に特定の場所に閉じ込めておきたい時代には、13を良くないものと喧伝することになりました。その点で死に神というのはむしろ超越性という意味が本来のものです。余分なものを整理するというのは絵柄から見ても強調されています。新しい方向へ転換するために、これまでのものを停滞させて、再生させるという流れです。始めるためには前のものを止めなくてはならないのです。

次に愚者のカードがやってくるのですが、愚者はこれまでの世界から飛び出していく、逃走する、持ち物をなくすということで文字どおりゼロにすることをあらわします。これはより上位の次元にジャンプすることをあらわし、戻ってくる時には魔術師に変わっています。旅をして旅先で良いものを見つけ、まるで輸入業者になるのが魔術師なのです。死に神のカードはより良いものを持ち込みたいために、これまでのことを停止させる。そして愚者は出かけていって、未知の探索をする。この意味ではもちろんこの二枚セットはお似合いのものと考えることができます。愚者単独であれば途中放棄のようなものかもしれませんが、死に神があればいったん終了して、そして旅立つことになるので、後片付けもすることになり、すっきりしています。この二枚が出たら思い切って今までのことを止めて旅に出るとか、しばらくは経歴の空白を作るくらいの方がよいでしょう。もったいないと感じることはたくさん出てきます。しかし決断する時に、諦めなくてはならないものは必ずあるのです。いかにたくさん捨てることができるかで、力強く再スタートできるかも決まります。

既存のものを停止し未知の探索へ
思い切った旅や経歴の空白が必要

XIII 死に神

I 魔術師

粛清した後の新規スタート
マイナス要素や一度捨てたものを生かす

死に神のカードは、これまでの依存心や期待する心を捨てることで、自身の本当の創造的な姿勢を発揮することを示します。生命の樹では、本質的な中心部分の胸の中枢と期待する心をあらわす左腰の中枢の間に、このカードが位置付けられています。誰でも生活の中では期待する気持ちというものが働いて、これが本当の創造力を発揮することに対してのブレーキとなっています。例えば誰かが見ていると、緊張して何もできなくなるという場合がありますが、これは自分を相手に対してうまく見せたいという意志が働くからです。いったん全部諦めてしまえば、本当の意味での積極性というものが出てきます。そのためには、一度希望する気持ちや期待する心を失望させなくてはならないということであって、死に神はより強い力を生み出すために、一度落胆させることをあらわすカードなのです。また、しばしば「魂の暗い夜」と言われているカードです。

これがうまく発揮されることで、次の魔術師のカードに受け継がれていきます。それは粛清した後に、新しく始めるということになります。例えば、お店がうまくいかなくなった時に、一度これまでの方針を捨てて、すべてやり直すというようなケースがこれに該当します。単に始めるだけならば魔術師のカード一枚で済むことです。わざわざその前に死に神のカードがあるということが、これまで続くことを停止させて、という条項が加わることになるのです。何らかの理由でこれまでのところにいられなくなったとか、これまでのことを続けることができなくなった、そのため違う場所で始めたということです。それはよそにあるものを持ち込むという魔術師の越境者的な意味を生かすことになります。今まで失敗だと思っていたものが、実は新しい副産物を生むことになります。マイナスな要素とか捨てていたものを生かすということもあります。うまくいく鍵は、これまでのことにこだわらないこと、期待する心を捨てることだと言えます。

XIII 死に神

II 女教皇

現状を一時停止し潜在的資質に目を向ける 本来性を探すための無行動

死に神のカードは13の数字なので、カリスマ性、協調性のない状態、破壊的、改革的、ありきたりのことに対して迎合しないなどという性質を持っています。例えば、13日生まれの人は少なからずそうした性質を持っています。カバラの生命の樹では死に神のカードは、金星から太陽へというパスに割り当てられていて、これは期待する心がある間は決して創造力も積極性も発揮できないことをあらわしています。一度、その期待する心が死ななくてはならず、そうすることで個人の中の太陽の力が開発されるということをあらわします。つまり、死に神のカードが出てくると、すっきりさせなくてはならないという意味なのです。

次にやってくるのは女教皇のカードです。潜在的な可能性は膨大にあるが、何も決定されていないというカードです。書物は私たちの遺伝子的な情報、さらにはもっと広大な意味では宇宙的な書物です。私たちは時間のない世界から時間のある世界に入った時に、あらかじめ存在する書物を始めから終わりまで順番に読むように体験します。時間の外に行けば、この書物は一瞬で全貌を読むことができるというわけです。死に神はこれまで続いていたことを止めることを意味しますから、その後の人生コースについては自由な状態にあると考えてもよいでしょう。一度停止するのだから、また前と同じものに戻ることは考えにくいはずです。自分の中の潜在的な資質をあらためて考えるとよいでしょう。それに女教皇は生命の樹では、その人の最も本来的な人生コースを保持している場所をあらわします。死に神は、自分を本来のものに戻すために、これまでしていたことを止めてしまったというわけです。本来のものを探すために資料を調べたり読書したり、しばらくは行動しないでいるのもよいでしょう。女教皇は行動的でないし、研究職のような立場のカードでもあります。死に神は止めるということですから、止める・行動しないということが強調されます。

原点に戻り本来の生産力を発揮　創造力再生のため余分なものを取り払う

XIII 死に神

III 女帝

死に神のカードは肉を削り取って、骨だけが残った絵柄が描かれています。どんなものにも骨子となるものがあり、それは法則的には神聖幾何学なのだと言われています。例えば地球のコアには、六面体のような結晶があるという話もあります。その上に柔らかい肉付けがあって、それは本来の骨子となる構造に反する、余分な膨らみなども加えています。死に神のカードは、この余分な遊び部分を削除して、もともとの神聖幾何学のような構造を浮き彫りにするという意味で、原点に戻ることを示しています。肉付けに関心が行き過ぎると、本来の骨子を忘れてしまうことがあり、死に神は本性に戻るのです。

女帝のカードは豊かな生産力をあらわすカードです。生み出しに生み出し続け、それが終わることはありません。この生産力や創造力は、死に神のカードがあったからこそ再生できたと考えてもよいでしょう。もうすでに説明したように、死に神のカードは本来の神聖幾何学的な骨子をむき出しにして、余分な肉を削り取る力を持っています。そのことで女帝のカードの力がすっきりと発揮されるということになります。何かに力を奪われている人はそれを止める、迎合を止める、遠慮もしない、ノイズに悩まされないなどです。その上で、もともと持っている生産性を発揮するということになるのです。しばしば死に神は不毛性と言われます。死に神の不毛性は、根本的な創造性をむき出しにするために、それの邪魔になっているような虚飾、期待感、依存心、習慣的な心という要素を不毛にしていくという意味なのです。船の底のスクリューに絡まっている余分な藻などを取り払うと軽快にエンジンがかかるようになるというニュアンスで考えるとよいでしょう。合計すると16で塔となります。限界を突破してすっきりという意味です。その後は生産的な状況へと変わっていきます。

XIII 死に神

IV 皇帝

余分なものを打破し基本を普及
古いものを滅ぼして拡張する

死に神のカードは露骨な姿勢をあらわすということも多いと思います。露骨というのは文字どおり、骨をむき出しにすることです。死に神のカードの絵柄では、そのように肉をばらばらに切り離し骨が残るのです。占星術では骨と皮というのは土星があらわしています。それはあらゆる有機体の基本的な存続を維持するために必要な保護や規律、維持力などを司っています。土星がうまく働かないと、どんなものもその最低限の基本的な事柄さえ維持できなくなるのです。枝葉をなくした樹が土星なら、それがしっかりしている間は、また枝葉をいくらでも作り出すことができるのです。そこでユダヤの古い時代には、この死に神のカードに与えられている13の数字は神聖で本質的な数字であると考えられていました。露骨な性質を示すのが死に神ですが、それは次に皇帝のカードの力を手に入れることになります。

皇帝のカードは4の数字で、それは基本的な考えや姿勢などを縦にも横にも拡大して、普及し、他のものも同じものに染めていく拡張力をあらわします。それは皇帝が領土を拡大していく姿そのものです。占星術では4という四番目の蟹座がこれに似ています。世界中に広まる流行とか、売れている企業などの力はみなこの蟹座の一つの型を世界に広げていく力に関係します。露骨さ、そして普及し拡大するものというセットは、余分なものを打破して、基本的なところを普及させるという意味になります。昔カメラ屋さんが高額な商売をしている時に、価格破壊をしたあるお店はあっという間に流行りました。レーシングカーはできるかぎり軽い方が速い。余分な遠慮のない基本的な骨子のものや露骨なものは、浸透力が高いのです。他を圧倒して広がる力があるということなのです。13も4も4に属する共通した性質。つまり死に神と皇帝は裏表の関係で成り立っています。古いものを滅ぼしては拡張するというような意味合いもあります。

XIII 死に神

V 法王

死に神のカードは余分なものを減らす、本質的なところを浮き彫りにするということに大きな意義を持つカードです。また自分の中から底力を引き出すためのきっかけを作り出します。絵柄ではしばしば下界のいろいろなものを鎌で刈り取ることから、掃除をするとか整理整頓するという意味で考えてもよいでしょう。また、肉のない骨というのは、因果の因の部分を重視して、果を刈り取った状態をあらわしますから、いずれはこの本質的な骨子から新しくさまざまな可能性の枝葉が伸びてくるのです。死に神が出てきた時には一時的に具合が悪くなりますが、それは必ず新しい発展を作り出すので、それに慣れてくると、死に神が出てくることを期待するようにもなってきます。一方で今までどおりのことが続くことを望む人から見ると、死に神は不吉なイメージもあります。この死に神のカードの13は神聖な数字と言われていました。そうした古い時代には、むしろ7が不吉な数字と思われていたのです。

本質を積極的に主張
既存の枠とは異なる提案で物議を醸す

法王のカードは内面を通じて、神の世界と人の世界をつなぐという役割の存在を意味していたのですから、他の多くの人と同列に並んでいるわけではなく、自分には何か優位性がある。そしてそれを周囲の人に対して、社会に対して、積極的に主張するような意欲をあらわすことも多くなります。死に神は余分なものを取り去り、本質的なところを思い切り強調することなのですから、その意志をそのまま外に対して広げていき、隠すことなく主張していくことをあらわすことになるでしょう。つまり、今までとは違う提案をすることになるので、物議を醸すような話題を持ち込むこともあると思います。死と再生の発想を重視した考えは、例えばゾロアスター教などもありますが、小説家のヘルマン・ヘッセは、『デミアン』でそのような思想を作品にしましたが、当時の若者はバイブルのようにみなしたのです。

XIII 死に神

VI 恋人

互いに影響を持つ相手との関係性を書き換え深刻な体験の通過が生む深い関係

死に神のカードが出てくると、それはこれまでのことが終わり、新しいことが始まる切り換え時期に来たということをあらわします。これまでのことを継続したい気持ちから見ると、まさに死に神的です。反対に、新しいことを始めたいという視点から見ると、チャンスをもたらすものとなります。一時的に停滞を体験しつつ、そこで根底にある創造的な意志が強化される、「魂の暗い夜」と言う経過をもたらすことを意味しているので、底力が発揮されるまで冷静に事態を見つめることも大切です。どうして今までのものが終わらなくてはならないのか、それを考えてみるとよいでしょう。

次に恋人のカードがやってきます。この二枚セットは主語と目的語のような関係にあると考えると、恋人のカードに関係することで死と再生を体験するということになります。恋人のカードは特に相手は恋人とは限りません。会社や共同相手、環境との関係などの場合もあります。6の数字は自分に対してレスポンスのある対象をあらわしており、互いに影響を与え合い、どちらが主体かわからないような関係性を示しているのです。どちらかが主体でもう一つは客体と思うと、それはあまり6の数字らしくないところもあります。これは、主体というと、自分は変わらないように見えてきますが、6の恋人のカードでは両方が相手に影響を受けて、元の自分とは違ってくるという面が多いからです。そして一度関係を確立すると、互いが依存関係になっている要素が高いために、それを解消するのは難しくなってきます。しかし死に神のカードは、今、その関係性を書き換えようとしているのです。恋人のカードは、外部の力がかからないと自分からは関係性を変えられないという本性があります。もともと6の数字は受動的です。深刻な体験を通過することで生まれた深い関係という意味も考えてもよいでしょう。一緒に体験すると絆は深くなります。

余分なものを強制的に削除整理することで勢いを増す

XIII 死に神

VII 戦車

　死に神のカードが出てくると、何らかの意味で破壊的です。これは否定しようがありません。タロットカードの二十二枚は、この世で起こることのすべてを物語ります。どんなことも、この中のどれかのカードに結び付くのです。そのため、世の中に何らかの破壊的な出来事が生じることがあるなら、それは死に神か、あるいは塔のカードに結び付ける以外に選択の余地はありません。破壊的な出来事は世の中からなくなってほしいという人は多いはずです。しかしそれがなくなることはなく、もっとより良いものに変化していくだけです。これは、死に神のカードも死と再生という法則であり、それは何かが死に、次にそれを土台にして、新しいものが生まれるという原理は永久に失われるものではないからです。どんなものも必ず死ぬ。そして姿を変える。これは死に神と続く節制のカードのセットです。タロット占いではたいていこれらはシンボリックな事柄として読みます。仕事を辞め、次に新しい仕事を始める。そういう時でも死に神のカードとして表現できるでしょう。

　次にやってくるのは戦車のカードですが、これは戦闘的で速度の速いものです。死の運び人や死をもたらす人という意味で考えてもよいでしょう。また死に神によって、余分なものが整理された結果、戦車はもっと勢いがよくなるという場合もあります。車体の中にある荷物を減らすとレーシングカーはもっと速くなれます。戦車のカードは7の数字ですが、これは必ず価値観の一方性というものを持ち、明暗を作り出し、対立するものを両立させるという発想はありません。そのため、死に神の運び屋になった時には、余分だと思ったものを減らす行為は強制的になりやすいでしょう。停滞も急激にやってくると考えてよいでしょう。合計すると20で審判のカードとなり、集中すると必ず手に入るという意味にもなります。他を捨てて一点のみ重視です。

XIII 死に神

VIII 正義

死に神のカードはこれまでのことを終わらせ、新しいことをスタートさせる改革者です。何かを始めるためにはこれまで動いているものを止める必要がありますが、止めてしまうと、動いている時に維持できていた印象や感情、状況が急に変わります。私たちの思いというのは、何かが動いている時に継続していたものであり、止まった時には全く別のものが現れてくるのです。こうした世界の隙間を開けるというのが死に神の数字の13の意義でもあります。タロット占いでも死に神のカードが出てくると、世界が一時停止して、より良い力が出現してくる時だと考えます。例えば、どこかに出かけようとした時に、気分も悪いとか、あらゆることがうまくいかない、もしくは交通渋滞というふうな悪いことが重なる時には、それまでの自動機械が停止を始めています。つまり今までよりももっと良いことが訪れる前触れです。

正義のカードは、二つの要素の対立から抜け出して、これまでとは違う一歩進んだ判断ができるチャンスを意味します。

一時停止が可能にする正しい判断 世界の動きが止まり腰を据える瞬間

戦車のカードの7は葛藤ですが、正義のカードの8はその葛藤からの脱出でもあるのです。つまり、動き回り、揺れ続けていた事態が死に神の作用で停止して、そこに空白のより良いものに向かう裂け目ができて、その結果として正しい判断ができるようになったということです。そのため、これは夢から覚めたように、しっかりしてくると考えてもよいのではないでしょうか。正義のカードを説明する時には対比として、その前駆状態の戦車のカードを引き合いに出すとわかりやすいです。それは何らかの価値観に損なわれていて、正義のカードの段階で立ち止まると考えてもよく、死に神の世界を止める働きと結び付くと、腰の据わった瞬間と考えてもよいのではないかと思われます。合計した21は真の創造力の発露であり、休みなく動いているものをぴたっと止めて、自分らしい考え方を主張することができるのです。

XIII 死に神

IX 隠者

死に神のカードは超越性ということを意味していて、今まで続いていたものに割り込んで新しい秩序を持ち込みます。例えば、占星術では十二サインというのは果てしなく繰り返すように思えますが、しかし一つの十二サインの輪が完結し、また新しく牡羊座に入ろうとする時に、ただの円回転でなく螺旋状態に上昇しようとする力が働くと、次にやってくる牡羊座は十三番目のサインと考えてもよいのです。キリストと十二使徒の場合には、キリストが十三番目か、あるいはキリストを一番目と考えると、最後に残った使徒ユダが十三番目となり、それは終わりか、あるいは始まりか、いずれにしても、端をあらわします。もし私たちが人生は一つきりでなく、連続する中の一つなのだと考えると、死の際にやってくる死に神は案内者または呼び出すものという意味で、新規なチャンスなのです。死に神を不吉と考えるのは、人生は一つだけでこれ以後何もないと思うからです。それであれば、奪うものというイメージを考えることもできるでしょうが、それは

隙間の時に考える 停滞の時期こそ人生方向選択のチャンス

真実ではないでしょう。死に神は次の螺旋につなぐ役割があるのです。

次に隠者のカードがやってきます。それは真剣に考えること、また哲学や思想、瞑想などでもあります。隠者は自分の存在をグレードアップすることができます。死に神がこれまでの流れを断ち切り、次の螺旋につなごうとする時に、自分にとって一番重要なものは何かということを考えることで、自分の人生や人格の質を上げることができます。いつものことが続いている時には切り換えはできない。しかし切り換え時期として、動きが停止している時というのは人生方向を選択できるチャンスは多いのです。そのような時にぼうっとしないで、集中力を発揮し考えることが必要です。この繰り返しによって人生は全く違うものになってきます。隙間の時に考えるということが、このセットの一番重要な意義ではないでしょうか。

整理整頓により不動のものが動き出す こだわりを捨てることで運が開く

XIII 死に神

X 運命の輪

死に神のカードは状況の切り換えに関係します。新しいことを始めるためには、それまでのことが終わらなくてはならないのです。そこで整理整頓し、余分なものを全部なくせば、すっきりとスタートできることをあらわしています。絵柄として深刻に見えるかもしれませんが、決してそんなことはありません。その次に運命の輪のカードがやってくるのですが、これはチャンスを手に入れることを意味しています。このチャンスがやってくるためには、死に神のカードの力がまずは働かなくてはならないということです。つまりこれまでのことを整理すると、動かなかったものが急に動き始める、動かなかった理由は何かが邪魔をしていた、その邪魔なものを死に神のカードによって取り除くことで急に動くようになったということなのです。まるで支え棒がはずれて、車輪が動くようになったような光景です。一体全体何が邪魔をしていたのか、運命の輪が、回るようになったら判明するのではないでしょうか。たいていの場合うまくいかない時には、なぜうまくいかないのか理由というものを知ることはできません。そこから離脱することで、初めてどういう理由だったかがわかるのではないでしょうか。

死に神のカードはゼロの状態にするようなところがあるので、チャンスが突然理由もなくやってきたように見える場合もあるかもしれません。ギクシャクした動きに見える場合があるかもしれません。死に神のカードは13の数字に関係していますが、本来は4の数字に属しています。13はより上位の秩序を持ち込むことを意味していて、これはより強力なパワーを持っています。このためには、自分のこだわりとか、小さなものを手放さなくてはなりません。そのことで力が増加するのです。一度死んだつもりになると運が回ってくるという体験をする人はたくさんいると思いますが、このセットはそれをあらわします。

一時停止し逆方向に動き出す 停滞期を境に過去と正反対の主張を行う

XIII 死に神

XI 力

死に神のカードと力のカードは13と11なので、一つ離れたところにあります。死に神のカードは世界を止めることをあらわします。これまで動いていたものを休止や停滞、停止することで、新しいスタートをします。目の前に動いているものがあると止まるというのはわかりますが、しかし、動き続けていることが当たり前に見えていたものは、止まると状況の違いに驚きます。力のカードは11の数字からして、これまでの価値をひっくり返します。女性の帽子のレミニスカートは方向転換の印です。右に動いているものが左に、左に動いているものが右に転換します。それまで良いと思われていたことが、間違っていると考えるようになるのです。

死に神と力のカードは、つまりは動いているものが一度停止して、次に逆方向に動き始めたと考えるとよいのです。これは力のカード単独よりも、力のカードの本性を発揮しやすいとも言えます。車の運転で言えば、走っているものをいきなり逆向きに進めるのはとても難しいし危険ですが、一度止めてしまうと、抵抗感はありません。それに死に神は状況が悪化して、もうこのままでは何もうまくいかないという事態になっているのですから、そこではやり方を変えないことにはしようがないのではないかと誰もが納得します。力のカードが登場しても無理はないのです。この二枚セットは何らかの事情でうまくいかなくなったことを利用して、これまでしなくてはいけないと思っていた改革や方向転換をするということになります。死に神はそれを助けてくれるというわけです。停滞期の後で、全く反対のことを言い出す人のようです。大病を患って入院していた人が回復すると、体質や考え方が変わることがあります。力のカードはそもそも衝動を抑えるという意味がありますから、お酒をたくさん飲んでいた人が病気の回復後全く飲まなくなってしまったなどということも、この組み合わせで考えてもよいでしょう。

時間を要し途中経過が延ばされる改革プロセス途中で中断放置

XIII 死に神

XII 吊られた男

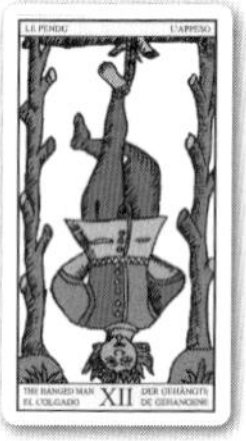

死に神のカードは、地上を粛清するという絵柄が描かれています。死に神の姿も骨を残すのみで肉がなくなっています。これは余分な肉付けをなくして、根本的なもののみを残しているということです。あらゆるものには、内側に本質的な骨子があり、その外側には応用的な広がりとしての肉があります。しかし肉はしばしば脱線し、また本質から乖離して、増殖し過ぎて内臓脂肪のようになる場合もあるので、死に神は本流に戻すためにこの肉を削り取るのです。宇宙的な創造原理として、この骨子というのはより上位の宇宙にあると考えられています。そしてそこから地上に向かって、肉付けがあるというふうに想定します。つまり骨と肉は中心と外ですが、これは原理的には上から下ということと対応しているということになります。

続く吊られた男のカードの吊られた男は上から吊られて、大地に接触していません。つまり死に神が骨を残して肉を削り取るということを考えると、吊られた男も実は上の基準に従い、下に対して接触していない、つまり肉がないという意味になります。この状態でずっと放置されていると、やがて新しく下ができてきます。つまり根本的な本質的な面から再構築された肉が出来上がり、具体的なことをしようとする時にも、まずは内面や精神の動機から作られていくという姿勢が確立されます。死に神は死と再生を意味します。しかし吊られた男は、この再生の機会が引き延ばされていて、自ら吊られた状態を解除できず、時期が来るまで干し柿のように空中に放置されます。死に神の示す改革または死と再生、より良いものを導く転換には時間がかかり、途中経過で引き延ばされてしまうということも意識するとよいでしょう。タロットカードの順番としては逆で、吊られた状態の中でやがては死と再生を体験するということなのですが、ここでは死と再生のプロセスの中で吊られてしまうので、時には中断放置ということもあるでしょう。改築工事を始めたが予算不足や何らかの理由で工事が中空に浮いている光景などです。

XIII 死に神

XIV 節制

死後に生まれかわる 形を変えて再生するための停滞

　この二枚のカードはタロットカードの順番どおりに並んでいます。つまり流れとしては自然なものであるということです。死に神は死と再生であり、それまでのものを停止させて、より創造的で積極的なものを開発します。そのためには期待し過ぎる心や依存する心を断ち切らなくてはならず、期待・依存という部分が腐敗していくという意味を持っています。それが腐敗するには、期待・依存が満たされないということ、落胆することも大切であると考えられているのです。どんな時でもそうだというよりは、今はそうだということなのです。このようなプロセスの中で節制のカードは、死んだ後の生まれかわりそのものを意味しているカードです。器は肉体であり、同じ本質である霊が異なる肉体へと移動しています。死んだ後、生まれかわるというのがこの死に神と節制のカードの続きであり、それらと似た象徴的な出来事が人生の中で今起こるのだということなのです。何かうまくいかなくなった時、そのまま続けるのではなく、それは器が変わる時期であることを示していると考えてもよいでしょう。例えば、仕事がうまくいかない時、それは場所を変えようというメッセージの場合もあります。

　節制のカードは、中身は同じであるが器の移動があるのです。これは同じもののパッケージを変えていくという意味も含むので、工業製品であれば、ＯＥＭのように、マシンは同じでもメーカーの器が違うという場合もあるでしょう。いずれにしても、死んで生まれかわる時期だと考えると、比較的読みやすいということだと思います。節制のカードは天使が支配しています。つまりは人為的にできるものではなく、転換にはふさわしい時間がかかり、それは自然な形で進行するということでもあるのです。また死に神が示すように、停滞や停止という現象が起きたにしても、それは形を変えて再生するためであるということを示していることになります。

本質を残すために 支配関係を一時清算し新規に作り直す

この二枚セットではまず死に神のカードが出てくるわけですが、これは図像としてみると、下界を粛清あるいは整理整頓している姿があります。そして肉を削り、骨のみが残るのです。骨は本質、肉は周縁です。悪魔のカードで言えば、上の悪魔は支配者で、その意図を実行するのが下の二人。死に神のカードでは、この下の二人とのつながりを鎌で切り離していると考えるとよいのではないでしょうか。誰でも支配しているものがあると、その被支配的な存在に支配される構図があります。つまりは支配と被支配というのはどっちもどっちで、上司は部下に支配されるのです。この関係を死に神はいったん清算していくということを意味しているのではないでしょうか。文脈で言えば、「死なせる」、「悪魔の機能を」、ということです。支配・被支配ではあるが、あたかも恋人のカードのような関係性は、また新しく作り直されるのでしょう。

XIII 死に神

XV 悪魔

悪魔のカードの重要なポイントは、上位にある悪魔は下位にある二人の手下に対して強い支配力を握っているということです。悪魔のカードは15の数字で合計すると6です。つまり恋人のカードは、この悪魔のカードと類縁関係にあるカードで、違いは6は偶数であり受容的です。一方、15は奇数なので能動的です。恋人のカードは求められて結び付きますが、しかし悪魔のカードは、より押し付けの強い性質があるということです。実際下の二人は鎖がつながれていて、強い拘束力を持っています。この鎖あるいは綱というのは、関連性を意味する象徴です。何かと何かが共通している、関連性があるというのは、糸がつながれているとみなすのです。悪魔のカードは第三の眼であるという説から考えると、悪魔は松果線、下の二人の手下は脳下垂体ということになるでしょう。松果腺はアンテナで、脳下垂体はテレビの受信機と考えるとよいので、この間には綱がつながれていないことにはうまくいきません。

XIII 死に神

XVI 塔

本質に戻り既存の枠を打破
動きが停滞し保護や安泰が崩壊

おそらく誰もが凶悪なカードが揃ったと感じるような二枚セットです。これで平和で何もないと思う人はいないでしょう。ただ、この二枚は悪いだけの意味を持つカードというわけでもないのです。変化をあらわすことは事実ですが、悪いという意味ではないのです。死に神は、肉を削ぎ落として、骨だけが残ったような絵柄です。そして地上のあらゆるものを粛清・整理整頓しています。そのため、余分なものはみななくなっていくというような印象でしょう。まず根幹の本質に戻るということなのです。一方で塔のカードは、定期的に殻が破れるサイクルが来たことをあらわしています。塔があらわす殻は生体を保護しますが、同時に外側のより大きな宇宙から分離し、小さなところに孤立させてしまうという欠陥があります。そのため、より大きなものと流通するため、定期的に殻は壊れなくてはならないのです。

二〇一二年に時代は大きくアセンションすると言われていますが、これは歳差活動の二万六千年のサイクルでの、文明の脱皮とまた新しく殻ができる時期を意味しています。塔は小さなものから大きなものまで、複数存在し、小さなものであれば、毎年脱皮という身体サイクルもあります。死に神は鎌を持ち、粛清する。塔は雷が落ちて、殻が破れる。違いは、13の数字はより良い秩序を持ち込むために、これまでの動きに停滞が生じることです。16の数字は外側を保護し、生体の独立性を作り出している殻が、打ち破られることで開放が生じ、また新しく殻ができる新陳代謝が起こることをあらわします。つまり一つは動きが停止し、もう一つは外に対しての守りの城壁がクラッシュすることをあらわします。もっとちゃんとした状況を引き寄せたい、怠慢は嫌いだという人は、このセットはチャンスをもたらすことをあらわしていますが、否定的なイメージでリーディングすることはいくらでも可能で、不景気になって会社が倒産して職場がなくなったという流れで考えることもできます。扱う時の目的によって、解釈はどちらにも転びます。

現状の生活を停止し志のために努力次のものを追うため今のものを諦める

XIII 死に神

XVII 星

死に神のカードは、これまで続いてきたことをいったん停止させ、新しい状況に変化するための切り換えをしようとしています。今までのことが続くことを好ましいと考えている人から見ると、これはあまり良くないことに見えるかもしれません。しかし何か新しいものが生まれてくる時には、それまでのものを止めなくてはならないのです。例えば恋愛関係でも、前の相手との関わりが終わらなければ、新しい関係は始まりません。表向きはスランプに見えても、それはやがてやってくる発展的状況を準備しているにすぎないので、死に神のカードに慣れてくるとこれを嫌わなくなります。

星のカードが続くと、なぜ死に神のカードがこれまでの状況を停止させようとしてきたのか、その理由が星のカードに委ねられていきます。星のカードの女性は裸です。これは防衛するものがなく、素直な状態で星の力を受け止めようとしています。星というのは遠い理想をあらわしています。それは手を伸ばしても届くことはなく、長い時間をかけて引き寄せなくてはならないテーマかもしれません。こうした遠い目的の達成のために、死に神がやってきたと考えると、明らかに願望をグレードアップしたということに関係するのではないかと考えるのは、自然なことではないでしょうか。これまで追求していた目標とか生活は、あまり魅力があるものと言えなくなった。そこでいったんそれを止めて、もっと大きな志のために努力する生活に切り換えていく。そこから見ると、今まではそんなに向上心があるわけではなかった。あるいはこれまで夢中になっていたものは、そんなに魅力的なものとは言えなくなった。人によっては新しい目標を掲げても、今までのことも続けようとする人がいるかもしれません。ここでは死に神のカードが出てきたので、一度これまでのものを諦めなければ、次のものを追いかけることはできないということを言いたいのではないでしょうか。

XIII 死に神

XVIII 月

雑念を粛清し潜在的可能性を探る
経歴を捨て新規の土地で新規のものを探索

死に神はこれまでのことを粛清して、新しい状況を呼び込むための準備をしています。多くのタロットカードで死に神は鎌を持ち、大地の上にばらばらに体が横たわっています。もっぱら地上的なことに関して粛清をしているという形なのです。もともと描かれている骸骨は本質的な骨子に当たり、本質的なところから見て、余分なものを刈り取りしています。部屋を整理整頓すると運勢が向上するという話がありますが、これも死に神のカードのようです。部屋の中のいらないものを捨て、床をすっきりさせるということです。

続く月のカードは、目覚めた意識が眠って、大地の底または池の中から、ザリガニが上がってくる光景が描かれています。死に神が整理した床の下から、ザリガニが上がってくるのです。これまではいろいろな雑なものがたくさん置いてあったためにザリガニが上がってこれませんでした。しかし整理したら、見えないものが見えてくるのです。月のカードがあらわす18の数字は、より物質的な面で、可能性を探すことをあらわしていて、目覚めた状態ではこれまでの考え方や通念が邪魔して、新しいものが出てきません。だからこそ眠ったような意識状態の中で探すという姿勢が必要だったのです。例えば余分な趣味を断念し、あまり本質的ではないことに時間を使うのを止めて、本当の意味で自分の可能性を深い意識の中から探していく。これらはみな精神状態というのが大事で、あれこれと考えると雑念が増えます。この雑念を死に神のカードは粛清していくと考えるとよいのではないでしょうか。多くの人はホテルに泊まるのが大好きです。これは、ここでは日頃使っている道具や家具もなく、部屋はシンプルで、いつもと違う気持ちになれるからです。死に神のカードが整理することをあらわしているのならば、持ち物をなくして旅に出るということも言えます。月のカードは、知らない土地で不安な気持ちを感じながら新しいことを模索することでもあり、今までの経歴を捨てて新しい場所に行き、新しい可能性を探すということかもしれません。

XIII 死に神

XIX 太陽

死に神はより良いものを引き寄せたいがために、無駄に進んできたものをダイエットするような作用でもあります。骨は本質、そして肉はそれに対しての文字どおり肉付けとか、周縁です。ヘレニズム時代の思想では、これを質料と言います。絵柄では骨だけが残る姿になっていますから、肉の部分を削ぎ落としています。樹木で言えば幹だけが残り、枝葉がなくなった状態です。内臓脂肪を取り除くことで人は健康になると言われていますが、死に神のカードはこのようなものを取り除くという意味において、ダイエットです。

続く太陽のカードは、上に太陽、下に二人の子供がいて、二人の子供は陰陽という対立要素をあらわしますから、太陽はそれを統合化した唯一的なものを意味します。中国の古い思想でならば太一陰陽という組み合わせです。そして太陽が統括していますから、ここでは、二人の子供は対等です。もし私たちがこの二人の子供のうちの一人だとすると、自分と対立した存在を押しのけると思いますが、しかし太陽が中心的な立場にあるために、子供はもう一人の子供を退けることはできません。つまり横では敵であるが、視点が一つ上になると、仲間ということになるのです。例えば、西欧社会とイスラム社会の共存のようなもので、西欧社会は歴史的にイスラムを無視しましたが、しかし地球全体の文明というレベルであればそれはセットであり、対立物ではありません。

対立的なものの統合
敵と共存しないことには続行不可能な事態

このような太陽のカードの、対立的なものの統合は、発端は死に神のカードから始まります。つまり共存しないことには、もう今後続行が不可能な事態がやってきて、これまでのままだと全くのところ不毛な状態に陥ってしまうということです。二つの対立したもののうち、一方だけではもう未来に進むことができないことをあらわします。体制を変えて、これまで無視していた相手と共存するように姿勢を変えるということです。死に神はたいていの場合、いつも停滞の後により良いものをもたらします。

執着心を捨てることで狭い視野から全体的視野へシフト

XIII 死に神

XX 審判

死に神のカードは、これまでのものが終了し、新しいものが始まることをあらわしていますが、始まるというところにポイントを置かず、まずはそれまでのものが終わったり、整理されていくことを強調しています。終わらせるということを強調しているために、次に始まるということを忘れてしまいがちで、時にはそれが深刻な印象を与えてしまうのでしょう。人間は今の人生がすべてだと考えていると、終わりというのは文字どおり終わりです。しかし次があると考える人から見ると、死に神は終わりではなく切り換えなのです。おそらく長い歴史の中で、かつて人間はより大きな生命の輪の中の一部であると考えられていた時代があって、その時には、死に神の作用は本当に切り換えるということだったのではないでしょうか。ところが人間が単独で存在すると考えるようになった時代から、死に神は死なせるものに変わったのです。

次の審判のカードは、絵柄で見るかぎり墓の中に眠る死者が蘇ることを意味しています。私たちは時間の流れの中で生きているので、過去になったものは記憶の奥に消えていき、未来から新しいものが近づいてくるように見えています。しかし時間のない世界では過去のものも未来のものも同時に存在しています。例えば、テーブルの上にたくさんのものが載っている場合、私たちはそれを全部見ることができますが、テーブルの上を這っている虫は、目の前にあるものが近づいてきて、また違うものは遠ざかっていくように見えるはずです。目の前の現在しかわからないというのは、この虫のようなものなのです。ここでは、死に神が整理しているものとは、小さなことにこだわっている私というものではないでしょうか。テーブルの上を這う虫のように生きている状態から、テーブル全体を見渡せるようなところにシフトするのです。視点を大きくするために、自分の執着しているものを死に神が奪う。今起きていることをこのように解釈してみましょう。

手放すことですべてを手にし執着を捨てることで完全な姿となる

XIII 死に神

XXI 世界

世界のカードはタロットカードの中での最終完成地点であり、それは欠けたものがない完全な姿をあらわしています。具体的には、世界を構成する四つの元素、火、風、水、土の四つを均等に手に入れることです。例えば、モーツァルトの歌劇『魔笛』の主人公が体験するイニシエーションも、この四つをすべて手に入れるということに関係したものです。そしてこの四つが均等に手に入る条件の上で、初めて中心にある第五の地点、純粋な生命のエッセンスを入手します。それは柔らかいもので、そしてまた男性的でもなく、女性的でもなく、その両方を持っています。片方の性ではこの真ん中の地点というのは決して手に入ることはありません。もちろん、それは感情や知性、精神という意味であり、肉体的に両性を持つという意味ではありません。この時に、当人はお金も地位も、生活のこまごましたことすべてが心配事にはならないことを自覚します。たいていの場合、私たちの生き方は四つのうちの一つですが、この中の一つで動こうとしても、たいていうまくいきません。しかし四つ全体としてならば動くのです。第五の場所に行くと、四つのものはすべて自由自在ですが、四つのうちの一つからものを見ると、必ず対立要素が邪魔をするということがあるからです。

死に神のカードはこれまで持っていたものが腐敗して、それを手離さざるを得ないという体験をあらわします。これは捨てることで得るというようなものでもあるのですが、世界のカードでは四つのうちのどれかに対する執着を手放すということになりやすいでしょう。物質の土、愛情の水、考え方の風、情熱の火、これらを均等に扱うことでしか、真ん中の第五番目に行けることはないからです。世界のカードは全部という意味です。つまり、捨てること、整理することで、反対にすべてを手に入れることができるという意味になります。

XIV 節制

Temperance

枠が希薄化し自己実現が形のない方向へ向かう行為の痕跡が残るのを避ける

XIV 節制

0 愚者

節制のカードは、自分自身の目的がゆっくりとした時間の流れの中で、次第に形になっていくことを表現しています。14の数字は自己生殖の数字と言われていて、自分の内部に自分を生み出していきます。そのため外部から見ると変化というものはあまりわからないかもしれません。しかし内部では着々と変わっていっているのです。生命の樹では、太陽から月へのパスで、これは目的がイメージ化することをあらわします。

このような変化の行き先が、愚者のカードです。これは自分が住んでいる世界の枠から逸脱することをあらわすカードで、これまで意味を持っていたことが無意味となり、仕事や住居、業績などさまざまなものが消えていきます。節制のカードと組み合わさると、器から器へ液体が漏れることなく移動する節制のカードの下にある受け側の器がなくなっていく、あるいは流し込まれている液体が外に漏れてしまう現象ではないかと思います。液体は形のないところに広がっていきます。生命の樹のパスでは、下の器は月の器で、これは具体的なイメージ化作用です。具体的な個人としての生活の安定感や決まった枠というものが希薄になっていて、目的を生かすにも、どういう場で生かすべきかが不明となりやすいのです。何か仕事をしたいが、書類を提出しようにも、住居がなかったというようなものです。そもそもこれは自己実現したいイメージが、具体的な場の中で個人として生きることではなく、もっと形にないところに向かっていると思ってもよいでしょう。ジプシーは自分たちを象徴するものは愚者のカードであると考えていたようです。現代ではこのような拠点を持たず、移動しながら生活する人は少ないでしょう。月につかまりたくないという考えです。自分の行為の結果が痕跡として残るのを好まないということかもしれません。節制のカードの二つの器は因果の因と果の器です。いつでも動機の側だけを大切にする姿勢なのかもしれません。

異なる世界のものを持ち込み新規に広げる移動や流通を仕事として開始

XIV 節制

I 魔術師

節制のカードは、同じ液体が異なる器に移動することを意味します。大きな意味では、これは異なる肉体に同じ霊が入るという生まれかわりなども意味します。詰め替えパックもこの節制のカードです。移り変わりを支配しているのは天使ですから、この動きは人為的なものではないのです。14の数字は自己生殖を意味していて、意志が自分の中で形になっていくことをあらわしています。肉体としての受容体が意志の器としてうまく順応してくれることをあらわしており、そのための節制の姿勢をあらわしています。

魔術師のカードは、よそから何かを持ってきて、その持ってきたもので、ご当地では新しいものをスタートさせます。つまり商人のようなものです。例えば、山間部に海のものを持ってくれれば、それは新しいものを持ち込む商売です。節制のカードの、同じ液体を違う器に持ち込むというのは、魔術師のカードを縮小したものだと言えます。魔術師のカードはよその地域からここに持ち込む。節制のカードは個人の内部で、精神から物質的なものへと持ち込む。魔術師は自分で考え出すわけでなく、運んでくるだけです。狭い世界では1の数字はスタートですが、もっと大きなところから見ると、実は始まりと終わりは存在しません。何でも源流がある。魔術師の帽子の無限マークは、前の世界と今の世界の間を無限マークのようにねじり、前の源流を忘却するという意味も含んでいます。移動させただけなのに、まるで創始したかのように振る舞うのです。ここでは、魔術師のカードがあたかも始まりに見えて、実はそれはより大きな世界から、あたかも節制のカードのように移動させてきているということを強調しているのではないかと思います。コンバートする分野のことを新しい仕事として始めるというふうに考えてもよい面があります。受け継いできたものを新しい環境で新規に広げるということもあります。暖簾分けと考えてもよいでしょう。

自己実現の方向性を模索する段階
最終決定せず落としどころを変更

XIV 節制

II 女教皇

節制のカードは14の数字のカードでこれは自己生殖と言われている数字です。通常生殖というのは、外に対して生み出すことになります。出産というのは数字では5です。占星術では出産は五ハウスとか、また獅子座に当たります。14は合計すると5ですが、しかし偶数となり、偶数は内向きをあらわします。つまり、内向きに子供を生む。その意味では、自分の理想の姿に自分がなっていくということなのです。精神が肉体化すると言ってもよいでしょう。事実、絵柄では上の器から下の器へと流れていくものがあり、太陽から月へ、上半身から下半身へと、影響が持ち込まれています。付きの運行の場合の、満月に向かうにはだいたい十四日かかるということに似ています。新月で目標を決めて、形になるのは満月だからです。

女教皇のカードの女教皇は決して行動しません。書物をじっと持っているだけです。これは人類とか個人、あらゆるものの計画書あるいは元型倉庫のようなもので、私たちの身体の奥に潜んでいます。私たちが節制のカードで、目的が次第に形になっていく時、その形になっていくイメージは既存のもの、つまりは女教皇の書物の中に書かれている内容の中のどれかを引き出してきます。多くの人に知られているイメージである程、それは多くの人に認められる姿になってきます。人気のある映画はたいてい昔からある集団的な元型イメージを使うことで、多くの人にアピールするのです。ここでは女教皇はまだ確定していない可能性をあらわすのですから、この二枚セットは、自己実現する方向性や具体的なイメージがまだ確定しておらず、もっと違う可能性を探索することもできる段階にあることを意味しているのかもしれません。落としどころをもっと変えてもよいのです。候補はまだ最終決定段階ではないことを意識して、どういう方向で、自分の目的を具体的に形にしたいかを考えてみるとよいのではないでしょうか。合計すると16で塔のカードと同一となり、殻は固まっていないとも言えます。

XIV 節制

III 女帝

一つのものを複数に分配
自ら生産したものに乗り換える

節制のカードは同じ液体が異なる器に移動する姿をあらわしています。それは太陽から月へという流れですが、太陽は抽象的で月は思い切り具体的なイメージを司りますから、月の器に内容物が移動した段階で、見た目がはっきりしたものへ変わるのです。節制のカードの絵柄では、一つの器から一つに器に移動し、元の器には液体は残らなくなるので、パソコン操作で言えば、ファイル移動であり、コピーではありません。さらにこの移動は、もちろん安定した器から違う器への移動ですから、この移動の瞬間は液体は守られておらず、移動には慎重さが必要で、変化は常に不安定で危険も伴うことを表現しています。つまりは節制のカードというのは、過渡期を意味し、その時というのは誰でも不安定であり、油断がならないのです。ほとんどの人はそういう時には注意深くなります。

その後、女帝のカードが関わってきます。女帝のカードというのは、増殖と生産です。女帝のカードの性質は減らすことはないので、一つの器にあったものが、複数の器に移されていくと考えてもよいかもしれません。受け取る側の器が小さいと、元の器から移動させる時に、複数の小さな器に小分けしてもよいわけです。するとそれは数が増えたことになります。引っ越しする時に、二つの部屋に分けたという場合もあり得るでしょう。また節制のカードは生まれかわりでもありますから、女帝のカードの人のように生まれかわったと考えてもよいのです。節制のカードはゆっくりとした変化をあらわし、急に転換するわけではありません。自分の腹の中で新しい子供が育ち、固まった段階でそれに乗り換え、時にはそれは変身するかのような変化である場合もあります。女帝のカードの3の数字は生産以外に加速という意味もあり、強い高揚感を伴います。変化の途中で、慎重に行ってきたことが倍増計画化していくことになります。

XIV 節制

IV 皇帝

明確な目標を確実に実現
権威を求めた選択で地位を手にする

　節制のカードは、変化や過渡期ということを意味しています。一つの器から次の器へと同じ内容の液体が移動しています。つまり本人は何一つ変化していないつもりなのに、地位とか立場という器が変わる場合もあるのです。これは極端な話としては、例えば、洋服が変わるだけというのも節制のカードの意味に加えられます。液体というのは、その人の中身とか実体です。そして変化している途中、つまり器の中にあることでなく、そこから違うところへ移動している瞬間のシーンをあらわします。どんなことも変化というのは、過渡期の瞬間にどう思うかによって違ってきます。ある願望を抱いた人は、たいてい確実に実現します。それはずっと思い続ける必要があります。すると、過渡期の瞬間に、その願望の方向に向かうのです。過渡期でないところでは、変化は決して生じません。いくつか訪れる過渡期に、常にその願望の方向に少しずつ向かうとしたら、長い期間には確実に目標に到達するでしょう。実現しない人は、この過渡期の瞬間に、自分の

願望を忘れていたり、あるいは諦めるか、あるいは願望を否定するような違う思いに心が占有されているかです。

　次の皇帝のカードは、確実に安定させるという意味があります。例えば、学校を段階的に進級する時、中学から高校へ、高校から大学へ器が変わる時に、やはりスタンダードで権威があるものが良い、主流が良い、あるいは地位を求めて選ぶ、などという意志が介入すれば、やがてはそういう地位のある人に成長するでしょう。もちろんこうしたタイプ以外の場合もあります。節制のカードは自分で自分を生むことですから、明確で変わらない目標を持つということを皇帝のカードはあらわし、確実にそれは実現していくでしょう。皇帝のカードの4の数字は大地や環境をあらわし、節制のカードのあらわす変化は着実で、しっかりしたところまでいかないといけないのです。

XIV 節制

V 法王

生み出した成果を影響力として発揮 変化の経験を他者にアピール

節制のカードは、精神的な目標が具体的な形の上で実現していくことをあらわしていて、自己生殖を示す数字の14のカードです。当然のことながら自己実現するにはそれなりに時間がかかります。何かの職業を達成したいと思った時には、何年かかけて訓練していくものです。集中力や節度、努力などが要求され、分散しないように注意する必要があるでしょう。次にやってくるカードは法王のカードですが、自分の内側からやってくるものをそのまま外に表現していくカードです。幸運なことに周囲にはそれを受け取る人がいます。法王は孤立しているわけではないのです。むしろそれをありがたく受け取り、広めてくれる人がいます。法王は与えること、また強い立場などをあらわすのです。

節制のカードは14で合計すると5になり、法王と同じ数です。つまりこの二枚は、偶数と奇数の違いがありますが同じ5の系統です。節制は自分の内部で成果を生み出しますが、法王はそれを外に広げて、成果は外に対する影響力として発揮されます。そこで、節制は目標を他人には言わずにひそかに達成するようなものでしたが、周囲にいる人々におおっぴらに広げる方向に向かうということになります。また両方とも5の数字に関係するという点では、他者からの影響を受けにくく、節制は一人で変化し、法王は外に広げるが人の話は聞きません。変化していった結果、法王になるということで、初めからそのような人ではなかったということと、変化・達成の経験、また自己実現の方法などについて人に対してアピールするという意味もあるでしょう。合計すると19で太陽のカードと同一です。本来それは10と9の合計であり、つまり政治的なものと精神的な存在である二人の子供のセットということです。ここでは太陽のカードに例えると14と5で、自身で変化する経験をする子供と、それを人に対しておおっぴらに言いたい子供の二人ということになります。

XIV 節制

VI 恋人

節制のカードは自分自身の変化をあらわしています。この変化とは目的を持った意識が、それ自身具体的に形にしていく力です。本来これは太陽から月へという伝達をあらわしたカードです。月は具体的なイメージをあらわしていますが、太陽という意識的な要素はそれ自身ではイメージ化する力はありません。これは、イメージは意識の眠りを引き換えに生じるからです。私たちは繰り返し同じことをすると、だんだんとそのことに無意識になります。高速道路の同じコースを毎日走っていると道を覚えてしまい、緊張感もなくなり、次第に居眠り運転が増加します。このように繰り返していき、眠りが入り込む段階になって、初めて意識的な力は具体的なイメージ化をしていきます。ここでは時間をかけることや繰り返すことが大切だというわけです。

本来節制のカードは、自分に対して生殖するという意味なのですが、次のカードが恋人のカードだと事情は違ってくるのではないでしょうか。この場合、節制のカードの二つの器は、そのまま恋人同士に変わってしまいやすいからです。自分の中の太陽と月の関係は、一人が太陽の役でもう一人が月の役という関係になりやすいと言えます。恋人のカードは6の数字で、これは三角形と三角形が鏡のように共鳴し合うことを表現しています。これは共鳴作用で、直接触れることを意味しません。しかし節制では、この共鳴でなく液体が異なる器に直接的に流れ込みます。電気の分野では、共鳴を電磁気と言い、そして直接の回線に流れるものを電気と言い、互いに入れ替えることもできます。節制のカードは自分自身の中の変化なので、これは電気的な直接の伝達です。対人では、節制のカードのように直接液体が流れ込む電気的な関係というのは成り立ちませんが、極めて密接な関係ならばあり得るでしょう。他人と認識しないくらいの密接な関係の中で、一人の意図がもう一人に直接伝わり、もう一人はそれを実現しようとするという点で恋人のカードが上に来たケースと同じです。

他者の中に直接的に伝達
密接な関係の中で相手の意図を実現

XIV 節制

VII 戦車

節制のカードは、器から新しい器に同じ液体が流れ込んで移動していく有様を描いています。このシーンから思いつくものはたくさんあると思います。人の生まれかわり、意志とか影響が他人に受け継がれること、個人の中では精神から身体へと影響が持ち込まれることです。達磨大師は自分の腹の中で気を練って、気の子供を作り、それが十分に成長したら、乗り換えて、古い肉体は枝にしたという伝説があります。ヘルメスは数十年ごとに身体を入れ替えていたという伝説もあります。それが三度生まれのヘルメスのもともとの伝説の由来だったという話です。大アルカナの二十二枚はすべて誰にとっても一つも欠かしてはならない重要な項目をあらわしています。私たちはこの節制のカードのように定期的に前のものを脱ぎ捨て、新しいものに乗り換えていくという意味での新陳代謝をする必要があるのではないでしょうか。液体と器というのは、占星術の四元素のような発想では液体が水、器が土で、それぞれ実体と肉体をあらわします。内臓はより水に近く、皮膚や骨は土に近いのです。

駆り立てられたように強力な自己実現欲求
自分自身に働きかける修行のような行為

続く戦車のカードは、特定のものに向かって走ることをあらわしており、落差がないと走る行為そのものが成立しないのです。戦車のあらわす7の数字は音階のドからシまでの七音と同じとも考えられています。それは宇宙の伝達法則です。それは7の原理の端から端までの強い達成衝動に突き動かされています。節制の二つの器を液体が移動する有様は、この端から端まで走り抜ける伝達衝動と結び付くので、節制の自己実現意欲は駆り立てられたように強いものになるでしょう。どうしても達成したいものがある、そのために他のことを犠牲にしても、という傾向になります。そもそも節制は自己達成で他の人に働きかけるものではないので、ここでは、例えば修行なども思い浮かびます。自分を変えたい、そのために戦闘的に取り組むのです。

一時停止し目的のイメージを凝縮させる願望実現のエネルギーを蓄積

XIV 節制

VIII 正義

節制のカードは基本的には生まれかわりをあらわします。同じ内容物が、異なる器に移動していくことを絵に描いているからです。14の数字はしばしば月のカードと言われていますが、この根拠は新月から満月にそのくらいの日数がかかるということを暗示しているのかもしれません。それは新月に目標を抱き、すると満月で形になるというのが通説です。月は古い私たちの記憶にアクセスするので、新月の時に太陽の目的意識をチャージされ、満月の時にはその目的にあったイメージのものをどこかから引き出してくるのです。多くの人に共有されている記憶としての月の記憶は自動的に、無意識に働くために、特定の目的のものを打ち出すと、それに反応して無意識の領域から自動的に、いわばうっかりしたとでも言えるように、それに適合したものが引き出されてきます。自動化した動きをするということは、注意深く意識しているよりも、このイメージの中に没入して自己喪失していくような方がうまくいくということです。これが願望実現の秘訣だとすると、節制のカードも願望実現そのものを意味しているのかもしれません。

正義のカードは力を溜め込み、強い説得力を持つカードです。手前にある戦車のカードの走り続ける性質にストップをかけます。正しい決断を下すには、この知らず知らずのうちに走り続けているものを止めなくてはなりません。戦車というのはずっと走り続けていて、本人は意識できていないことが多いのです。例えば、思いというものも継続していることが多いのですが、その時にはこの思いというものがはたして正しいのかどうか判断ができないのです。正義のカードでは、これを一度ぴたっと止めて、そして考えるのです。立ち止まることのできる人に変化するのです。それにエネルギーが蓄積され、外にうっかり漏らすことがありません。器から器へ流れた後、この二番目の器の中で、どんどん凝縮されていきます。冷静で力強い人に変貌していきます。

XIV 節制

IX 隠者

真実や思想を意志と追求心とが招く自身の変化が自身の知恵を生み出す

　達磨大師は、自分の腹の中で気を練って気の子供を作り、それが十分に濃密に硬く成長したら乗り換えて、古い肉体は杖にしたという話は、節制のカードに一番ふさわしい内容です。節制のカードは新陳代謝を繰り返し、自分の内面にふさわしい外面、あるいは器を手に入れます。二つの器のうち一つは太陽の、もう一つは月の器ですが、月の器は意識的に個人的に作られるものでなく、人類が共有している物質のイメージでもあり、それは深い無意識の中から引き出されます。私たちが眠る直前に垣間見るイメージというのは、月の倉庫から引き出されたものです。意志を強くそこに打ち込み、それを繰り返し続けると、当初は想像もつかなかったようなものに人は変貌していきます。中心の本質的な要素を押し出すことで、外側のイメージは接近してきます。そして自分を包み、中身にふさわしい鞘が出来上がるという構造です。このような関係性をよく知っている人は、人生のどんなシーンでも本気で取り組むということを徹底して実行しようとするでしょう。確実にそれによって変貌してしまうからです。

　続く隠者のカードは、闇の中を自身の持つランプだけを頼りに旅をしている老人を描いています。この場合も、目的意識がはっきりすると膨大な情報の海の中から確実に自分に必要な真実を引き出すことができます。引き合う者同士のように、求めると近寄ってくる。この考えでいけば、隠者の求める哲学、思想、真実、言葉、知恵などはどこかに旅して探し求めるのでなく、むしろ意志をはっきりとさせ、追求心を高めることが大切です。すると自動的に智恵がやってくるのです。節制のカードの液体から見れば自分が動いているつもりはなく、器の方が近づいてきていると見えるのかもしれません。自分の変化が自分の知恵を生み出すのです。合計すると23となりますが、9は外に、14は内部に生み出すことをあらわします。23は内で生まれたものを外に押し出します。

XIV 節制

X 運命の輪

器の入れ替えを通じて生じる運命の変化
引っ越しや転職で運が巡る

　節制のカードは、翼を持つ天使が器から器へ液体を入れ替えています。人がそれをしているのでなく、人よりも上位にある天使がそれをしているということは、人の側から見ると、それをされているということになり、自分で計画したものではありません。器の中の液体が人の本質であり、器がそれを入れる肉体とすると、これは生まれかわりのようなもので、いろいろな時代や場所を人は転々と移動していくという話になります。西暦紀元の頃のヘレニズム思想では、人は世界とは別個の存在であると考えられていました。犬とか動物は、みな世界の中に所属します。しかし人はその世界の中に好んで入ったが、世界には所属していないのです。そのため人の意識は、世界のどこかの特定の場所に所属しておらず、それは定期的に器を入れ替えながら、移動していくと考えるのです。ヒンドゥーでは七回生まれかわるともう転生しないでよいと書いた経典もあります。

　運命の輪は、人の運は上がる時もあれば、下がる時もあることを示します。単独の運命の輪ならば、それは今までの自分どおりで、器は変わらないまま、その器にふさわしい人生の盛り上がりがあるということでしょう。節制のカードが関わると、器の入れ替えを通じて、運命の変化が生じるということになります。器は場所性であると考えると、変わらない液体が場所を移動するのは、引っ越しなどもこれに関わることになると思います。運命の輪は時間的な変化の中での盛り上がりをあらわしますが、例えば、急に違う場所に引っ越すと、その人の運は急に変わります。運が一番どん底の時、地球の反対側に移動すると、それは運の頂点に移動します。合計した24は果てしなさをあらわす数字で、いつまでも変化を追及する傾向があります。しかしいずれにしても、このセットは引っ越しや転職など入れ替えを通じて運が巡ることをあらわしています。

XIV 節制

XI 力

本能的領域への刷り込み 感情と意志の連携を改善

節制のカードは実体は同じものが、異なる器に入れ替えられていくことを表現しています。中にあるものは本質的なもので、器は外側から包むものなので、それは周縁的で質量的なものです。しかし私たちはこの外側の器が変わると、中身も変わるように感じます。テレビやラジオは受信機が番組を作り出しているわけではありません。電波は目に見えないので存在していないかのように見えて、するとラジオやテレビが番組を作っているかのように勘違いしそうです。

続く力のカードは、人間が動物を抑えている姿が描かれています。節制のカードで、すでに一つの器から次の器に液体が移動し、いわば意図が異なる容器に移入したことを考えると、力のカードではこの二つの器が人と動物に変化して、人から動物に意図が流し込まれるようにも見えてきます。動物は脳で言えば旧皮質の部分ですが、この本能的な部分に人の意図が刷り込まれる、あるいは流し込まれることで、人生は自分の思いのままに動くことになります。これは人生に変化を与えることができるのは動物だけで、知性や人の部分は解釈する以外のことはできないからです。節制のカードは自分の目的が形になるようにゆっくりと変成していくことをあらわすカードでしたが、力のカードが関わることで、本能的な領域への刷り込みが起きているように見えてきます。何か起きた時に、多くの人のリアクションは似ていることが多いと思います。これはそれぞれの人の中の動物が似たような反応をしているのです。動物を所有した人はそのように反応せず、感情反応は自分の意志に従うことに、また感情に対して受動的ではなくなります。たいていの人生が思うままにならないのは、人の脳と動物の脳が連絡し合っておらず、違うことを考えているからです。一人が何かしようとしても、もう一人は従いません。この二枚セットはこの問題に対しての改善をできるのではないでしょうか。

XIV 節制

XII 吊られた男

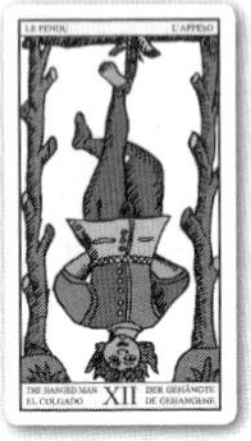

中間地点での停止状態　時間を要する熟成や準備

節制のカードは同じ中身が異なる器に移動する姿をあらわしていますから、それは入れ替えに関わるすべてのことを物語っています。入れ替えの時というのは不安定な状態にもなりやすいはずです。陸地と陸地の間の隙間のような場所が入れ替えの場所ですから、事故が起きやすいと言えます。実際に、土地でも事故多発地帯というのは、切り換えとか方向転換をしなくてはならない場所ではないでしょうか。器の中に収まっている間は安全なのです。節制のカードは綱渡りしている最中と見てもよいのです。

次にやってくる吊られた男のカードは、この推移のプロセスが途中で停止しているかのように見えてきます。吊られた男は、上からぶら下がっていますが、しかし大地には接触していないのです。空と大地というのは電位差のある二つの極のようなもので、この落差があるからこそ、その間で生きているものの活動が存在します。上にあるものは下に、下にあるものは上に伝わることで新陳代謝が存在し、その仲介者として人が生きています。それはちょうど節制のカードの上の器と下の器の対比のようなものでもあるので、すると上の器から液体が下の器に移動しようとしたが、しかしまだ下の器には達することがなく、そのまま途中で止まっているような状態と言えます。このような停止状態はいろいろな理由がありますが、そもそも吊られた男はワインの熟成のようなプロセスでじっくりと時間をかけて、中空状態にあるものが他の影響を取り入れることなく、それ自身で熟することを必要としています。つまり、節制のカードの入れ替えは、思ったよりは時間がかかることを物語るのです。まだ液体がちゃんと下の器に移動しない状況です。例えば、転職して違う職場に自分を入れ替えようとしたが、つなぎがうまくいかず、前の職場は辞めたが次の職場が見つからないなど、中間地帯において動きが止まることが考えられます。しかし良い面としては、それ自身が熟成し準備ができることです。

XIV 節制

XIII 死に神

変化の過程で生じる停滞や不毛
何が生じたか理解できない間に変化

この二枚のカードは番号が続いている組み合わせです。しかし逆に並んでいます。通常ならば、死に神で死んでいき、そして節制で生まれかわるという続きのプロセスですが、ここでは逆なので、生まれかわりの目的が先に来て、このプロセスの中で、死んでいくものがあるということになります。節制のカードに描かれているように、液体が器から異なる器に移動するのは、意味もなく起きるわけではありません。何かの節目にこれまでの器が古くなったので、新しい器へと移動しようとします。その時に死に神のあらわす停滞や不毛、停止などが生じることになるのです。

器から器に液体を移動させるのは、輸血という場合もあります。そして適合性に難があり、スムーズに移行できないことを死に神があらわすこともあります。移動の際に死に神が出てくるのならば、適応性障害のようなものが想像できるでしょう。しかしこのような否定的な意味だけではありません。私たちは移行する時に、今までの自分の状況を継続することはできません。これまでの姿勢が継続することそのものが、変化への抵抗です。じっと監視して変化が起こるかどうか見るというのは、変化に対して拒否することです。裂け目のスムーズな移行を促すのに一番良い方法は、意識を失うことです。一瞬の断絶があれば、意識は継続しないのでシフトも滑らかです。死に神は断絶や停滞、それまでの状態を維持できないことをあらわしますから、むしろ節制のカードの器と器の間の裂け目には死に神がいてくれた方がよいのかもしれません。何が起こったかわからない間の変化。移行に抵抗がある場合も、そこで絶望的な状況が入ると、むしろ抵抗はなくなってしまうということも多いはずです。死に神の後の節制は死んだ後の生まれかわりですが、なかなか生まれかわりが起きないので退路を断ってしまい、移動を強制するのは、この節制から死に神の順番で考えられます。乱暴な言い方をすると、壊してしまうと買い替えせざるを得なくなるということです。

XIV 節制

XV 悪魔

変容体験を他者との関係に反復
自身の成功を外界に押し付ける

節制のカードは、一つの器から次の器に液体が流されていることをあらわしていて、同じものが形態を変えるという状況を意味しています。節制という言葉が使われている意味は、この液体の移動がどこかでこぼれないように、無駄な動きをしないように注意しなくてはならないからというのもあると思います。14の数字というのは自己生殖を意味していて、自分で自分を生んでいくのです。この後に悪魔のカードが続きます。ところが、節制のカードと悪魔のカードはそもそも続いている順番です。タロットカードは連続する物語のようなものなので、このように続くカードが出てきた場合には、それは最もありそうな、最も自然な動きであるということになるでしょう。自分自身の中でだんだんと生まれかわりのプロセスが進んで、それまでは想像上のものでしかなかったようなビジョンというものが、だんだんと実生活の中で形になってくる。たいていそうすると、誰でも自信というものが出てくると思います。そしてそのような変化を体験した人は、今度はそれを外界に押し付けていくような傾向が出てくると思います。内部で成功したら今度は外にです。

悪魔のカードは、上に立った悪魔が下の存在に強い支配力を発揮するような図柄として描かれています。節制のカードの上の器から下の器へという流れが、今度は上の悪魔から下の手下へという図柄に変容するのです。節制では液体が流れていき、悪魔のカードでは上と下にロープがつながれていますが、これはまるで固まった液体のようです。ロープは文字どおり絆をあらわします。自分の中で起きたことを他の人に教えたり応用したりして、自分が体験したことは他の人も同じように体験することに違いないと考えるのです。誰でも自分が体験したことしか人に教えることができないので、自分の中で変容体験すると、その鋳型はそのまま、人との関係において反復されるのです。

XIV 節制

XVI 塔

元に戻ることが不可能な状況　移動先が機能しなくなる

節制のカードは、器の入れ替えということが主となるカードです。中身の液体は何一つ変わらないので、本質的には同一のものなのですが、私たちは常に一番外側の枠、外面に目を奪われがちなので、器が変わると全部変わったと考えてしまうことも多いでしょう。中身が同じでも外側が変わるというのは世の中いくらでもあります。例えば、今私が原稿を書いているノートパソコンもアメリカのメーカーから中国のメーカーに買い取られた部署が作っている製品です。しかし、中の機械はほとんど変わりません。このような中身が同じで器が変わるということのすべてを、節制のカードが受け持つわけですから、応用的にたくさんの事例があると言えます。

塔のカードに描かれる塔は、内容物を入れる器の巨大版です。塔を壊すのは内部からと外側からですが、絵柄では外からやってくる雷、無形の波動的な衝撃によっています。そして塔は、そもそも閉じ込めている力から開放されたいという目的で登場することの多いカードですから、塔が壊れることそのものは不幸ではないことが多いのです。しかし何らかの信念体系に閉じ込もって、そこで安心したい人には、これはショッキングなカードです。節制のカードで、一つの器から次の器に内容が入れ替えられようとした時に、この二つの器のうちどちらかが破損したというのが、この二枚セットの意味の一つだと思われます。前の器が壊れた時には元に戻れない。または、新しく移動しようとしたところが、何らかの不具合によって機能できなくなったという場合もあります。例えば、引っ越し先のマンションが何らかの問題で使えなくなり、内容物としての自分たちを入れる器がなくなってしまったということもあるでしょう。あるいは塔は完全に壊れるわけではなく、多少割れ目ができる程度だった。カードの並びからいえば、受け止め手の器が壊れることの方が多いのではないでしょうか。しかしそれはより大きな器を用意するきっかけになります。

XIV 節制

XVII 星

節制のカードは器から器へと、内容物が入れ替えられていて変化の節目に関係します。何にでも節目があり、その時に内容物は異なる器に移動します。学校も、小学校を卒業すれば次は中学校に、という具合に移動していきます。また精神の目標が目に見える形に実現することもあらわしていて、自分が変化していくための慎重な節制の姿勢をあらわしています。このカードが出てきたということは、何か変化や入れ替わりが起こりつつあるのです。本質は変わらないが、しかし外面的な形、入れ物、状況、環境は変化するのです。

続く星のカードでも器を二つ持つ人物が登場しますが、ここでは中身を全部ぶちまけています。これは星からチャージされるために、全部手放してもよいのです。しかし、節制のカードでは、どこかよそからチャージされる気配もなく、持ち物をこぼさないように違う器に移動させなくてはならないのです。例えば、気の治療というものがありますが、施術者は自分の活力を使うと早死にすると言われています。自分の生命力が枯渇してしまうのです。しかし、星のカードのように、自分は単に通路であるという姿勢であれば施術者は枯渇しません。むしろ反対にもっと元気になってしまいます。節制のカードは自分の持ち物をそのまま慎重に一滴もこぼさずに、しかも名前も節制というくらいで慎重に移動させていたのに、星のカードになると、供給側は星で受け取りの器は大きな池になってしまい、しかも半分くらいは大地に垂れ流していることになります。星のカードの女性は裸で、守るものもなくあらゆるものが解放的です。節制の閉鎖的で慎重なやり方がダイナミックで自然に任せたものに変化しています。自分自身を小さな器に閉じ込めていくような姿勢を止めて、エネルギーソースを非個人的な大きな源に求め、さらに確保する姿勢を止めると、より得るものが増えるのです。

力の源を非個人的なものに求める 閉鎖的なやり方から自然に任せたものへ変化

XIV 節制

XVIII 月

目的に対応するものを無意識から探索　目標達成の過程で未知なる本性を発見

節制のカードは、一つの器から次の器に同じ液体が移動していくことを表現しています。これは、中身が同じものが器を変えることをあらわしていて、転職したりということにも使われたり、精神的な内容が実際的なところで着実に達成されていく実現のプロセスをあらわしていることもあります。上の器は太陽の器で、下の器は月の器と考えるとよいでしょう。月の器というのは、具体的な形になっていくことを表現しています。

続く月のカードは、昼の意識が眠ってあたかも夢の中のように、無意識の影響力が溢れ出てくる状態を意味しています。私たちは日頃は原始的な無意識領域からの影響を受けないように、閉鎖された人間的な脳の活動に閉じ込もっています。しかし個人としても意識が働かなくなる睡眠中には封印が外れていくのです。このような時には、どこにも制限がかからないために、さまざまな印象が上がってきます。人間の意識の下にある原始的な意識。これらが生き生きとあらわれてくるのです。節制のカードの下の器は、月の器ですが、そのまま月のカードにも対応するのではないでしょうか。もともと月のカードはその手前の星のカードで、星から受けた影響に対応するものを太古の記憶の中で探すということが真意のカードです。しかしここでは、節制の太陽の器、すなわち意識的な目的に対応するものを月の無意識の記憶の中からサーチし、そこに影響を流し込むと考えてもよいでしょう。月のカードにはまだ制御の効かない、さまざまなノイズ成分が含まれています。そのため、移し替えのプロセスで予想もしない事態が起きやすいはずです。移し替えは冒険のようなもので、例えば、工場の新たな移転先を見知らぬ国で探しているようなものです。しかし自分の本性について思わぬ発見もあります。これは、月の器は自分でも気が付いていないものを写すからです。

自己を本質的で無形のものととらえる送り手と受け手の双方向性

XIV 節制

XIX 太陽

節制のカードでは二つの器が登場します。一つの器は上にあり、それは天使の左手にあります。左手というのは外から受け入れる側です。それが今度は右手に握られた器へと移動します。右手は個人として閉じる側で、外から受け取ったものを、個人の意志に置き換えると考えてもよいでしょう。社会が作り出したものが個人の欲求に変わっていくと考えてもよいのです。

続く太陽のカードですが、配置として考えると、天使の代わりに太陽がやってきます。太陽はこの太陽系の中で中心にあり、つまり太陽系という宇宙の範囲においては絶対のゼロの軸を意味しており、それは中空構造です。そこから地上の二人の子供に陰陽化します。このように地上では陰陽化しても、元は一つのものであり、この一つのものが分岐したという意味で、陰陽の二つのものは互いのアイデンティティーにこだわり、衝突してはならないということです。節制のカードの二つの器は、太陽のカードでは二人の子供に置き換えられていると考えてみましょう。節制は自己の中で主体から客体へと影響が流し込まれるので、自分の中での陰陽の交流です。しかし太陽のカードでは二人の子供は、互いに影響を与え合い遊んでいます。二枚目に恋人のカードが入る場合には、二つの器は男女化または陰陽化となりますが、太陽のカードでは一方的な立場があってはなりません。その意味では節制のカードの二つの器の間を流れる液体は、行ったり来たりするような関係になるということです。太陽のカードは二つの器のどちらも優位なわけではないという考え方なので、送り手と受け手が双方向性になるのが特徴でしょう。右から左の器に、左から右の器へと、入れ替わります。個体性にこだわることが減少し、ますます自分とは肉体表現を持つ器よりも液体の側、つまり本質的な形のないものだという意識が強まることになるでしょう。状況が変わっても順応の早さが出てきてとても柔軟です。

XIV 節制

XX 審判

　節制のカードは、一つの器から次の器へと同じ液体を流し込むことです。この液体は情緒的に感じるものという印象があります。つまりは実感、感情、情緒、思いなどです。器は形にならない情感や思いを入れる器ですが、情感や思いというのは、必ず器を必要とします。私たちが感情を抱く時に、それは何か具体的にターゲットを想像します。誰かに対する思いなどにしても、明らかに形があります。気持ちというのは形という器がないと漠然として、やがては霧のように飛散するのです。また液体は器の中に入っていきますが、もしこの液体ということを中心に見た時には、実は器の方が近づいてくるようにも見えます。強い思いを抱くと器が寄ってくるのです。主体と対象はどちらが主役とも言えない面があり、器から見ると液体が入ってくるように見えて、液体から見ると、器が近づいてきます。この近づく速度を上げるのは思いの強さです。例えば、車が欲しいという時にはその欲求が液体で、実際の車が器です。器が来るとその思いはそこに閉じ込められ、満足します。このように液体と器というのは相補的な関係があります。

対象にこだわる必要性の消失
どんな対象も引き寄せることが可能

　次にやってくるのは審判のカードですが、これは時間の枠を超えて自由になることを意味します。私たちは時間に支配されているように思いますが、それは肉体が支配されているわけで、意識が支配されているわけではありません。過去に去ったように思えるものも、意識を集中すると、それは引き寄せられてくるのです。これが絵柄ではラッパという意志の集中と拡大の装置で強調されることで、死者が蘇る絵として描かれているのです。節制のカードでは液体が新しい器に移動していくのですが、しかしこの器は思いの強さによってどこからでも引き寄せられます。それに審判のカードの段階になると、器そのものに重きを置かなくなります。どんなものも引き寄せることが可能ならば、器にこだわる必要などないからです。

XIV 節制

XXI 世界

カバラの生命の樹にタロットカードを対応させた図表では、節制のカードは太陽を示す胸の位置から、月を示す腰の位置までのエネルギーの流れをあらわします。それは太陽という意志や目的がちゃんと実生活とか人格を示す月の位置に浸透するかどうかということがテーマです。洋服は上と下で分かれていて、違う色の服を着ることもあります。上と下はもともと違うのだというのは、太陽のサイクルと月のサイクルが合わなくなってきたグレゴリオ暦の時代には当たり前になりました。しかし、太陰暦であればこの上下を統一することは可能です。さらに、世界のカードは腰から大地までのエネルギーのラインをあらわし、これは気のレベルとしての腰の位置から、さらに実社会とか物質をあらわす大地までが直通することを意味します。世界のカードの真ん中に立つ人が、私たちの腰の位置の濃密な気の身体をあらわし、周囲の四つの元素が大地をあらわすのです。中心的な立ち位置としては、頭から胸までの女教皇が揃うと、パスとしては頭の上から足までがまっすぐに揃うことになります。

真の目的を意識した完全な自己実現 精神的にも物質的にも満足できる生き方

節制と世界のカードの二枚セットは、他者に振り回されずに、自分の中心的な立ち位置を明確にして、揺らがない人生コースを確立することをあらわしていて、また目的意識としての胸の中心にある太陽の力が、そのまま物質的な大地の上の生活にまでエレベーターがまっすぐ下りるように、着地するのです。自分の真の目的を意識して、自分らしい生き方を確立することなので、これこそが完全な自己実現を意味します。たいていこの両立が難しいために、どちらかに偏ってしまいます。つまり大地に従属するか、それとも天に従属するかです。ここでは女教皇のカードが欠けているので、どちらかというと、自己の目的を物質的、実際的な生活で達成するということにはなります。精神的にも、また物質的にも満足できる生き方という意味になります。

XV 悪魔

The Devil

XV 悪魔

0 愚者

強固な意志が境界線を打ち破る 過剰なパワーで飛翔あるいは転落

悪魔のカード15と恋人のカード6は、それぞれ6の数字の系列の、奇数型と偶数型の違いはありますが同類のカードです。タロットカードは上の次元と下の次元というふうに二層で描かれる図柄は多く、ここでは人を超えた次元に悪魔が立っています。この人を超えた次元に立つためには、陰陽二分化を統合しなくてはなりません。それは男女が一体化する例えで説明されます。悪魔は両性具有なのです。この陰陽二極のうち、どちらかになると、その人は地上に転落します。カバラの生命の樹の構造も、陰陽を一体化させるとそれが次の次元の陰陽の一つの部品となり、そこでまた統合化するとさらに上位の陰陽の一つの極になるというような連鎖です。地上の情感、例えば愛情とかも男女に二分化されたところで作られています。そのため、そこにこだわる間は地上に拘束されます。悪魔はこのような地上的な制約や特性などに全く影響を受けていないのです。しかし、15の数字は外界に対する意志の押し付けでもあり、押し付けすぎると、その行為によって下の二極化の世界に没入・束縛されることになり、求められることにだけ応えるものであれば、恋人のカードの天使になるという具合です。

その後に愚者のカードがやってきます。愚者のカードは所属している世界の輪から逸脱して、その外や崖の向こうに飛翔、あるいは転落することをあらわします。崖の向こうはより大きな世界か、より低次の世界かというどちらかしかありません。悪魔は境界線を踏み超えてしまう意志や過剰なパワーをあらわすので、その結果として愚者の状態になったというわけです。強い意志が自分自身の境界線を打ち破って、はみ出してしまうことをこのセットはあらわしますが、そうでなくても悪魔のカードの力はやがて次の塔を壊してしまうのです。境界線を踏み超えてその先に何があるのか、このセットでは語られてはいません。

XV 悪魔

I 魔術師

異なる次元のものが境界線を超越し交流開始することで何かを押しつぶす

悪魔のカードと魔術師のカードの共通点は越境性でしょう。悪魔のカードでは、地上的な陰陽原理を超越した存在が、超越しているがゆえに強い支配力を持って、より低い世界に対して過剰な干渉をします。それには良い面と悪い面があり、悪い面を修正するのに手間がかかるかもしれません。魔術師は越境して、よそにあるものを今までの世界に持ち込みます。魔術師は商人ですが、商人はそもそも越境者でないとできない仕事です。シルクロードの商人であるソグド人は、思想の商人でもありました。そのため日本にもゾロアスター教の名残があり、それがお盆（ウルバン）などの風習を作ったのです。二枚のカードが両方とも境界線をはみ出して、外と何らかのエネルギーの行き来をしていることを示しているのならば、このセットが出てきた時には、おとなしくガイドラインに沿って生きるという意味でないことは明らかです。

越境者ということで共通したこの二枚のカードのまさに反対のものと言えば、悪魔のカードは下界に対する領海侵犯であり、魔術師はまず愚者の立場になってより高次な世界に飛び出し、戻ってくる時に魔術師に戻りますので、これは上位の世界に対する領海侵犯になるということです。このあたかも反対の方向性も実際には同時に両方が起こると考えてもよいでしょう。人間を中心にしてマクロな方向とミクロな方向は構造的に類似し、鏡のように両方で同じことが起こることも多いのです。悪魔のカードの下に立つ二人のうち、どちらかが魔術師ならば、上位に存在する見えない悪魔に呼ばれて、魔術師は上空に旅をするというふうにも考えられます。互いに違う次元のものの交流が生じて、それぞれ境界線の薄膜を超えて交流するとみなすこともできます。魔術師の示す新しい仕事や行為は領分をはみ出すことで始まります。それは何か他の人のものを奪うことから始まるかもしれません。自分が始めることで、他の何かを押しつぶすかもしれません。

未知なる真実を読み解く
こだわりを捨て広い視野を持つ必要性

XV 悪魔

Ⅱ 女教皇

悪魔のカードの基本は、陰陽二極を統合したものはより上位の立場に立ち、それまでの陰陽二極化された領域のものに対してコントロール力を握るということです。もし関わる意志がない場合にも、今度は二極化された下位にあるものが引き寄せられ求めるようになり、それに応える形で影響力を行使することになるのです。下にあるものは上にあるものの食料になるという生命圏の鉄則が働きます。

次に女教皇のカードにつながります。女教皇の持つ書物は、私たちの身体の中に眠る潜在的な資質を表現しています。日常の私たちはこれを生きていますが、しかしこれを読むことはできません。つまり私たちは自分自身の資質に忠実に生きているので、自分自身を客観視して、外側から読むことができないのです。読むことができないものは、あたかも存在しないかのように見えるので、それは存在しないと考える場合もあります。自分の台座は意識できないのです。二極化されたものの一つが私たちですが、もし二極化したものを統合化していけば、私たちの視点は一つアップして、より広い視野が手に入ります。つまりは悪魔の位置に立つということです。そこでは書物というのを、生きるのでなく、読むという優位性が手に入るでしょう。もともと悪魔のカードはジプシーの世界では第三の眼をあらわすと言われており、女教皇の書物を読むことは可能なのかもしれません。第三の眼はまず上の悪魔を象徴とする松果腺が二極化を統合化しており、その信号は下の二人の手下に象徴される、二極化された脳下垂体が受け取ります。より大きな立場に立って、これまで読めなかった真実を読む。それがこの二枚セットの意味になるでしょう。そのためには今までこだわっていたものから手を離す必要があるでしょう。自分がしがみついているものによって、その人の立ち位置は決まります。

XV 悪魔

Ⅲ 女帝

悪魔は地上的な諸事や欲求に関心を抱きます。天使と悪魔という概念は西欧では極端な落差があると思いますが、アジア圏ではそうでもありません。バール神あるいはサタンと同一視され日本の古事記に登場するスサノヲは、救済と贖罪と芸術の神で、最後は弥勒菩薩になると言われています。一方で天使に対応するのはアマテラスですが、植民地主義とか権力への固執、手を汚さないという意味もあります。上の次元に存在する何らかのものが、下の次元の存在に対して救済的な行為をするというのは、とりもなおさず、手を汚し、下の地上的な世界に熱中するということがなければ不可能でもあるのです。悪魔のカードにも、そのような欲望や支配以外に救済などの意味も加わることになります。生命の樹では、下から見るとこのパスは皇帝のカードに変貌します。

続くのは女帝のカードで、これは生み出す力、生産性、豊かさ、増殖などを表現しています。もともと初期の３の数字のカードですが、タロットカードは初めの方がより根源的で普遍的と考えてもよいでしょう。子供の成長のように考えると、後の方が発達しているとみなすべきですが、しかしこの時に、意識は逆に限定された方向にも向かう面があり、法則としてはむしろ初期の方が根源的です。女帝の根源的な生み出す力は、悪魔のカードの下に向かう力によって行われます。本来は入ってこないものが入ってきて、そこで生み出されたものがあるということをあらわします。精神世界分野では、宇宙的な知性が人間として生まれることがあるという話がよく出てきますが、これは悪魔のカードに描かれている上の次元にある存在が、地球というジェンダーに二極化された世界に生まれ出たことなのかもしれません。より上位のものが、女帝の生み出す力によって次々と影響が持ち込まれるとみなすのですが、インドの各地域の数百人に及ぶ女神を全部自分のものにしてしまったインドのシヴァ神は、日本では大黒様になりました。

無縁なものの登場が生み出すもの 上位のものの影響が持ち込まれる

個人の思想が世界のスタンダードへ
自身の思想を押し付ける

XV 悪魔

Ⅳ 皇帝

　この二枚のカードを生命の樹のパス対応でつないでみると、悪魔のカードは胸の中心のティファレトから、身体の右下の知性の中枢であるホドにつながります。自己の本性に沿って、知識を作り変えるというような意味もあります。一般概念とは違う見解であれ勇気を持って主張する力です。反対にティファレトが弱い場合には、外面的な知識に振り回されて自分の本質を引き出すことができないという場合もあります。皇帝のカードは、身体では左上のコクマーという最も活動的で拡大している意識の場所から、胸の中心のティファレトまでのラインです。これは限界を突破する守護天使の門と言われているパスで、いかなる障壁も超えてしまうという意味があります。しかしカードの順番としては、悪魔のカードが先に出てきて、これが因果の因の側ですから、自分の本質的な面から照らし合わせて知識、考え、概念、思想などを自分風に改造し、それを皇帝のカードの拡張力によって、外に勢力を広げていくというようなことになるでしょう。悪魔のカードのパスは明らかに、正直に、本音で考えるとこうだというものを主張することをあらわしています。それの反対者がいても、悪魔のカードは勇気をもって押し切ることを意味します。

　そして皇帝のカードが出てくると、それを個人として純粋にそう思うと主張するだけでは足りず、他の人にも押し付け、さらにその領土を拡張するということになるのです。歴史的には時々そのようなことも起こったはずです。ある一人の考え方や姿勢が世界の法律のようにスタンダードになっていくケースです。しかしそれが偏っていて誤ったものであると考えられない場合もあります。なぜなら、正直な考え方は比較的普遍的なことも多く、うそ臭い市場調査で作られた企業の製品よりも一人の社員が自分ならこういうのが欲しいといって、個人的な好みで作った製品の方が人気を博することも多いのです。生命の樹のパスとして連続しているものは自然でありがちな流れです。

XV 悪魔

V 法王

境界侵犯的な力が生む高揚感
無法者のようなわがまま放題

悪魔のカードは、それ自身の超越性によって下界を支配するという意味を持ちます。悪魔は両性具有で地上の二人の人物は男女に分かれています。男女に分かれた部分は互いが相補関係にあるために、個体としては身動きがとれないのです。しかし悪魔はこの両方を一体化させた存在なので、それ自身では自由に動くことができます。自由に動くことのできるものは、自由に動くことのできないものよりも遥かに余裕があります。下の二人は互いに相手のみを見ていることが多く、この二人の総和がどこに向かうのかは意識していないのです。電車の中で新聞を読むことに夢中になっていると、電車がどこに向かっているのかわからないのと似ています。悪魔のカードはそのような、二人が気づかないところから、全体を動かすことができるというわけです。

　続くのは法王のカードです。手前の皇帝のカードは普及やスタンダード化などをあらわし、やはり拡張力があります。法王はどこが違うのかというと、５の数字に割り当てられていて、これはスタンダードにはなり得ない数字です。例えば、ピラミッドは大地に四つあり、上空に第五番目があります。五番目は上に向かっていますが、下の四つにはそのような縦次元が存在しません。４が生活の基礎ならば、５はその中でのハレの要素や高揚感などをあらわします。しかもそれは４の台座をすべて利用してその上に立つのですが、単独では存在できないのです。法王のカードではそれが宗教的高揚感として描かれているのかもしれません。その本来的な性質から、日常の生活をする人々の上に立ち、日常の足の部分は彼らに依存するという状態で成り立っています。つまりは働かず寄付金だけで生きているようなものです。悪魔としての境界侵犯的な力、強い要求と支配は、一線を超えた楽しみや高揚感、魅惑などを作り出すと考えてもよいのではないでしょうか。しかしこの二枚セットは、どうみてもわがままし放題で、法王なのにまるで無法者のようです。

XV 悪魔

VI 恋人

悪魔のカードの15は合計すると6となり恋人のカードと同じ数字になります。つまりこの二枚は同類です。天使は天に向かい、悪魔は大地に向かうという違いだけです。キリスト教の教義では、父なる神以外の異教的なものはすべて悪魔にされたので、世界中のキリスト教でない神々はみな悪魔ということになり、実際に七十二悪魔と言われているのは、地方色豊かでバラエティがあります。特に日本のアニミズムに近い古神道などで登場する神々はみな典型的な悪魔ということになります。悪魔のカードも恋人のカードも、より上の次元にある何らかの力が関係してくることをあらわすもので、この二枚が両方出てきたセットですから、統一感があります。悪魔のカードは自分の力を押し付けて、境界侵犯をします。このことでそれまでの均衡が崩れ、何らかの動きが起こることが多くなります。

恋人のカードは、偶数のため受身です。要求に答えるとか、自分と対象となる相手が鏡のように反映し合い、リズミカルな応答性が出てくることをあらわします。悪魔のカードが要求し、押し付けてきたことに対して、待っていたかのように積極的に応えるという関係になります。押せば押す程、近づいてくるという関係性を考えてもよいでしょう。しかし初めのきっかけ作りとしては、悪魔のカードのような押し付けとか干渉とか、テリトリーを打ち破るなどによって、それまでの静的な均衡を打ち破らなくてはなりません。ところで、このように均衡を打ち破って外に働きかけた時に、ほとんどの場合、それは自分自身の中でも均衡が崩れてきます。行為のすべては自分に返ってくるのです。そのことで、自分の中にこれまではあまり感じたことのない感情とか集中的な熱意、意欲などが発生します。それらは自分と対象の関係での流動的であるが、しかし新鮮で活発な刺激をもたらします。踏み外したことで、より大きな返答が戻ってくる。そしてそれは自分と世界の関係の新しい要素をもたらしてくるというわけです。

押し付けや要求への積極的応答
均衡の打破が新鮮な刺激をもたらす

XV 悪魔

VII 戦車

信念を押し切り進める一方的行為 意志を固め積極的に働きかける

悪魔のカードは、本当の意味での自己の奥からやってくる意志を外に表現することをあらわしています。縄でつながれている手下たちは自分の中の組織とか器官に等しいので、他者に対する押し付けではなく、むしろ自己をコントロールするのだと言い張ることもできます。自己というのはどこの範囲までなのか決めておかないと、よけいなことにまで干渉することになる場合もあります。悪魔が松果腺で下の二人の手下が脳下垂体とすると、自律神経を自らの力でコントロールすることになります。それは本当の意味で、自分の運命を支配するに等しいかもしれません。これは、人間的な知性や感情というのは、この自律神経を動かすことができず、それに対していつも後手にしか対応できないからです。それが戦闘的な戦車のカードと結び付くと、意志を固め、次第に強い活力を生み出し、積極的な働きかけ能力に変わることを意味します。

悪魔は行動的ではありませんが戦車は行動的です。おまけに、悪魔と下の手下という配置は、そのまま戦車のカードの戦者と二頭の馬に置き換えられます。自己の奥にある意志という確信があるために、妨害を突破して走り続ける力が発揮されます。しかし他の人から見ると、思い込みが過ぎると思われるかもしれません。周囲に対して開かれた視線がなく、むしろ、心の奥底にあるものに対しての忠実さによる行動だからです。そもそも悪魔は、周囲の反対や抵抗を押し切ってでも、自分の信じることを押し進めるということをあらわしています。さらに戦車のカードでそれを力強く進めるというのは、あまりにも一方的過ぎるという場合も出てくるでしょう。悪魔のカードの15は次に塔のカードの16に続きます。16は足すと7となり、本来、悪魔は自身の力によって制約となる塔を打ち破るに足る力を得るのですが、戦車の7のカードは偶数の塔のカードと違い奇数なので外に対して戦闘的です。押し付け、突き進み、人の話を聞かずとなると、行き過ぎに要注意の場合もあります。

一般通念に従わず個人の確信で判断 強気で言葉巧みに押し切る

XV 悪魔

Ⅷ 正義

悪魔のカードは意志を押し付けることをしばしばあらわしています。その場合に、図柄の中で、自分がどこに位置するのか考えてみるとよいでしょう。上の悪魔が自分なのか、それとも下でつながれている二人のうちのどちらかが自分なのか。それによって、押し付ける側と押し付けられる側のどちらになるかが決まるからです。悪魔のカードの悪魔は翼を持っていて、人間の意識の中の超越的な領域をあらわしています。それが地上に向かって意志を発揮するのです。つまり具体的に何か達成しようとしている時、そしてその意図が超越的なものである時、必ずそれは悪魔のカードになるという意味なのです。当然それは今までなかったような新しい形のものをもたらすことになるでしょう。今までにあるものをそのまま繰り返している場合には、悪魔のカードが出てくることはありません。

続く正義のカードは決断を示します。右手というのは自発的な部分をあらわしていて、そこにまっすぐ通った剣を持っているのですから、自分で決定したことを変更しないのです。悪魔のカードでは、下にいる人物は鎖でつながれていますが、正義のカードでは天秤に二つの皿が吊り下げられています。正義のカードでは比較しているのですが、悪魔のカードでは比較などしておらず、鎖を通じて意志の伝達があります。生命の樹では、悪魔のカードは胸のティファレトから知性のホドまでをあらわし、正義のカードは胸のティファレトから右横にある意志のゲブラーまでをあらわします。ホドもゲブラーも右にあるものなので、内心の確信であるティファレトの力がそのまま個人の意志として押し出されることを強調し合います。一般通念に従わず、個人の確信を通じて判断を下すということになり、また合計の23という数字も、飴と鞭、あるいは押したり引いたりしてリズミカルな動きをあらわし、結局のところ、自分の意志決定したものを通してしまう力です。つまり正義は強気に、悪魔は言葉巧みに、押し切るのです。

XV 悪魔

Ⅸ 隠者

悪魔のカードは、より上位にあるものが下にあるものに対して支配的になるという絵柄です。もしこれが社会的に立場の上の上司などが支配的になるということだと、不公平感が強くなります。なぜなら、自発的に支配下に入るわけではないからです。このカードでは悪魔のカードは両性具有です。そのため、そこには超越性があります。男女に分かれたのが地上の人間の姿で、それは特有の悩みや問題を抱えています。しかし、両性具有的な存在というのはそうしたものを超越し、影響も受けておらず、男女に分かれた存在が抱く特有の欲望も持っていません。そのため、たいていの場合、この上位に存在する悪魔に従うことに対しての抵抗感はなく、むしろ自らそれに従おうとすることが多くなります。悪魔と二人の手下を結び付ける紐は絆をあらわし、また理解や情報などをあらわします。日本ではしばしば動物の姿をした神というのを想定していましたが、これは古代エジプトも似ていて、神は動物の姿をしていると考えられていた面もあり、これらは日本も含めてシリウス系の霊統と言われています。キリスト教がそれを嫌ったのは違う系統だったからということかもしれません。

マニアックで異教的な思考系列に基づく思考を深める

これに続く隠者のカードは哲学、思想、瞑想、宗教などに一番関係しやすいと思われますが、すでに説明したような悪魔のカードに表現されるような系列の下での考え方をもっと深めていくことに関係しているのではないかと思います。聖書でイヴに知恵の実を与えた蛇というのはキリスト教では邪悪視されていますが、違う文化では尊重されています。この蛇は一説ではシリウスのことだと言われています。蛇は日本ではたいてい神聖視され、古代には太陽神として崇められ、琵琶湖の竹生島では卵を供えられたりしています。何が正しく何が間違っているかというのは、このように文化圏や思想圏によって違うことも多いと思いますが、隠者のカードは考えるカードでもあるので、マニアックで異教的なことを考えるということに関係しやすいセットではないかと思います。

XV 悪魔

X 運命の輪

悪魔のカードは15で、運命の輪のカードは10です。これらはそれぞれ5の数字の倍数で5、10、15、20と続きます。5の数字は遊びの精神、ハレの高揚感、環境に振り回されないこと、自然界に対する優位性、メンタルなものの自由性などを意味しています。法王が自己主張だとして、それをうまく生かす環境が運命の輪の場所で見つかります。5の倍数の三番目の15では、環境に対して強く働きかける性質が発揮されます。つまり二番目の10の運命の輪では、良いチャンスを探し、時間的・空間的に自分の意志をうまく生かす場所を探すという、ある程度おとなしい姿勢だったのですが、三番目の15ともなると、時間とか空間を配慮するなどという奥ゆかしい状態ではなくなり、もっとアクティブに、自分の意志を環境に強引に生みつける姿勢になったのです。これは運命の輪の10が5という自己主張の数字に、さらに様子を見て状況によって変化するという2の数字との掛け合わせであることから推理してもよいでしょう。

周囲への気遣いをする存在へ変化
内輪のものが世間に受け入れられるチャンス

悪魔のカードの15は、自己主張の5が生産的な女帝の3の数字と掛け合わされたのです。このように悪魔のカードも運命の輪も、5の倍数としての仲間であると考えると、このセットでは15の次に10がくるので、ある意味逆行で、少しおとなしくなったと考えてもよいでしょう。つまり、時間・空間の状況にはお構いなしだった悪魔は、相対的な条件（2）にふりまわされる自己主張（5）としての運命の輪（10）に配慮することになったので、チャンスがある時には出てくるが、そうでない時にはおとなしく引っ込んでいる殊勝な存在になったのです。都合が良い時に悪魔に変貌するという意味になりますから、周囲に気を使うようになったのです。このような変化はより大きな環境に対する働きかけをするにはよいことだと言えます。これまでと違う、もっと大きな市場に自分を押し出すには、様子を見なくてはならないからです。仲間内でのみ受け入れられていたものが、もっと大きな世間に受け入れられるチャンスです。

潜在力を生かし新規のことを行う
革新が過ぎて行き過ぎる危険性

XV 悪魔

XI 力

悪魔のカードは生命の樹のパスでは、自己をあらわす胸の中心のティファレトと知性をあらわす身体の右下のホドとのラインに割り当てられています。自分が本当に思ったことを言葉にするということで、占星術ではティファレトは太陽でホドは水星のため、これは太陽と水星の合（コンジャクション）に対応し、それは自分が思ったとおりに知性を曲げるという意味となります。もしくは、都合の良いように解釈するという意味もあります。自分の関心があることだけを勉強するなどです。例えば、水星とホドという意味では、何か書物を読んだ時にも、これは自分のティファレト、つまり太陽に照らし合わせると意見が違うということがあるとすると、それは書物が間違っているとみなすのです。

次の力のカードは、生命の樹のパスであれば、寛容さのケセドと緊張感のゲブラーのラインで、自分の中の動物的な力をもっと広い視点から生かすという意味にもなります。そして11という数字はある意味逆転や反抗などを示すことも多く、

公から個へ、個から公へと力が転換され、従来の考え方を覆し、変えていくということも含まれています。両方ともそのまま従属するような姿勢は持たないということです。悪魔のカードの力強さは、自分が納得できないものは真実ではないと思うことで、さらに力のカードは通念を覆すというわけです。この場合、受容性がないということは問題になるかもしれません。両方ともに迎合しないということなので、革新的過ぎて行き過ぎていることもあるかもしれません。また力のカードでは、動物の力を制御しようとしているのですが、それは人間的なもので制御しようとすると、明らかに抑圧以外に手段はないということもあり得ます。超越的な立場にある悪魔のカードの悪魔は、その動物の力をうまく扱うことができるということもあるでしょう。つまり本来の潜在力を殺すことなく生かして、新しいことをするという意味です。しかし、いずれにしても、何か非常識性は出てくるのではないでしょうか。

欲望の蒸留と浄化
外界への意志や欲求の消失期間

XV 悪魔

XII 吊られた男

悪魔のカードは超越性が特徴です。占星術のサインの度数は、タロットカードの数と意味が似ています。悪魔のカードの数字15と同じ十五度はどのサインでも頂点的な力をあらわし、それを外界にどう押し出すかということに関わりますが、固定サインは強気で柔軟サインは弱気です。しかしそれでも溜め込んだ力を外に流すというような意味は共通しており、悪魔のカードの図柄と似て、両性具有の頂上的存在から下界の男女に分かれた存在へと力が伝わります。超越性は常に両性具有イメージと結び付きます。古い時代の韓国でも戦闘集団は両性的な存在の方が強いという思想があり、そこから花郎などができたのです。彼らは弥勒菩薩の化身だと言われていましたが、日本の古事記のスサノヲはサタンとかバール神と同一視されていて、最終的には弥勒菩薩になると考えられていて、しかも朝鮮から秦氏が持ち込んできたと考えられています。

この上から下界に、という構図は悪魔のカードの基本ですが、続く吊られた男のカードは、上から吊られてはいるが下界の大地からは遊離しています。つまり悪魔のカードの悪魔はいるが、しかしそれを受け止める手下がいないということです。地上では必ず陰陽化されます。これは、行為というのはここからあそこという具合に必ず横移動するために、左右・前後の差が必要です。両性具有的な悪魔というのは二分化されていないので、それ自身の行動が存在しないのです。吊られた男は着地させる接点を失っています。つまり中空に浮かんだ悪魔です。表現のはけ口がないので、自分の中で循環し、やがて腐敗・発酵します。これは欲望とか生々しいものを蒸留・浄化するにはとても良いことでもあります。さまざまな外界への意志や欲望が、ここで枯れて再生し洗練されるために、寝かせ期間に入っていると考えてもよいでしょう。悪魔の生々しさが消えていきます。あらゆる動きは止まってしまう可能性がありますが、重要な期間です。

XV 悪魔

XIII 死に神

上位次元の力が無駄を粛清 習慣のみで継続してきたものを整理

悪魔のカードと死神のカードが並ぶと、これだけでも深刻になってしまう人がいるかもしれませんが、タロット占いでは表向きのイメージに振り回されないようにしなくてはなりません。両方とも重要なカードで積極的な意味があるのです。悪魔のカードは、より上の次元の力が下の地上的なことに対して支配力を握っていることをあらわしています。死に神のカードは地上に対して粛清しているような図柄になっています。例えば部屋を片付けていて、無駄なものを捨てて人生をすっきりと再スタートさせるようなイメージのカードです。悪魔のカードの力を発揮して、結果として死に神のカードになるというのは、より上の次元の力が出てくることで、これまでの生活の中で、無駄に見えるようなものが出てきた、それまでは気が付かなかった。こうしたものを整理整頓していくような状況があらわれてきたということを意味します。

より上の次元の力と結び付くことなく、純粋に地上的な原理だけで成り立っている組織や企業はたくさんあります。もちろんそれは今までの視点で言えば、正当なものであり、普通に続くものだと見えてくるのですが、いったんこのように悪魔のカードと死に神のカードが関わったところで考えてみると、それらの中には正しくない無駄なものがあるのです。死に神のカードは減らす力ですから、いらないものを見るとそれを整理しようとします。自分の本当の根本的な意志に照らし合わせて、果たしてそれが必要なものなのか、それとも必要でないものなのか、ここではっきりとしてくるということになるのです。悪魔のカードは一方的なものなので、相談の結果そうします、というところがほとんどありません。決めたことは断定的に進んでいくというような傾向があるでしょう。ただ習慣だけで続いていたようなものは、この際、整理した方がよいのかもしれません。悪魔のカードは自己への忠実性ですから、その基準を満たさないものは不要なものなのかもしれません。

欲求を自身の中でのみ解消 他者への押し付けを止め自己達成すべき状況

XV 悪魔

XIV 節制

悪魔のカードは15で節制のカードは14と続いていますが、しかしここでは反対の順番です。もともとは節制のカードでより上位の意志が、自分の日常的な下半身的な領域へ伝えられ、具体的な生活の中で目標が達成されていくという自己生殖のカードでした。たいてい思っていることと実生活は違います。これは節制のカードからすると、良くないことなのです。節制のカードには精神の器から身体性の器へ、同じ液体が流れ込んでいく絵柄が描かれています。次に悪魔のカードに向かうと、生殖行為は自身に対するものでは飽き足らず、力があまって、それは外界へと伝わり、他人や環境に対しても節制と同じ構造のものを作ろうとしたのです。それは節制で気を良くしてエスカレートしてしまったというわけです。

しかし、ここではこの二枚続きのカードは反対の順番です。悪魔のカードでは、両性具有の優位性の高いものが下界に対して支配力を発揮するという構図でしたが、それは他人に対して働きかけるという大げさなものから、節制が持つ自分自身の中にある下半身的な要素に対しての影響力を発揮するというこじんまりしたものへ規模縮小があったということになります。他人に対しての影響力を自粛し、欲求は他人に投げかけることなく、迷惑もかけず、自分の中で解消してしまうということです。節制のカードは自身の中で確実に目標を達成することをあらわします。それがうまくできたからこそ、悪魔のカードのように同じ意志を人にも伝えられると考えたのです。しかし、自分の中でまだそれが十分に満足いくところまで達しないまま人に対しての働きかけをしていた人は、もう一度自分に戻って、自己達成をしなくてはなりません。人に押し付ける前に、まずは自分ができることが大切です。人に対して口うるさく説教する人は、たいてい自分でそれを果たしていません。果たしていないからこそ、自分に言い聞かせるように他人に言ってしまうのです。ここでは押し付けを止めて、自分でこなせ、ということになるのです。

XV 悪魔

XVI 塔

確信を強固に押し通念の殻を破る 欲望の果てにルールが崩壊

悪魔のカードは15で塔のカードは16ですから、この二枚はそのまま数字が連続しており、タロットカードのストーリーとしては自然な流れです。つまりこの二枚が出てきたということは、順調に進行しますということもあらわしています。悪魔のカードは境界侵犯のように下界の領域に支配力を発揮していきます。ここでは、境界線をはみ出しているというのが特徴です。もしはみ出していないのならば、それは手前の節制のカードでとどまっているはずです。はみ出したものがある時、それは必ず、これまで固まっていたスタイルなどを壊すことになります。

塔のカードの塔は、ずっと維持されてきた規律、習慣、考え方、システムなどが悪魔のカードのはみ出す力によって、ひび割れて解体していくことをあらわしています。塔の絵柄では雷が落ちてきて、それが塔を壊す映像が描かれています。一方の悪魔のカードでは、上に悪魔がいて下に陰陽化された二人の手下がいます。その意味では、悪魔の力そのものが、上から落ちてくる雷の位置に等しいとも考えられます。節制のカードでは自分自身に対して生み付ける力をあらわしていました。悪魔のカードでは人に対して生み付けること。さらに塔のカードでは、非個人的な社会のシステムや組織などに対しても同じ力を発揮するくらい増大したのかもしれません。身近なところに働きかけるにすぎなかったものを、もっと非個人的なものにまで拡張していくまで成長したということも特徴でしょう。枠を壊すというのは人に対してした場合でも、必ず同じことが自分にも起きます。割ると割られるのです。塔は家であり、この建物は象徴的には社会、国家などもあらわしています。また人間の脳という閉鎖された球体をもあらわします。確信があることを強く押し、習慣の殻とか通念の殻が打ち破られる。国営企業の民営化なども一つの解体です。否定的に読むなら、欲望の果てにルールが破られたということもあり得ます。

XV 悪魔

XVII 星

悪魔のカードは何らかの形で他の人に対して優位に立つものが、自分の意志を強引に外に広げていったり、押し付けたりする行為をあらわしています。自分の内部に対する働きかけならば、手前の節制のカードです。悪魔のカードの場合には、他者との関わりや外部の環境ということが出てきやすいのです。ここに欠けているのは、おそらく、自分よりも上位の領域に対する受容性です。「太陽は下に向かって太陽であり、上に向かって月である」という言葉があります。これはある特定の場での支配者も、実は、より上の領域に対しては従う存在であり、つまりは仲介者にすぎないという意味なのです。そのため、悪魔のカードで下にいる二人に対して支配力を発揮したにしても、本当は、悪魔はさらに上位の次元に対しての受け手でなくてはならないのです。しかし、この絵柄にはそれが書かれていません。悪魔のカードが、自分がすべての始まりであり、自分に先行するものは存在しないという独尊的な立場を持つとしたら、無理のある話です。

支配者が受容性を習得
上の領域に対して従う

星のカードは、自分を守る立場とか持ち物をすべて失って裸になった人が、天の星からの力を受信しています。つまり悪魔のカードに欠けていたものを、星のカードは取得していることになります。同時に、影響を流し込む下界の固有の受け止め手も失っています。池に流し込んではいるのですが、悪魔のカードのように、縛りを効かせた特定の相手との関係というものがなくなっています。星のカードの女性はそうした特定の受け止め手もいないからこそ、守られておらず、裸で野原に立っているということにもなります。この二枚のセットは、自分が発信者となって支配している位置にいる人が、それに欠けた受容性というものを手に入れたのではないでしょうか。しかし他の人の話に耳を貸すわけではないでしょう。星という天空にあるものならば受け入れるのです。悪魔は契約がありましたが、星のカードは関係性という点では投げやりです。

XV 悪魔

XVIII 月

強い集中力で意識の蓋を開く口出しの結果問題に巻き込まれる

いつもの限度を超えた集中力を発揮することで、脳の本能的な部分にまで支配力を発揮するのが悪魔のカードです。脳の中心には、松果腺というグリーンピースくらいのサイズの器官がありますが、人間の場合にはこれは退化しています。ここにスイッチを入れた場合、時間空間を超えたビジョンを手に入れることができると言われており、さらにそれは自律神経とか、また脳下垂体に対しての支配力を発揮することになります。悪魔のカードはそうした領域を活性化することをあらわし、第三の眼を発揮して自分の身を守れということを意味しているらしいと書いてあるものを読んだことがあります。

悪魔のカードの力は月のカードに受け渡されますが、月のカードとは、眠った時の夢のように潜在的な記憶を呼び覚まし、無意識の中で可能性を探ることをあらわします。事実それは終始夢の体験と考えてもよい面があります。起きている時には、私たちはこの潜在的な意識が開かないように蓋をしています。眠った時のみ開くのです。しかし、悪魔のカードは日常の限界を打ち破ってしまい、踏み超えてはならない限界を超えてしまう性質であるがゆえに、起きたままの状態などでこの月のカードのように意識の蓋を開くということになりやすいと言えます。超能力開発や霊能力などにも関係します。月のカードは、開かない蓋を開くという点では、トラブルも引き起こしやすいです。例えば、一時的に強い集中力を発揮して、結果的に、解決の難しい問題の蓋を開いてしまった。へたに口を出してしまったために、自分がその面倒なことに取り組まなければならなくなったという場合もあるでしょう。月のカードは藪から蛇を出してしまったということです。しかし新しい可能性を開くということもまた事実です。すぐに解決はしないが、それは今まで影になっていたものを引き出すので、新しい活力を引き出します。

XV 悪魔

XIX 太陽

異常事態の体験が結束を生む　均衡の崩壊によりバランスを取り戻す

悪魔のカードはジプシーの発想では第三の眼をあらわし、それは言い方を変えると脳の中の本能的な部分にある松果腺を意味していることになります。松果腺は脳下垂体に自分の意志を伝達します。これが悪魔のカードの、上に立つ悪魔と下に立つ二人の手下をあらわしているということになるでしょう。松果腺は珪素系の鉱物にも関係し、人体の中でのパワーストーンのような立場にもあります。すると、それを受け止める脳下垂体は植物性でもあり、神経系に接続されます。宝石と台座という図式は、そのまま松果腺と脳下垂体、悪魔と二人の手下という図式に照応していると言えます。

太陽のカードも二人の子供が描かれています。悪魔と太陽の配置は同じですが、陰陽とか善悪とか、対立する二つの要素を統合する、より上位の支配力があることを示しています。三角形というのは創造的な原理をあらわしていますが、下に対立する陰陽があり、上にそれを統合する一点があると形としてとれます。悪魔は支配しているが、太陽は光を与えてい

るだけで、下にいる子供は自発的に仲良く遊んでいます。悪魔のカードのように強制しなくても、二人の子供は自ら太陽の力を受け止めようとしている。二人で遊ぶことでその力を受け取る条件がうまく備わる。このように考えていけば、今まで無理して強制していたものが、そのまま放置したとしても、スムーズに進んでいくことをあらわしているのではないでしょうか。初めは、強制的で強い押しというものが必要だったのです。悪魔のカードは状況の停滞を打ち破るような、そのためにバランスをわざと崩すような傾向があります。太陽のカードは、本来ならば対立が起きそうなものを、調停的に仲良く進めることを示していますから、一度均衡が崩れることでバランスを取り戻すような状態です。本来ならば仲が悪い人々を強制的にまとめていた。しかし異常な状況を一緒に体験すると、そこで結束して、放任してもうまく回るようになったなどがあるでしょう。

XV 悪魔

XX 審判

強い働きかけにより変化が発生
謎に対する科学的解明

悪魔のカードは、普通ならば突破しないような限界を突破して、自分の意志力を強く押し広げることをあらわしています。悪魔のカードは15の数字ですが、これは合計すると6の数字となり恋人のカードと類似します。恋人のカードは受け取ること、悪魔のカードは奇数ですから反対に押し付けることです。誰にもバランスというものがありますから、自分のいつもの境界線を超えて、外に対して意志を押し出すというのはめったなことではしません。今は特別なのです。

審判のカードは、ラッパを吹くことでいつも開かない扉を開くことを示しています。これはしつこく働きかけ、決して諦めず、岩をこじ開けるように働きかけるのです。そのように考えてみれば悪魔のカードと審判のカードは似ていると言えなくもないのです。悪魔のカードの力があるからこそ、審判のカードの絵柄に描かれているような墓石が開くのです。悪魔のカードは強い欲望によって働きかける性質でもあるでしょう。審判のカードの天使も、悪魔のカードの悪魔も、人間よりも上の次元に存在しています。より上位に存在するものが強く働きかけることで、下界に変化が発生します。無理だと思われることが通るまで、絶対に諦めずにしつこく働きかける。相手が「イエス」と言うまでいつまでもしつこくアプローチするという場合もあるでしょう。悪魔の立っている位置関係や天使が存在する位置も、真ん中にまっすぐ立っているので、この二つは曲がったことを意味していません。それは意志に忠実に正直に働きかけるということをあらわしているので、実は無理を通すといっても、邪なものを押し付けているわけではないでしょう。また悪魔のカードは二人の手下に、審判のカードでは墓の中の死者に働きかけます。無理難題に対する挑戦と考えてもよいでしょう。しばしば謎だと思われていたことに対しての科学的な解明などもこのセットではないでしょうか。

XV 悪魔

XXI 世界

高い完成度の支配的関係へと変化
負担ある状況から完全バランス状態へ

悪魔のカードはより上位にある立場のものが、下界の、つまり陰陽化あるいは男女化された二人の手下に対して支配力を発揮する図柄が描かれています。悪魔の超越性は、それが両性具有であることで、もしここで男性的であるか女性的であれば、このような支配力を発揮できないし、また余裕もない状態になります。男女に分かれていないというのは、その分エネルギーが強まるのです。実は、世界のカードの真ん中にいる人物も両性具有です。このために、中心的で上位の位置にいることができるということなのです。この点では悪魔のカードと世界のカードは同じです。違いは、悪魔のカードが下の二人に対して鎖でつなぐように密接な関係があり、それはやはり人との具体的な関係になりやすいということです。

世界のカードの場合、この下界のものとは周囲に配置された四つの獣であり、それは人ではなく、むしろ世界を構成する基本的な元素ということです。例えば、お金が必要な時に悪魔のカードであれば、誰かから調達することになります。しかし世界のカードでは、その人の能力などによって引き寄せます。働いて稼ぐというのが世の中の常識ですが、それでは世の中に存在する大金持ちなどがどうして金持ちになれるのか、誰も疑問に答えられません。頑張って稼いでも限界があるのです。こうしたところに、自然界を支配する四つの元素の作用が想定されることになります。悪魔のカードは、世界のカードの途中にあるものと見てもよいかもしれません。世界のカードは完全なバランス状態の中にあり、どこにも無理をかけていませんが、悪魔のカードは無理か負担をかけています。悪魔のカードでは欠けたものがあり、それが重い負担を作り出し、いつか反対になることもあるかもしれませんが、世界のカードではその裏腹さはなく、また世界と自分の間には仕切りの輪があり、中心の人は守られていると考えてもよいでしょう。企業と下請けの関係にしても、完成度の高い関係性が作られていくのではないでしょうか。

XVI 塔

The Tower

XVI 塔

0 愚者

塔のカードは雷が落ちて、建物の上部が壊れている光景が描かれています。塔は外郭を堅くして中にあるものを守る性質で、貝の殻のようなものと言えます。占星術で言うと土星に当たります。それは固有の生体の秩序を守るのです。しかし、どんなものにも永遠に続くものはないように、定期的に新陳代謝しなくてはなりません。これは、この塔は外界から閉じてしまうために、長く続き過ぎるとその生体は孤立し、どこからも活力を吸収できなくなるからです。この定期的に開放されたり、脱皮したりする塔のカードの作用は、サイクルの長いものから短いものまで多数です。ある企業コンサルタントは、会社は四年ごとに引っ越した方が業績は伸びると言います。つまり会社は、四年ごとにこの塔のカードになるのが好ましいという意味にもなります。雷は超越的な外部からの圧力です。それは塔の中に保護されている意識から見ると怖いのですが、全体的な観点から見れば、形に縛られない自由な意識をあらわしていて、それも私たちなのです。

システム崩壊の隙に探索の旅へ
枠が壊れた後に新規の可能性を探る

続くのは愚者のカードですが、そもそも愚者は世界全体の範囲を決めるゼロという輪、言い換えると、塔から脱出して最も極大の範囲へ向かうことなのです。そのため、塔が壊れて愚者になるというのは、自然な流れにも見えてきます。本来は、塔は壊れるとまた再構築されます。それが新陳代謝の正しい姿だからです。しかし愚者は再構築に目が向かうことなく、壊れている間に、どこかよそに脱出するのです。愚者が魔術師になれば戻ってきます。そしてまたいずれは塔が出来上がります。しかし、今このシーンでは塔が壊れて愚者は脱出するというストーリーになっていますから、システムが壊れた隙に、探索の旅に出たと思ってもよいでしょう。今までのものをまた再構築するのはつまらない。新しい可能性を探しているのです。江戸時代の話で、牢獄が火事になった時に、中にいた罪人たちは放免されたと言います。これもこの二枚セットで考えられます。

XVI 塔

I 魔術師

破壊的出来事が新規のものを生み出す
一見否定的なものが実際は良いものである可能性

塔を人体や肉体の投影であるとみなした時、というのも絵というものはすべて体躯投影になりやすいからですが、塔に落ちる雷によって亀裂が生じる場所は、だいたい首のあたりです。首というのはそもそも他者の意志の介入しやすい場所や異次元、死者の霊が働きかける場所という意味で、外部のものが侵入しやすい脆弱な縫合部です。首の部分が緩んで、さまざまな影響にさらされる時というのは、精神状態が相当に不安定になりやすく、また健康にも影響があります。良い面としては、この侵入というのは新しい情報をもたらすこと、新機軸の人生が生まれること、なにより先進的な人になることです。人体において異次元の意志は、頭の上ではなく首に入ってくるというのが特徴です。

続くのは魔術師のカードですが、これは越境者として、遠くから戻ってきた人が、遠くの地で手に入れたものを持ち込んで、新しい商売を始めるカードです。塔のカードそのものが異次元的なものの侵入を意味しているので、魔術師のカードと結び付くのは、これもまた自然なことに思えてきます。自分を傷つけ、これまでの自分のスタイルがもう維持できなくなる原因を作った異次元的侵入が、今度は積極的に新しい仕事や商売を始める種になってしまったのです。つまり何か新しいことを始めるには、その前提に、従来のものが台無しになるということがあります。失敗に見えたものや破壊的なもの、初めはそのように否定的に見えたものが、実は新しいことのための素材として消化され、活用され始めているのです。例えば、悪夢を見て叫んで目覚めた時、感情が受け入れがたいために、そのリアクションが悪夢に仕立てただけで、内容はそうでもないことが多いのです。意味は関係性で決まるので、破壊的に見えたものはそれまで維持していたことから見るとそう思えるだけで、実はより良いものであったと考えることもできるのです。

状況崩壊により本来の力が蘇る
枠から解放され新規の可能性を考慮

塔の崩壊によって脱線すると、また違う可能性を引き出すことができます。書物には複数の内容が書かれているのです。私たちは試行錯誤で何もないところから始めるということはできません。むしろ、潜在的な可能性の書物の中のさまざまな可能性を探り、どこかの内容に同化することで行動することができます。どんなものもすでに存在しています。そしてすでにあるものをいろいろと依り合わせることで、何か新しいことができるというわけです。人生は一つの塔の中に眠っている間、異なる可能性は開くことはありません。塔が一度壊れることで、むしろ自分の本来の力が蘇ることをあらわします。ちょっと違う方向で考えてみようという余地が生まれますから、しばらくの間は、何もしないで考えるということでもよいのではないでしょうか。リストラされた人が暇な間は図書館に通うようなものです。そこで違うコースということを考慮してみるのです。

XVI 塔

II 女教皇

塔のカードはこれまでの姿勢や状況が崩壊することで、解放されることを意味します。どんなことでも秩序は必要なので、一度壊れた塔もまた新しく建築されます。そのため、塔の崩壊は脱皮と考えるとよいでしょう。それまで息苦しい生活をしていた人は、この時に新しく改革するとよいのです。塔はいつまでも壊れたままでなく、すぐさま再構築されます。塔を崩す雷は自然界のものですが、私たちは社会生活をしているので国家、都市、家、組織、共同体などというさまざまなサイズの塔の中に暮らしています。

続く女教皇のカードは、その人の潜在的な資質が開かれることを意味していますが、それは肉体の中に埋もれた遺伝子的な情報です。私たちの個性とか個人の人格、人生というのはこの書物の中の一文を示しています。しかしそれであることを私たち自身は理解していないことが多いはずです。自分が同化している物語を読み取ることはできません。その中に眠っていると考えてもよいのです。しかし、このスタイルが

殻を破壊することで誕生
不快な出来事が後に発展性を生む

XVI 塔

III 女帝

塔のカードは、固い殻が破れて自由になることをあらわしています。誰でも何か続けていると、だんだんと型にはまって守りの方に入っていく傾向があります。これは安定性を作るのですが、一方では、さらにそれ以上進むことに対してブレーキになっていることが多いのです。殻というものは定期的に破っていき、またあらためて作っていくという新陳代謝が大切です。

ここでは続くカードは、生産的な女帝のカードです。つまり積極的に何か生み出されていくような活発な状況が始まるのですが、そのためにはまず、塔のカードでいったんこれまでのスタイルを打ち破るということが要求されているわけです。対人関係で言えば、お互いに自分を開かず平行線のまま続いている関係があるとします。何らかの理由で、それは一見間違えたこととか、何かの偶然で打開してもよいのですが、関係性の殻が破れることで、お互いが防衛しなくなり、やがては発展的な女帝のカードに変化していくということもあります。表向き不快な体験もその後には発展性をもたらしている。このようなリズムがここでは働くと考えてもよいのです。女帝のカードの3の数字は、リズミカルな加速と開放的な生産性ですから、それは殻を嫌います。殻を破ることで生まれるというイメージは、卵から雛が生まれる光景でもあるでしょう。卵の殻もやはり塔だからです。壁を持つと、フィットする相手に対してもそうは感じなくなると思います。壁があることは生体が保護されるのですが、同時にそれは外部に対する共感を奪いますから、互いに理解するのは難しいことになります。フランスのカモワンタロットでは、塔のカードをまるで祝福するかのような意味に解釈するのですが、その意味では塔が壊れることは盛り上がるお祝いやお祭りみたいにも見えます。そして女帝は豊かさを生み出すのです。合計すると19となり太陽のカードとなります。これはつまり合わないように見えた人と仲良くするという意味です。

規制緩和の拡大
枠からの解放が波及していく

XVI 塔

Ⅳ 皇帝

塔のカードは、これまでの生活の枠や考え方の枠、いずれにしてもあたかも建物のように固まってしまったものが、自然界の力である雷によって打ち砕かれることを絵柄にしています。どういうものにも新陳代謝というものがあって、例えば私たちの体は毎年春先に少し変化を起こします。このような小さなところでも、古いものが脱皮して、新しく構築化されるというリズムがあるのです。塔のカードは避けて通れない新陳代謝を表現しています。枠が壊れるということは、秩序のある言動ができない時期です。ある意味破綻している場合もあり、このような時にはその人らしくない行動も出てくるでしょう。アフリカでは女性が生理の時には、小屋にこもって外に出てはならないという風習の部族があったと言います。生理というのもまた月に一度の塔が壊れる時期を示しています。塔が壊れている時には、そのように本当は誰にも接触しない方がよいのです。

続くカードは皇帝のカードです。これは支配力を発揮したり、維持したり、立場を安定させたり、指導的な立場に立ったりということをあらわします。塔が外面的な殻ならば、皇帝のカードは内面的な秩序で、実はあまり殻にはこだわりません。むしろ殻があると皇帝の勢力拡大はできません。皇帝のカードは4の数字で、この4の数字というのは横にも縦にも広がっていく、網の目のようなものを表現し、影響はどんどんと広がっていきます。例えば、二〇〇八年にはアメリカの経済破綻が世界中に広がっていきました。一つの企業が倒産すると、子会社にどんどんと影響は広がっていくでしょう。このように4の数字はドミノ倒しのように横にも縦にも広がっていくのです。塔のカードというのは、これまで硬直した枠にはまったものを解放するという意味があるので、これが皇帝のカードによって他のところにも大きく波及するということがあり得ます。規制緩和が広まるという意味でも考えてよいでしょう。

XVI 塔

V 法王

殻が破れ意志を外部へ主張 思いのままに押し付ける姿勢

塔のカードは、硬い殻が天からの雷によって一部倒壊することを描いています。ハーモニック占星術という、数の原理を持ちこんだ占星術技法では、この塔のカードの数の16に対応するハーモニック16は、強い粉砕力をあらわします。何か限界があると打ち破り、推進するのです。私たちの社会は都市、歴史、文化、国家などのさまざまなサイズの塔を持っています。もちろん国というのは一つの塔なのです。占星術やタロットカード、占い類はある程度通常の社会では裏の扱いをされますが、それはこれらが基本的には雷に属している面があるという理由もあります。社会生活には特有の秩序があります。それに対して占星術など天体の動きは、その人の社会生活のルールには従っていない、自然的な衝動などを露わにします。塔に従うかそれとも雷に従うかということでは葛藤が生じるのです。しかしまた占いそのものは、古い時代に作られた塔の一つでもあるのです。さまざまな信念体系が衝突し合うのは、塔同士のぶつかり合いです。塔が壊れた時、中に閉じ込められた本質というのは、外にはみ出そうとします。そもそも塔は型に閉じ込め、中にあるものは、もともとそこからはみ出したがっています。塔はサイズの小さな洋服のように、それを押さえてきたと考えてもよいでしょう。

続く法王のカードですが、これは自分の言いたいことをそのまま野放図に広げていく姿勢をあらわします。塔との組み合わせは、内部の主張を閉じ込めてきた殻が破れて、内側にあった意志がそのまま外に向かって漏れ出していく光景そのものとみなしてもよいと思います。ルールも遠慮もなく、思ったままを拡大していくという姿勢が、塔が壊れることで実現できるようになったのです。表現欲求からするとそれは良いことですが、無礼講のようなこのセットは他人から見ると迷惑な場合もあるかもしれません。

XVI 塔

VI 恋人

不安定な時期に始まる交流
自分を割ることで生まれる壁のない交流

塔のカードは防衛的な殻が破れることをあらわします。次の星のカードで裸の女性が描かれているように、この塔は洋服のようなものと考えてもよいのです。誰でも、またどんな生体も、組織も、それ自身の入れ物として硬い殻を持っています。これは安定性を作り出すのですが、同時に、外界に対して閉じてしまうものであるために、定期的脱皮と再構築をしなくてはならないものなのです。塔が壊れた時には、中にある柔らかいものが飛び出してくるので、気持ちとしては開放感がありますが、同時にそれは安定性がなく、また外に対して極端に敏感になるために、いつまでも殻がないままという生き方を続けることはできないでしょう。塔は貝の殻のようなものなのでそれは必要なのです。

殻が壊れて柔らかい実体がむき出しの時に、次の恋人のカードがやってきます。それは理想的な相手や環境、仕事などを見つけ出すことを意味しているでしょう。恋人のカードの6は六角形を思い起こさせるもので、それはフィットする相手と息の合う交流ができることを示しています。そして一度関わると、縁はなかなか切れない面があります。防衛的な塔が壊れて、その後で恋人のカードが出てくるということは、塔が壊れず、個人が閉じている時には、相手は訪れないということにもなるでしょう。一度自分を割って、恥ずかしい気持ちも捨てて、相手に対して開くことでしかこうした関わりはできないということなのでしょう。また不幸があった時、何かが破綻した時、不安定な時に始まる交流でもあります。それは心の奥深くまで入り込むために、深い絆を作り、長続きする可能性が高くなります。殻がある時には互いに個人を防衛していますから、あまり深く入り込むこともなく、互いの安全を確保した形での交流になります。しかし、ここではむき出しの関わりです。壁を作ることのできない相手ということになります。

XVI 塔

VII 戦車

安定の喪失により生命力が活発化 自身の枠の崩壊から他者の枠の崩壊を招く

塔のカードは、これまで続いてきた生活のスタイルやいろいろな枠がここで壊れていくことをあらわしています。しかし壊れたものがあるということは、新しく作られていくものもあるということなので、これは一つの入れ替え、時には衣替えのようなものだと言えます。つまり、塔のカードは定期的にやってくると考えるとよいでしょう。避けるべきものではないことが多いのです。これまでの型を維持しようとする人から見れば、塔のカードは怖いものかもしれませんが、反対に閉じ込められている状態から解放されたいという人は、塔のカードは伸び伸びした状態を作り出すので、歓迎できるカードだということになります。

続く戦車のカードですが、塔のカードと戦車のカードは両方とも7の数字に関係したカードです。塔のカードの16は足すと7になるからです。7の数字は伝達の性質を持つ宇宙法則です。塔の16は偶数のため内側に向かって走っているカードで、戦車の7は奇数ですから外に向かって走っていきます。両方とも共通しているのは、落差があるものの間を駆け抜けていこうとする性質です。両方ともに、じっとしているということや現状維持ということは存在しないカードなので、影響は外に向かっていくか、内に向かっていくか、どちらにせよ飛び出すように働くという性質があるのです。塔のカードによって、これまでの安定したものが一度失われ、そのことによって生命力は活発化します。戦車のカードでは、どこかに向かって走っていくのですが、それは塔のカードによって自由になり、余ってしまった活力が外に向けて積極的に働きかけます。自分の塔が壊れたので、他の人の塔も壊してしまうという行動に出やすいのではないかと思います。両方とも7の法則ですから、ここからあそこへ、と伝達せざるを得ないし、戦車のカードは走らざるを得ないのです。合計すると23で、これは上がったり下りたりという忙しい運動をあらわします。

XVI 塔

VIII 正義

枠の崩壊が生む冷静な思考
熟成した思考を打ち出すべき時

塔のカードはこれまでの体制が壊れていくことで、脱皮し、新しい段階に入ることをあらわします。必ずしも不幸ではなく、むしろ興奮状態を伴うことも多くなります。賭けごとはこのカードだと言われるのですが、それは突然の幸運の興奮状態や落胆などもあらわすのでしょう。図柄としては右上から雷が落ちていますが、これは身体の左上で、超越的な意識の侵入をあらわす場所で、カバラの生命の樹ではコクマーと名づけられた中枢の場所、占星術では海王星が配置される場所です。それが硬い殻または防衛的な膜としての塔を打ち砕くのです。人が落ちるのは塔を借りて作り出してきた高所、つまり地位が転落することなどもあらわすのかもしれません。

次に続く正義のカードは、行き過ぎを抑え、偏らず、冷静な姿勢を打ち出しています。8の数字は溜め込みで、即断即決せず、じっくりと熟成した考えを打ち出すということでもあるでしょう。塔のカードが示すように、これまで続いてきた何かが壊れることで、冷静に考える余地が生まれてきたことをあらわします。私たちの日常は塔に守られています。しかし守られていると怠慢になり、考えることも疑うこともしなくなります。壊れていく塔は持ち物や立場、信念などさまざまだと思いますが、信念という場合、私たちはしばしばそれについて検討することさえ止めてしまうことが多いのです。しかし塔が壊れると、考える余地が生まれるというよりも、考えざるを得ないのではないでしょうか。正確な判断力を手に入れるには何かに依存し過ぎないことが重要ですが、塔が壊れるショックは、依存していたことに気づき、はっと冷静になるという効果をもたらすことができます。もっとはっきり言えば、私たちは曲がり角に来ないと考えることはないということでもあるのです。自動的に動いている時には眠り込み、破綻したり、難しい局面に来た時に目覚め、考えるということです。つまり、今しっかりと考えなくてはならない時が来たことを意味します。

XVI 塔

IX 隠者

枠が破壊された中で行う純粋な探究
立場の転落を機に旅立つ

塔のカードの塔が壊れると、塔を構成していたレンガのような素材も滑落して、瓦礫の山が出来上がります。全体を構成して初めて意味のあるものだった部品は、それがばらばらになることで、存在の理由を失うものもあります。塔は一つの信念体系のようなものなので、それが壊れると、それに付随する人生のさまざまな楽しみや喜びというような部品は張り合いを失い、一時的に生きる気力が失われることもあります。しかし定期的にこうした人格クラッシュのようなものが起きないことには、私たちは間違った方向に走った時の軌道修正ができません。

次にやってくるのは隠者のカードです。隠者は自分の立場や具体的な拠点を失うことも重要です。9の数字の示す哲学、思想、宗教、瞑想、精神性などは、何か具体的な立場によりかかることで、客観性も抽象性も失うからです。放浪する老人として描かれた隠者のカードは旅や放浪などを意味するのは、さまざまな題材を転々と移動しながらそのエッセンスを吸収して、本質的なものを究めようとするからで、旅が止まったとたんに探求力も停止します。このように考えてみると、隠者のカードにとっては塔のカードは必要なものにさえ見えてきます。塔のカードに描かれているように地位が転落することや、防衛となる依存するものが消え去ることや、殻が破れて柔らかい中身が露呈することや、建前がなくなることなどで純粋に本音のみが出てくることになります。こうした中で、隠者が必要とするような、純粋な探求ができることになるのでしょう。隠者のカードの前の正義のカードは実際的な判断ですが、隠者のカードはむしろ実際性がないことが好ましく、正義のカードが座って立場が決まっていることに比較して隠者は移動するので立場はありません。そのため塔のカードによって何かが壊れた時、そのチャンスを利用しようとします。隠者のカードは旅行ということも考えると、倒産を機に世界旅行という話もあるでしょう。

枠の崩壊が大きな発展を呼ぶ 小さな傷の後に存在する大きな喜び

XVI 塔

X 運命の輪

塔のカードは悪魔のカードに続きます。悪魔のカードでは、超越的な存在としての両性具有の悪魔がより上位の世界から、下界の二人の手下に対して過剰な干渉をします。次元の高い世界と低い世界の違いというのは、意識の許容度の違いで、下になる程狭量で理解力が狭くなり、また時間空間に縛られる率が高まります。そのため、上の次元からの強引な介入は下の次元に揺らぎを作り出します。上の次元にあるものは下に対して積極的に働きかけないという程度でちょうどバランスが取れますが、悪魔はそうしていないのです。その意味では、悪魔のカードの直後に塔のカードが出てくるのは自然な流れです。

悪魔は塔のカードでは雷に変貌していて、塔はこの力に耐え切れずに亀裂が走っています。しかも亀裂が発生した位置というのはちょうど首のあたりですが、より高次なものの侵入というのはたいていの場合、首から入ってくるものです。神秘思想家のルドルフ・シュタイナーは首のチャクラは十六角の結晶であると説明しています。もちろんこの小さな反映として、私たちはわずかに体調が悪化した時には喉を痛め風邪を引いたような症状になってきます。

続く運命の輪は、チャンスが巡ってきて、今までよりも大きな場で活動するきっかけが生まれてくることをあらわします。実はこれは、今までよりもより大きなエネルギーのようなものを導入することで度量が大きくなり、それに付随してチャンスも大きなものが舞い込んでくることをあらわします。つまり、これまで運命の輪が到来しなかったのは、塔という殻に守られて、小さなところで固まっていたからだという話になり、一度殻が破れることは次に大きな発展を呼ぶということを暗示していることになります。チャージされることで、急に運命の輪の回転が加速するのです。小さく傷つくことはあっても、その後、より大きな喜びがあるということになるのでしょう。

XVI 塔

XI 力

既存の対応スタイルの白紙化　流動的事物との位置関係を試行錯誤

塔のカードは、特定の世界を守る殻が破れて、開放されることをあらわします。しかし、こうした殻がない生き物は生きていられないので、また新しく殻を作ることになります。定期的に殻は作られ、壊れ、また作られていくということを繰り返すのが理想的です。作ることと壊すことを繰り返す塔は天に届くことはありません。人工的なものを積み上げても、それは天には到達しないのです。日本では、古い出雲大社などは巨大な天に向かう階段を作っていました。日本の特徴としては巨石文化ではないので、塔の守る力というのが薄弱だという点で、この階段も吹きっさらしです。そのため、日本式に塔のカードを作ろうとしても、初めから硬いものを作り出すことができません。日本人は自我の境界線が薄く弱いのです。

次に続くのは力のカードです。これは人間的なものが、動物的なものを扱っている姿が描かれています。塔のカードの塔は都市や国家、また人間の脳でもありますが、私たちは脳から外に出ることはできません。脳の一番外側は新皮質で、これは人間の知性と考えてもよいのではないでしょうか。その奥にもっと原始的な哺乳動物の脳や魚の脳、虫の脳などがあります。年輪のようなものと考えると、一番外側の人間の脳の一つ内側は、力のカードで描かれているような動物の脳です。塔は壊れてしまったので、知性的な人と、本能・感情の動物の脳との関わりを、あらためて考えることになります。決まりきった対応のスタイルがいったん白紙に戻る。家庭崩壊し、不良化した娘や息子をあらためて扱わなくてはならないという場合などです。しかし、先に述べたように日本ではこの塔はあまり硬くありません。ということは壊れることに対してもそう大きなショックはないということです。むしろ日本では塔を作れないということが問題になりやすいのです。流動的なものと自分の位置関係をあらためてもう一度取り組み直す。決まりきったマニュアルとしての塔は失われたので、ここでは試行錯誤を体験しなくてはならないと思います。

価値観を無に戻し再構築 大きな視野で既存の習慣を見直すべき時

XVI 塔

XII 吊られた男

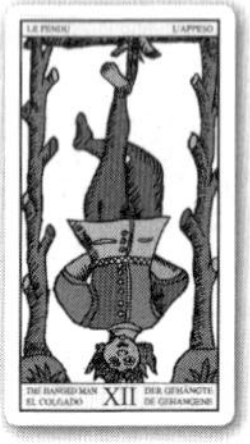

塔のカードはそれまで安定を保っていた立場や状況がいったん崩れていくことをあらわします。それは脱皮でもあり、良い意味を持つことも多いのです。ユングはその場で良いことがあることが幸運とはかぎらないと言っています。誰でもそうですが、その場の悪いことは長期的にはむしろ良いものをもたらすこともあるのです。ですから、塔もその場では不幸という場合もあれば、長期的には幸せを導いたという場合もあります。さらに安心を奪うということもあれば、反対に拘束から逃れて伸び伸びできたという場合もあります。

その後、吊られた男にシーンが移動します。吊られた男は、具体的にはまだ何もできないまま、ただ頭の中で創造的な活動をするだけです。例えば、職を失い立場をなくした人がその後、就職できない間、実務的なことをしないで頭の中で考えてばかりいるという状況も想像できるはずです。塔が壊れることは流動的な状態を生み出すので、そこでまだ具体的に何か決められない。しかし決められないからこそできることがあるということなのです。人生の中での谷間的な時間です。動きが止まってしまった結果、むしろ内面が活発になるということです。塔のカードの絵柄ではたいてい壊れている場所は上寄りで、人体では首に当たります。ここの型が一度崩れることは精神の柔軟性を形成します。吊られた男は上に吊られていますが、大地には接触していません。塔は大地から伸びていましたが、天に届きません。大地から伸びるもの、ローカルで狭く具体的なことを根拠にして作られた考え方とか習慣がいったん無に戻され、反対に、塔に根底的に欠けていた、天からの考え方を元にして、そこからもう一度、空中の塔を再構築しようとしているのかもしれません。吊られた男はその意味では塔の欠陥を完璧に補いますが、反対に吊られた男には塔の持っていた具体性というものが欠けています。しばらくは中空に浮かんだまま考えるのがよいのではないでしょうか。

XVI 塔

XIII 死に神

超越的な芯を持ちとらわれから脱却 守るものを失い力強くなる

この二枚は人によっては不吉なカード満載に見えるかもしれません。外面的なものに依存する生き方から見た場合には、塔のカードは殻が壊れるので、守りがなくなり立場も不安になります。しかし内面的なものを中心にすると、これは邪魔な殻が破れて開放感に満たされます。死に神のカードは、肉が削ぎ落とされ骨だけの残る人物が描かれていますが、骨は根幹に当たる本質です。肉を質量とみなすと、やはり余分なものが削ぎ落とされて、本質的なものがむき出しになることをあらわします。死に神は地上を粛清していますが、骨や肉はそのまま天と地にも適用されますから、肉を落とし、大地を粛清するという意味になるのです。塔のカードでは、外側の硬い殻が打ち破られるのですから、似ているということにもなるでしょう。つまり、塔が壊れると中から骨がむき出しになるのです。まずは塔のカードで形にこだわる性質がなくなり、結果的に死に神の力を持つようになるという意味です。ただしシンボルとしては反対の扱いの面があり、塔は外が硬く、中には柔らかいものがあります。死に神は外は肉でやわらかく、中には硬い骨があるのです。

13の死に神のカードは、もともと超越的な芯になるものを強調する意味があり、古い時代には神聖な数と言われ、それが硬い骨のようなものとみなされます。塔では明らかにそれは形にこだわるという意味となります。塔は外皮ですから、死に神の骨と反対に扱われています。硬い殻で守られた柔らかい存在が今度は硬い芯を持ち、曖昧な周囲にまとわりつくものを排するというふうな姿勢に転換します。周囲のことを気にして消極的だった人が、自分の根底にある意志を強く押し出し、形を気にしないというふうに、生き方が反転すると見てもよいかもしれません。守るものがなくなって、力強くなったとみなすとよいでしょう。しかし、倒産や廃業というふうに読む可能性も無視できません。

破壊の結果生まれかわる
老朽化した器が壊れ活力が再生

XVI 塔

XIV 節制

塔のカードというのは、外側の固い殻が雷によって壊されていく光景が描かれています。どんなものでも外側にはある程度乾いた固い皮膚というものがあります。そうでないと生命体というのは維持できないのです。同じように組織とか会社とか、あるいは国にしてもこのように外側の固い膜が存在しているのです。次にやってくるカードは節制のカードですが、これは同じ液体が古い器から新しい器に移動している状態を描いています。この器というのは、塔と同じ意味と考えてもよいでしょう。従ってこの二枚のセットの意味としては、古い器が壊れて、今度は新しい器に中身が移動していくということをあらわしています。例えば、古くなった建物を取り壊して新しい建物に移転する場合にも、この二枚セットで考えてみてもよいと思います。

節制のカードのように、新しい器に移動するためのきっかけとしては、まず古いものが塔のカードのように、壊れていくという現象が必要です。そのようなきっかけが作られないと入れ替えは起こらない。つまり長い間、問題が起こらない限りは新しくすることはしないというふうに考えてもよいと思います。通常、塔は壊れるともう一度立て直しされます。しかしここではそのまま立て直すのではなく、違う場所に移転するということが語られています。器は同じとは限らず、全く違う種類のものかもしれません。もともと節制のカードは生まれかわりをあらわすことも多いので、違う器に入ってしまうのです。破壊された結果生まれかわっていくというプロセスは、いろいろな事象に応用できますから、さまざまなバリエーションを考えていくとよいでしょう。パソコンがクラッシュしたので新しいパソコンを購入してきて、中のデータやアプリケーションソフトを入れ替えているという作業でも、この二枚のセットになってきます。老朽化した器を取り壊すことで、生き生きとした力が蘇ってきます。

XVI 塔

XV 悪魔

枠を打ち壊すことで秩序や規律を破壊 免疫力が低下し病に侵される場合も

塔のカードと悪魔のカードはタロットカードの並びとしては隣にあります。ただしここでは順番は逆になっていて、16から15に戻っています。もともと悪魔のカードは過剰な干渉というものをあらわしていて、これがさまざまな枠を壊してしまう結果、塔のカードになっていくという順番だったのです。つまりそのぐらい悪魔のカードというのは強い主張があって、秩序や規律などさまざまな制約を打ち壊してしまうような力が働くのです。しかし悪魔のカードの力が弱い場合には塔は壊れないでしょう。タロットカードのそれぞれのイメージを探索するパスワークの勉強会をした場合に、なかなか塔が壊れなくて困るという人が必ず複数出てきます。このような場合には逆のコースで、固い殻を先に破ってしまえば、悪魔のカードの力はよりスムーズに発揮されると考えてもよいのです。例えば、通常の鍋で玄米を炊くことはできません。これは玄米の固い殻が普通の鍋では力不足だからです。それでもうまく炊こうと思うのであれば、長い間水につけておくということもよいアイデアということになります。

悪魔のカードは、自分の内心にあるもの、あるいはより上の次元にあるもの、この力がより硬くて閉鎖的な下の世界に対して強い押しを発揮するということを特徴にしています。そのため、塔のカードと相補的な関係にあります。しかしまた違う解釈も成り立ちます。悪魔のカードは病気をあらわすこともあります。これはアンバランスなものがのしかかってきたという意味になるのです。キリスト教の伝統では悪魔は悪ですが、異教の神々をすべて悪魔にしたという経緯からすると、悪魔は実際には悪ではありませんから、これは例の少ない読み方です。塔のカードは生体を守る皮膚などを意味するわけですから、それは免疫力とみなすこともできるのです。免疫力が弱まった結果、病気になってしまったということも、この二枚セットの意味です。

知識や偏見から解放され未知のものに気づく
枠にとらわれない思考で大きな希望を抱く

XVI 塔

XVII 星

塔のカードはこれまで持っていた決まりきったスタイルや枠、自分を保護していた安定したものがなくなっていくことをあらわしています。しかし一度壊れてしまったら、新しくまた作り直すことになるので、壊れたままでずっとそのままということはあり得ないことです。つまりこれは一つの切り換えということをあらわしています。この後に続く星のカードですが、塔のカードと星のカードはタロットカードの順番としてそのまま続く組み合わせです。つまりは最も自然で、最もありそうな展開を示していることになります。星のカードは裸の女性が描かれています。それは自由な感受性や枠というものがなくなったことをあらわしているのですが、つまり失われた洋服は塔のことをあらわしているということになります。何かを判断する時に、誰でもあらかじめの知識や偏見というものが存在します。これが塔のことなのです。時にはそれは社会的な地位という場合もあるでしょう。立場上自分はこういう立場にいるので、自由な考え方をするわけにはいかない、というようなことです。

ところがこの塔は壊れてしまったので、続く星のカードでは何の偏見もない、裸のような状態になっていて保護されていないのですが、その分柔軟な感受性が手に入り、そのことで遠い星の力を受信することができるようになったのです。星は塔の中では考え方の壁がさえぎって決して見えなかったものです。何らかの犠牲をあらわすこともあり、つまり地位であったり自分を守るものであったりするものが、失われていくのですから、それは痛みを伴う部分が少なからず出てくるでしょう。しかし、解放された状態の中で、今まで見なかったものが見えてくるのです。つまり今までは目の前にあることに夢中になっていて、それが原因で遠くにあるものが見えなかったのです。星のカードになった段階で考え方も見方もダイナミックになって、より大きな希望を抱くことができるようになったのです。

XVI 塔

XVIII 月

枠の崩壊の後に暗闇を探る　行先不安定なため明確な希望を持つべき

これまで持っていた概念や習慣、信念などが何らかのショックで崩れていくのが塔のカードです。これは必ずしも不幸ではありません。その時に新鮮な活力が発生し、開眼するということに等しいからです。壊れたものは必ず新しく作られるということになるので、この塔のカードの体験をした後で、また塔は出来上がります。続くのは月のカードです。誰でも夜に眠りますが、ここで目覚めた意識の、自分自身を監視する働きが停止してしまいます。すると無意識の領域からさまざまなイメージが上がってくるのです。目覚めている時はこのような印象は脳の中に入ってこないのですが、眠っている時には、あるいは深くリラックスしている時にはどんな印象も入ってくるのです。

塔のカードは人格の枠が壊れることをあらわしていますが、月のカードは人格の枠がなくなったところでしか働くことはできません。間に欠けているのは星のカードで、これは遠いビジョンや希望をあらわします。月のカードはそれに対応したものを無意識の情報倉庫から拾ってくるのです。このような点で、この二枚のカードのセットには、一度壊れた後、新しい希望に向けて牽引していく力が欠けている状態で、無意識を探っていく状態をあらわしていますから、暗闇の中を手探りするような状況になることも多いでしょう。例えば、塔のカードで一度仕事や生活というものが失われ、その後で、新しい就職先を探そうとしているというふうに月のカードを考えてもよいのですが、どういうことをしたいのかというビジョンがはっきりしません。漠然としたところを探すような状況で、なかなか目指すものが見つかりにくいということも出てくることになります。塔が壊れた時に、同時に土台も壊れてしまったということになります。行き着く先があまり決まりにくいということもあるので、ここではもっと明確な希望というものを持つとよいのではないでしょうか。

XVI 塔

XIX 太陽

既存の枠を破壊した後に敵と提携
転換期に対立物を受け入れ枠を再構築

塔のカードは基本的にはこれまで続いてきた規律や習慣、守りとなるようなシステムがいったん壊れることで、新しくルールを作る必要が出てくることをあらわしています。時代は常に変動していて、それに対して閉鎖的な守りが強過ぎると孤立してしまいます。従って、定期的に殻を破り、また作り直す必要が出てきます。学校の教科書は六年で作り変えられると聞いたことがありますが、時代の変化が早ければ六年では遅いということになります。時に応じて急いで、あるいはゆっくりと建物は作り変えられていくのです。

その次にやってくるのは太陽のカードです。ここでは太陽の光の下に二人の子供が遊んでいます。太陽は太陽系の中の中心の無の領域で、ここでは陰陽が分かれていません。それを陰陽の二つに分けたのが二人の子供と考えるのです。対立するものを両立させることで、少なくとも太陽系の中では、安定した活動ができるのです。私たちはたいていこの二人の子供の一人だけを重視して、もう一つを影の中に追い出しています。その結果として本当の意味での自由とか、意識の広がりとかが獲得できなくなっているのです。塔のカードは古い習慣が壊れていることをあらわすので、旧来の思想や哲学が改変される時期でもあると考えます。旧来の考え方は、太陽のカードの二人の子供のうち、一人を意識から追い出すことで成り立っていた。そのため、一度打ち壊し、柔軟な状態になった段階で、今まで追いやっていたもう一人の子供を呼び出して、そしてまた新しくより大きな建物を作り出していくということが可能なのです。そこでは今まで敵対していたものを仲間とすることになります。この二枚のカードセットはこのような変化をあらわすのではないかと思います。ある会社の経営が危なくなってきて、ライバル会社と提携する。このようなこともイメージとして考えられます。時代が変わる時、それまで排除してきたものを受け入れて、より大きな範囲の塔を作り直すのです。

XVI 塔

XX 審判

不可能と思われていた壁を突破 自身の限界意識を突破し壁を超える

塔のカードは、古い殻が破れて新しい体制に変化する状態をあらわしています。いったん壊れた建物は同じものをもう一度作るのではなく、新しく改良した建物になっていくでしょう。どんな生き物も、どんな組織も、このように囲いの殻は作らなくてはなりません。しかし閉鎖的になり過ぎると孤立していき、他のものを受け入れることがなくなっていきます。建物が壊れる時には一時的に苦痛を感じますが、しかし後で良かったと思うことも多いのです。

審判のカードは過去に失われたと思ったものが蘇ることをあらわします。天使がラッパを吹いていて、これは意志がだんだんと拡大されていることをあらわしています。そのような呼びかけによって、二度と戻ってこないと思ったものが再生するのです。私たちは時間に支配されておらず、どんなものでも注意力を集中することで呼び出すことができるということをこのカードは物語っています。時間に支配されていると考えているのは、私たちの信念であって、この信念体系が塔として描かれているのではないでしょうか。時間の枠や空間の枠、規律の枠、さまざまな考え方の枠、これらの中に閉じ込められて私たちは生きています。それらは必ずしも否定的なものではありません。なぜなら個人というものも個人の枠の中で生きていて、それなりにどんなものにも適切な範囲というものがあるのです。塔の固い殻と審判のカードの死者が閉じ込められていた石の棺桶は同じかもしれません。一つは雷が壊し、もう一つは天使のラッパから鳴り響く音で蓋が開くのです。雷は自然界のものですが、天使が吹くラッパの音は私たちのより深い超越的な意志が働きかけることを意味しています。不可能だと思われていた壁を超えること。これがこの二枚のカードのあらわす意味ではないでしょうか。壁を超えるためには、自分自身を閉じ込めている限界意識を自ら突破しなくてはならないということなのです。自分を閉じ込めているものをそのままにしておいて、何か限界を超えるということは矛盾しています。

XVI 塔

XXI 世界

これまで私たちを閉じ込めてきた建物が壊れることで、私たちはよりどころを失い不安定な状態にもなっていきますが、同時にこれまで受けていた制限から解放されることで、伸び伸びした状態になることもできるのです。その時に応じて解釈は反対のものが出てくるでしょう。よりどころを失うか、あるいは限界を突破するか。昔の日本は西洋のように石で作られた建物はありませんでしたから、建物が象徴するところの自我という点でそんなに頑固なものを持っていませんでした。反対に言えば固い自我を作り出すことができないというのが問題だったのです。ここから自立した人格が形成できないこと、母殺しができていないこと、あるいは父殺しができていないことが問題になっていました。塔は私たちを守っている信念そして思想でもあるでしょう。こうした殻を打ち破ることで、次に何が生じるのかということは、二枚目のカードに提示されています。

世界のカードは実は絵柄のどこを見ても自分を守る建物というものがないのです。中心の人物は洋服を着ていません。私たちにとって、一番身近な塔は洋服です。外側には茅の輪のような輪があります。守りとしては強いて言えば、この植物でできた円環です。さらにその外側に四つの生き物が城壁を固めています。しかしこれらはみな石でできた建物のように固定的なものではないのです。自分を縛り付けている信念とか概念を切り崩して柔軟になることで、世界のカードのように、必要なものがすべて手に入るというプロセスをたどるセットではないでしょうか。もちろんこだわりというのは、何らかの利害と結び付いているので、今ここで手を離してしまうと大変に困ったことになると思うかもしれません。しかしここではつかんでいるものを手放すことで、より大きな完全なものを得るという結果になるのです。小さなところをつかんでいるかぎりは、より大きなところへは移れません。塔のカードはこのこだわりを打ち壊すのです。

既存の枠から離脱しすべてを入手
手放すことで大きく完全なものを得る

XVII 星

The Stars

現状を捨て遠い星の力を受信する旅へ
無防備な状況で行う無謀なチャレンジ

XVII 星

0 愚者

　星のカードは守るものがなくなった裸の状態をあらわしていて、こうした柔軟な状態の中で、感受性は極めて敏感に遠い星の力を受信することができるということを意味しています。今までそれができなかったのは、手前にある塔のカードのように狭い社会に住み、その場所での信念によって守られ、常に身近なものばかりに目がいって、遠くのことが見えなくなっていたからです。塔が壊れてしまった後には女性は裸でいますから、彼女は傷つきやすく不安定な状態に生きています。このような状態で長く生きることはできないのではないかと思います。いずれはある程度守りが必要な状態になってくるでしょう。しかし今はまだ星の力を受信して、それを身近な共同体の中に流し込んでいく作業が待っているのです。

　続く愚者のカードは今まで親しんでいた世界から逃げ出していくことをあらわしています。今までの世界が嫌だったからという場合もあれば、もっと大きな世界を見てみたいということもあります。仕事を投げ出して世界旅行するような場合もあるでしょう。星のカードはそもそも遠い星との交信をあらわすので、巫女さんとかチャネラーの場合もあります。そしてここでは、愚者は今まで住んでいた世界を捨てて、この星への旅を始めると考えてもよいのではないでしょうか。それは人に理解されない行為かもしれません。多くの人は塔の中に住んでいるので、星のカードのように無防備になり、遠い星を受信するようなことはめったにしないのです。塔は私たちの家や国家のことでもあります。すでに星のカードでは守るものも失われてしまったので、愚者のように旅をするのはそう難しくないのではないでしょうか。愚者の絵では背後から犬が噛み付いています。つまりまだ警戒心というものは残っていることは残っているのです。それでも愚者は構わずに無謀なチャレンジへと旅立ちます。しかし星の導きはあるのです。

XVII 星

I 魔術師

受容的存在が積極的存在へと変貌 新規の仕事やプロジェクトの開始

星のカードは遠い星とつながりを持ち、その場所からのエネルギーとかメッセージを受け取ることをあらわしています。しかしそのためには、女性が裸でいるように、地上に住む時に必要だった守りとか信念の塔を捨てる必要がありました。そのため、タロットカードにおいて星のカードは必ず塔のカードの後にやってくるものなのです。私たちが星の力を受け取ることがないのは、私たちが塔の中に住んでいるからです。そこからは空も星も見えないというわけです。星のカードでは守りがないという意味で、それなりに危険を冒しています。

その次にやってくる魔術師のカードは、どこか遠いところから新しいものを持ってきて商売を始めるイメージのカードです。もちろん星のカードが初めにあるということは魔術師が持ってくる新しいものとは、星からやってきたものだと考えるとよいのです。星のカードの女性は受け取って池の中に流しています。池というのは占星術で言えば蟹座のシンボルで、自分が関わっている身近な共同体です。魔術師は自分の前に机を持っています。これは自分にとっての個性的な場所や固有の活動ということをあらわしていて、星のカードの女性のようにただ受け取って流すような態度ではないのです。どこか場所を借りて、仕事でも始めるかのような状態にいるのが魔術師です。魔術師の帽子の形は見ようによっては無限のマークと言えますが、それはこれまでの源流から自分を切り離し、独立することを意味します。初めは星のカードのように無防備な受容者であった存在がやがて積極的になり、自発的に何か新しい仕事やプロジェクトを始めていく人に変貌するのだと思われます。星のカードに描かれた星は範囲を狭くすれば海外ということもあるわけです。キーワードとして塔に守られている間は見えてこなかった遠いものということです。受け手はそのまま送り手に変わり、周囲の人には送り手という面しか見えてこないかもしれません。もちろんそのことで失われていくものもあります。

XVII 星

II 女教皇

遠い未来や過去の知識を入手 荒唐無稽で受け入れがたい知恵

星のカードは遠い星と地上の仲介者として働く女性を表現しています。古代民族のいくつかは、たいてい太陽系の外の宇宙とのつながりを記録に残していて、一番有名なのは古代エジプトのイシス神のシリウスとの関係性です。仲介者の女性はかつてその星に住んでいたという話となると、かつてそうだったが今では地上に縛られているという、日本の羽衣伝説のようになってきます。縁故者でないと通路にならないという意味では、アメノウズメは一人地上に天下ったという話から、この星のカードに一番近い存在になります。イシスとアメノウズメは同じ神話型と言われています。裸の姿というのもイシスとアメノウズメに似てきますが、これは地上において守るものがないことを意味します。そうでなければ星の仲介者になれないのです。古い日本ではそれを無縁と呼び、職人たちをあらわし、そのほとんどが女性でした。権力者は彼（彼女）らが移動する人々であったので容易にスパイになり得ることを警戒して、徹底して排斥しました。現代では無縁というと暗いイメージなのはこのキャンペーンの名残です。

続く女教皇のカードは、膨大に蓄積されている宇宙の記憶の書物をあらわしています。どんな情報もそれにふさわしい読み取り機（知性）によって、内容が変わってくるように、女教皇の持つ書物には現代人の知性では到底読み取り不可能な内容も含まれています。星のカードが星の光を地上に下ろしているのですから、それに関する知識なり記憶なりがここで示されます。現代社会の多くの人は、この星のカードの手前にある塔（国家や現代文明）の中にある知性で生きていますから、そこから外に出て荒野にいる星のカードの女性の受け取っているものはたいてい荒唐無稽で、受け入れがたいものであると思うでしょう。遠い未来の、あるいは失われた過去の知識や資料、手がかりなどが手に入るということを意味しているセットだと思われます。言葉で結び付けるだけでも、遠い知恵という意味になります。

XⅦ 星

Ⅲ 女帝

星のカードは身近なところにない、星のように遠いものをこの地上に持ち込むことをあらわしています。すでにこの手前の塔のカードで信念体系の中に閉鎖されるということから開放されましたから、これまでは決して受け入れることのなかったような異質なものでも受容できる準備はできているはずです。そしてそれを実行しようとすると、星のカードの次は月のカードですから、さまざまなリスクも伴うことが予想されます。星のカードの女性は裸で、それは守るものがないことを意味しているので、どこかすでに確立された地位がある人とかではないということなのです。何者かわからないような人や無名な人、そういう人が星の力を受信するのです。社会的な保護をあらわす塔の中にいる権威的な人はそのような存在を否定しがちです。しかし塔の中で星の力を受信するというのは不可能なのです。塔から出る、すなわち、塔の中で通用するさまざまな保護というのが無効になることで初めて可能となります。

遠いところのものが生産性を触発
忘れられたものが生まれ出る

次の女帝のカードは星のカードと似ているとも言えます。女教皇のように室内にいるわけではなく、タロットカードのウエイト版であればラフな扮装で野原にいて、妊娠や出産、生産などを表現しています。遠いところで輝く星の力を受けて、そこからさまざまなものを生産していく姿をあらわすことになるのです。星のカードの前にある塔は硬い殻をあらわし、それが壊れた後の星のカードでは、殻の中に閉じ込められていた柔らかいものがむき出しになることを表現していました。女帝も腹の中で受胎するとしたら、それはやはり中にある柔らかいものが膨らんでくるのです。まだはっきりと形にならず試行錯誤している最中です。それでも、遠いものに触発された生産性が働き始めていて、それはだんだんと表に出てくるでしょう。合計すると20で審判のカードとなります。古い忘れられたものなどが星の刺激によって、生まれ出てきます。現代的であることと古いこと、こういう区別は全く問題にならないでしょう。

開かれた意識で受け取ったものを普及
非個人的なものをさまざまな場所に拡大

XVII 星

IV 皇帝

星のカードは遠い場所と身近な地上をつないでいく女性を表現しています。遠い場所というのは実際に星の輝く宇宙のようなイメージかもしれませんが、もっと卑近な例で言うならば海外ということもあります。海外にあった何かを受容して、それを身近な場所に持ち込んでということを想定しているのですが、星のカードの女性は何も身にまとっていないので、付随するメリットや守りというものがはっきりしていません。つまりは金銭収入ということが目的になっていないということにもなるのです。また自分が個人的に所有していたものを、器の中から地面に流しているのですから、持ち物をすべて放棄しているようにも見えてきます。個人的なメリットを捨てたからこそ、星の力も受信できます。個人としてはむしろ個人的な希望を捨ててしまったとも言えるのです。

続く皇帝のカードは勢力をどんどん広げていくことに関係し、それは広い範囲にあっという間に広がってしまうような普及する力を示しています。流行が広がるというのも皇帝のカードの意味に含まれています。従って、星のカードで受け取ったものがあまり個人的なものではないまま、いろいろな場所に拡大していくというふうに考えてもよいのではないでしょうか。星のカードの女性は仲介者として振る舞いましたが、そもそも裸の姿ということは、そこで自分の立場を守ろうとしていないのです。そしてそれはより強気で能動的な皇帝へと受け渡されていくのです。皇帝は武装していて、星のカードの女性はそれとは正反対の姿です。しかし星のカードの女性が、やがては皇帝のように変わっていくという推移で考えてみるということも可能です。いずれにしても、開かれた意識で受け取ったものがやがては普及してスタンダードになるということを表現しているのです。公共的に広げることなく、受け取ったものを自分個人でじっと持っているという場合、皇帝のカードが出てくることはないと思われます。

XVII 星

V 法王

自由な探索で得た力が社会的力へと変化
小さなものが強力な力へと成長

星のカードは遠くにある夢を形にしていくカードです。絵柄で書かれている裸の女性は偏見もなく、自由な状態をあらわしていて、このような状態でないと決して見えてくることのないような、ほとんどの人が見落としてしまいそうなビジョンというものを形にするような力を示しているでしょう。星のカードは、その手前にある塔のカードで塔が倒壊するということが確実に達成されたことによって、本来の性質を発揮します。塔のカードとはこれまでの考え方や立場というものがいったん壊れていくことをあらわすのです。立場を維持したままで星を夢見ることはできません。立場というのはここでは洋服のようなシンボルで表現することも可能です。つまり、星のカードの女性はこの洋服を持っていないということなのです。

続く法王のカードは分厚く豪華な法衣を身にまとっています。ここで権威があり、話を聞いてくれる人物がいて、立場も有利になっています。そもそも塔というのは教会のようなものでもあるのです。星のカードで、普通は見えてこないようなビジョンを手に入れることで、その人の立場が法王のようになってしまったというのはどういうことなのでしょうか。預言者は放浪していて、そこではまだ誰にも相手にされていませんでした。ところが星の力を手に入れることで、法王になるようなパワーが出てきたということになります。そして、壊れてしまった塔は回復することになるのです。しかし塔は壊れても何度でも作り直されていきます。塔は新陳代謝するのです。従って、星のカードで一度それがなくなったとしても、手に入れたものによってまた塔が作られていくことになります。自由な探索の中で手に入れてしまった力が、やがては社会的に人を納得させるような力になっていくということをあらわしています。小さなものが成長してより強力な力になっていく。法王のカードは黙っておくことができない状態をあらわしていますから、受け取ったものや入れたものを必ず外に表現しようとします。

関係性が定まり大きなビジョンへつながる
遠い縁故関係が身近な対人関係に再現

XVII 星

VI 恋人

星のカードは、遠い空に輝く星の力が女性を仲介者として、大地に流し込まれていくことを表現しています。古い時代からの知識によると、創造の力は太陽、地球、月に流れていくプロセスをたどりますが、月が重過ぎてバランスが悪いために、太陽と地球の間に隙間ができてしまい、この隙間に人類が発生したと言われています。つまり、人類は星あるいは太陽などの恒星の力を地球に持ち込むための触媒として働いていて、本来星のカードというのはすべての人類をあらわしていることになります。途中で文明ができて閉鎖的な世界に人類は閉じ込もりましたが、それは星のカードの手前の塔のカードで壊れていき、星のカードでは人類の本来の役割というものが再生しつつあることを表現しています。

次の恋人のカードですが、空の上にいる天使は地上の何人かに矢を向けて、誰か選ぼうとしています。地上ではまるで井戸端会議のように会話が続いていますが、上空から誰かに向かって矢が飛んでいきます。星のカードの配置と重ね合わせてみれば、星のカードに描かれた女性の役割をこの三人の中の誰かに決めようと考えていると見ることもできます。そもそも恋人のカードは最も大切な関係性を結ぶことをあらわしていて、この関係性というものの背後に星のカードが糸を引いていると考えてみるとよいのです。遠いところにあった縁故関係が身近な対人関係の中に再現されたということです。何にしてもこの恋人のカードの身近な関係性が選ばれることで、遠いより大きなビジョンが持ち込まれる回路ができるのです。外国人とかかなり距離の遠いところからの結び付きとなる場合も想定できるでしょう。そして欠けた隙間を埋めるという本来の星のカードの意義というものも思い出してみるとよいでしょう。この関係性の中で、何か足りないものが大きく補充されていくという傾向が出てくるのです。占星術で相手を決めるというのもこのセットです。

XVII 星

VII 戦車

遠い理想に向け積極的に活動
行動的人物と理想を描く人物の分担作業

星のカードは野原に裸で座っている女性が描かれています。これは付加価値というものが何も存在しない生き方をしていることをあらわしています。そのような状態でないかぎりは、遠い星の力を受信することはできないのです。星のカードは17の数字が割り当てられていますが、これは合計すると8になります。8の数字は溜め込んでいくことを表現していて、星の力がチャージされて集中的な状態になっていくことを表現します。いっぱいになるとそれは溢れて大地に流れていくのです。つまり定期的に蓄積され、いっぱいになると溢れ、また蓄積するというリズムです。

次のカードは戦車のカードです。これは7の数字が当てはめられていますが、8の数字の手の内にあるのが7の数字です。宇宙のエネルギーの伝達の法則は音律の七音階と同一だと考えられていますが、8の数字はドの音から次のドまでを示します。しかし7の数字はこのうちのどちらかのドの音が足りません。下から上までの七つか、上から下までの七つか、どちらの方向にいくかは、実は8の数字の星のカードあるいは正義のカードが支配しています。つまり星のカードの女性は、この戦車のカードの力をどのような方向にも振り向けることができるということをあらわしています。戦車はじっとしていることはできず、何か行動することになります。遠い星に似た遠いビジョンを受け取り、その実験のために戦車は走っていきます。もちろんどの方向に走るかは星のカードの女性が指示しています。理想に向けて運動する人をこの二枚のカードがあらわすということもあるでしょう。あるいは星のカードの役割の人と戦車の役割の人、二人の分担で作業すると考えてもよいでしょう。行動衝動に対しては冷静な立場にあるために、運動に夢中になるということはありません。積極的な活動力を持つ人が助けになってくるということもあるでしょう。星のカードと戦車のカードは性質がかなり違うので、一人の人物が両方するというのはなかなか難しいのではないでしょうか。

遠い大きな視点を手に入れ既存の知識や常識に基づかない判断を下す

XVII 星

VIII 正義

星のカードは、遠いところを夢見てそれを形にしていくようなカードです。当然のことながら夢の実現にはかなりの時間がかかります。飽きることなく、気長に取り組むことも意味しますから、瞬間的に何かが実現するような意味ではないのです。また絵柄では、衣服を着ていない女性が描かれていて、職もはっきりしていない場合があります。いずれにしても、狭いところではなくて、大きな視点を手に入れていることになります。

続く正義のカードですが、これは冷静に正しい判断をあらわすカードです。正義のカードは8の数字ですが、これは集中することや圧縮することをあらわしています。判断の基準というのが、星のカードからもたらされているために、社会の常識に照らし合わせてとか、既存のものを基準にしているわけではないのです。星のカードはしばしば巫女さんのような姿勢も意味しています。もともと巫女さんは天空の力を下ろしてくるということが重要な課題だったからです。星のカードは日本神話では天空から一人天下ったアメノウズメに似ています。彼女は後に猿田彦とともに、神降ろしの芸能である猿楽の始祖となりました。星の力を下ろす舞踏が日本では猿楽や能楽なのです。これが正義のカードにつながるということは、巫女さんの神託で何か決めてしまったというようなものも含まれます。はっきりしているのは、経験的なもの、あるいは知識では判断していないということなのです。そもそも星のカードの女性は、洋服を着ていませんから、考えを決めるための特定の立場や職業というものがないのです。何かを考えなくてはいけない時に、山の上に上がって、そこで静かにしているとか、瞑想するとか、頭を空白にして考えていくというような姿勢です。あるいは芸能の猿田彦とアメノウズメが率いる猿楽集団は、ギリシャのデュオニュソスとマイナス教団と同一の神話型ですから、興奮状態のトランスの中でということになる場合もあるわけです。

XVII 星

IX 隠者

超越意識や無意識下での思索
社会的立場の定まらない状況での放浪

星のカードは、この社会の中には存在しないような価値を見いだすことをあらわしています。この社会というのは、星のカードの手前に現れた塔のカードの塔の中の世界のことです。それは建物ですが、象徴的に社会とか国家をあらわしています。あるいは人間の脳と考えてもよいのです。星のカードではこのような塔の中にあるものではなく、そこから出ていって野原に立ち、星と通信をしています。塔の中では見つからないものを彼女は探していて、そしてそれを見つけ出したというわけです。そのように考えてみると、ここで扱われている価値はとても未来的なものか、あるいは遠い過去に失われたものだと言えるのです。

続くカードは隠者のカードですが、隠者のカードは星のカードと似ている面があります。それは二人とも塔としての町の中にいないのです。隠者は哲学とか思想、宗教、瞑想的な題材をあらわしています。もちろん星のカードによって刺激された結果のものが隠者のカードを呼ぶのですから、それは塔の中の学校で教えているような種類のものではないでしょう。ある意味では異端的なものかもしれません。おそらくこのような状態で何か考える場合には、すでに出版されている本などで考えたりするというのは難しいかもしれません。星のカードは超越意識をあらわしています。超越意識あるいはその反対の無意識などを探りながら、何かを考えていくような姿勢ということでしょう。隠者のカードは立場から離れることをあらわしていて、星のカードも立場からは離れています。両方とも自由な状態であることは確かなのですが、その引き換えに、社会の中にいる人に対しての説得力のなさもあらわしていますから、なかなか人に説明するのは難しいのかもしれません。自然界の中にある星と隠者が手で持っているランプは対応する関係があるのではないでしょうか。隠者は手元に星の模型のようなものを持って放浪しているのです。

XVII 星

X 運命の輪

喪失がより大きなチャンスを生む成功のため手放す思い切りが必要

星のカードはかなり自由な立場を表現しています。社会の内部での活動は、この星のカードの手前にある塔のカードの中、つまり塔の内部での活動をあらわしています。塔は社会とか国家とか枠の中にあるものを意味するからです。日本には巨石文化がなく、家といっても薄い紙と木の建物なので、塔のように壊す必要もなく、こっそりそのまま出ていくことができます。そのため、日本人には塔の破壊というのは、大げさには起きません。星のカードではそこから出ていった人が野原の中で自由に行動しています。裸の姿で描かれているように、金銭的にも立場的にもその人は守られていないのです。もちろん守られるためには、塔の中に戻らなくてはなりません。このような不安な状態でいることは確かなのですが、しかし次には運命の輪のカードがやってきます。

生命の樹のパスでは運命の輪のカードは、左の胸の部分から左の腰までのパスに該当します。星のカードはこの左の腰から生殖器の位置に当たるところまでをつないでいますから、

この二枚のカードというのは、生命の樹においては連続した経絡のようなものです。より大きなものにつながることで、より大きなチャンスをものにする。単純に考えればこの二枚のカードはそうしたことをあらわしているのでしょう。ただし、その手前に星のカードというものは、それまでの守りであったところの塔を壊すか、あるいは出ていくかしなくてはならなかったのです。一度失うことで、より大きなチャンスを手に入れたと考えることができるのです。しかし手放すことでチャンスが手に入るにしても、それは手放さない間は想像することもできないでしょう。運命の輪のカードは強い力が働くことで大きな輪が回転しますが、この強い力は星からもたらされています。人生が頭打ちになっている人にすべてを捨てて旅に出ることをお勧めしたことがあります。その人は確かに捨てることで大きく得ることになり、一ヶ月もしないうちに驚くことに金持ちになりました。捨てる思い切りが必要なのです。

XVII 星

XI 力

星のカードは、その手前にある塔の中の世界である町や都市、国家などの集団社会から離れて荒野に行き、裸で、つまりは自分を守る金銭や立場、仲間などなしになり、まさに何も持たない状態で遠い星の力を受け取ることをあらわしています。このような状態でないと、星が見えてこないということでもあるのです。塔あるいは町の中には特有の楽しみがあり、対人関係、恋愛、仕事、育児、家庭、趣味など忙しいのですが、それは目前のことに夢中になることを意味していて、星を見ることはできなくなります。このカードは七つの星の中の一つとか、あるいは八つの星のうちの一つが落ちてこの女性になったという神話的な意味も隠されています。つまりプレアデスまたは北斗七星などです。日本でも冠に北斗七星を掲げた星祭りがあります。星の力を受信した人は、もちろん塔の中という集団社会や都市から出ていったので、ここでは旧来の集団社会の価値観に対して従わない性質が出てきます。

遠いビジョンのため既存の価値観を転覆 目前の享楽に耽らない態度

次にやってくる力のカードは頭に無限マークを付けていて、力を逆転させるとか転覆するという意味があります。星のカードによって遠いビジョンを手に入れた人が、これまでの価値観を転覆するという行動になっていくことをあらわしているのではないでしょうか。例えば、戦後の愚民政策という話題が流行していた時期がありました。人々をスポーツやセックス、食道楽などに熱中させるとその国民は愚かな人々になり、植民地として扱いやすくなるという説です。スポーツに熱狂するのは生命エネルギーの誤った使い方という考え方もあります。しかし世の中ではそれは良いことに思われています。こうした世の中で当たり前に思われていたことに対して、力のカードは「ノー」と言う姿勢を打ち出します。そのビジョンは星からもたらされたものに従っているのです。遠いビジョンのために、近いところでの欲望を充足させる社会習慣に対して批判的になるのではないでしょうか。目前の楽しみごとにあまり耽らない人とも言えます。

XVII 星

XII 吊られた男

すぐには形を成さない実現困難な夢外に表現できないために客観的夢を持ち続ける

　星のカードは遠い希望に向けて、長期的な努力をしていくカードです。絵柄では裸の女性が描かれていますが、極めてオープンな心をあらわしています。そのような時でないと遠い星を見ることができないのです。私たちはたいていの場合、目の前にある生活に追われて視野が狭くなっています。星のカードの前には塔のカードがありますが、これは狭い建物の中に住んでいた状況から解放される体験をあらわしています。社会というのは一つの建物のようなものなので、私たちは塔の中に住み、視野狭窄症になっていきます。しかし星のカードでは、この塔が壊れて自由な状態に置かれることになったので、それまで理解することのなかった、遠いビジョンが見えてくるようになるのです。そのようなビジョンを発見した後で、吊られた男のカードに受け渡されます。

　吊られた男のカードの吊られた男は逆さまに吊られているのですから、身動きをとることができません。このような時には意識だけが活発で、しかしそれを実行することはできないのです。星のカードで受け取ったビジョンを吊られた男の段階で、行動にあらわしたり、具体化したりすることができません。心の中でそれを持ち続けていることになるのです。吊られた男は夢を見ることができる能力でもあるので、例えばそれを創作に向けてみたり、何か書いてみたりすることはいくらでもできるでしょう。むしろそのような行為をする時には、立場的には身動きとれない方が豊かさを持つことができます。この二つのカードは、例えば実現の難しい夢を持っていて、なかなかそれをすぐには形にできないことを意味していることも多いでしょう。あまりにも非現実で人にも言えないような状況であるからこそ、吊られた男であるという場合もあるのです。上から吊られてはいるが、地面に接しておらずアースできていないのです。このことは言い換えると、外に吐き出すことができないために、逆に長い間夢を持ち続けることも可能になるのかもしれません。

XVII 星

XIII 死に神

遠いビジョン達成のために訪れる不毛状態
長期的予定に向け現状を整理整頓

星のカードは遠いものを身近なところに引き下ろす性質です。絵柄の女性が裸なのは、受容性が強く防御していないことをあらわします。それによって初めて遠い星の信号を聞き取ることができるのです。池は聖杯のサイズの大きなものです。手持ちの器から液体を流すのは、個人的な所有とか執着心を捨てることです。そして足元の池は身近な共同体などを意味しますから、自分のものを捨てて、仲間に貢献するというような意味も出てきます。それは遠い星のビジョンが手に入ったからこそできることです。目前のことしか見えない人は、目前のものを手放すのはとても困難なことです。この女性は遠い星の影響によって、この感性や心の部分を素直なものに作り替えています。裸の姿はストレートで、屈折がないことをあらわします。

その後に死に神のカードが続きますが、星のカードによって死に神のカードの状態が誘発されたと考えると、遠いビジョンの達成のために日常的なこれまでの事柄が停滞し、不毛になり、そして新しい体制へと転換していくことをあらわします。そもそも死に神の13という数字は古代では神聖な数と言われていて、それは天上的な秩序を地上に持ち込むという意味があるのです。そのために地上を整理整頓するということで、星のカードの女性は星のビジョンに照らし合わせて、不要なものと思えるものを次々と整理していくことになります。長期的な予定が決まれば、何を減らして何を残すかということがわかります。しかし星のカードの女性はもうすでに裸であり、つまりは持ち物がほとんどない状態です。これらは空間と時間の中で、生活のあらゆる事柄が休止・停止していると考えることができるでしょう。実はその方が星の力はより強く入り込んできます。不快なことやうまくいかないこと、こういう体験は星の力が入り込むための隙間作りです。新しいものが割り込む時というのは、たいてい今までのことがうまくいかなくなります。それを幸先良いとみなすのが死に神のカードの発想でもあります。

XVII 星

XIV 節制

星のカードは遠い星という希望を地上に引き下ろし、育てることなどをあらわします。もともと実現しそうになかった夢を地道にものにするという点では希望を捨てない気持ちも大切です。裸の姿でいることは、純粋な、飾りのない状態でこの遠いビジョンを考えることをあらわします。もう依存するべき信念体系は手前の塔のカードで壊れてしまったので、今はよりどころがなく、だからこそ、遠い星のことを考えることができるのです。

節制のカードは、異なる器に中身が入れ替わることで、自分が夢見ているものに自分が生まれかわっていくことです。星のカードはこの節制のカードのよりマクロな図だとみなしてもよいでしょう。節制のカードでは手に持つ器から異なる器へ液体が流れていきます。そして液体をこぼさないように大切に扱います。星のカードでは、この手に持つ器の中の液体は惜しみなく、池に大地に流されます。そしてもっと巨大な器としての星から女性へ、そして大地へと流れ込んでくるものがあります。それは手持ちのものを捨てることが前提条件になっている場合もあるでしょう。星のカードの後に節制のカードがあるということは、この星から流れ込んだ力が共有された大地へ流れていくのでなく、自分自身という器の中に入り込んでいくことが強調されています。より遠い星の希望を元にして、自分を作り変えるということがテーマになってきます。自分の過去から来たものを自分の未来にということではなく、非個人的なところから来たものを、自分の未来に落とし込むのです。節制のカードは、ある意味個人として閉じた姿勢をあらわしていたのですが、ここでは開かれた星が関わることでもっと大きな基準に合わせて、自分を作り変えるということが大切な話になってくるのです。入れ物を大きくしなくてはならないということです。それは時には外から植え付けられたものを自分の達成目標だとみなす場合もあるでしょう。

大きな基準に合わせ自身を作り変える
非個人的なものを達成目標とする

XVII 星

XV 悪魔

拘束からの開放で底力が目覚める自身のビジョンを押し切る強引さ

星のカードは、遠いところにある星に象徴される夢や希望を地道に育てる姿勢をあらわします。タロットカードの番号順では、手前に塔のカードがあり、それはこれまでの信念や立場などが倒壊したことを示し、その結果、星のカードでは、裸の女性が野原に座っているという光景になっています。そして持ち物を大地と池に流しています。どんな付加価値にも依存しない素直な状態で初めて遠い星が見えてくるのです。この星のカードの手前にある塔のカードですが、塔というのは都市や国家、大きくは文明、または個人の信念体系、あるいは脳ということをあらわしていて、私たちはこれに閉鎖されている間は、本当の意味での外の世界を見ることができません。

次の悪魔のカードですが、これは第三の眼のカードとも言われています。一つ上の次元にいる悪魔は両性具有で、それ自身が超越性を意味しています。そこから下界に支配力を発揮している図柄ですが、悪魔は脳の中心にある松果腺です。下の二人の手下は脳下垂体をあらわしています。人類の松果腺は退化したと言われていて、これは私たちが社会という塔の中ではそれが必要がなかったからだと考えてもよいでしょう。時計があれば、天体の動きに反応する体内時計の松果腺もあまり用がないのです。しかし塔が壊れて、遠い星が見えるような星のカードの段階になると、それは悪魔の力が復活するということにもなります。私たちは物質的に生きている間は、肉体の寿命までしか自分は続かないと考え、遠いことには興味を失います。しかしもっと広い自分を想定すると、時間や空間の認識範囲がかなり広いと言われている松果腺の機能も目覚めてきます。塔が肉体と考えると、それを突破してもっと本質的で長生きする星のカードの女性が目覚めてくるのです。拘束しているものから開放されることで、眠った底力が次第に目覚めてくるセットと考えるとよいでしょう。また自分のビジョンを強く押し切る強引さも備わってくる場合もあるのではないでしょうか。

XVII 星

XVI 塔

解放された結果既存の価値観が色褪せる
夢や希望が自身の殻を打ち破る

この二枚のセットは、タロットカードの順番としては逆ですが、続きになっています。順番が逆ということは、変化が逆に進行しているということです。もともとは星のカードは、守るものもなく素直で自由になった人が、遠い星のようなビジョンを抱くということを意味しています。この遠い星を夢見るためには、それまで自分を守っていた身近な価値観や信念、共同体に閉じ込められていてはなりません。そこで、手前の塔のカードで塔が壊れ、それまで個人を閉じ込めていた殻から解放されるプロセスが進行します。その結果として、次に星のカードがやってくるのです。

　塔の壁は遠いところを見えないように視界を遮断しています。何か新しいことを考えようとしても、その考え方を塔すなわち町、都市、国家などの集団社会では否定されてしまいます。私たちは考えることさえ自由にはならないことが多いのです。この二枚セットでは、この塔のカードから星のカードへという順番が反対になっているのですから、星のカードは塔を壊すくらいの強い力を持たなくてはならないということになります。塔の崩壊はしばしば人格クラッシュと呼ばれているのですが、それはごくわずかにでもそれまでの信念に傷が入ることで始まります。何か信念に反する現実を見てしまった場合などです。

　さらに、遠い夢や希望を強く抱くことで少しずつ塔がひび割れてしまうこともあります。お化けやＵＦＯを見るというのも、私たちの現代人の信念体系に傷を付けます。短い間でも旅行をして、壮大な光景を見て、日本に戻って日常の生活を続けようと思っても、息苦しくて無理になったという場合もあるでしょう。ここでは日本で仕事に戻るというのが塔の中に戻ることなのです。つまり解放された結果、息苦しい狭い建物の中で暮らすことが色褪せてしまったというわけです。広い野原と建物の中の空間の対比がどのように見えるか、考えてもよいでしょう。

XVII 星

XVIII 月

無意識下から言語化されていないものを探索
無縁に見えるが本来はよく知っているもの

この二枚のカードは、タロットカードの順番としてはそのまま続いているものです。つまりここでは本来の意味がそのままあらわれていることになります。星のカードでは天空の力を裸の女性が受信します。裸の女性というのは完全な受容性をあらわしています。受け取ったものは足元の池に流し込まれます。池は共同体をあらわしています。月のカードでは、この池の底からザリガニが上がってくるのです。意識の境界線を守る、つまり家の番犬である犬が警戒しています。これまでの共同体の中にはなかった、未知の可能性が出てきたのですが、これは天空の力を受信することであらわれてきたので、古い昔には存在していたものです。それは塔ができる時代に忘れられたと考えてもよいのです。もしくは国ができる時代と考えてもよいでしょう。星のカードの段階で、素直になり心を開いて受け入れたものが、無意識の底から衝動として何か引き出してくる。これを頭で考えていると、頭は既存のものしか受け付けないので、封じられてしまいます。特に

ザリガニは人間の脳の中では、一番古い領域に当たる虫の脳をあらわしています。それらは古い時代の記憶を示してもいるのです。

この二枚のカードのセットは、まだ言葉にならないものを無意識の中から探索するという行動をあらわしています。そしてそれは古いもので、意識の深いところから持ち出してくるのです。すでに知ってはいるが忘れてしまったものとも言えます。今の社会や今の私たちの在り方が封印してしまったものなので、それを思い出すのが困難なのです。星のカードは裸の姿が描かれていますが、考えることを捨てて、自分のビジョンに相応するイメージを古い記憶の中から探るのです。未来的なものと過去の記憶との照応関係をあらわし、どんな遠い未来的なものも、自分がすでに持っているものの中に似たものがあることをあらわしています。縁がないように見えたものでも実はよく知っている。それを探るのです。

新規のビジョンと既存の価値観との摺り合わせ手にした直感が旧来のものと混ざることで成長

XVII 星

XIX 太陽

17の星のカードと19の太陽のカードのセットでは、間である18の月のカードが抜けていますが、タロットカードの進化の順番としてはストレートに続くものです。社会が持ち込んできた考え方に従った生き方の中では、決して出てくることもなかった可能性が、星のカードでビジョンとして見えてきます。塔は社会で、ここから抜け出した後のカードが星のカードだからです。星に対応する古い記憶が月のカードで、大地の底から浮上してきます。上がってきたザリガニが成長した姿が、太陽のカードの二人のうちの一人なのです。つまり古い時代に、この二人目の子供は記憶の底に追いやられ、日の目を見ることはなくなったのです。星もザリガニも塔が封じてきたものでした。これは日常意識というものは、超意識と下意識の両方を封じるという理屈と同じです。

星のカードは空から天女が下りてくるということで、羽衣伝説などに関係付けることができますが、地上に残った天女の子供が菅原道真だと言われています。地上的ではない存在から生まれた子供は、英雄であったり天才であったりするという日本の定番の伝説です。それは必ず新しい可能性を導くということになるので、星のカードの遠い夢は子供の成長とともにじっくりと形になっていきます。また従来までの子供と仲良く遊ぶのですから、それは今まで足りなかったものが加わるということにもなります。そのため、手に入れたビジョンとか直感的なものは、従来までの考え方とか姿勢などと摺り合わせ、両方を組み合わせて遊ぶようにして成長させるとよいということになります。子供は成長します。つまり、すぐに達成できなくても確実に育つのです。また新しいビジョンにしても、それだけを押し出すのでなく、旧来のものとうまく混ぜ合わせることでうまく成長するという意味にもなります。対立するものの両立、調和ということが太陽のカードの大きな特徴だからです。

XVII 星

XX 審判

時間の世界における視野の拡大
未来のみならず過去にも意識を向けるべき時

星のカードは、限界を超えた遠くのものを見るという意味が基本です。私たちは自分たちの信念によって、見えるものも見えなくなっています。それがこの星のカードの手前にある塔のカードの中に描かれる塔であり、それが壊れることで見晴らしが良くなり、遠い星が見えるようになるのです。信じたものによって見えるものも違うというのは、例えば、お化けは存在しないと思えば、それは見えないというようなことです。星のカードでは、どんな偏見にも依存しないというのが裸の姿で描かれています。しかし反対に言えば、安定して守るものをすべて失ったということでもあります。

塔の壁を取り払い、遠くまで見えるようになったということは、空間的な面の話ですが、続く審判のカードでは空間的な障壁よりも時間的な壁を超えるということが大きなテーマになっています。すでに死んだと思われていた存在が墓から蘇る。天使が吹くラッパによって呼び出されたという絵柄は、失われたもの、つまり遠い過去に行ってしまったものが現代に再生することですから、遠い星を見ているという星のカードと遠い時代を見ているという審判のカードは、空間と時間の違いがあるだけというふうにも解釈できるのです。星のカードでは、信念体系という塔から自由になることで視野が拡大したのですが、現代物理学では、自由に運動する波動的な元素は時間の壁も超えてしまい、未来から過去に飛び込んでくるものもあると主張しています。アーノルド・ミンデルはそのような自由物質は、実は人間の意識そのものであると言っています。遠いものを見る視野は空間だけでなく時間の世界でもできるということを、この二枚セットは表現しています。たいてい星のカードは、遠い未来の夢だけを追いかけます。しかし審判のカードは過去に失われたものへ関心を喚起するので、必ずしも未来だけでなく、過去にも意識を向けるべきだということでもあります。

遠いビジョンを夢見ることで人間本来の姿にすべてを手放すが最後には安定を得る

XVII 星

XXI 世界

星のカードは、身近な拘束である塔から逃れて、遠いものを夢見る姿勢をあらわしています。私たちは自分の執着心によって閉じ込められ、遠いものが見えなくなってきます。そこで星のカードでは衣服がなくなり裸になり、さらに持ち物の中身を大地と池に流して空っぽにしています。身軽になることで精神も柔軟になり、何か新しい希望を育成するという姿勢になってくるのです。

続くのは世界のカードですが、ここで星のカードとの共通点は何か考えてみると、世界のカードの真ん中に立っている人物は衣服を着ていません。これは女性かというと実際には男性と女性を両方持つ姿です。衣服を着ていないというのは付加的なものに依存していないということですが、世界のカードでは周囲の四つの獣と輪が人物を守っています。男性は能動性で女性は受容的と考えた時に、星のカードは上空の星の力に対して受容的ですが、しかし下に対しては器の液体を流し込んでいるので男性的です。これは、「太陽は下に向かって太陽であり、上に向かって月である」という役割を果たしていることになります。星のカードでは何も持たない女性は、今度は世界のカードでは両性具有者に変貌し、またすべてを持っている人物に変わります。世界のカードは、生活者としての私たちは、たいていの場合、世界のカードの周囲の四つの生き物のうちのどれかに縛られて生きています。例えば、お金に縛られた人は雄牛に拘束されています。星のカードですべてを手放し、遠いビジョンを夢見ることで、そうした地を這う四つの元素のどれかに所属し支配される私でなく、正しく本来の人間の位置を探し求めています。そのようにして初めて人間の本来の完成イメージである世界のカードに向かう準備もできるのです。伝達者としての星のカードの女性は、より良いものを持ち込む仲介者として、その立場が守られ、またすべてを得ることができます。世界のカードは組織とか環境が整うことも意味しますから、裸で野原にいたが最後は安定することをあらわします。

XVIII 月

The Moon

逸脱の極端な例
全くよりどころのない放置状態

XVIII 月

0 愚者

月のカードは、私たちの日常の意識の防衛力が働かなくなる時に、無意識の領域から盛大に情報が上がってくることを表現しています。それは眠った時とかまたトランス状態に入った時などです。脊髄は宇宙の生命の地図ですが、この中で人間の割り当ての椎骨が膨らんで脳になりました。それ以外の生命と共鳴する部分は、椎骨にそのまま残っているのですが、私たちは脳の中に住んで、この自分以外のものにアクセスすることはめったにありません。しかし、夢を見ている時には、そうした動物とか異界の領域の記憶が引き出されます。アリストテレスはこれを「生命の階段」と言いました。いつもの人間らしい人格としての自分が守れなくなるという意味で少し危険なところがあり、そういう時には門番としての犬が吠えるのです。

　この後に愚者のカードが続きます。愚者は境界線を超えて崖のむこうに飛び出します。つまりは月のカードと同族です。実はタロットでは犬が登場するのは、この二枚しかなく、犬が出てくる時は常に境界線を超える時の警告です。愚者は上の次元に、月のカードは下の次元にあらわれます。両方が柵からはずれてしまうことをあらわすとしたら、この二枚セットは逸脱の最も極端な例だということになります。上にも下にも踏みはずすのです。天井が破れ、床の破れた家を想像してください。たいていの場合、どちらか一方を固定するのですが、両方が打ち破られるのなら、全くよりどころがなくなるという面があるので、やはり警戒するべき状態かもしれません。しかし、探し物をする場合には、このような放置状態で探すということが一番目的のものを探せる可能性が高いのではないでしょうか。自分自身を探索機に使うのです。ただし、生活者として考えると、不安なもので、一時的にはこうなっても、その後は扉を閉じる方がよいということになりやすいです。そうしなければ、あらゆるものが流動的になるのです。

XVIII 月

I 魔術師

偶然見つけたものを元にした開始 行き当たりばったりで始まってしまう状況

月のカードは、眠りの中でこれまで知らなかったような新しい未知の可能性を探り出すことをあらわしています。夢遊病的な探索とでも言えばよいのでしょうか。ここから引き出されてくるのは、神聖なものとその反対に粗雑なもの両方を含んでいて、片方のみということはあまりありません。絵柄で描かれているザリガニは人間の意識の地層の下にある場所から、つまりは管理されていない領域から、上がってくるものがあることをあらわしています。月のカードは常に新しい可能性を開いていきますが、反対に危険も暗示することが多いのです。それは管理されない状態で、夢遊病のようになってしまうからなのです。何が飛び出してくるか、全くわからないと言ってよいでしょう。

魔術師のカードはより大きなところから受け取ったものを、自分の目前の世界で新しく展開することを意味します。その行為の源流に月のカードがあるという点では、何か新しいことを始めたい人が町をうろついたり、夢遊病のようなあてのない探索の中で素材を拾ってきたということをあらわすでしょう。前提となるような確実性のあるものは何一つありませんが刺激はあるでしょう。今まで何の計画もなかった人が、偶然のようにして何かを見つけ出し、それを元にして商売を始めたり、新しい仕事を始めたりするということをあらわしているのですから、準備が整っているということもなく、行き当たりばったりで始まってしまうことを表現しているのではないでしょうか。しかし無意識を探索するということは、もともとは自分に縁のあるものです。例えば、古物市で古道具を買ってくる、いらない古本を手に入れる、粗大ゴミの中から貴重品を見つけ出すなど、これらもまた月のカードです。予想しないものが手に入ることはよくあります。月のカードは、記憶の底に埋もれて、忘れてしまったことをあらわすことが多く、その意味では古い倉庫の中に眠っていたものを買い取って商売にするということは、自然な成り行きだと言えます。

忘れられたものに鍵があると感じて模索
内面的・外面的な旅

XVIII 月

II 女教皇

月のカードは、眠ったような意識の中で、無意識の扉を開き、新しい未知の可能性を探索することをあらわします。それは夢遊病でさまようかのように時折リスクもあります。しかし意識的に管理していると、月のカードの真の力が発揮されません。生命の次元連鎖としては、人、哺乳動物、無脊椎動物、植物、鉱物、金属と続きますが、ザリガニは無脊椎動物に当たる部分で、その上の哺乳動物に当たるところに犬がいて、それは人の世界との関門を守っているので、この下から上がってくるものを、犬は人に警告しています。いつも私たちが意識しているもの以外の、遠い過去に忘れてしまったものが上がってくることを意味しているのです。それは歴史の中で消えたもの、あるいは思い出すことさえ不可能なように見えたものです。

女教皇のカードは、潜在的な資質として身体の中に埋め込まれた遺伝的な書物を開くことをあらわしています。女教皇の側には能動的な要素がほとんどありません。つまりそれは書物を開いた人が自由に扱うことが可能なのです。月のカードによって、いつもの意識と違うトランス状態とか夢見状態に入り、そこで行われる探索は、女教皇の持つ書物を探っていることに他なりません。私たちの意識状態によって開かれる内容は違ってきますが、月のカードによって探索するというのは、まさに未知の探求とも言えるでしょう。女教皇は身体に埋め込まれた資質でもあり、それを深く掘り下げると、民族的な知識などにも到達します。月のカードは椎骨の深い部分、人間意識よりも下層に入り込むので、古い記憶を探るようなものです。それと同じことが行為でも起こりやすいので、古文書とか遺跡とか、忘れられたものに何か鍵があると感じて模索するような体験をしやすいでしょう。内的活動と、外面的な行為というのは同一の形で進行します。月のカードは18の数字で元は9なので、旅をすることを意味します。文献探しの旅でもあります。

XVIII 月

III 女帝

潜伏期を終えて結果が表面化
新しい刺激を得て生産状態に入る

月のカードは18の数字ですが、合計して9になるものは旅とか探索などに関係します。隠者のカードが精神的な探求ならば、月のカードはもっと実際的な、下に目線を向けた探索です。それは町をさまよい歩くような体験でもあり、曲がり角の向こうから驚くものが飛び出してくるような体験にもなるのです。ただし境界線の向こうから、危険なものが飛び出す可能性があるので、犬が警告して吠えています。月のカードにはいつでも危険がつきまといます。それはいつも慣れているものとは違うものを探索しようとする行為だからです。見知らぬ場所で自分の目当てのものを探したいという時には、やはり警戒は必要でしょう。しかし月のカードは意識が眠ったり、ぼうっとした状態なのでとても警戒できるとは言えません。探し物をする自分自身の意識状態を緩めることで探索できる条件が手に入るので、警戒できにくいのです。

この後に女帝のカードが続きますが、これは孕むことを意味します。何か創造的なことが起きているのですが、しかし結果は生まれた後でないとわかりません。月のカードは無意識の領域で何かが上がってきて、それが自分の中で大きな変化を起こすのですが、この何かが上がってきて、そして自分の中で孕むと考えるとよいのではないでしょうか。何が起こっているか、結果を見ないことにはわかりません。しかし、潜伏期が終わって結果が表面化してきます。月のカードは上の次元でなく、下の次元が開くことをあらわしているので、象徴的には女帝の妊娠は人間よりも下位にあるものとの接触で生まれてくるものです。今までとは違う新しい刺激や題材を探してさまよい歩き、自分のいつもよりも低いレベルにあるものと接触し、そこから新しい題材を得て、生産的な状態に入る、という意味です。象徴的には犬や動物の子供を生むという意味になりますが、それは月のカードの次の太陽のカードの二人目の子供に成長し、新しい未来を作り出すことは事実でしょう。

XVIII 月

IV 皇帝

月のカードは探し物のカードです。また眠りの中で、禁忌領域から、古い記憶が蘇ることをあらわしています。古い記憶と言っても、これは遠い昔に人類が忘れてしまったために、すでに自分とはあまり関係のない外部的な事象として受け取られることが多くなります。ダウジングロッドは針金を使って何か探すことですが、月のカードはそれと似ています。この未知の旅は慣れていないものと接触するという意味になり、良い意味では新しい活力が生まれることになります。悪い意味では安定が乱れて、さまざまな予測つかない出来事が起きやすいということです。江戸時代までは、町の中でさえ禁忌の不可侵の領域がありました。それは聖なる場所ということもあれば、危険な場所でもあり、日本ならば川辺や山、墓場などです。開いてはならない門が開くので、未知のものに遭遇しやすいでしょう。

未知なものの吸収と安定
異物を均質化しパワーに変える

　続くのは皇帝のカードです。これは一つの基本的なスタイルとか方針が、そのまま拡大していき、まるで皇帝が領土を拡大するようにその方針が普及していくことをあらわしています。４の数字は図形では十字型ですが、異物を噛み砕き飲み込みながら広がっていきます。もし飲み込むことがなくそれらを拒否するなら、周囲の圧力が高まることになり、拡大することはありません。この皇帝のカードの拡大力は反対を押し切って拡大するのではなく、周囲を取り入れながら拡大するというイメージで考えるとよいのです。つまり月のカードで探索した異物や異質さ、未知なものを強い胃袋のように吸収して、安定したものに変えてしまいます。未知のものを新しいパワー源として取り入れてしまう強い性質は、月のカードの危険性に対して本人自身の免疫力の強さを証すことになります。異物は均質化されてパワーに変わります。竜脈探しというのもこれに当たると思われます。日本各地にレイラインなどがありますが、これらを探すにはまずは月のカードが必要です。

XⅧ 月

Ⅴ 法王

未知のものに飲み込まれない安心感
無意識の源流から休みなく話題を引き出す

月のカードは失われた古い記憶を引き出します。私たちは、自分の意識状態に応じたもののみを記憶し、それ以外を意識することができません。そのため、意識状態が変わると、急に今まで気が付いていなかったものに気が付くことがあります。月のカードはこうした日常の意識が認知できる境界線を超えて進むことをあらわし、眠りかあるいはトランス状態で、本当は過去に知っていた、しかし今は未知と思われるものを探索するのです。歴史上の遺跡にしても、ある日予想外の形で発見されますが、これは人類の集団的な意識が変化し、その変化に応じて、必要なものが引き出されるという具合です。天体の発見なども同じ理屈が成り立ちます。未知のものをどんどん発掘するには、今の自分の意識が変わることが必要です。このような探求をしていると、暗黙の了解で作られている意識の緩衝装置のようなものがなくなるので、何かと不安定にはなりやすくなります。

続く法王のカードは、創造的な興奮や崇高な感情の発露などをあらわしますが、この法王のカードの5の数字は、外の影響に飲み込まれないことをあらわしています。深刻な体験をしてもそのまま飲まれずに、何らかの遊びや創造性に転化できるのです。そのため、京都の晴明神社でも魔除けの印として五角形が使われています。それは周囲に飲まれないという意味なのです。月のカードはある意味で禁忌領域へ侵入することを意味しているので、汚染されやすく、ここで法王のカードの強い主張や人間性、周囲の影響を取り入れることのない本性などが発揮されると、危険な場所に防護服で入るようなものなので、安心感があります。未知のものが解明されるやいなや、すぐに新製品販売リストに加えるようなしたたかさがあります。法王のカードは秘密を保っていられず手に入れたものはすぐに放すことになるので、無意識の源流から休みなく話題を引き出す人でもあります。

XVIII 月

VI 恋人

意識することで理想の環境を引き出す
刺激的で果てしない無意識の探索

月のカードは人間が眠った時の状況をあらわしています。目覚めた意識が働かない時には、いつもは開くことのない古い記憶の扉が開き、見たこともないようなものが現れてきます。チャイコフスキーの『くるみ割り人形』は夜になると動き出す人形たちが描かれていますが、これは月のカードのイメージです。目覚めた意識の時には浮かび上がってくることのないものが、眠った時に出現するということは、目覚めた意識の活動にとって都合の良くないものが活動していると考えてもよいのです。左脳は私たちの目覚めた意識を表現しています。右脳は左脳に比較して膨大な情報を蓄積していると言われています。左脳が一瞬では、八ビットしか認識しないのに比較して右脳は数百万ビットでも処理できるそうです。この右脳の膨大な情報の倉庫の中で、左脳が知らなかったものを開発することをフォトリーディングではアクティベーションと呼んでいます。月のカードはある意味で、右脳に蓄積されつつ、左脳では記憶のかなたに去ったものを、アクティベーションで呼び出していると考えてもよいかもしれません。

その次にやってくるのは、恋人のカードです。これは自分にとって最もフィットする相手を見つけ出すことをあらわしているでしょう。月のカードは地下の世界に下りていくことなので、オルフェウス神話のように恋人を冥界まで探しにいくような組み合わせです。アクティベーションは自分にとって最も重要な興味とか、テーマを強く意識することで、それに応じた無意識の情報を右脳からアクセスします。恋人のカードがもし理想の異性を探すことならば、月のカードによって出てくる相手ですから、町を歩いて見つけ出したアンドレ・ブルトンのナジャとの関わりのようなものです。新しい活力を引き出し、また大変に刺激的ですが、同時に何かしら不安なものも持ち込む可能性はあるでしょう。合計すると24で、この探索には果てしなさがあり、終わりの節目がありません。

Ⅷ 月

Ⅶ 戦車

未知のものに対するがむしゃらな突進
不安定で衝動的な行動

月のカードは日常的に活用してこなかった広い範囲の記憶を引き出すことをあらわしています。意識状態と記憶というのは密接な関係があります。日頃使っていない記憶を引き出すためには意識状態も変えなくてはなりません。月のカードではそれが夜眠っている時とか、変性意識状態の時のことを説明していると考えてもよいのです。精神状態でいうと深くリラックスしているような状態が好ましいでしょう。このような時にはいつもだと気が付かない情報がたくさん引き出せるのです。このような体験をすると元気になります。活力に溢れ、まるで幼児のようにリフレッシュされたように感じることが多いのです。つまり記憶もエネルギーも似たものなのかもしれません。

次にやってくるのは戦車のカードですが、これは落差があるところで働く原理です。高いところから低いところに水が落ちるように、落差があると、そして差が大きい程激しく動くものがあります。戦車はどこかに向かって戦いに行くのですが、落差のあるものに向かうというのは、とても勢いが強く、それに抵抗できないということも多いでしょう。怒りの矛先を対象に投影し、十分考える前に行動意欲を刺激されるということもあります。月のカードによって引き出されたエネルギーが戦車の行動の原動力になると考えると、未知のものに向ってがむしゃらに突進することになります。それがはっきりするまで、明確に説明できるようになるまで、集中力と熱気が続くのではないかと思います。月のカードは新しいエネルギーの発掘をあらわします。石油は太古の時代の遺産を地下深くから掘り出してきたものです。戦車はそのエネルギーで動くことなのです。月のカードは未知の素材を発掘するということでは不安定です。安定するというのは逆に未知のものを持たないことで実現できます。そのため、不安定さの月のカードと戦車の衝動性や突進力が結び付くと、落ち着きのない腰の据わらないものになりやすいでしょう。

XVIII 月

VIII 正義

月のカードはこれまで明らかになっていなかったようなデータや情報、記憶を引き出すことを示します。それは同じような精神状態で探し歩くことで見つかることはありません。専門家は専門家にふさわしい知識と理解力があり、それは一般の人には理解できません。同じように、読まれる情報には、それにふさわしい知性とか意識状態というのが必要なのです。その人にふさわしいものだけが手に入り、それは他の人に平等に与えられることは少ないと言えます。今まで知らなかったことを調べていくということを月のカードがあらわすのならば、その後に続く正義のカードは、正しい判断をすることを意味しているのですから、新事実を発見して、あるいは他の人が知り得ないようなことを調べて、その後で判断するという状態だと言えるでしょう。

月のカードは他の人にはなかなか得られない発見をするのですから、正義のカードでの判断の方法について、他の人にはなかなか根拠が理解できないという場合もあるでしょう。

新事実を発見した後で新規の判断
発見を蓄積しメリット独占のチャンス

例えば、これまでにすでにマニュアルがあり、それを元にして判断するとなると、それは多くの人に納得できるものとなります。しかし、ここでは新しく発掘したものを元にして、新しい判断をするということなのです。月のカードの18は足すと9で旅。正義のカードの8は溜め込みで囲いを作ったようなところにエネルギーが蓄積され、ますます強くなります。つまり探索したものを溜め込んで強い確信に変えていきます。なおかつ合計すると18と8は26になり、これは恩恵を受けることや良いとこ取りをすることをあらわしています。日本全国を旅して、独自の発見をし、それを蓄積して、有意義な学説を発表した人のようなものも例に挙げるとよいでしょう。正義のカードが出てくると、すぐには外に出さず、ある程度蓄積されるまではじっと我慢しているということも多くなるのです。メリットを独占する力は十分にあります。

物質世界での探求を抽象化 身体と精神の旅を繰り返して精神を向上

XⅧ 月

Ⅸ 隠者

月のカードは、比較的特殊なカードだと思います。目覚めた意識では決して働くことのない無意識の領域へ、夢の中で、あるいはトランス状態の意識で入り込むことを意味しています。人間の脊髄はさまざまな進化の段階の記憶が埋め込まれていると言われていて、この中の人間の部分だけが膨らんで、脳の組織になったと考えられています。人間以外の領域は脊髄の中に埋め込まれていて、目覚めた意識はそれが上がってくることを防いでいます。しかし、眠っている時にはそこからさまざまな印象が上がってくるのです。夢の中で、いろいろな動物が出てきたり、かなり変わった体験をするのも、この脊髄の中の記憶が活発化していると考えてもよいのです。続く隠者のカードは、一人で考えることや哲学や思想の行為をあらわしていると考えられます。例えば、夢日記をつけて、それについて意味を考えている人というふうにも想像できます。

月のカードは十八番目のカードですが、合計すると9の数字になります。もともと月のカードは隠者のカードと兄弟関係にあります。隠者のカードは精神的な探求をして、月のカードはより下の次元で、イメージを探っていくような違いです。そこで、抽象的な姿勢でなく、より物質的で具体的なイメージを伴うところでの未知の探求をし、その意味について、次に出てくる隠者のカードが、抽象化していくと考えるとよいのです。面白いものもただ面白いだけでなく、そこにどういう意味があるのかを考える力が隠者にあるというわけです。月のカードは夢の探索ということもあれば、実際の旅ということもあります。合計すると27ですが、これは強い向上心をあらわしますから、実際の旅の18と精神の旅の9を繰り返して、だんだんと自分の精神や探求力をグレードアップしていくことになるのでしょう。しかし両方ともどこにもとどまらないというカードですから、権威的になるとしたら、手前の正義のカードの方が近くなります。

XVIII 月

X 運命の輪

月のカードは、無意識の中を探っていくということをあらわしています。計画性もなくビジョンもなくあてもなくさまよっていくので、時には危険な状態になることもあります。まだ一度も経験したところのない土地で、探し物をしている光景を思い浮かべてみましょう。あるいは内面的な探索ということで言えば、眠った後に夢の中でさまざまな体験をしていく状態を示しています。時には悪夢を見るかもしれません。時には大発見をするかもしれません。新しい可能性は今までしていることの中ではなかなか見つからないのですから、この月のカードのようなあてもない放浪というのは時には必要な場合があります。

この後に続く運命の輪というのは、チャンスが巡ってきたことをあらわしています。誰でもこのようなチャンスが巡ってくることもあれば、なかなかうまくいかない時もあります。うまくいかない場合には時期が悪かった、準備が足りなかった、能力がなかった、場所が悪かったなど、いろいろあるのですが、頑張れば何とかなるというものでもありません。しかし、月のカードは探索している。そこで見つけたものを通じて、今までの状況を打開できそうです。この世の中に偶然などというものは存在しないと考えるならば、これまでうまくいかなかった理由が月のカードの探索によって、解決がついてしまったということです。例えば、場所が悪かったという場合には、歩き回っているうちに良い場所が見つかる。または、商品が悪かったという場合には、さまよって良いものを見つけるとよいのです。月のカードは目隠し探索とか、またダウジングロッドでサーチするようなものです。生命の樹のパスでは、これは期待の金星であるネツァクと、大地をつなぐラインです。期待感を抱いて、大地の上をうろつくという意味で考えてもよいでしょう。もう一つは、月のカードは夢をあらわしていますから、夢で幸運をつかむという意味も働くでしょう。夢のお告げで何かを言われた、それをしてみると良いことがやってきたということです。

探究を通じて現状を打開 夢で幸運をつかむ

XVIII 月

XI 力

月のカードは未知の探索に関係します。合計すると９の数字の関係のものはみな旅とか探索などに関わります。９は精神上の、18は物質的な領域での探索。そして27は精神が物質面に関わることで、実際的な面を底上げして向上するための探索です。月のカードでは水の下からザリガニが上がってきます。これは人間の脳、脊髄の記憶として、人、哺乳動物、無脊椎動物、植物、鉱物、金属という連鎖の中で、人間の脳の下の領域から上がってくる古い記憶をあらわします。私たちは人の脳の知的な作用にこだわることで、これらの下位の記憶を封印して、あまり表に出てこないようにしています。しかし夢の中や深くリラックスした時には、それらは表に出てきます。例えば、意識の集中の続くようなパソコンのプログラムとかゲーム中などにも、それは表面に上がってくることもあります。そのような時、感情にさまざまな思いが映し出されて極端なことを思ってしまうという場合もあるでしょう。

本能に近い部分をコントロール通念を覆すような法則の発見

次に力のカードが続きますが、これは人が自分の下半身に内在する動物の力を操っている姿を表現します。つまり、いつもはアクセスしないような下意識が、月のカードによって浮上してきた段階で、力のカードでそれを上手にコントロールするという話になってきます。月のカードでは、ザリガニという無脊椎動物の領域に近いものが上がってきます。しかし力のカードでは哺乳動物のため一つ次元が違います。人は哺乳動物に、哺乳動物は無脊椎動物に、という間接的な伝達と考えてもよいかもしれません。脳の中ではこの虫の脳は、本能とか自律神経に直結した働きです。コントロールしにくい本能に近い部分を制御する。これはうまくいけば大きな成果があります。たいてい人の意識は直接届かないので、反復による刷り込みなどが一番接近しやすいでしょう。またこれまでの通念を覆すような法則を発見するという意味もあります。

無意識の領域で未知のものを探索
未踏のものを覗き見る

XVIII 月

XII 吊られた男

月のカードは、私たちの日常の意識ではいつも封じているような、無意識の領域の扉を開くことを意味しています。普通にしていることで開くことはないので、これは眠りの中にあるか、あるいは特殊なトランス状態の中にあるかということになります。あるいはまたうっかりした時という場合もあるでしょう。私たちは、私たち自身の意識状態によって、それらを封じているのですから、日常の自分を維持できなくなった状態だと考えてもよいのです。良い面としては予想外の素材が見つかることがあります。しかし悪い面としては、心身のバランスが崩れてしまうリスクもあります。

続いて吊られた男のカードがやってきますが、吊られた男は上から吊られていて下には接触していません。大地から離れて吊られている姿ですが、しかし月のカードは大地を割って、その下を覗くことを意味していますから、吊られた男は上から吊り下げられているというよりも、これまで接触していた床がなくなったと考えてもよいのかもしれません。そして足は天につながっているので、判断方法は実際的なものというよりも、純粋に精神的な姿勢で考えるという特徴が打ち出されています。このような状態で、だんだんと月のカードが示すような地下に、吊られた男は下がっていっているとみなしてもよいかもしれません。吊られた男が示す12の数字は未知の探索です。月のカードが開く領域は失われた古い記憶です。いつもは開かないものを開いて、未知のものを探索することになるのですが、しかし吊られた男はいかにも異常な状況を暗示します。吊られた男をバンジージャンプのようなイメージで見れば、未踏の領域や谷底の深いところまでそのように下りていくことですから、めったに体験しないことかもしれません。吊られた男は上から吊られ、抽象的な思念の中で堂々巡りしていますから、行動的というよりは、判断がつかないところにとどまっている傾向があります。あるいは、何も決めないで覗いているだけということかもしれません。

XVIII 月

XIII 死に神

人生を裏で操るものの浄化
勝手に動いていたもののスイッチを切る

月のカードはこれまでこじ開けたことのなかった無意識の領域を開くことを意味しています。これはそのような対象を開くことが問題というよりも、私たちの精神状態が変わることを意味します。読み手によって読まれるものは決まります。これまでこのような無意識の領域が開かれなかったのは、私たちの意識状態によっているからです。半分眠るかトランス状態のようなもの、あるいは何か特殊な状況に陥った時に、この扉はこじ開けられます。人生の中では、これまで体験していなかったようなことを模索し、不安ではあるが新鮮な刺激がある状態でもあります。そこで死に神のカードがやってきます。死など存在せず、ただ節目があるだけだという発想では、死に神はその節目を乗り超えるための仲介者です。個人を重視する時代に入り、そのことで個人というのは、ある狭い範囲に限定した存在だと決まった段階で、そこには個人としての始まりと終わりが生じるようになり、かつて節目だったものは死に変わり、その段階で死に神というのは仲介者ではなく、終わらせる恐怖の存在に姿を変えました。

月のカードは、個人としての明晰さをなくして禁忌領域へアクセスすることをあらわし、個人としての緊張感は緩められています。死に神は死の境界や節目ですから、月のカードもそこに接近していると考えてもよいかもしれません。死に神は掃除すること、整理整頓すること、それまでのものを終えてしまうことをあらわします。月のカードは床下を開けるようなもので、死に神のカードはそこを掃除します。今までは決して手を出さなかった領域の蓋を開いて、そこを掃除するというのは、年に一度の大掃除、あるいは数十年開けなかった倉庫の大掃除のようにも見えます。無意識にあるものを明らかにしてどぶさらいするのは、人生を裏で手を引いて操っているものを浄化することに等しいとも言えます。管理されていないところで勝手に動いていたもののスイッチを切ることです。

XVIII 月

XIV 節制

新しい可能性の中に自分を入れ替える 無関係と思われたものがもたらす変身

月のカードは私たちの知的な意識が眠って、脳の中の深い部分、特に幹脳の領域をアクセスすることをあらわします。哺乳動物脳の奥、虫の脳の領域です。それはザリガニが上がってきているということに図像化されています。このことで私たちの新しい可能性が開きます。私たちが知的な脳で生きている間は、私たちは自分の存在のごく表面しか意識しておらず、それは人生を変えたり、また真に何かしたりするということはできません。幹脳は始まりをあらわし、私たちがまだ自分を意識する前の始源的段階をあらわしています。あらゆるものはそこで起きているにも関わらず、私たちはその段階ではまだ目覚めていないのです。それを始めの0・3秒段階と言ってもよいかもしれません。

次に節制のカードが来ますが、これは器の入れ替えをあらわします。象徴的にそれは生まれかわり体験かもしれません。節制のカードは生命の樹では、胸のティファレトから腰のイエソドにという位置にあります。月のカードは、期待感をあらわす左の腰の位置のネツァクから、大地であるマルクトのパスです。この二枚には直接パスの結び付きはありませんが、月のカードは左の位置であるために、いつもの自分とは違う新しい可能性を家の外から模索してくる性質があります。それはやり過ぎると、自己喪失を起こしかねないのですが、節制のカードでは、この月のカードの模索によって持ち込まれた新しい素材の器に自分を入れ替えていくという意味が成り立つのではないでしょうか。外部的で自分にはあまり関係のないものに思われたもの、それに自分が入り込むことで、自身のものとするのです。例えば、転職したい人がこれまでの自分とはまさに縁のない分野に目をつけて、しかしそこに入ることで、新しい地上的な自分を作るというようなものです。偶然見つけてきたかのようなものによって変身するというような意味合いです。

XVIII 月

XV 悪魔

境界線の向こうまで支配力を発揮
外部への過剰な干渉

月のカードは私たちのいつもの日常の意識の範囲の限界を突き破って、他の未知のことに関心を抱くことをあらわします。これは開けてはいけない扉を開くようなもので、無意識からの盛大な活力が出てきます。いつもの暮らしとは違うことをすると、新鮮な活力がわき出してくることを体験する人は多いと思いますが、月のカードは小さな意味ではそのようなことを通じて理解することができます。リスクは高いが、未知の刺激を探して町を歩き回るような行為は、自分の安定性を犠牲にして、新しい宝物を探すようなものです。

次にやってくるのは悪魔のカードですが、自分の持ち場を踏み超えて、よその領域にまで干渉するというのが悪魔のカード。本来悪魔は上位の次元でとどまっているべきなのに、一つ下の次元の二人の手下のような立場のものに支配権とか影響力を発揮します。ここから悪魔は転落した天使だと言われるのです。しかし救済者というのは、たいていこのように転落しないことには下界にあるものを救済できないので、天使は誰も助けない、悪魔は救済者になるという解釈もあります。ここから弥勒信仰の弥勒は実は元は悪魔であるという思想が出てきたのです。私たちは、たいていは自分の身体に対しては支配力を発揮します。スポーツをする人は、身体の機能に対しての強い制御力を持つことを学習します。例えば、感情に対しては多くの人は受身ですが、自分の感情をコントロールしようとする人はいます。内へのコントロールは正当で外へは過剰な干渉となります。しかしどこが境界線なのかは人によって違うのです。月のカードは、境界線を超えてその向こうにまで手を伸ばすことをあらわします。そして悪魔のカードは、境界線を超えて支配力を発揮することをあらわします。両方ともに、いつもの分を超えてしまうということが特徴です。アメリカにしても、遠くの領土を発見しそこに侵入して支配権を確立した結果作られた国なので、この月のカードと悪魔のカードのセットかもしれません。

XVIII 月

XVI 塔

未知の発掘のために殻を打ち破る経歴を犠牲にしてでも探索をしたいという欲求

月のカードは、未知の領域に手を伸ばしていく行為をあらわします。9の数字は常に旅を意味しますが、18も合計すると9となり、隠者のカードの9が精神的な旅ということに比較して、月のカード18のは精神性というよりも、もっと物質的な面での未知の旅になりやすいのです。それは18という数字が偶数であることも関係します。昔は秋葉原にはジャンク屋さんがたくさんありましたが、残骸の中から使えそうな部品を探すという行為は楽しいものでした。月のカードはこのように、どちらかというと混沌、未整理、不用品、残骸の山というような場所の領域の探索です。この探索にはいつも危険とか失敗とか、時には無駄という言葉がつきまといます。未踏の場所を目をつぶって眠りながら探索するようなものだからです。月のカードの示す意識状態は明晰ではなく、むしろ眠ったような、時には取り憑かれたような状態です。冷静であれば月のカードにはなりません。それで安全と言える人は誰もいません。

塔のカードは、人間や生き物を閉じ込める殻が壊れていくことをあらわします。殻はどんなものにも必要で、それは人の皮膚や貝の殻、生き物の表皮をあらわします。それがしっかりしていないと、生き物はみな存続できません。しかし、定期的に脱皮も必要です。新陳代謝しないと、外部とのつながりを見失い、孤立して、力は枯渇します。まずは月のカードが一枚目に出てきたのですから、ここでは未知のものを発掘という意欲があり、その探索をするためには、自分自身を閉じ込めている殻を打ち破る必要があったと考えてもよいでしょう。日本は巨石文化でなく、家は薄い紙と木だけでできていたので、自我は頑固でなく、塔を壊すまでもなく、そこからこっそり出ていけばよいだけという考えもあります。旅に出るために、自分を閉じ込めている塔、家から出ていくということで考えるならば、経歴を犠牲にしても、怪しげな探索に出かけていきたいということになるでしょう。それによって成果がちゃんと出るのかどうかは、本人次第なのです。

XVIII 月

XVII 星

月のカードと星のカードは数字としては続きなので、タロットカードの流れからすると、自然な結び付きを持ったグループです。ただし逆の順番ですから、流れに逆流が起きているとと考えてもよいでしょう。そもそもは塔のカードで、人を閉じ込めていた殻が破れ、すると遠いビジョンというものを星のカードで見るようになります。そしてそれに照応した古い記憶を呼び出すのが月のカードです。太古の昔に通じていた世界も塔という文化の中に閉じ込められた段階で見えなくなっていたのですが、確かに昔そこに通じていたので、それに対応する記憶を月のカードで引き出すということなのです。しかし、ここでは順番が逆のため、無意識の底に沈む記憶をまず月のカードで引き出します。そうした記憶を頼りに、その情報の元になるような星を探そうということになるのです。つまり部品によって、その本体を探すという姿勢は、例えば、古い記憶や古文書、何か手がかりになるものを手に入れて、そこからルーツをたどって本体にたどり着くという行為になります。

古いものから新しいものをたどる断片から本体を探る暗中模索

星のカードの星と月のカードのザリガニは、大は小と似ているというのと同じ理屈なのです。遠いところにあるものは、私たちの身近なものの中のどれかに対応しているのです。小さなものから大きいものを、古いものから新しいものをたどっていくという、推理のプロセスをこの二枚セットは表現していると思います。もちろん断片から推理したり復元したりするので、もどかしいことになりやすいと思いますが、しかし興味深く充実した体験になるでしょう。上の蓋が開く星のカード、下の床が開く月のカード、両方に規制というものがないのです。そもそも社会や家などをあらわす塔が壊れた後なので、知性の規制はありません。それは自由でよいのですが、しかしよりどころがなくなるので、どうしても暗中模索ということにはなりやすいでしょう。書物で探すことはできません。書物は星を見えなくさせていた塔の中にあるものだからです。

XVIII 月

XIX 太陽

無意識からの意見を取り入れる 占いや超能力も利用して判断

この二枚セットはタロットカードの並びとしては、順番になっているので、最も自然な流れを持ったセットです。月のカードは無意識の領域を開くことをあらわします。しかも超意識の部分ではなく、下意識の側です。月のカードは動物としての犬が警告している中、さらに下の次元にある無脊椎動物の領域が開くことをあらわしていて、それは原始的な記憶を引き出すことです。タロットカードの並びとしては、そこから上がってきたものが成長して太陽のカードの二人目の子供になります。私たちの知性は大脳の一番外側の知性的な部分で働いていますが、反対の中心の幹脳に当たる部分は自律神経や本能、原始的な三大欲求などに関わりがあります。そしてさらにその奥には、脳の限界を突破するような領域があり、太陽のカードの二人の子供はこの両極をあらわします。

シュメールのギルガメッシュとエンキドゥのように、政治的な人間とシャーマンのような人間が二人で判断するというのが、この太陽の二人の子供に対応しています。一人目の子供は明晰な意識を持ちますが、二人目の子供は、常に無意識からの情報を拾ってくるのです。これは科学者のデヴィッド・ボームが言うような、日常の意識の明在系と宇宙に開かれた意識の暗在系の二つの働きです。神道などで言われる顕と幽。つまりはイザナミとイザナギのことです。月のカードの段階ではまだ恐る恐るのそして曖昧な探求ですが、太陽のカードになると、それは子供に成長し、はっきりとした力となります。それは生活のあらゆる面で二人目の子供、つまり暗在系の意見を取り入れるということになるのです。漠然とした探求から、だんだんと力強く成長してきた影の要素は、判断をする上で重要な片翼を担うようになるのです。月のカードが模索するような無意識領域にアクセスするために、決まった方法を確立してもよいと思います。たいていはそれは占いか超能力の方法になりますが、ここから持ち込まれるものは、判断方法の半分を占めるのです。

XVIII 月

XX 審判

未知の世界に分け入り必要なものを拾い出す イメージが現実のものになる願望実現のチャンス

審判のカードは、いつもは開かない墓が開かれて死者が蘇ることを意味します。こじ開けるのは天使のラッパで、それは繰り返しや強い集中、揺さぶりです。しかしこの二枚セットでは、直接の起因はまず月のカードによるということになります。月のカードは、何らかの手段を使って、いつもは使われることのない無意識の領域を開くことをあらわします。うっかりする、眠る、いつもと違う状況に遭遇する、トランス状態に入る、何らかの手段を使うと、私たちの監視する意識が凍結して意識の古層が開き、そこから月のカードのザリガニが上がってくるのです。

審判のカードは、このザリガニよりももっと古い層であるとも言えます。ザリガニは無脊椎動物に当たる場所にありますが、もっと原始的な領域として植物や鉱物、金属という段階があり、墓は象徴的には鉱物に当たる領域です。ルドルフ・シュタイナーは鉱物に当たる領域を土星期と呼び、それは人類にとって最も古い時代の記憶が蓄積されていると言いましたが、脳の中ではこの鉱物に当たるものと言えば、最も中心にある松果腺です。いずれにしても、月のカードから審判のカードへというのは、いつもは開くことのない意識の深い部分の扉を二段階に分けて開けることをあらわすのです。月のカードで未知の世界に分け入り、そこで必要なものをラッパを鳴らして呼び出すという組み合わせですから、例えば、夢の中で目的のものを探してくるということにもなるでしょう。こうした領域で見つけ出したものを、そのまま日常の生活に持ち込むことで、願望実現にもなります。願望実現というのは無意識の領域にあるイメージを、そのままこの世界に持ち込むことを意味するからです。日常の生活の中には組み込まれていなかったものを、持ち込んで組み込むのです。探し物をして、遠い昔に忘れてしまったものを拾い出すということのセットです。

XVIII 月

XXI 世界

月のカードは、いつもはアクセスしないような無意識の領域を開いていき、その中を旅することを意味しています。上がってくるザリガニは、哺乳動物よりももっと下にある次元から上がってくるパワーをあらわしていて、それは活力を与えてくるのですが、反対に不安でもあります。夢の中で未知の体験をしていると考えればよいのです。このような体験は刺激があって楽しいものと言えますが、何が飛び出すかわからないところを歩き回っているに等しいのです。安定した地面が壊れて、その下からエネルギーが噴き上がってくるという光景を思い浮かべれば、それはそのまま月のカードを説明したことになります。

世界のカードはタロットカードの並びの中では最終的なカードで、それは完成というものをあらわしています。何一つ欠けたものがなく、あらゆる要素が揃って完全な形になったものが世界のカードです。十八番目の月のカードは、合計すると9の数字になるのですが、旅をするとか探索をするという性質です。二十一番目の世界のカードは、合計すると3になり生産性をあらわしています。つまり大ざっぱに言えば、探索の結果生産性が生まれるという意味になるのです。

探索の結果生まれる生産性
無意識の手探りが引き寄せる完全なもの

無意識に手探りで何かしているうちに、結果的に完全なものになっていくということでもよいでしょう。町をうろうろしていたら、前から集めていた漫画の全集のどうしても手に入らなかった一冊が見つかって、全集は完全に揃ったというような例えで考えてもよいかもしれません。世界のカードが完全になるためには、周囲に置かれた四つの元素の部分が全部揃わないといけません。そうしないと、真ん中の第五の安全な場所には到達しません。ばらけたパズルのピースを探して町をさまよう。自己完成ということが世界のカードですから、その目的のために世界旅行をするという話もあるかもしれません。

XIX 太陽

The Sun

XIX 太陽

0愚者

太陽のカードは、太陽の下に子供が二人遊んでいます。太陽は太陽系の中心で、それは自立して存在するという意味で恒星です。また恒星の自立性を二つに割った形で、子供が二人存在するということです。足りないものをもう一人の子供が持っています。恒星としての太陽は惑星をたくさん周囲に持っていますが、太陽の浮力と惑星の負荷は均等なので、惑星を全部合わせたものが、太陽一つの力に匹敵するとみなしてもよいのです。惑星はたくさんありますが、二人の子供はこれらよりももっと統合的な意識をあらわすということです。中国で太一陰陽五行という言葉がありますが、この伝で言うと、太陽、二人の子供、複数の惑星という順位になります。一人が持っていないものを相手が持ち、二人合わせると欠けたもののない世界のカードに等しいものになります。地上においての男女は順位で言えば、太陽、二人の子供、複数の惑星という並びの中の一つの惑星地球、その下にいる男女と考えるとよいため、かなり次元が違うことになります。太陽のカードの二人の子供は、さまざまなものに投影されます。そして自分にとって影になるような存在と、仲良く遊ぶという意味になるのです。

完全で自立した世界での自由 依存していたものとの縁を切る

続く愚者のカードですが、これは枠を踏み超えて、いつも住んでいる世界から外に脱落することをあらわします。太陽のカードの二人の子供は互いに相手の周囲を回り合い、そこで自立した世界が生まれるので、二人揃うとどこにも依存しなくてすみます。それ自身が愚者の、枠を踏み超えるという意味に近いことが多く、二人だけの世界があって、それ以外は闇という性質をもっと端的にしたものではないかと思います。この二人でどこかに出ていっても欠けたものがないために、そこに喪失感はなくまさに自由だと考えてもよいでしょう。この交流の中で、これまでは行ったことのないような遠くまで出かけることもできる、そうした関係の相手が存在するのです。

XIX 太陽

I 魔術師

無意識の声を聞くことでわくアイデアや活力 視野を広げてくれる相手との新規の商売

通常人間は個人という人格で単独で生きているように思われます。この狭くて、ここにだけしかいない自分を成り立たせるために、それ以外のすべてを排除しなくてはなりません。それは大変な緊張感を必要としていて、常に私たちは自分を成り立たせるための自問自答を繰り返します。太陽のカードでは、もう一つの子供は影に当たります。自分の人格にそのまま影の子供をぶつけると、人格は成立しなくなります。これは、影を排除することで人格が成り立つので、排してきたものをそのままくっつけると、形はなくなってしまうからです。そのため一体化せず、それでいて相手を無視しない、近いような遠いような感じの人格と影の人格の関わり合いのベストバランスが、太陽のカードとして表現されています。もう一人の子供の意見を聞くには工夫が必要です。自分にこだわらないこと、無意識の声を聞くこと、信念に凝り固まらないことなどです。しばしばもう一人の子供は非物質であったり、あるいは生活の上で、誰かに何かに投影されたりもします。身近なところで、何かとむっとする相手がいるという場合、この投影であることも考えられます。しかしこの二人目の子供との調和的な関係を保つことで、習慣に陥らず、防衛的にならず、常に元気で開かれた生き方をすることができるでしょう。

魔術師のカードは、より大きな世界から持ち込んできたものを使って、この世界で新しい仕事や商売などをする人をあらわします。それは愚者のカードによって遠い旅をしてきた後の話ですが、しかし太陽のカードがあると、恒常的に魔術師の力を維持することができると思われます。影の領域とのちゃんとした関係が確立されていると、常に新しくアイデアが出て、活力も停滞することはなくなります。身近な形では、二人で協力して、新しい商売を始めるというふうに考えてもよいでしょう。関わることで、視野が大きくなり、可能性も開くような相手です。

XIX 太陽

II 女教皇

太陽のカードは二人の子供が描かれていますが、一人の子供は私たち自身。もう一つは、一人目の人格を発達させるために犠牲にされてきた、影の領域が発達してきたものです。私たちは個人としての意識を左脳で持っています。それに比較して右脳は膨大な海のように大量の情報を持っていて、これらは無意識の蓄積として働いています。左脳がこの右脳の情報を引き出すことができると、脳全体は宇宙的な記憶とホログラム的につながっているために、いかなるものも引き出すことができるということになります。太陽のカードの二人の子供の協力はこのような全脳的な働きを暗示しています。たんに潜在意識との交流ということなら月のカードもそうなのですが、太陽のカードでは接触をする方法論が確立されていて、任意にアクセスできるということが重要です。

全脳的な働きを暗示し 無意識へのアクセスでいかなる情報も読み取る

女教皇のカードの女教皇は書物を持っています。これは宇宙の記憶をあらわしています。というよりも、あらゆる事物はすでに記憶ですから、どんなものからでも必要な情報を読み取りできるということになります。問題は読み取り機の側の問題で、常にその人にふさわしいものしか情報は取り入れることができないのです。太陽のカードと女教皇のカードは、暗在系と明在系の両方の子供の交流で、いかなる情報も読み取れることをあらわします。何か探す時に、どこかの本を探すというよりも、無意識の領域を探す。これは太陽のカードの二人目の子供が、そのような影の半身、ガイド、非物質的次元の存在、外部にあるもの、環境の総称などという形で働くからです。この二人の子供が不完全に機能している時には、もう一人の子供は外部に投影されます。何かうまくいかないことがあると、それが外部に投影された、もう一人の自分のメッセージであるということになりますから、生活のすべてが気づきのきっかけになるでしょう。生活のすべてが女教皇の書物です。

XIX 太陽

Ⅲ 女帝

無意識との交流が生み出したもの
無意識の情動を認識することによる創造性

太陽のカードは表の自分と裏の自分を両立させた生き方をすることをあらわします。表の自分、つまり通常の自我を重視して生きていて、なおかつ裏の自分が働き始めている時には、何となく邪魔されているような印象を受けるでしょう。初めは、裏の自分は機能していない。次に、機能しているが、気が付かないので、何か漠然と邪魔が入るように感じる。そして最終的には、はっきりと意識していることで助けになる。このような三段階があると思われます。太陽のカードのもう一人目の子供が外部に投影されている場合には、何か嫌な相手がいるけど、それでもそれを認めないことには自分はもう前に進まないと認識することになります。このような行為の中で、もっと大きな自分に成長できるのです。

続く女帝のカードは生産性をあらわしますが、イメージとしてこれは妊娠の状態です。太陽のカードの二人の子供の交流の結果生み出されたもの、またその強い生産性と考えてもよいのではないかと思います。妊娠している最中というのは、はっきりと意識できないものです。子供が外に生まれた段階でそれは認知されるということを示し、妊娠中は腹の中で見えないまま、漠然と何かを孕んでいることを感じます。このように、太陽のカードの二人目の子供の動きがはっきりとしないまま、しかし裏で何か動いているように感じるということで考えてもよいでしょう。創造的で生産的でいつも新しいものを生み出す力があると思いますが、そのためには自分の無意識との交流を手探りで進めていくような姿勢が重要です。アイデアを生み出す潜在量が大きく拡大するために退屈しないでしょう。対立するものを生かして、生産的な方向に向けるのが理想的です。生命の樹のパスでは太陽のカードは腰の月と知性の水星の間です。無意識から上がる情動をはっきりと言葉で認識することを意味します。二人目の子供の言うことを聞き取ることそのものが、創造的な成果を生み出します。

XIX 太陽

IV 皇帝

タイプの違う相手との共同関係 二つのものがセットでうまく機能

意見の違う人や自分とは正反対に見える人との共同的な関係の中で、前進していくのが太陽のカードです。この場合、二人の子供のうち、一人は自分。もう一人は不可視の場合もあります。つまりは夢の中で出てくる存在のような場合も。かと思うと、日常の暮らしの中で、折り合いをつけなくてはならない人の場合もあります。どちらかが主導権を握ると、この太陽のカードの課題は達成されません。どちらかが主導権を握ると、それはいつものごく普通の生き方に他なりません。誰もが自分個人を維持するためには、他者を退けます。人によってその度合いは違います。ある人は寛容になり、ある人は思い切り排他的になります。二つの太陽がぐるぐると互いの周りを回るようにして、個を超えた意識を発達させていくのが太陽のカードであり、そのためには、まるっきりタイプの違う相棒のような関係の存在が必要です。

皇帝のカードは姿勢の継続や安定化をあらわすもので、つまりは太陽のカードで表現されているようなことを、今後も継続的に維持していき、これがスタンダードになるということを示唆しています。一度関わったものは長期関係が続きますが、そもそも太陽のカードは、私たちの常識感覚からすると難しいもので、ぶつからないように、それでいて無視しないように、逃げないように、両立させる必要があるのです。しかしそれが可能ならば、それは素晴らしい成果を与えます。共同関係で仕事を維持してもよいし、二人がセットでうまく機能するのです。皇帝のカードは4の数字ですが、これは対立するものを飲み込み、それによって勢力を拡大するという意味があります。もちろんこの対立するものを飲み込むという時に、太陽のカードの二人の子供は、対立するもののそれぞれが得意分野と考えてもよいのです。太陽のカードは政治家とシャーマンのセットのようなもので、古代にはこの二人体制による政治というものが存在したようです。

XIX 太陽

V 法王

相手との協力により外への影響力が高まるコンビになることで目立つ

太陽のカードを見てみると、ここでは二人の子供が仲良く遊んでいます。二人という時には、たいていの場合性質の異なるものをあらわしていて、陰陽の法則のように反対になるでしょう。太陽のカードは、タロットカードの順番では最後から三番目です。つまりは高度な発達状態をあらわしていて、本来ならば関わることを避けるような、相手と協力関係になることを意味しています。私たちの人格は、陰になる要素を排除することで成り立っています。これはつまり人格を超えて、さらに大きな自己の状態に向かって発達するには、これまで避けてきた要素と関わる必要があるということです。しかし一体化すると、私たちも存在し得なくなります。ちょうど二人で遊ぶという程度の距離感がよいのでしょう。

法王のカードは、強い立場に立って影響力が大きく広がっていくことをあらわしています。数字の5は表現力や内側から外に出すこと、人前に立ち目立つことなどです。法王という言葉からは宗教的な指導者という印象が出てきますが、日本でも宗教団体では、政治的な存在と霊能者という二人のセットが指導的な立場を演じるというのはかなり見受けられました。最も有名なのは、大本教の出口王仁三郎と出口なおで、王仁三郎は男の姿をした女、なおは女の姿をした男と言われていました。これも太陽のカードに対応していると思います。この二人によって法王のカードの性質が発揮されるということが重要なポイントで、例えば、お笑いを例えにしてもよいでしょう。二人組になることで売れるようになったコメディアン。太陽のカードは二人関わることで、世界が大きくなることをあらわすので、一人ではこの法王をすることができなかったのです。法王はカリスマ的、スター的、人前に目立つ形で出ることなどを意味しますから、コンビで出ることで目立つようになったものはすべてこのセットで考えるとよいでしょう。

相棒的関係が生み出され恋愛の相手が自己に必要な半身となる

XIX 太陽

VI 恋人

太陽のカードでは太陽の下に二人の子供が描かれています。二人いるので、あたかも男女であるかのように思われますが、実際には自己という大きな範囲の私たちの中の、人格と影の人格という二分されたものと言えます。異性関係の男女は、この人格とその影が投影される場合もありますが、あくまで他者の関係です。プラトンは人間というものは本来の自己が二つに割れて、地上に肉体化するのだと説明しました。その結果、影の領域と異性を混同して、分身のように思ってしまうこともあります。しかし真実はそうではないので、異性関係を通じて地上の活動に参加していき、しかし異性関係は自分の分身とは違うのだから、その勘違いによって迷いの世界に入るという考え方もあり得ます。太陽のカードは、むしろ本当の意味での、プラトン的な半身を取り戻すことをあらわします。

恋人のカードが示す内容は、異性関係を通じて、この世界の中に深く入り込むことが多いでしょう。共通点は、太陽のカードも恋人のカードも、相棒的な関係が作られることです。世界のカードでは相手は非物質でもかまいません。しかし恋人のカードでは、たいていの場合、恋愛とか結婚の相手にもなりやすいのです。ここでは、まず太陽のカードがあるのですから、影の分身のようなものが、何らかの形ではっきりと提示されています。そしてそれが、恋人のカードに下りていくという可能性もあります。そうした場合には、勘違いしてはならない事項、つまり自己を修復するのにどうしても必要な半身は、そのまま恋愛とか結婚の相手と重なってしまうということです。これはそんなに多くはないかもしれませんが、しかしごく稀にそのような運命の相手が成立し得るという話はあります。この場合、そのような相手と出会うと、急速に自己完成すると言われています。しかしそのような考え方を全く受け付けない文化や地域というものもあります。

XIX 太陽

VII 戦車

統合のための戦争
対立でなく交流のために争い掻き回す

太陽のカードの基本的な意味は、太陽のような意識に入るには、自分だけでなく失われた影の半身のようなものを取り戻す必要があるということです。太陽はこの太陽系の中で、中心的で、恒久的な軸で、それ自身独立しています。惑星はその周囲をぐるぐると回り、単独では存在できません。この太陽のレベルの意識は、ヒンドゥーではカーヤ、ウェダナー、チッタ、ダンマという四つの意識のうちチッタと呼ばれているものをあらわします。惑星はその下のウェダナーという名前の部分に対応します。カーヤは月です。惑星は複数ありますから、全部集めることで一つのチッタ、すなわち太陽の相似的な形態になります。太陽の下の二人の子供は二人で全惑星を構成しなくてはならず、その点ではかなり範囲の大きなものです。

続くのは戦車のカードです。太陽のカードは足りないものを補う、太陽に近づこうとする行為ですが、戦車のカードはむしろ対立を高め、善悪のように二つのうち一つを重視する方向に没入するという意味では、太陽のカードと方向が反対です。つまりもう一人の子供を忘却の彼方に押しやります。しかし図柄としては、太陽とその下の二人の子供。戦者とその下の二頭の馬ということで似ています。太陽のカードでは、太陽という統合者がいるのだから、二人の子供はまとまります。同じように、戦車のカードでも戦者がいるからこそ、本来は反目している二頭の馬は同じ方向に走ります。太陽のカードが初めにあり、その意図に沿って戦車のカードが働くのですから、統合のための戦争という意味になることも多いでしょう。あくまで太陽のカードの目的によって戦車は動いていると考えるのです。つまりこれは太陽のカードの二人の子供の遊びが、そのまま戦車へと展開されたとみなすことになります。融合のための対立や掻き回し。すべてのスポーツは対立のためではなく交流のために作られています。相撲も確かにそうで、それはもともと神儀でした。

XIX 太陽

VIII 正義

太陽のカードは、太陽のような意識に到達するのに欠けたものをもう一人の子供が補い、二人で協力してより完全な姿になることをあらわしています。この二人が揃うことで、太陽系の中では完全なものになるということになります。一見邪魔するように見えて、もっと大きな視野に立つためには必要な、つまりは最終的には補助になるようなことを、もう一人の子供が提供してくるのです。そのため、二人目の子供はユングが言うような影の人格であることも多いのです。それを退けることで、その人はこれまでどおりの小さな範囲にとどまります。なおかつここでは融合することなく、遊びながら交流するということが大切で、どちらかが主導権を握ってはなりません。

続くのは正義のカードです。ここでは正義のカードの審判者は手に天秤を持ち、二つの重さを比較しています。さらに右手に剣を持っています。タロットカードでは、上に一つ下に二つという三角形構図が頻繁に出てきます。太陽の二人の子供が、そのまま正義のカードの審判者と剣と天秤に重なります。一人目の子供が剣で二人目の子供が天秤とすると、一人が決定をし、もう一人が観察する人という意味になります。昔ジャーナリストはデータマンとアンカーマンの二人体制が普通でした。人格の影に当たるような要素を取り込むのが太陽のカードですから、正義のカードは真の意味で正しい判断をできるでしょう。ただし、太陽のカードは地上的な法則に従属していません。地上的法則は地球的なものですが、太陽のカードは太陽に従属し、太陽を模写しようとする方向性を持ち、だからこそ、光と影の両方の子供がいるのです。目前の実際的な判断、地上的な方向性という点では、太陽のカードの判断法は適していない面もあります。全くの反対意見、権限が認められていない人の意見、それらも取り込んで判断する。その意味では裁判員制度も少し似ているかもしれません。

真の意味での正しい判断を下すため反対意見や他者の考えも取り込む

対立物の呼び込みが思考法の限界を打破
馴染みのない分野を取り入れた柔軟な思考

XIX 太陽

IX 隠者

太陽のカードは、自分とは反対にあるこれまで記憶の奥に隠してきたような要素をはっきり認めていき、一緒に成長することをあらわしています。太陽のカードに描かれている二人の子供は、一人は今までどおりの自分で、もう一人は陰の自分です。19の数字は太陰暦と太陽暦が出合うメトンサイクルの数字だと言われますが、それは西洋とアジアの違いのようなものですから、太陽のカードとは西洋と東洋の統合のような面もあります。あるいはまた19の数字を10と9の合計とするならば、それは政治的な存在と哲学的な存在あるいはシャーマンのような人との協力体制とみなすこともできます。

生命の樹では、太陽のカードは月の中枢と水星の中枢のパスで、無意識に上ってきた情報を言語化するという意味では、夢解釈をして鍛える知性のようなものなのです。ここで二番目に隠者のカードが出てきます。太陽のカードのような生き方をしていると、無意識や影との交流が不定期でなく、はっきりと確立された手段を持つことになるので、明らかに無尽蔵な知性を持っています。そこで隠者という哲学や思想、宗教などに関係する探索をする目的では、オールマイティになりやすいと言えます。哲学者のマルティン・ハイデッガーは、日本の禅の十牛図などに強い関心を抱きましたが、太陽のカードが西洋と東洋の交流の遊びのようなものならば、それは哲学的には不足を補うので有利でしょう。何か考える時に、今まで馴染んでいなかった分野のことを取り入れて、それを参考に考えを組み立てるということも関係します。二枚のセットは言葉でつなぐと、対立物を呼び込むことで、考え方の限界を打開するという意味です。人間は中年に近づくにつれて馴染んできたものだけで生活を営むようになるために、このような影や対立する子供を受け入れなくなります。やはり太陽のカードは、柔軟な子供が二人遊んでいるという絵柄のとおりに、子供に近い方がしやすいことでしょう。子供の遊びに似たゲーム性の中で、隠者のように考えるということです。

協力者の登場で運命が回り始める 異質な相手との連携が生む発展

XIX 太陽

X 運命の輪

太陽のカードは、明るい太陽の下で二人の子供が仲良く成長している姿をあらわしています。この子供は男の子と女の子かもしれません。あるいは物質的な子供と、もう一つは非物質的な子供かもしれません。もう一人の子供は基本的には、私たちの表の意識があまり認めることのなかった影の要素をあらわしています。これらを認めることで、人生は大きく拡大していくことになるでしょう。二人目の子供は、夢の中から出現する自分の分身のようなものであると考えてみるのもよいのではないでしょうか。それは自分があまり知らなかったことについて、教えてくれるガイドのような役割もしています。このような協力関係がはっきりと確立されると、次に示すような運命の輪のカードの影響が出てくるのです。

運命の輪のカードは、チャンスが訪れることや自分の能力を生かす場所が見つかる、盛り上がりがやってくるということを暗示しています。このようなチャンスは、太陽のカードがなければやってきません。ということは、今まで足りなかったものがここで補われることで、急速に運命が回り始めたと考えられるのです。仕事の関係では、一人でするのではなく、協力者がいるとうまくいくということになりますが、自分の趣旨に従うような相手だと、太陽のカードの相棒とは違う可能性が高くなります。自分にとってあまり得意分野でないところをうまくカバーできるような、性格も違う相手の方が良いということになります。そのことで自分にとっての手薄な部分が補われることになり、これが今までなかった発展性を作り出すということになるのです。19も10も合計すると1に属するので、それは始まりをあらわしています。1は漠然とした、10は具体的な場で、その調停的な配合である19は、具体的でローカルな場に合わせつつ、始源的な1の性質を持っています。ほとんどの場合、環境に染まってそれ以外のことを理解できなくなるものなのですが、太陽のカードは、そうした状況に飲み込まれることがないという利点があります。

XIX 太陽

XI 力

異質な価値観が加わり考え方が変化
従来の常識がそのまま通らない状況

太陽のカードは文字どおり、太陽ということを重視したカードです。太陽は一年で一回転するように見えていますが、これは地球が回転しているからで、太陽そのものは太陽系の中で不動の、唯一の点です。そこに陰陽や男女などという分割はありません。しかし、太陽のカードで描かれる二人の子供はこの太陽の力を二分割したような形で存在しています。二人合わせていくと、太陽に似てくるという意味なのです。私たちは地球に住んでいるので、この太陽意識をなかなか理解できません。地球と太陽の間を埋める地球に欠けたものを、この二人目の子供が持っているということになります。つまり、ここでの二人目というのは、地球的なものに対して異質なものを持った子供です。それが星のカードで、星からやってきた力ということに関係しているわけです。もちろんこうした性質の子供が加わることはこれまでの考え方とか姿勢に大幅な変化が発生します。今まで当たり前だと思っていたことは、実は当たり前に見えなくなってくるかもしれません。

続く太陽のカードの二人の子供は時間の流れがちょうど反対のような発想で、つまりは価値観が正反対な場合もあります。力のカードは動物を手でつかむ女性が描かれています。これは動物があらわす本能や習慣、情感の自然な成り行きというものに対して、意図的にコントロールすることを表現している絵柄です。太陽のカードは外界に投影されると、気にくわないけど、協力しなくてはならない相手というものをあらわすのですが、そうした関わりの中で、感情訓練が必要であることも関係するでしょう。今まで当たり前であったことをそのまま通してしまうことはできなくなるというわけです。また太陽のカードのように影のガイドとの関わりのようなものが始まると潜在的な生命力を解放する力も強くなります。環境の中に新風を持ち込む力は強まります。

XIX 太陽

XII 吊られた男

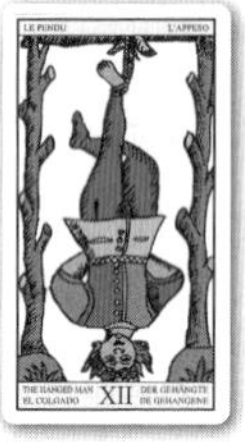

非物質世界との豊かな交流
何も決定しないままの議論や思考

太陽のカードは対立する二つのものが協力し合うことで、恒久的な太陽のような力に到達することをあらわします。どちらが主導権を握るでもなし、両方が両方の軌道を巡るというような形式で、この私たちの太陽系とシリウスはそういう関係であると主張する人もいます。演劇家のサミュエル・ベケットも晩年そのように考えていたようでした。このような場合には、どちらが主役でもないのでお互いの責任の擦り合いもあり得るでしょう。最終決定は相手がするものだと思って、お互いがそう思い込んでいれば、堂々巡りになります。

続くのは吊られた男のカードですが、これは着地しない男を表現しています。吊られたまま考えているのです。想像力は豊富ですが、それらが具体的に大地に到達することはありませんから、何か進めたり実行したりすることはほとんどないのです。太陽のカードでの果てしない回転が、そのまま吊られた男の空中にとどまったままという状況と結び付くと、何も決められないまま、二人で議論したり考えたりして

いるだけということになります。また、吊られた男の強い面は、精神的や内面的なものの強さです。何か具体的に実行することはできないので、できることと言えば精神活動だけです。このカードの12の数字は、未知のものを探索するという意味があります。もともと太陽のカードの一人目は実体のある存在ですが、二人目は見えない影の中にいる非物質的なガイドという場合もあります。そうなると、そもそも吊られた男は精神活動だけが活発で、実際には何もできない状況を意味していますから、ガイド的な存在との交流に終始するということもあるでしょう。内面的な豊かさは申し分ないが、それは外面的には人にはわからないことが多いかもしれないということです。これはしばしば他人からは妄想だと思われてしまう場合もあるのではないでしょうか。

XIX 太陽

XIII 死に神

太陽のカードは二人の人物が互いに協力し合って成長していく姿を示しています。子供が描かれているのですから、それは今後成長するという意味が前提にあるのです。生命の樹のパスでは、太陽のカードは知性をあらわすホドという中枢と原始的なイメージ領域、気の蓄積をあらわすイエソドという場所のラインに関係しているカードです。これは感じているが言葉にならないものを言語化するという意味で、夢を見て、その意味について考え、解釈していくことにも関係します。太陽のカードでは無意識領域との対話が活発です。このカードの手前の月のカードで下から上がってきたザリガニが成長したものが、太陽のカードの二人目の子供なのです。人間的な意味で正しく判断するには、このような姿勢が不可欠だと言えます。

続くのは死に神のカードですが、死に神はもともと人が死ぬ前にやってくると考えられています。個人が閉鎖された世界観では人には終わりと始まりがあります。しかし個人として閉じ込められていない考えでは、死に神はある節目から次の節目につなぐものとなります。そもそも太陽のカードは、従来どおりの人間の自我と無意識からわき上がってくる自我との協力関係なので、それは生の世界と死の世界の両側にまたがっているようなもので、境界線を橋渡しする死に神とはそんなに違和感がないことになります。むしろ死に神は、この二人の子供のどちらが主導権を握るのか、その切り換えスイッチのようにも見えてきます。

自我と無意識との主導権切り換え
影の領域を取り込み停滞や停止を恐れない

太陽のカードは反対の価値観のものが共存するという意味では、死に神があらわす停滞とか停止ということを嫌うこともなくなります。たいてい影の領域というものを取り込んだ人は、ポジティブとか盛り上がり、繁栄することだけにこだわることはなくなります。個人として閉じ込められた生き方の時には恐怖だったものが、全くそうでなくなるのです。始めたり終わらせたりすることのタイミングもとてもスムーズです。

XIX 太陽

XIV 節制

太陽のカードは互いに対立するような性質を持つ二人の人物が協力し合うことをあらわします。対立の性質ということ自体が、これはより大きな統合的なものを作り上げるためには互いに必要な存在であることを意味します。縁がないものに対しては本来対立することはありません。対立する勢力が対立している間、それぞれそのことで自分を維持することができます。しかしそこから発展しようとすると、もう相手を認めるしかないのです。対立しているということ自体、それは相手を必要としているということと同義語です。

続くのは節制のカードです。節制のカードは一つの器からもう一つの器に、内容物の液体が流れ込んでいきます。そもそも14という数字は自己生殖をあらわす数字で、同じ内容物が違う器に移動あるいは一部が流れ込むことで、細胞分裂する姿をあらわしています。太陽のカードの二人の子供を節制の二つの器に重ね合わせてみると、二人の子供の間に、液体が流れ込んでいるイメージで考えてもよいかもしれません。

無意識の情報と意識的な目的意識との交流 本人も驚くような展開が実現

生命の樹のパスの場合、節制のカードはティファレト、すなわち太陽からイエソドつまり月へ。太陽のカードは、ホドつまり水星とイエソドである月の間のラインということで、月を巡ってつながっている二枚です。太陽のカードでは無意識の情報が言語化されていき、意識的に成長していく子供が表現されています。節制のカードでは、意識的な目的意識が自分の目的に適したイメージを模索して、それを引き寄せようとします。つまりはこの二枚が組み合わさると、月に関わるところで、読み取ったり埋め込んだりという行為が呼吸作用のように繰り返されるのです。太陽のカードの対立した二人の子供が互いに意志を入れ替え、内容物を互いに与えて、交流を活発化させていると考えてもよいでしょう。そうやって初めは想像上のものでしかなかったものはだんだんと形になり、実現していき、本人も驚くような展開になりやすいのではないでしょうか。

XIX 太陽

XV 悪魔

自分に足りないものと結び付き有利な立場に環境に縛られず自身で人生を支配する

太陽のカードは二人の子供が遊んでいますが、一人目の子供はいつもの私たちのことをあらわしています。しかしもう一人の子供は、表立って見えてこない分身のような存在であると考えてみるとよいでしょう。プラトンは、人間が生まれてくる時にもう片方をどこかに残してきたと考えていました。それと一体化することで、私たちは楽園に戻ることができると考えるのです。もう一人の子供は夢の中であらわれることもあり、生まれた時からどこかにいたと考えてもよいのかもしれません。

次に悪魔のカードが来ますが、悪魔のカードの絵柄の中で上に立っている悪魔は男性と女性を一体化させた姿をしています。人間よりも上の次元にあって、男性と女性が一体化した存在と言えます。プラトン的な考え方では、片割れになる前の上位の次元に住んでいた私たちをあらわしているのかもしれません。元は一つの存在が、上に向くと天使で下に向くと悪魔というふうに姿が変わるという発想があります。悪魔

は下界に関心を抱き、下の次元に住む二人の存在を支配しています。構図の似た太陽のカードでは、下界の二人の子供はともに仲良く遊んでいて、悪魔のカードのように縛られているわけではありません。二枚のカードで、それぞれ自分はどこに当たるのかを考えてみる必要はあるでしょう。太陽のカードでの二人の子供のうち一人は自分であると考えても、悪魔のカードのうち下の二人のうちの一人が自分であると考える必要はないかもしれません。太陽のカードの状況が手に入ることで自分と分身的なものが一体化していき、自分自身が悪魔のカードの中の悪魔になっていくような状態だと考えてもよいのです。今までは分身は環境に投影されていました。従って自分もまた環境に縛られ、この環境の中で思うようにならない生き方をすることになります。しかし、ここで足りないものと結び付くと、人生をコントロールしていく力が手に入り、また有利な立場に立つことになると考えてもよいのです。

自分の不足を補う相棒による習慣の破壊　殻を破ることで開放的な体験を得る

XIX 太陽

XVI 塔

太陽のカードは二人の子供が太陽の下で遊んでいる。つまりは二人協力していくと、それは太陽の力を受け止めることになるという意味です。ここで言う太陽は、私たちが見ている黄道を一年に一回転する太陽ではありません。これは地球が公転しているからで、本来は太陽は太陽系の中で唯一、動かない無の点なのです。二人合わせると、動かない唯一無二の点になるというのは、両方が不足を完全に補うことです。しかし対人関係で、誰かをそうした足りないものを補う人にすることはできにくいでしょう。相手にそうしてほしくても、相手は他人で育ちも考え方も違うのですから、一見すると補うように見えても、実は違うということも多いのです。その点でこの二人の子供は、一人は自分でもう一つは影の人格とみなした方が遥かに自然です。このような関係は精神的な面でしか成立しません。実生活で分担し、実際的な面で協力し合う関係は夫婦や友達、恋人のような関係があるのですが、太陽のカードはそのような意味をあまり持ち合わせていません。

続くのは塔のカードです。これは誰にでも訪れる定期的な脱皮をあらわしています。あるいは時には定期的でなく、唐突に訪れる場合も。殻に閉じ込められると、今までの習慣の続く安全な生活ができますが、同時にそれは自分を閉じ込めることで、新しい活力はどこからも供給されなくなりますからついには枯渇します。太陽のカードは相棒が影の盟友のような立場にあるために、この閉鎖的な塔の中に住むというのは難しくなります。つまり太陽のカードの性質そのものが、すでに塔を壊す性質を持っています。塔を壊さないことには、もう一人の子供は決して出現することがないのです。また生活の中で、塔のカードに対応した体験をした時には、それは、もう一人の相棒的な相手が引き起こした一つのプレゼントのようなものなのだと思ってもよいかもしれません。頻繁にダイナミックで、開放的な体験をしやすいのです。

XIX 太陽

XVII 星

対立したものの統合化で大きな力を取り込むルーツを知ることで智恵や可能性を発掘

太陽のカードは二人の子供が一緒に遊んでいます。この二人の子供は考え方が反対の性質を持っています。太陽のカードでの対立した二人目の子供は、自分にとっての正しい影に等しいので、仲良く遊ぶことで視野も生活も大きく拡張します。大きな自己を手に入れるには、影となるような自分を取り戻さなくてはならないという意味です。星のカードは裸になって遠くにある天空の力を受け入れます。星のカードの前にあるカードとしては、塔のカードがありますが、これはそれぞれの個人を閉じ込める信念とか、こだわりを意味していました。それが溶解することでオープンな心を持つ星のカードに至ることができたのです。初めてそこで遠くの星の輝きが見えてくるようになります。太陽のカードでは、上空にあるのは太陽系の太陽です。星のカードの上空にあるのは、太陽系の外の恒星です。太陽と恒星は同レベルのもので、次元としては兄弟的な関係にあります。私たちは太陽系の中に住んでいるので、身近なところで私たちの今の自我に対して影になるような、対立したものを統合化することで、より遠い場所にある恒星の影響を取り込むことができるということです。

　しかし、太陽のカードの二人目の子供は、カードの数字が17、18、19と続いて、星のカードによって持ち込まれた影響が成長した結果なのですから、もともとは太陽系の外にあったものが太陽系内に持ち込まれて、身近なところで影として埋もれた存在となったのです。それを引き出した時には、その故郷である太陽系の外の恒星の力を星のカードでたどることができるという意味になります。今身近にあるものは、昔、母親的な存在が遠いところから召還してきたものが多いでしょう。身近な風習にしても舶来のものだったというのはよくあります。身近なもののルーツをたどることでより大きなビジョンや智恵、可能性を発掘できるということです。

XIX 太陽

XVIII 月

太陽のカードはタロットカードのストーリーの中でかなり終わりに近づいています。従って、これらを人間の成長の物語と考えた時には、もう終盤にさしかかりつつあります。人間にとって困難な課題の一つは、多くの人が真の意味では誰とも共存できにくいことです。実際に共存しているように見えますが、しかし満足している人は少なく、個人の自我というのは十分発達するためには、他者を排除しなくてはならないという原理があるからです。歳を取ると、結局共存は無理だということに甘んじて、そのことを諦めてしまう人もたくさんいます。太陽のカードは、自分にとって影となる半身を引き出し、それと遊ぶことを意味します。融合すると自分も消えてしまうので、交流しつつ遊ぶことが大切です。これは他者でなく、自分にとっての本当の意味での影です。そのため、本当の意味での満足というものも得られるでしょう。個人というのは限られた存在なので、より大きな世界に向かうにはどうしてもこうしたことが必要だというわけです。

影の自我の案内で暗い無意識を覗く 相棒と一緒に元いた場所を探検

続くのは月のカードです。太陽のカードの前にあるものですが、これが太陽のカードの後に来ました。もともと太陽のカードの二番目の影の子供は月のカードから上がってきたザリガニが成長した存在ですから、月のカードのいつもは閉じている開かずの間を開いて、その中を探索するという行為は、二番目の子供のもともと来たところを探すようなもので、それは太陽のカードのように二人揃うと、容易な行為だと言えるでしょう。自分にとって相棒的な存在が元いた場所を一緒に探検しようという意味になるのですから、もちろん相手は案内者になってくれます。自分が信頼している人が案内してくれるなら、一人では行けないところにも行けます。影の自我となる意識の案内によって暗い無意識を覗くのは、目隠しされて連れて行かれるような緊張感がありますが、自分の活動力の裾野を拡大することには大いに貢献します。

XIX 太陽

XX 審判

姿勢を作った結果開かれる可能性
失った片割れが戻り思考が変化

太陽のカードでは二人の子供が手を取り合っています。タロットカードのバージョンによっては、この二人の子供は男の子と女の子というふうに配置されている場合もあります。太陽は太陽系の中心にあり、太陽系の範囲の中ではこれは時間に支配されていない、絶対の要素をあらわしています。二人の子供は垣根の内側にいるのですが、これは太陽の磁力が支配する範囲の中で、一人の人間が二人に分岐していることを考えてもよいでしょう。つまり絶対のものが陰陽と別れていき、世界が始まったのですが、太陽のカードの段階ではもう一度呼び戻され、やがて時間に支配されない太陽に近づいていくきます。

その次の審判のカードは、太陽のカードの次に続くカードですから、この二枚はタロットカード本来の連続性をあらわしていることになります。太陽のカードのように、隠れてしまった片割れが戻ってくると、私たちは考え方が変わってしまいます。例えば、私たちは時間の経過とともに、過去のことを忘れてしまいます。これは興味がある場所からある場所へと移動していき、一つの場所しか意識できないような状態と考えてもよいのです。目の前にあることしかわからない、これはつまり、私たちは「今、ここ」というところに強い意識の集中をしているからです。ところが太陽のカードで失われたものを取り戻した時、私たちは根本的にリラックスしていき、自分の人格、すなわち「今、ここ」という視点にしがみつくような生き方ではなくなってきます。審判のカードは、太陽のカードの続きですから、過去に失われたものをまた蘇らせるということをあらわしています。天使のラッパは任意の興味の集中で、興味を向けるならば、どんなものもアクセスすることができます。そこに条件は存在しないということをあらわします。太陽のカードは姿勢を作ること。審判のカードはその結果として開かれる可能性です。太陽のカードは合計すると1のスタートで、審判のカードは合計すると開かれる可能性の2という意味です。

XIX 太陽

XXI 世界

人間個人は物質的な存在であるがゆえに、「今、ここ」という視点に集中していて、それは極めて狭い生き方となり、広い視野を手に入れるためには影となるような案内者を必要とします。太陽のカードで二人の子供が遊んでいるのは、こうした自分と影の交流を意味します。自己というのは、人格と影を足したもので、つまりは自分が持っていないもののすべてを影は持っているということです。これはいかなるものも影との交流の中で引き出せるということで、著しい可能性を開くのです。私たちは自分の肉体的な視点として、「今、ここ」という場所に閉じ込められていますから、異様な緊張感と死の恐怖の中で生きています。でもそのことをあまり自覚しません。これがずっと当たり前だと思っているからです。太陽のカードはそれを根本的に解放します。

世界のカードは真ん中に両性具有の人が立っています。太陽のカードでは、陰陽分割されたような二人の子供は一体化することなく、互いが相手の周囲を巡りながら遊んでいます。

片方に足りないものをもう片方が持ってくる 二つ合わせて完全体になる

しかし世界のカードではもうすでに一体化して、相手が存在しなくなったのです。太陽のカードの二人の子供は、上に描かれた太陽を陰陽分割したものでした。そのため、世界のカードの人物と太陽のカードの太陽は相応のものであると考えてもよいでしょう。世界のカードは必要なものをすべて手に入れ、欠けたものがないことをあらわしています。しかし初めに太陽のカードが出てきたのですから、二人の子供の交流があたかも世界のカードのように機能すると考えてもよいのではないでしょうか。二人合わせて完全になるという意味では、共同で何かを経営するスタイルという場合もあります。世界のカードの四つの元素は、火と風は男性的なもので水と土は女性的なものです。二人の子供は、この二つずつを分担することになるのでしょうか。足りないものをもう一人が持ってくるということになりやすいでしょう。

XX 審判

Judgement

解放された後は戻らない 精神と物質の条件が合致しどこにも縛られない

XX 審判

0 愚者

審判のカードは、墓に閉じ込められた死者が天使の吹くラッパで蘇るシーンが描かれています。閉じ込められ死んだかのようなものが再生するという場合、カバラではこの地上世界を立方体の箱として表現することも多く、実は私たちこそが、この死者であるという考えも成り立ちます。これは、このカードの後で訪れる世界のカードを私たちはまだ達成しておらず、今の段階では肉体という物質に閉じ込められて生きているからです。制約の激しい墓の中の世界から呼び出され、自由になった後に向かう方向は愚者のカードです。

愚者のカードの愚者は、特定の枠からはみ出していく姿をあらわし、タロットカードの中では始まりの位置に等しいので、まだ世界の中に入らず放浪している者と考えてもよいのです。次の魔術師のカードで世界というものに捕獲されると考えてよいでしょう。そしてずっと長い間、タロットカードの物語が続いている間は脱出できないのです。そのため、審判のカードで自分を閉じ込めていた棺桶から開放された後は、放浪の存在になるというストーリーになってきます。宇宙を旅する乗り物を、カバラでは光の戦車メルカバあるいはマカバと言いますが、これは上からの正四面体と下からの逆正四面体の組み合わせだと言われています。上からの正四面体のシンボルを天使のラッパに見立ててもよいでしょう。立ち上がった三人の死者は逆正四面体の上部の三つの頂点です。物質に埋もれた活力は上の次元の呼び出しに正確に応え、ここで乗り物のエンジンがかかります。乗り物が出来上がった瞬間に、愚者はあちこちと飛び回ることができます。本来マカバは故郷に戻る乗り物とみなされています。開放された後、戻ってこないというのがこの二枚のセットの意味としての基本だと思われます。精神的な目的と物質条件が合致すると、どこにも縛られなくなります。つまりはこの二つがぴったりと噛み合わない間は、私たちは不本意な場所に縛られてしまうのです。

XX 審判

I 魔術師

かつて存在していたものを蘇らせる 忘れられてしまったものの新たなスタート

　審判のカードは天使の呼び出しによって、閉じ込められた者が蘇ることをあらわしています。私たちは二元論的に言えば精神と物質の組み合わせで、上から来る精神と下から来る物質の両方がうまく組み合わされ、真ん中に重心ができると不満のない他に足すものもない生き方を手に入れることができます。たいてい不満が出てくるのは、この二つがうまく噛み合っていないからです。天使のラッパは上に頂点を持つ円錐をあらわし、墓から蘇る人の部分は下に頂点を持つ逆円錐をあらわします。互いの反応性はこの横から見ると六角形に見える構造で成り立っています。手前の太陽のカードでは、生きている人物は下にだけいて、上には太陽がありました。しかし、次の審判のカードでは、太陽に託すしかなかった部分を、意識的に扱うことができるようになり、天使がラッパを吹く図に変わりました。何か自分とは違うより強力なものがどこかにいて、それに依存して生きているという考え方から、能動的な働きかけをすることで、どんなものも呼び出せるという考え方に変わります。願望や意志を持つというのはそんなに簡単ではありません。あたかも自分が願望しているかのように思っても、それは外部から植え付けられているだけということもあります。

　審判のカードは意志で呼び出す力が目覚めます。魔術師のカードはこの世で新しいことを展開する人を意味します。それはお店の場合もありますし、何かの分野をスタートさせることをあらわします。審判のカードは、すでに存在していたが遠いところに忘れてしまったものを意志の力で任意に呼び出すことを意味しますから、魔術師が扱おうとしているものは、かつて存在していて今は廃れてしまったものです。しかし審判のカードは時間の古い・新しいということに依存しない意志ですから、廃れたといってもそれを気にすることはなく、活発に蘇らせると考えるとよいでしょう。

全脳的働きでどんな知識も再現可能　強い働きかけが開かない智恵を開く

XX 審判

II 女教皇

審判のカードは、忘却あるいは物質の奥に埋もれて呼び出せないものを、繰り返しの行為と強い働きかけで呼び起こすことを意味するカードです。私たちの意識は、狭い範囲のところ、「今、ここ」という部分だけを現実とみなしています。これはレコードの針が当たった場所だけを再生しているようなものですが、しかしこの意識の緊張をほどいていくと、ランダムアクセスできることが判明します。つまり連続で演奏するのでなく、任意の場所を飛び飛びに再生するのです。それを引き起こす力は、決まった考えに縛られないことと注意力の集中です。取り戻せないと思っていたものも、実際には集中によってそれを喚起することができる。それが墓から死者が蘇るような図として描かれるのです。

続くのは女教皇のカードです。これは書物を持ち神殿の奥に静かに座っている女性を描いています。書物はユダヤならば旧約聖書とかモーセ五書など、日本ならば日本書紀とか古事記などにも対応しますが、本来としては物理的に存在しない書物です。これは人間の元型的・神話的なものが記録されています。審判のカードは、意志によって時間や空間の連続性という因果に振り回されることなく任意にアクセスできるのですから、女教皇の書物のどんなところでも読み取ることができるようになります。自分に直接関係ないところでもアクセスできるというのが特徴です。まるで図書館でいつでも閲覧できるように、どんな部分もラッパを吹くことで再現できます。全脳的な働きをすると、私たちの脳は宇宙全体と共鳴するホログラムとして機能するというのが物理学の一つの考え方です。ともに2の数字のカードで、女教皇では埋めること、審判はそれを開くことに関係します。タロット占いとしては、強く強く働きかけることで開かない智恵や資料などを読むことができるという意味になります。

不可能への積極的挑戦がもたらす生産性
かつての流行を再生産

XX 審判

III 女帝

審判のカードは、超越的な意識をあらわす天使がラッパを鳴らして、眠ったものが蘇るような風景が描かれています。眠ったものというのは、意識的な働きというものの積極的な関与がなくなって、放置されていたものです。この世界すべてが自分であるという発想からすると、関心がないものは私たちの意識が積極的な関与をしていないために、言いなりにならず、しばしば妨害的な壁として働くようになります。関心を向けるとどんなものも目覚め、動き、活発化します。どうにもならないのは、私たち自身がそれに対して閉じているからです。審判のカードは開くまで働きかけるという意味のカードです。

女帝のカードは3の数字が当てはめられていますから、それは生産性を意味するカードです。妊娠したりあるいは果てしなく生み出していく豊かさを表現しています。審判のカードで強く働きかけることで、固い殻がこじ開けられてその後からは豊かな生産性が生まれてくることを想像するならば、初めは全くのところ歯が立たないという状況があったのではないでしょうか。この二枚のセットが出てきた時には、うまくいかないように見えても、もっと積極的に働きかけ、ある段階で壁を超えたような体験をしていき、その後からは、初めには想像ができなかったくらいに活発な生産状況が訪れるということをあらわしていると思われます。また、審判のカードは、遠い昔に忘れてしまったものとかすでに廃れてしまったものを呼び起こすということを表現しているので、昔流行していたものを再生産すると考えてもよいのです。数十年単位で流行は再生します。誰もが忘れてしまったようなものを取り上げて、次々と生産していく。乾燥して硬直したものに水分を与え、熱を与え、それらが成長していくことを想像してみましょう。古代の植物を再生して栽培できるようにしたという話がありますが、それもこのセットではないでしょうか。

XX 審判

Ⅳ 皇帝

本来のスタンダードの再生
過去の呼び戻しが安定と支配力を生む

本来私たちは時間の流れに支配されているわけではなく、未来から過去まで同時に存在する世界の中に生きています。ただし、肉体が時間に支配されているために、肉体の感覚に同一化すればするほど、狭い範囲の時間の中に生きているように感じるのです。審判のカードは死んでしまったものもまた蘇ることになり、失われるものなど何もないという見方になるのです。タロット占いの中で、この審判のカードを使う時には、消えてしまったものがまた戻ってくるというような意味が出てくるでしょう。流行とか時代性に振り回されないカードです。

皇帝のカードは4の数字に関係して、安定性や基礎的なもの、場を広げていくことなどをあらわしているので、審判のカードが呼び出したものがスタンダードとして広がっていくと考えます。皇帝のカードの4の数字はもっと拡大解釈すると、スタンダードであるがゆえに、歴史の中でも続く伝統的でなもので、ある程度は普遍的なものをあらわすと考えてもよいでしょう。一度は廃れたかもしれないけれど、長い間続く本来的なものが再生してきたと考えてもよいのです。長らく忘れられていたが、ハワイの人々がハワイ伝統のタロイモと魚の食事に戻ることで健康を取り戻したという話にしても、本来のスタンダードの再生です。皇帝のカードを指導者的な存在とみなすならば、一度辞めてしまった人とかいなくなった人を呼び出すことで、安定した土台と強い支配力が生まれる。審判のカードと皇帝のカードは新しさをあらわすことがなく、古い馴染んだものに戻るような性質があります。また、すでに墓の中に入ってしまったものが支配権を握ってしまうという意味では、会社の創業者が何十年も前に死んだにも関わらず、いまだに強い影響力を残している場合もあるでしょう。日本のサラリーマンの間では、いまだに自分は薩摩藩だからとか古い判断基準を持ち出す人がたくさんいるのです。

XX 審判

V 法王

偶然性に支配されない意のままの自己表現 決して主張を曲げずにしつこく働きかける

審判のカードは偶然性に支配されないということが重要なキーワードのカードです。偶然性の介入とは、自分の意志に関係のないような影響が周囲からやってきて、その結果、行動が振り回されてしまうことです。発達した人間程、この偶然性からは自由になります。学校に行きたいけど学費がない。これも偶然性に支配されていると考えます。学校に行きたいと本気で思った場合には、状況がそれに協力してくれて、必ず学校に行ける。これが偶然性に支配されない人間の在り方です。私たちは偶然性の介入ということが何か人生にバラエティを与えてくるものだと勘違いするかもしれません。ハプニングによる幸運を期待します。しかし偶然性の介入が増える程、最後は自分の人生の一つもままならないという結果に至ります。審判のカードの20の数字の意味は、いつでも望んだ時に必要なものを手に入れる、偶然性に支配されない力を意味します。

法王のカードは、自分自身の内側からわき上がってくる表現衝動を外に広げていくことをあらわしています。それをちゃんと聞いてくれる人がいて、だんだんとメッセージが外に広がっていくのです。絵柄では宗教的な教祖が描かれていますが、現代ではこのようなスタイルは、むしろアーティストや芸能人、企業のアドバイザーなどに置き換えられているのではないでしょうか。つまりこの二枚のセットは、偶然に支配されず自分の意のままに表現活動や自分の言いたいことが言える状態が手に入ることをあらわしています。人はそれができるようになるためには、運の良さが必要だと考えるかもしれませんが、偶然性に支配されないということを追求するのに、それと反対の偶然性に期待することを意味する運の良さを求めることはまさにルール違反です。やりたいことを確実に達成するというのが審判のカードです。実現できるまでは果てしなくしつこく働きかけます。主張を決して曲げない人のことも示すでしょう。

XX 審判

VI 恋人

失われたものの中に隠れた重要なもの全体的な情報から適切なものを引き出す

審判のカードは20の数字ですが、この数字は状況に頼らずに自分がしたいと思ったことをどんな時でも、確実に達成する性質をあらわしています。私たちは時間と空間に制限されていて、過ぎ去ったものをもうすでに手に入らないと考えています。このカードでは、死んだものさえ呼び出すことができるというイメージを描いています。そして実はどんなものも死んではおらず、視界の外側にあるだけなのだということを表現しています。空間的な自由性は三次元的な法則です。時間が自由になると四次元的な法則となり、そこでは思ったことがそのまま実現すると考えられています。つまりよその時間に去ってしまったものを引き戻すことができるからです。審判のカードは正しく四次元的な法則について理解するというカードです。

恋人のカードは理想的な相手を選び出されるということをあらわします。このカードは実は自由な意志というものが存在していません。その人にとってのふさわしいものを、誰も自分で選ぶということはできないのです。自分の本性にとって最もぴったりくるものがやってくる。審判のカードは偶然に支配されず、自分の意志で掘り出してくることをあらわし、恋人のカードは自分にとってふさわしいものが呼び出されることをあらわします。例えば、一度離れてしまった相手がいるが、実はその相手が一番理想的な相手だったと後で気が付く。このような時には、審判のカードはもう一度失われたものを呼び出すことを示すでしょう。もちろん恋人のカードは恋愛に限られたカードではないので、仕事の相手や環境、引っ越し先などさまざまな対象ということを表現しています。一度失われたかのように見えるものの中に、自分にとって理想的なものが隠れているのです。また審判の墓というのは、周辺視野に押しやられ、忘れたものでもあるので、こうした全体的な情報の中からフィットしたものを引き出すということにもなります。合計した26の数字は、一番おいしいものを手に入れるという意味です。

強い注意力の集中により自ら運命を作り出す 未来が自分に引き寄せられる

XX 審判

VII 戦車

審判のカードは、自分で自分の人生の方向を選ぶことができるという意味のカードです。私たちは時間と空間の幅が制限されていて、決まった方向に順番にしか動くことができないように見えていますが、強い注意力の集中によって方向を任意に選び取り、自分の未来を引き出すこともできます。それが天使のラッパとして描かれ、死者でさえ蘇るのです。成功した人と成功しない人の一番の違いは、望む未来を引き寄せることができるかどうかだと思われますが、強い注意力の集中は自分がそこに進むこと、その未来が自分に引き寄せられてくること、この両方が起きます。

続く戦車のカードは、二つの明暗を作り出す動物に乗ってある方向に突進します。この明暗というのは、肯定と否定という落差があり、落差があると私たちは崖から落ちるように行動意欲を刺激されるのです。たいていの場合には、私たちはこの戦車を無意識に使っていて意図的に使うことはありません。走り続けているが、あたかも止まっているかのように見えるのです。しかし審判のカードは、まずは偶然に支配されず任意に選んだものに向かうということをあらわしていて、そして選んだ方向に向かって戦車は走るのです。行動することによって、選んだもののリアリティはますます深まり、現実味を帯びてきます。すでに失われたかのように見えるものでも、そうした印象に受動的にならずに、興味があれば意図的にそこに集中し、そして戦車の力でますますそこに没入する。このように考えた時には、この二枚セットは自分で運命を作り出す人という意味になってきます。ほとんどの場合、私たちは感情面でも受動的で、感じた感情にそのまま飲み込まれていきますが、この二枚セットは能動的です。合計すると27で、これは強い向上心と望むものを引き寄せていくジャンプ力をあらわしています。

成果を踏み台に新たな基準を作り出す
新規の視点を加えたこれまでと異なる判断

XX 審判

Ⅷ 正義

　審判のカードは、意識の緊張が解放されて、今まで見えなかったものが見えてくるようになる状態をあらわしています。例えば、考えごとをしていても解決は見つからないとか、諦めて今日は寝てしまおうと思うと突然解決の方法が見つかるなどです。なかなか見つからなかった時というのは、自分自身が緊張していて、それが自分の首を絞めていたということが判明します。私たちは特定の価値感や特定の考え方、特定のアイデンティティーに自分を縛り付けているので、そこでは見えなくなったものがたくさんあります。審判のカードはそのように見えなくなったものが、つまり絵柄の中では墓に埋もれたものが、再び蘇ることを描いています。聖書では、ある時期が来ると死んだ人々もすべて蘇り、神の裁きを受けると言われていますが、時間のない世界では何も失われたものはないということになるわけです。すべてを見ることができないにしても、私たちは自分の意識がリラックスすると、目の前に置かれているわけではないものも見ることができます。実はそれだけなのですが、そこに至るまで、タロットの旅を果てしなく続けなくてはならなかったのです。

　正義のカードは冷静な判断をすることをあらわしていますが、審判のカードによってこれまでの視点とは違う部分が表面化してきたわけですから、これまでと違う判断を下すことにもなるでしょう。「今、ここ」というところに縛られる個人の強い緊張感は、自分に利害のあるものを優先するという偏りを作り出します。しかしここでは正義のカードはそのような個人性に縛られ過ぎないということです。また未発見のものを発掘するという意味では、結審していたものも新しい証拠が発見されることで、違う事実が判明する。見えてこないものをいかにちゃんと見るかということが重要な意義を持ちます。合計すると28で、これは成果を踏み台にして、新しい地平線を作ることです。

一度廃れたものの再生と発表
異なる時間の探索を始める

XX 審判

Ⅸ 隠者

審判のカードの図柄では、天使の吹くラッパはまっすぐに下に向かっています。ラッパというのはだんだんと太くなるのですが、それは振動がだんだんと大きくなるという特徴を持っています。その呼び出しによって下界の墓の中の死者が蘇るのは、芥川龍之介の『蜘蛛の糸』のようで、天国から地獄へと糸が垂らされているようです。まっすぐに下りているラッパは、自分にとっての高次な領域からのまっすぐの線でもあり、そのエレベーターのようなものをたどって、下にあるものは天国に向かうということになります。また反対に上から見ると、下界、つまり物質の世界に対する強い働きかけをして、開かない墓はないということにもなります。

隠者のカードは哲学や思想面での探求者とみなした場合、そもそも審判のカードで、上から下にまっすぐにつながりが作られているので、隠者あるいは哲学者は、探し物をいくらでも見つけ出すことができることになります。興味を集中すれば開かないものはないというのが審判のカードですから、

隠者はそれをランプで照らし出すことができるのです。隠者は旅行や執筆などにも関係するカードです。一度廃れたものを再生させ、それを発表したり考察したりということも含まれるでしょう。下界は墓です。また隠者は地面に杖で触っています。杖はターゲットと自分を一つのラインで接続しているという意味で、解釈を意味します。隠者は手にした杖で審判の墓の中を掻き回しています。旅をして遺跡や骨董的なものを発掘して、それについて研究したり発表したりということもあると思います。女教皇と審判はそれぞれ2の数字のグループで、タロットの始まりでは女教皇は神殿の奥、身体の奥に書物を埋め込みます。審判はタロットの終わり頃なので、この本を開くことをあらわします。異なる時間を探索するということも意味すると思います。それはリモートヴュイングのようなものも含むでしょう。

XX 審判

X 運命の輪

埋もれていたものを見つけ出し形にする可能性を引き出し願望実現のチャンス

審判のカードは、人が死ぬ前に人生のすべてを一挙に見ていくような光景に似ていると言えます。あるレベルの世界からもう一つ大きな世界に移動する時に、今までいた世界を初めから終わりまで総括して見ることができます。それが今までできなかったのは、視点が細部の小さなところに集中していたからです。しかし離れるとなると、その全体を見ることができるというわけです。特定のものに縛り付けられることがなければ、精神が自由であれば、どんなものも目の前にあることがわかります。これが墓が開かれるという光景で描かれているのです。ここでは偶然に支配されず、時間にも支配されておらず、自分の意志、すなわち天使が吹くラッパのみがコントロールする力を持っています。ラッパというのは意志が拡大する象徴です。

運命の輪のカードはチャンスが訪れたことをあらわしています。ところがその前に審判のカードがあるので、この運命の輪はたまたまやってきたチャンスということをあらわしていません。なぜなら審判のカードというのは偶然を受け付けないからです。自分の可能性の中の埋もれていた部分が、審判のカードによって引き出され、それがまたさらに運命の輪というチャンスを引き寄せてくるのです。そこでこの二つの組み合わせというのは、ある意味では願望実現のメソッドのような性質を持っています。意識をリラックスさせて、自分自身の新しい可能性を見つけ出し、それを目の前の狭い世界で形にしていく。審判のカードは、一つの世界の中での狭い場所に閉じ込められているところから、全体を見渡すような意識に変わっていくということをあらわしています。そしてこれまで埋もれていた部分を、白日の下に晒します。運命の輪という時間の流れの中にそれを持ち込みます。この世界は大きな海の中の小さな島のような領域なので、海の中にあるものを島に持ち込むことで、この島の中での願望実現をしていくことが可能となります。

XX 審判

XI 力

時間の自由性がもたらす新しい未来
古いものが最も未来的なものになり得る

審判のカードは20で力のカードは11です。これはともに合計したら2の数字になるグループです。つまり2の相対化、素材、対抗・対立、二元性という意味においては2、11、20と三つのカードがあり、それらは根底においては共通したものなのです。2は根源的な「地」の記憶で、それは書物として表現されます。誰でも生まれた時に、すでに資質が埋め込まれていて、それを生かす必要があります。11の力のカードは、これまでの社会に対する未来的なビジョンによる反抗です。2は過去の素材。11は未来の素材です。そして20はこの両立によって、それまでのものを相対化するという意味ですから、過去志向でもなく未来志向でもなく、時間の動きそのものを相対化しようという動きになります。過去にあるものは失われてはいない、未来にあるものはまだ手に入っていないというわけではないという考えです。確かに素粒子研究の領域では、何千年もの未来でもその信号は現在に影響を及ぼし共鳴し合うというようなことが言われています。この二枚

セットは共通面があるので、二重に2の数字の相対化という意味を強調したことになります。

　力のカードの絵柄では、下半身の動物に対して人間が働きかける、つまり脳の旧皮質に対する新皮質の刷り込みのようなものです。過去から未来へと時間が流れていくという進化重視の考え方の上では本能や感情、自然と思われる資質は劣るものとみなし、それを克服するべきであると考えます。審判のカードがもたらした時間の自由性の思想からすると、必ずしもそれは正しくないのです。事実本能的な脳の奥にある、最も原始的な領域と言われている幹脳を発達させることで人の視野はもっと広くなります。しかし力のカードはあくまで未来を作る11の数字に属しているのですから、時間の自由性からもたらされたものによって新しく未来を作るというセットになります。古いものは最も未来的なものになり得るという意味です。

XX 審判

XII 吊られた男

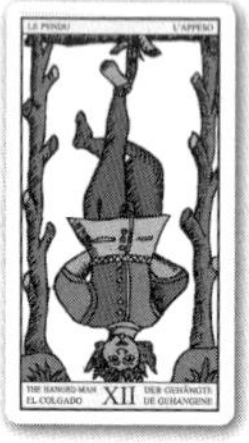

意識拡大がもたらす内面の活発化と行動の停滞
一度ストップして全体を見る

審判のカードは特定の緊張から解放されて、すべてを見渡すような視点を手に入れたことをあらわしています。失われたような過去の記憶もありありと再現されてきます。私たちの感覚は目の前のものしか見ることができませんが、それは今の自分に対してしがみついているからだと言えるでしょう。人間は死ぬ前には人生全体を俯瞰することができます。しかし別に死の前でなくても、手放してしまえばそのような視点に立つことができます。その場合のメリットとは目的などを忘れないでいられるということです。細部の印象につかまえられることで初心を忘れてしまうのですから、初心を思い出すためにはまだ何にもつかまっていない時を再現するとよいのです。

吊られた男のカードの吊られた男は身体が身動きとれない状態です。このような時には精神活動だけが活発になります。しかしそれを実際の生活に生かすことができません。例えば、部屋の中にじっと閉じ込もっているような状態です。この二枚のカードの類似したところと言えば、審判のカードは時間の流れから自由になってはいるが、そのためには特定の行為とか状況の中に捕獲されてはならないということ。吊られた男は、そもそもが身動きとれないので、行為の中に参加することができないということ。つまり、両方とも宙づり状態かもしれません。瞑想状態の中でいろいろなビジョンを見てくるというのはむしろ吊られた男から始まり審判のカードに続く場合に言えることなので、順番は反対です。むしろ審判のカードによって、視点が大きく広がった結果、実生活として吊られた男になってしまったと言えるでしょう。作業していることがあれば、とりあえず今はストップしてくださいというアドバイスの場合もあるでしょう。ストップして全体を見る。吊られた男は内的な想像力なので、「今、ここ」ではない時間のことについて、想像を膨らませるという意味にもなりやすいと思います。吊られた男はアースされていないからこそ、そのようなことができるのです。

XX 審判

XIII 死に神

全体的視野を得て何らかの活動を停止 幻想や無意味なものの整理整頓

審判のカードは失われた可能性を呼び戻すという意味があります。それは強い働きかけと関心の集中によってです。どんなものも開かないものはないということなのです。具体的には、関係が壊れたと思っていたものがまた修復されるとか、なくしたものが出てくるとか、忘れたものを思い出す、死ぬ直前にすべてを思い出すように、全体を見渡すような視点が手に入るなどです。時間のない世界から時間のある世界を見渡すと、それは過去から未来まで平均して見えるということになるでしょう。死に神のカードは、これまで連続的に続いてきたものが停止して不毛になることをあらわします。このように停止する場合、何か原因があるわけで、意味もなく偶然停止することはありません。また動いているものが停止した時に、動いている時には見えてこなかったものが見えてきます。

たいていの場合、死に神が見せるものとは物事の本質です。審判のカードは時間の幻想が消え、全体を見渡すことをあらわしますが、死に神は動きが止まることで特定の「今、ここ」という縛りからその人を解放します。つかんでいるものから手を離さなくてはならない時には初めは苦痛です。そのつかんでいるものによって自分の価値が形成されているからです。この二枚は、全体を見ること、一点から縛りから解放されることという点で、反対の方向から同じ効果を与えることも多いと言えます。さらに、全体を見ることで何らかの動きを止める結果になるということもあるでしょう。例えば、ごく日常的な話にしてしまうと、あるものを無くしたと思ったのであらためて注文していたら、途中で見つかったので注文をキャンセルしたという場合も。思い込みや幻想、実はあまり意味のなかったものが、ここで消えていくと考えてもよいのではないでしょうか。一時的にしか通用しないものはここでは整理整頓されます。死に神は節目を作り出すもので、小さな範囲で始まりと終わりを切り換える、つまりはページを換える働きでもあります。

XX 審判

XIV 節制

審判のカードは二つの10の数字を足したと考えてもよい面があります。しかし二つ並べると、たいていの場合、この二種類は対立する反対の性質です。もし同じならば、二つというふうに認識できないのです。物質ならば同じものを並べることはできますが、タロットは意識をあらわし、意識の世界では同じものは共鳴して混じり、互いを認識しなくなります。そのため二つの10は考え方が正反対の社会が二つ並んでいるように見てもよいのです。その結果、それぞれの影響は対消滅的に働き、それまでの互いの主観性は中和されていきます。ローカルなところで凝り固まった考え方は、このカードでは常に中和されていき、どこかに具体的に存在するものが必然的に持たざるを得ない偏りというものが改善されるのです。

同じ考え方で言うと、続く節制のカードは7の二倍で、二つの7が結び付きます。例えば、これをドからシまでの七つの音階が、さらにもう一つドからシまでのオクターブを加えていくと考える場合もあるでしょう。10は単独で独立した社会のようなものですが、7は伝達法則で、それは流れていくということに本性があります。7は戦車のカードで14は節制のカードですが、走るかあるいは流れるのです。

影響の入れ替えや伝達
過去のものの形を変えた再生

審判のカードで、機械進化が未来と思っている社会と自然回帰が未来と思っている社会のようなものが出合うと、互いの社会での固有の価値観に綻びが発生します。その結果、影響の入れ替えや伝達が起こる。例えば、西欧で生まれた人々は東洋に憧れ、東洋に生まれた人は西洋的な生活に憧れるということが起きます。アメリカ人の中には自分たちがアメリカのネイティブの生まれかわりと思っている人がいるらしいというのも、異物流入と言えるかもしれません。節制のカードは同じものが器を変えて再生します。そのため、審判のカードの過去が蘇るという意味も加えると、過去のものが形を変えて再生すると見てもよいでしょう。

任意の対象の活性化と支配　選択肢に没入し全体性を忘却する危険性

XX 審判

XV 悪魔

審判のカードは、上空に天使がいてラッパを吹き鳴らし、下界で墓に閉じ込められた死者が蘇ります。ラッパは波動的なもので、しかも先に行く程大きく増幅されます。硬く閉じられ、身動きもとれなくなった法則や規律、限界、それらが天使の吹くラッパによって蘇生し柔らかく活動的なものへ変化します。天使は時間を超越した世界にいて、そこから任意の時間や空間をアクセスします。昔、レコードを再生する場合、レコード針をレコード盤に乗せて、その針が拾った信号を、大きなホーンが拡大して音楽が聞こえるというものでした。レコード盤のどの場所にも自由に針を乗せることができるのです。

悪魔のカードでは、この審判のカードの配置と似てもいるのですが、天使の位置に悪魔が置かれます。そして蘇る死者の位置に悪魔が使役する生き物が二ついます。つまり審判のカードでは冷凍保存されたかのような人を蘇生させますが、悪魔のカードでは蘇生させた人を支配するという図式になってきます。任意に選び出しそれを活性化させる。その後、その対象に対して、強い執着心と支配的な欲求が生まれるということになります。そもそもが下界の生き物を手下にしたいために、息を吹きかけて再生させたと考えてもよいのかもしれません。審判の20は5が四倍で、悪魔の15は5が三倍です。同じく審判のカードでは、天使と下界の三人で合計四人いますが、悪魔のカードでは悪魔も含めて三人です。4は固定された状況ですが、3は運動する性質のため、審判のカードが示すような時間のない総合的な世界から、悪魔のカードは任意のアクセスをして、その後そこに没入していくのです。自由に選んだものの中に没入する。そのことで全体性を忘却しやすいことにはなるでしょう。ハワイのカフナという魔術ではゾンビを蘇らせて使うというものがありますが、構造だけ考えるとそれに似ています。

XX 審判

XVI 塔

審判のカードは、墓の中から死者が蘇る光景が描かれています。死者を呼び出しているのは上空の天使で、ラッパを吹くことで再生するのです。すでに消えてしまったはずのものが、目の前に出現するというような状況を暗示することになります。過去に失われたもの、とうの昔に諦めてしまったもの、これらが現れてくるのです。そもそも過去に失われてしまったと思っているのは、私たちが持っている時間意識のなせる技なので、本当のところは真剣に興味を向けることができれば、どんなものもいつでも引き出すことができるということを示しています。集中しているとどんどん状況が変化し、初めは到底無理だと思ったものも、実は実現可能だということがわかってくる体験は多くの人がしていると思います。時間の流れに負けるのではなく意志が状況を動かすのです。このことを実感すると人生はとても楽しくなります。

塔のカードは考え方や時間、空間などのさまざまな面での制限の枠が壊れることですから、この知覚の制限が取り払われることで、審判のカードに入りやすくなるということになります。審判のカードは、私たちは時間や空間には縛られていないということを意味するのですが、それを確信できるような体験を一つでもしてしまうと、たいていの場合、その直後に塔のカードがあらわすような人格クラッシュは起きます。

固定的信念の崩壊が生む人格崩壊
秘密が明らかになり立場が変化する

固定的な信念がどこかで打ち破られると人格クラッシュはすぐに起きますが、もちろん人格はすぐに新しい形で再構築されることになります。例えば、審判のカードが過去に隠されていたものが明らかになるというふうに解釈した場合、それによって今まで作られてきた立場が崩壊するというふうに話をつないでしまうと、それは何かスキャンダルのようなイメージでもとらえやすくなります。審判のカードの墓は塔のカードの塔と似ています。つまり、天使のラッパは塔のカードの雷にも対応し、共通しているのは固いものが打ち破られることなのです。

居場所を発見し自分本来の個性を育成
隠れた資質を引き出し成長させる

XX 審判

XVII 星

机の前を移動している虫がいたとして、人間の側が上から虫をつまんで、移動させた場合に、虫の方から見ると何が起こったかわかりません。これは虫が机の表面のみ見ているからです。同じように私たちは自分の目の前のことに熱中して、人生はどこに行くのか認識できません。審判のカードは、空間だけでなく時間でも大きな視野の方に移動するので、忘れたはずのものをたくさん思い出します。自分がどこから来てどこに行くのか。自分ということにこだわり過ぎているとわかりませんが、大きな視点から見ると軌跡もまた普通に認識できます。

星のカードの女性は裸で野原にいます。ところで、洋服とはその人の社会的な立場とか自分を守るカラーをあらわしていますからそれらがなくなった時に、生き方は飾りのないものとなり、遠い星が見えてくるのです。審判のカードは全体を見渡す力を持っていますが、星のカードは遠いものを受け取る。また、審判のカードはテーマを強く打ち出すことで、膨大な右脳的な情報の海から特定のものをアクセスするということを物語りますが、天使から墓の中の人物へ、という配置は、そのまま星から女性へという配置に重なります。古代の考え方では恒星というのは天使と同一視されます。天使の呼びかけそのものが、恒星からの働きかけでもあるのです。例えば、メタトロンはオリオンにいて、オリオン意識そのものだとも言われます。審判のカードが働いている時には、自分に最も縁のある恒星の影響がそのまま自分自身の意志と重なって働いていています。その影響は星のカードのように日常の生活をあらわす大地に降り注ぎ、種子は成長していきます。合計すると37で、これは素数ですが、1、10、19、28、37という順番で1の数字のグループの五番目。永遠性の中から自分の居場所を見つけて、本来の自分の個性を発展させるスタートになるということです。潜在的に隠れていた資質を引き出し、それを気長に成長させるのですが、自分にとってはこれこそが本流だと感じるものです。

目的を持った行動が予想外の結果を生む
当初の思惑が良くも悪くもはずれる

XX 審判

XVIII 月

審判のカードは、意識の集中と反復によって開きにくい題材の扉が開いていくことを示しています。どんなに無理だと思ったものでも、徹底して集中すると奇跡のような出来事が起こるというのは誰でも一生に一回くらいは体験するでしょう。実は壁は自分が作っていて、自分の受動性に打ち勝つと壁の向こうまで前進していき、気が付くと自分が予想もしないところまで来ているということに驚きます。人生は作るものだということがはっきりとわかってくるのです。20の数字は偶然性に支配されないという意味を持っていて、特に審判のカードは、時間イメージからの超越ということを示しています。

続く月のカードと審判のカードは、間に一枚挟んで並ぶカードなので親近性は高くなります。月のカードは意識の監視をすり抜けて、無意識の領域に入っていく行為をあらわしますが、図像からもわかるように能動的な働きかけはありません。つまりはザリガニが上がってくることに対して犬は警戒し、何が飛び出してくるかわからないことを警告しているのです。審判のカードは狙いのものを集中的にターゲット化することで、失われたと思ったものでも取り戻すことをあらわしていますが、結果として、月のカードなのですから、予想外のものが飛び出してきたということをあらわしているのでしょう。開きにくい扉を果てしなくしつこく取り組むことでこじ開けると、そこでは自分の予想に反したものが出てきたので、それは思わぬ幸運をあらわすこともあれば、反対に脅威となるものが飛び出してきたということもあり得ます。もし月のカードだけならば、目隠しをして歩くように無目的での探索になるのですが、審判のカードは目的のものをこじ開けるという意味になるので、ここでは思惑が良くも悪くもはずれてしまったと考えるとよいでしょう。偶然性を排した審判のカードが、偶然性を持った月のカードによって行き先を変えられてしまうのです。

XX 審判

XIX 太陽

過去の対人関係から生まれる相棒関係 自分にとらわれず対立的存在をうまく生かす

審判のカードと太陽のカードの順番では逆の順番で隣同士です。つまり意識の発達としては退行することになりますが、それは未検討のものがまだ残っていたことで戻るというような意味です。太陽のカードは、個人の人格が排除してきた影とも言えるような反対の性質の人格と仲良く共同することで、偏らないもっと大きな器の人間を育成することをあらわします。この時、相棒となるもう一人の子供は誰かに投影されたり、また影の見えないガイドのような存在でもあります。しかし単に対立しているだけだと神経消耗だけで終わりますから、接近しつつそれでいて融合せず、互いにぐるぐると相手の周りを回り合って、ある種の遊び的な関係を確立することをあらわします。近づいているような、近づいていないような距離感です。この状態を手に入れた段階で、審判のカードに移動し、時間・空間の拘束から自由になり、失われたかのように見えたものも、注意力を向けることで呼び出せるという自由な状態に入ります。これは四次元的な意識と言われています。しかしここでは反対の順番ですから、例えば、すでに終わってしまった過去の対人関係が戻ってきて、それは自分の相棒のような関係になるという意味で考えてもよいかもしれません。

審判のカードは異なる時間からの発掘です。そこから太陽のカードのもう一人目の子供が登場するということです。審判のカードは最後から二枚目で女教皇は初めから二枚目です。両方とも宇宙の書物をあらわし、審判のカードはその謎が明かされることをあらわします。従って太陽のカードの二人目の子供、つまり自分にとって盟友や相棒、影の半身となるような存在についても、よく見知っていることになります。どんな人が必要なのか、なぜ必要なのかについて比較的自覚しています。自分にこだわり過ぎないで対立的な存在をうまく生かすことができるでしょう。

XX 審判

XXI 世界

現在追いかけているものの重要性 徹底した集中力を発揮すべきタイミング

この二枚セットはタロットカードの並びの最後の二枚です。そのためタロット物語としては最終達成に関係します。自分の完全性、すなわち世界のカードの状態を手に入れるには審判のカードが必要です。世界のカードの周囲には雄牛、獅子、鷲、天使という四大の力が並んでいます。これらが全部揃わないと真ん中の五番目の本質は手に入りません。この四つを全部揃えるために審判のカードが必要だというわけなのでしょう。審判のカードは強い集中力とか、またしつこく繰り返すことで開かない扉をこじ開けるような力です。もともと世界のカードというのは、そこに存在するものはみな自分にとって縁のある、重要なものばかりです。よそからとってつけたように持ってきたものはありません。そのためまだ手に入らないとしても、集中と熱意によって必ず手に入ります。必要なものは必ず手に入ると考えるとよいのです。

審判のカードは自分の受動性が作り出している壁を突破する行為で、この受動的な壁を能動的な働きかけで突破すると、

何でも可能なのだという実感がわいてきます。例えば、何か全集を集めようという時にも、欠けたものがあった場合、それはどうしても必要なものであると実感し、それを確保することに全身全霊を傾けます。とはいえ、二枚目が世界のカードであるのですから、自分に関係のない仕事に集中力を発揮することではありません。すでに説明したように、自分にとってそれは必要なものだったというものを、引き寄せるのです。世界のカードが入っているということは、完全性へ向けて要求されているものがあるということで、今追いかけているものは、自分にとっては大変に重要なものであると考えてもよいでしょう。他の人がどういうのであれそれは必要なのです。そのため、そのことに徹底した集中力を発揮することが好ましいと言えるでしょう。

XXI 世界

The World

XXI 世界

0愚者

満足したために手放す
ステップアップとして完成後に撤退

世界のカードと愚者のカードは、タロットカードの始まりと終わりをあらわします。タロットの始まりは魔術師であり、愚者でないと考える人もいるかもしれませんが、愚者と魔術師は表裏一体のもので、愚者が世界の外に、魔術師が世界の中に、という行き来をあらわすセットです。世界のカードは個人にとって必要なものをすべて手に入れたことをあらわしています。このようにすべてを手に入れると、その人は環境依存しておらず、どこにも縛られていないことになり、どこに移動しても自分が欠けたりすることはないということになります。

そこで次に愚者のカードが出てきても、それは世界のカードから見ると、ごく自然にも見える面もあります。愚者のカードは世界のカードを損なうのではなく、むしろ世界のカードは愚者のカードをある程度歓迎します。一つのことが不完全だとそこから立ち去ることはできないのですが、完了できたら、むしろとどまることの方が難しくなります。そして愚者の、今まで慣れ親しんだところから去り、もっと大きな場を探すという行為には正当性も出てきます。完成したので仕事を辞めてしまうこと、満足がいったので手放すことなど、多くの人は完成したのだから、そのまま継続したいと思うかもしれません。ところが、人間の発達は下降か上昇かしかなく、平行線というのは存在していません。そのため、達成したものをそのまま横ばいでキープしようとすると、停滞以外はありません。ですから、ここでは愚者のカードへ、つまり退去することに決めるのも選択の一つなのです。優勝したスポーツマンが華のある間に引退してしまうのと同じです。そして次の場を探して、しばらくは何もしない時間を過ごすということもあるのではないでしょうか。一番大切なものを失ったようでもったいないという人がいるかもしれませんが、それは達成したことのない人が考える発想でもあります。完成すれば手放すということは案外に多いのですが、ステップアップなのです。

XXI 世界

I 魔術師

世界のカードは、これまでしていたことが完成することを意味します。宇宙的な法則として、一つの次元のものが全部揃うと、それは次の次元の扉を開くことになります。この場合、この次の次元の扉は中心に開き、その周囲にはそれまでのレベルのものが円形に配置されます。世界のカードでは、周囲の四つが周辺にあり、次の次元への扉、あるいはエッセンスが真ん中の人物として配置されています。完成するまでは決して見えてこないし、見当もつかないものが、この時に開くということなのです。完成するまで見えてこないのは、意識がそれまでのことに執着し過ぎていて、そこから手を放すことができないからです。世界のカードはタロットカードの一連の流れを達成することで、次のスタートを暗示しています。

次に何をするかは魔術師のカードで描かれています。新しい仕事、商売、住居、新しいテーマなど、これらは、それまでのことが完了することで初めてスタートできるものです。

一つの完成が生み出す次のスタート
それまでの結果が新規の原因を作り出す

例えば、何か製作して販売する場合、部品を集めて作品を作ることができたら、販売できます。世界のカードは全部部品が揃って、製品が完成したことをあらわします。すると、次は販売としての魔術師です。それまでの結果が、新しい原因を作り出すということになり、新しいことを単独で考えることはできません。またこれは世界のカードの結果なので、自動的に生じやすいことでもあるので、頑張って頭で考えるというよりも、ある程度任せてもスタートできることだと言えるでしょう。ある会社でノウハウをすべて学習し、完全なスキルを身に付けるようになった。その結果として、退社して違う会社を起業するというような場合もあり得ます。前の会社での完成がなければそのようなことは考えも及ばないのです。一つの完成は次のスタートを自動的に生み出す。このように考えて応用的に読むとよいでしょう。

XXI 世界

II 女教皇

世界のカードはあるレベルにおいての完成状態をあらわしています。そして完成すると、必ず次のステップが始まりますが、これは一つ次元が上がることをあらわします。すべてが揃うと、その中心に次の次元が開き、これはこれまでの円回転に対しての直交の位置にあります。周囲の四つの力は横に並び、真ん中の人物は上と下に開けるのです。この世界のカードの手前には審判のカードがありますが、これは世界の謎を全部解明し、もう明らかになっていない部分がないということをあらわします。これも世界のカードという基準を想定したところでのもので、またレベルが上がると謎だらけになります。時間のない世界では、時間の中に埋もれて未知になっているものも、初めからはっきりと存在しています。過去も未来も同時に揃っているというようなものです。横運動している場合には時間の中を歩き、未知のものがたくさんありますが、この横に対して直行する縦軸に意識が移動すると、横に並ぶもののすべての全容が見えてきます。

新たな謎の発掘に向かうために既存のものの完全理解を進める

タロットカードの流れの中では、審判のカードは最後から二番目ですが、鏡構造のように初めから二番目のカードである女教皇のカードはこの審判のカードに対応しており、女教皇の持つ書物は、世界の資質として未解明なままです。それが審判のカードの段階ですべて理解されたと考えるのです。ゲームでも仕組みが全部わかってしまうと、もう興味を持つことはできません。世界のカードになったということは、もうすでに女教皇で示された書物のすべてを読み終えているということを暗示しますから、ここで二番目に女教皇のカードが出てくると、それは新たな謎の発掘に向かおうとしていると考えてもよいでしょう。これは、これまでのものが完全に解明されたという条件の上でのみ始まることです。進級して、次の教科書を要求しているという印象で考えてみるとどうでしょうか。

XXI 世界

Ⅲ 女帝

完全バランスの上での強大な生産力
有利な状況と豊かさが強調される

世界のカードは21です。これは合計すると3で、続く女帝のカードの3の数字と共通しています。タロットカードの中には、3に関係したカードは他に吊られた男の12があります。3は純粋な創造法則、12は偶数で内面的な創造能力。それらを合計した外面にも内面にも強いのが21です。つまり世界のカードは、内面的に生み出したものを外面的に形にすることができます。ここでは二枚目に3の数字のカードがあらためて出てくるわけですから、加速、生産、増殖、豊かさが強調されてきます。世界のカードでは、必要なものをすべて手に入れることで、次の次元との扉が真ん中に開くことを表現していましたが、次の次元の扉が開くことで世界のカードの真ん中に立つ人物は境域の存在となり、まるで高所からものを見るように、有利な状況を手に入れることができます。

女帝のカードはタロットカードの初期の方に近いために、その働きのほとんどが本能的ですが、天然のものと後天的に完成したものは比較的似ています。幼児と老人のような比較で考えてもよいでしょう。女帝が本能的に生産機能を発揮するのに比較すると、世界のカードの人物はそれを意識的に行うことができるということなのです。また世界のカードの真ん中にいる存在は、もう細かい諸事には手を出さず、具体的なことに関しては任せきりになることが多いのですが、それもあって、世界のカードは周囲の四つの元素である火、風、土、水に対して均等な立場にあります。このそれぞれの分野において、女帝の増やす働きが出てくると考えてもよいでしょう。21の数字は3×7という解釈もあり、こうなると戦闘的な戦車のような働きが、女帝の増殖性質と組み合わせられます。いずれにしても21というのはテンションがとても高い数字なのです。満たされた完全バランスの上で強い生産力を発揮します。余裕があるというのが重要なことです。

XXI 世界

Ⅳ 皇帝

完成された世界のイメージをそのまま普及 有利な条件が有利な地位を生む

世界のカードは、必要なものをすべて手に入れた状態をあらわします。周辺には四つの元素が描かれています。例えば愛情は水で鷲。金銭は土で雄牛。つまりさまざまに欲しいものがあっても、それらはすべて四つの力のどれかに属しているので、四つが揃うということ自体、すべてをあらわしています。私たちは何か自己主張する時に、自分の中の足りないものを補おうとして主張することがよくあります。人に説教する正義漢は、自分に極端に自信がなく、自分に言い聞かせたいことを代わりに人に言っているということが多いのです。反対に世界のカードは、存在そのものの余裕ができて、その人がいること自体に、他者に対しての強い影響力なども働きます。満たされないことをばねにして行動するのではないため人に対して圧迫感を与えません。むしろ自由性を提供するでしょう。このような満たされた状態で、次のカードである皇帝のカードに受け渡されます。

皇帝のカードはそのスタイルを外に拡張していき、スタンダードにしていくという意味があります。同じものがどんどんコピーされていくという意味では、世界中に普及したブランドも皇帝のカードです。これは絵柄のイメージよりも、4の数字の意味がそのようなことをあらわしています。しかし現実にはブランドは他のメーカーの製品を駆逐しています。ですからやはり皇帝です。ここでは完成された世界のイメージが、そのまま普及していくことを示します。その人の姿勢が一つのリファレンスと認識されることになります。すでに説明したように満たされないものを追及するための主張があるため押し付けがましさがなく、求められて広がるという意味になります。皇帝のカードは指導的、主導的、拡張的ということですから、有利な条件が原因で、地位が手に入るということもあるでしょう。明治期の政治家はお金持ちがしていました。このように余裕がある方が偏らなくてよいのかもしれません。

優れた次元のものを世界に対し表現
充足の下で自己主張できる理想的状況

XXI 世界

V 法王

世界のカードは、基本的な要素をすべて手に入れることをあらわしています。人間はすべてが満たされると、さらにその次のレベルのことに関心が向かいます。一つの次元が満たされると次が開くというのは、周辺が揃い、中心に空白が開くような図式になります。これは世界のカードの構図そのものです。ある世界のすべてを満たすと次が開くというのは、もうその世界に飽きてしまうという意味でもあるでしょう。満たされていない人は、この次が開くということを理解できません。頂点に行くことで初めてそれを実感するのです。

続くのは法王のカードです。これは自身の内面から外に向かって表現意欲や感動などを表現することを意味します。相手の話を聞くことはなく、自分から広げるだけです。それは内面により高度な生き生きとした世界へ開かれたものがあるからです。もしそれがないまま、ただ外に対して表現すると、供給できるものがないので誰も興味を向けません。法王が象徴的に表現するところの、自分は神の器であり通路であるというのは、そういう意味なのです。世界のカードは、自分が住んでいる領域において、必要なすべてのものを満たすことでより優れた次元への通路が開き、そこから今度は法王のように、これまでの世界に対して表現していくということができるということになります。世界のカードの真ん中の人物はより上位の次元との敷居に立っていますから、供給源は無尽蔵です。内面は世界のカード、そして行為において法王というのは、僭越でない行為だと思われるので、比較的理想的なセットかもしれません。他の人に何か教えることができる人は、個人的には充足していなくてはなりません。そうでないと、個人的な偏りを人にも押し付けてしまうことになると思います。このセットだと自分に言い聞かせなくてはならないことを人に説教するという混同は起きにくいでしょう。

XXI 世界

VI 恋人

世界のカードは、タロットカードの最終達成状態を表現しています。世界を構成する四つの元素というのは火と風と水と土で、これらどれ一つ欠けることなくバランス良く手に入れると、五番目の中心的な立場が手に入ります。これはエッセンスと言えるもので、もともとは四元素はここから生まれました。そのため後天的にまたその源流に回帰したという意味もあります。これは肉体の本来の位置付けをあらわしていて、そこでは満たされた生き方が実現できるのです。例えば、私たちがお金に困っていて、頑張って働かなくてはならず、自分の好きなことをする時間もないとしたら、それは土の元素が不足していることを意味しており、土の元素に支配されているのです。そのような意味で、世界のカードの真ん中の位置を実現するというのは、実際の世界の中でどんなものにも自分を奪われていないということです。

恋人のカードは、自分にとってふさわしい相手が見つかることをあらわしています。世界のカードは個人として閉じた状態です。もうこれ以上自分をもう一度分割して世界の中に投げ出すということをしないのです。ところが恋人のカードでは、自分を環境の中に投げ出し、特定の世界と契約を結ぶような関係性を見いだします。そもそも世界のカードでは真ん中に立っている人物は両性具有で、異性に振り回されることもなくなっています。ところが恋人のカードは、文字どおり異性関係に影響を受けることになります。異性というものにかぎらず、そこでは対象や相手、環境などに振り回されてしまうことにもなります。一度まとまって世界のカードになったのに、あらためてまた恋人のカードで自分が分割されていくというのは、転落を意味するのかと考えるかもしれませんが、新しい未開拓の挑戦に向かって、自分を割ったとみなしてもよいでしょう。いったん一つの世界で完成し、さらに次を求めて自分をまた環境の中に投げ込む。安心立命が奪われることは事実ですが、より大きな成果への挑戦でもあります。

未開拓の挑戦に向かい自分を分割 一つの完成の後にさらに次を求める

XXI 世界

VII 戦車

大局的な視点で戦う
バランスを保持し積極的に挑戦

世界のカードは、その人が自分の中の中心的な位置にいることをあらわします。しかし私たちはなかなかそういう状態になれません。周囲にある四つの獣のどれかに自分を合わせてしまうことが多いのです。それは主に、それがまだ充足していないことから来ています。物品が欲しい人は、土の元素を象徴する雄牛に自分をより深く関わらせることになり、それに振り回されます。それが充足されるとそこから手を離します。このようにして、最終的には真ん中に戻ることになるのですが、真ん中にいることは、弱点がないことをあらわします。つまりは四つのうちのどれにも弱みを握られていないからです。

この状態で次に戦車のカードがやってきます。自分が中心にいるという状態で戦うことは、おそらく最も勝利しやすい状態でしょう。それは宮本武蔵も指摘しています。負けてしまうのは、たいてい自分の中で偏った何かにつかまってしまう場合であり、自分の中心にいられる人は最も大局的な視点が手に入り、余裕があり、何も見逃すこともなく敏捷です。従ってスポーツなどでこの二枚のセットが出てくると、それは良い状態をあらわすと思われます。そもそも戦車のカードは価値観の偏りをあらわします。つまり善悪や明暗があり、だからこそ戦うことができます。しかし世界のカードはこうした偏りをなくすので、戦う動機そのものを失います。世の中にはすでに勝敗というものを考えなくなった武道はたくさんあります。例えば、合気道はすでに戦うことを放棄して、もっと精神的な達成に向かおうとするツールに変わっています。そのようなものを考える時には、この二枚セットを参考にするとよいのではないでしょうか。一時的な意味でも、これはコンディションが理想状態に近づいたことを意味すると思われます。完全バランス状態をキープして、そこで積極的に挑戦してみるとよいでしょう。

自由な発想と社会的立場での振る舞い
必要な立場から考えた末の判断

XXI 世界

VIII 正義

　世界のカードは、地上の四つの力のどれにも直接関わらず、エッセンスの部分ですべてを統括するというカードです。現場にタッチすることなく支配している立場の人などもこのイメージで考えてもよいでしょう。次に正義のカードは、対立するものを調停して冷静な判断を下す人のことを示します。ここで対立する二つの天秤というのは、世界のカードでは、基本的には四つの獣の二つずつのセットを示します。この正義のカードで発揮される、どちらにも偏ることなく調停的に判断するという姿勢のためには、世界のカードの役割は重要です。具体的などの立場にも直接利害が関わっていないので、えこひいきも発生しにくいのです。義務的なところでなく、本心として冷静な判断を下すことができると思われます。

　ところで、世界のカードの中心にいる人は衣服を着用していません。衣服は社会的な外皮であり、外に対しての守りです。世界のカードの力は、その人の社会的な立場によるものではないところから来ています。そのため、社会的な立場を引き上げることで世界のカードになることはできません。一方で正義のカードは椅子に座り、しかも厳重な衣服に守られています。世界のカードは資格は特になく、しかし本質的には満たされています。正義のカードは社会的な資格があるという違いがあります。もともとは自由な発想であるが、社会的な立場に合わせて役割を演じるという意味になりやすいでしょう。特定の信念があるわけではないが、判断しなくてはならない状態の時には必要な立場から考えるということです。世界のカードでは衣服を着ておらず、さらには両性具有的な存在ということで、ぎりぎりまで地上的な色付けを失っています。さらに上位の次元との境域に立つので、社会的な役割を果たしにくいのです。そのため正義のカードは、社会的な仮の立場という意味にもなります。それは権力や力を持っている立場になりやすいでしょう。力というのは4の数の倍数であり、特に4と8が強く出ます。

XXI 世界

IX 隠者

恵まれた状況で精神的追及
伝統に保護された中での精神の旅

　基本的に必要なことはすべて手に入れることで、安定した自分の立ち位置が出来上がるのが世界のカード。弱点があると誰でもそこに過敏になりますが、世界のカードでは弱点がなくなり、あまり細かいことは気にならなくなります。恵まれた状態ではあるが、世界のカードの真ん中の人物が裸で描かれているように、社会的な立場とか地位とかお金で守られているわけではないのです。それらはみな外面的なものでしかないので失われてしまう可能性もあり、むしろ不安要素を高める場合もあります。世界のカードの中心は、第五のエッセンスと言われる元素を象徴し、生きることの本質的な喜びや最も大切なものをはっきりと自覚し、自分自身の中心にいると考えてもよいでしょう。

　続くのは隠者のカードです。これは実利的なメリットを追求しないで精神的、思想的、哲学的な探求をする意味があり、特定の立場に縛られません。特定の立場があると、そうした追求に対して限定的な状況から来る偏見が入るからです。世界のカードでは、現在考えられるかぎりのエッセンスの位置に自分がいるので、ここで隠者のカードのような追及をしていくと、余分なことに振り回されず、一番大切なことを考えることができます。状況的に恵まれている中で精神的なことを追求するのは贅沢なことですが、しかし偏らない秘訣です。ほとんどの宗教は迫害された歴史の中で育ったために、そこには極端性があり、現世の価値に対する誤解が発生しやすい傾向があります。しかし世界のカードという完全バランスの上で追求されたものは、否定的にならずに深く究めることもできるでしょう。金銭的に余裕があるので、自由に旅ができるとかの場合も、こういうセットで考えてもよいでしょう。正統な伝統に保護された中での精神の旅という意味も出てきやすいでしょう。世界のカードは真ん中の頂点と周囲の四つという意味ではピラミッドも意味し、この形はエソテリックの寺院の形でもあります。こうした秘教的なものを追求するという意味も出てきます。

XXI 世界

X 運命の輪

全体像の中で一つずつ表現 あらゆる変化が自分らしいものとして展開

世界のカードは四つの力に囲まれて中心に、両性具有的な人物が立つ構図です。これは中国の太一陰陽五行という宇宙法則で言えば、真ん中は太一であり、両性という意味で陰陽です。そして五行の一つとして真ん中に配置され、それ以外の四つは周囲にあります。錬金術も第五元素を追求していたので、この真ん中に立つ人物は、古来より理想として追求されてきたのです。真ん中の人物の周囲に緑色の円環がありますが、これは羊膜のようなものです。同じ裸の姿が描かれた星のカードでは守られていませんが、世界のカードでは、周囲に守りの力が働いているということなのです。そのため真ん中の人物はとても柔らかく繊細なのに、傷付けられることはありません。

運命の輪のカードは、時間の流れの中での盛衰をあらわしています。時間のない世界においての完成されたものは、時間のある世界では絵を部分ごとに一つずつ説明するように、順番にあらわれます。世界のカードの四つの力は、時間のある世界の中では季節の四つまたは人生の盛衰の四つのリズムのような形に展開されるのです。世界のカードでは同時にすべて所有されているものが、運命の輪では一つずつ順番に表現されます。偏った価値観があると良い時と悪い時があると考えますが、そのすべてが自分が持っている全体像の時間の中での展開なので、あらゆる変化が自分らしいものだと考えるとよいでしょう。一部の時間を重視するのではなく、すべての季節が好みという具合に満遍なく愛着を抱くことで、世界のカードの力を時間の流れの中で失わなくてすむのです。時間の経過の中で自分の全体像が失われていくとしたら、特定の価値を重視し、その反対が来た時に、その人が否定的なことに飲み込まれてしまうからです。それは四つの元素が均等化していないことであり、そもそもそれでは世界のカードに至ることはできません。このセットでは初めに世界のカードがあり、偏らないことを意味しますから、時の流れの中でもすべてを十分に堪能し、活用することができるのです。

XXI 世界

XI 力

新しい基準を持ち込んで改変
安全な立場を捨て自ら取り組む

世界のカードはタロットカードの最後のカードです。西欧的な思想では、地上の四つの元素を均等に手に入れた後は、真ん中にある五番目の内奥の領域に入ります。それは生命のエッセンスのようなもので、最も純粋で柔軟な元素です。つまり宇宙の一なる原理に段階的に結び付くような場所で、より高次な次元に直結する場所です。それに比較して、周囲の四つの原理は地上的な原理で、多くの人はこのうちのどれかに深く同一化して生きており、この地上を這い回ることから抜け出せないというわけです。この真ん中と地上をあらわす周囲の四つの領域には容易に侵入できない柵があり、これは日本では胎児を包む胎内の衣として表現されることもあります。

続くのは力のカードですが、絵柄の中で女性は動物の口に直接触れています。しかし、世界のカードでは、真ん中に立つ両性具有的な存在は緑色の葉の輪で守られていて、周囲の四つの力、時には四つの獣と言われるものに直接触れることはないのです。間を挟む衣と緑の葉でできた輪が、伝達者として働きます。力のカードでは、時には動物が暴走すれば女性は被害を受ける場合もあります。そのため、初めは安全な立場にいた人があえて、自分から手を汚してまで取り組むというふうに方針を変えたとも読めます。動物は人間の中にある本能的な部分で、それは脳の旧皮質や古皮質で、コントロールしにくい強い力を持っています。動物は古い習慣を続けることでもあり、つまりは自然なものを維持するという意味にもなります。世界のカードは法則的には理想的な状態に至っていますが、それは地上的には決して自然ではありません。地上ではたいてい人は男女に分かれますが、世界のカードは男女という区分を失っています。新しい基準を手に入れた人が、古い習慣に従う生き方に対して、改変しようとしているようにも見えます。力のカードの女性の頭にある記号は逆転や転覆などを意味しますから、その基準を世界のカードが持ち込んでいるとも言えます。

XXI 世界

XII 吊られた男

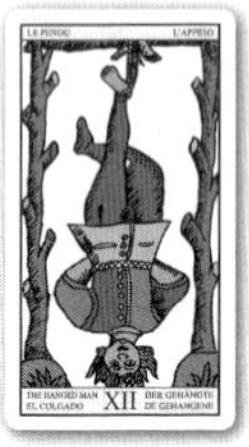

世界のカードはすべての達成を意味しています。これは物質的であったり、社会的な立場とか名誉などを手に入れたりすることとは違い、生命の本質的な意味で、その人の中心的な位置にたどりついたのです。西欧では世界は四元素で作られたと考えていますが、この四元素の元のルーツであるエッセンスの元素が、この世界のカードの中心に当たります。つまり元のルーツ的な立場にある力が、後天的に手に入ったという意味です。それは部分的なものではないが、部分的な元素の源流に当たるために、四元素がコントロールできるということです。そして世界は四元素でできているという考えがあり、つまりは世界内においては完全であるという意味になります。

世界のカードに続くのは、吊られた男のカードです。吊られた男は上からぶら下げられていて、大地には接触していません。そのため、物理的に動き回ることができません。世界のカードの状態になったために、吊られた男の状態になった

すべてを手に入れた後に周囲との接触を断つ完全になったため保管される

と考えると、すべてを手に入れた状態になったために、大地との接触ができなくなったというふうに考えてみてはどうでしょうか。世界のカードの人物は真ん中にいて、世界をあらわす四つの元素との間には楕円の境界線があり、直接手を出せないようになっています。隠遁者のようになって、誰とも接触しなくなったという場合も考えられます。また吊られた男は、メディア活動などを意味します。人前に姿をあらわすことなく、メディア活動だけをしている人物もこれに当たるでしょう。世界のカードは最終的な真ん中にいくことで、より上位の次元との穴が開きます。吊られた男はそもそもが上から吊られています。そのため、そこには高められた価値のものが流れ込んできます。吊られた男は汚さないように標本化する発想で、真空保存されているという場合もあります。すべてが揃ったので保管されることになったケースと考えられます。

XXI 世界

XIII 死に神

完成を強化するため関係を断ち切る 新規レベルでのスタートに向けた準備

世界のカードは、生活とか生き方が完成した状態をあらわしています。最終的な段階ということではありませんが、特定の節目での完成ということを意味しているのです。ここでは自分を閉じるということにも関わっています。真ん中で立っている人物は、男性と女性が一体化しています。もしここで、男性的であったり女性的であったりすると、足りない片割れ的な部分が、その人を世界につなぎとどめることになるので、真ん中の余裕のある状態に立つことはできません。割れた卵が閉じて、単一のユニットになったような状態です。

死に神のカードは地上に対して粛清するという意味があり、これは生活上での邪魔なものを整理したり、またこれまでの経歴や仕事、生活などをいったん停止させて、新しく出発しようという姿勢をあらわしています。個人の人生は今だけという考え方では死に神は死なせる者ですが、果てしなく続く中で今の人生はその中の一つと考えると、死に神は死なせる者というよりは、次の段階への橋渡しとしての切り換える力を発揮します。個人は個人として閉じて、他の可能性などはないと言われるようになった時代以後から、死に神は死なせる者という意味に変わったのです。世界のカードは一つの完成ですから、すると、死に神はそこで打ち止めにすることになり、そうなると、次の新しいレベルでのスタートに向けて準備するということになるのでしょう。死に神が環境との関係を断ち切るとしたら、世界のカードの状況をより強力に進めるために、環境との関係を断ち切ってしまったように見えてきます。精神は衰退しないままということは可能ですが、しかし肉体的な生存は、やがて衰退します。世界のカードになって初めて何が不安かわかることも。また引き際の良さをあらわすことも考えてもよいでしょう。まとまりの良い作品として完成させることも考えられます。

XXI 世界

XIV 節制

完成したものの移し替え　中身にふさわしい環境への変化

世界のカードは、タロットカードの中では最終的なカードをあらわしているので、完成状態を示しています。タロットカードではもうこれ以上先はないのです。中心の人物は、男性と女性が一体化した、両方を兼ね備えた存在をあらわしています。これはもちろん肉体的にそうだという意味ではありません。精神的な意味や感情的な面で、男性の要素と女性の要素を両方とも所有しているということになるのです。そうでないと風化してしまうのです。人間は子供の時、あるいは老年になるとこのような状態になっていきます。そうしたことでその人は閉じた卵のようになっていき、環境に支配されなくなっていくのです。同時に周囲には四つの元素が取り囲んでいるので、生きる上で必要なものは基本的に全部安定して揃っているという意味になるのです。従って精神面では充足しているが、物質的に貧しいという意味ではありません。精神的にも物質的にも全体的にバランスが取れている状態を示しています。

節制のカードというのは、上にある器から下の器に液体が流し込まれています。別の入れ物に移り変わっていくというのは、環境を変えるという場合もあれば、生まれかわりという意味もあります。本来は節制のカードは、自己生殖を意味しているので、自分自身が変わっていくということを指しています。つまり外に対して何か働きかけるという意味は持っていないのです。また生命の樹では節制のカードは胸から腰をあらわします。世界のカードは腰から大地までをつなぐまっすぐのラインですから、この二枚はそのまま連続しています。完成したものが違う器に移し替えられていくというのは、環境が変わるという意味も出てきます。中身にふさわしい器が用意されるという意味です。中身は完成しているが、外面は違う仮の姿というのは、世界のカードにも節制のカードにも合わないで、外面にふさわしい内面を持っていると考えるべきです。

自由な立場で強い支配力を発揮
優位な立場から押し付ける中で深い関わりを持つ

XXI 世界

XV 悪魔

世界のカードは、人間の持てるものを全部手に入れたことを意味します。周囲の四つの獣は火、風、水、土の四つの元素に対応し、知識、精神、愛情、物品を総合的に手に入れることになります。その上で、すべてのエッセンスである中心的なものに自分が立つことになります。これは地上に拘束されないということになり、より上位の次元との結び付きも作られてきます。すべてをなくして空になる状態と、すべてを手に入れてそれらから自由になるのとは似ています。実務的な生活とか、実際的と多くの人が言う生き方というのは、この周囲の四つのうちのどれかに入り込むことを意味します。真ん中に立っている人は、基本的にはこの周囲の四つにはあまり深入りしないことになります。

続く悪魔のカードも、台の上に立つ悪魔は自分から手を染めていません。綱でつながれた二人の手下が役割を果たすので、この点では世界のカードと似ていることになります。世界のカードでは強い磁力が働き、四元素は元に回帰する衝動によって、中心の人物に従います。悪魔のカードでは下界に対する強い関心によって、上位にあるものが下界に対して意志を押し出します。悪魔のカードのような行為は、その結果として下界に縛られるのかというと、結果は次の順番の塔のカードが示していますから、むしろ下界の制限や殻を突破するような力に変わります。いずれにしても、何でも手に入るような有利な立場に立つ世界のカードの状況が訪れ、その位置から悪魔のカードのように、強い支配力を発揮することになるという意味でしょう。時には行き過ぎたり強引である場合もあるでしょう。しかし悪魔のカードはそもそも周囲を無視した一方性ではないのです。15の数字は合計すると6で、恋人のカードなどのような関わりをあらわします。関わりを無視するのは、むしろ5の数字で法王のカードなのです。押し付けていく姿勢の中により深い関わりを持とうとする意志が潜んでいます。

完全バランスに至ることで殻が破れる 本質的価値のために外面的形式が壊れる

XXI 世界

XVI 塔

世界のカードの意味の基本的な原則としては、世界をあらわす四元素がバランス良く並び、中心に最も本質的なエッセンスとしての第五元素が成立し、人の存在状態はこの五番目の上に立つということです。四つのうちどれかが欠けてしまうと、この五番目というのは成立しません。人生の中で苦労するのは、この四つのどれかが弱かったり、あるいは過剰だったりすることです。そして五番目にいくことで、初めて何が重要で何が重要でないのかがわかります。例えば、社会的な地位で自分の不満足感を補おうとする人は、土の元素に対する依存です。依存したものによってその人は損なわれますから、古い時代から修行というのは、この四元素すべてに対して打ち勝つというものがテーマで、モーツァルトのオペラ『魔笛』もそのような題材が扱われています。

続く塔のカードは、外面的な殻としての建物が壊れて、中にある柔らかいものが自由になるという意味です。塔があらわすのは、どんなものにもある外面的な殻とか皮膚、容器のようなもので、これは土の元素に属しています。土の元素は基本的に形を整える器として働くからです。世界のカードの中では、四つの獣のうちの一つ、左下の牡牛に関連するもので、それが打ち破られるのは、もちろん、他の三つの元素とのバランスを取ろうとするからです。つまり世界のカードという完全バランスに至ることで、結果的に塔のカードのように、硬い殻が破れてしまうことになるのです。これは不要なものにつかまっていることから自由になるという意味でもあるでしょう。殻は形式、立場、金銭、プライド、状況などさまざまです。その人の外面的な形を維持する何かです。より本質的な価値のために、それらが壊れていくというのは、他人から見ると一見失敗しているように見えるかもしれません。しかし世界のカードは持たざるものの充足ではないので、一度殻が壊れても、その人のふさわしいものが即座に補完されることになります。

XXI 世界

XVII 星

豊かさの中で上位の次元の力を受け止める 遠いビジョン実現のために働きかける

世界のカードは、世界を構成する四つの元素が整い、その中心にエッセンスとしての生命の力が集まり、そこに自分の居場所ができることをあらわします。この中心は、四つが均等に揃わないとうまく作れません。どこかが傾いていると、傾いた建物のように倒れてしまいます。真ん中の人物は裸で、なおかつ両性具有の姿をしています。幼児のように柔らかく、無防備でも周囲の四つの均衡が存在を守っていることになり、安定しています。星のカードと世界のカードは、登場する人物はほとんど裸です。衣服は守りを意味しますから、星のカードの女性は守られていません。つまり社会的に不安な状態です。世界のカードでは周囲の四つの獣が防衛網を作っているのですが、星のカードでは野原に放置されているも同じです。世界のカードも星のカードも、外面的なことはあまり気にしていないことは共通しています。

また世界のカードは、一つの世界を構成する部品すべてを手に入れたために、真ん中でより上位の次元との接点を持っています。法則として、すべてを手に入れると中心に次の次元が開くということがあります。星のカードは、この上位の世界にすべてを託しているということにもなるので、地上的な四つの支えよりも、この上位の次元に関心が集中していると考えてもよいでしょう。世界のカードはピラミッドと同じで、底辺に四つの点、真ん中に五番目の点がある図式ですが、この真ん中の頂点で、星の力を受け止めようとしていると考えるとよいのではないでしょうか。もちろん単独の星のカードと違い、世界のカードという安定したピラミッド装置の上でそれをしようとしているという違いがあります。何もない状態で受け止めることと、すべてを持った豊かさの中で受け止めるのはやはり違いはあるでしょう。星のカードは受け取ったものを与えるという図柄ですから、遠いビジョンの実現のために働きかける人になるということになります。

XXI 世界

XVIII 月

一つの完成に満足せず欲張る完成したからこそのチャレンジ

世界のカードは必要なものすべてを手に入れた姿をあらわし、タロットカードが西欧的な意識の進化の体系と考えた時には、最終達成をあらわしています。ギリシャのダスカロスによると、人間は物質の三次元とサイキックの四次元と本質の五次元のノエティックの三つでできているという話ですが、世界のカードでは中心の人物がノエティック、そして周囲の四つの生き物がサイキックと考えるとよいでしょう。もちろん物質はそれらが働く、目に見える場をあらわしています。世界のカードは、考えられるかぎりのその人の完全バランスをあらわします。サイキックの四つの力が偏ると、その人の妄執とか不満感、偏った感情を生み出します。ノエティックが弱いとそれらをコントロールできなくなります。

続くのは月のカードですが、これはこれまで知らなかった意識の古い部分を、眠りの中で、あるいはトランス状態の意識の中で探索することをあらわします。未知あるいは忘却の領域ですから、長年閉じていた倉庫を開けるように良いものも悪いものも出てきそうです。月のカードは確かにリスクがあるのです。生命の樹では月のカードは、期待をあらわす左腰の金星と大地の間のラインを示します。世界のカードは腰の中心と大地です。両方とも大地には接触しているので隣同士のカードとも言えますが、月のカードは真ん中でなく左、すなわちさらに期待して新しいものを求めて、ということをあらわします。つまりは世界のカードで一つの自己完成をするにも関わらず、それでは飽きたらずさらに欲張っているということを示しています。完成したが、むしろ完成したからこそ未踏の領域にまた手を出して、これまでのものが台無しになるかもしれない可能性もあります。月のカードで引き出される新規の素材というのはまだまだ粗雑なもので、楽々こなすということはできないのです。

XXI 世界

XIX 太陽

世界のカードは、その人の最も中心的な場所に回帰したことをあらわしています。そのためには物質的な条件、精神的なもの、心理的なもののすべてが整い、満足のいく生活になることが必要でした。人によっては、最も大切なものを手に入れるには、物質的に何もない方が良いと考える人もいるかもしれませんが、世界のカードはそれに反して、必要なものがすべて手に入るのです。タロット占いで使う場合には、この世界のカードはコンプリートということを示しているところから、欠けたものがない事柄のすべてに使われると思われます。太陽のカードは表の自我と、影の自我が協力的に助け合うことで成長することをあらわします。一般の社会的な人格の成長というのは、むしろ片方のみ、つまり表の人格が発達することで果たされるのですが、タロットカードはこの段階までくると、対社会的達成を目標にしておらず、もっと本質的な人間の発達ということをテーマにしていますから、必ずしも社会的な基準に従っているわけではありません。

自分自身を分割したような社会生活 二種類の立場を兼ねる

神智学などではこの太陽系とシリウスは兄弟であると言われていました。またシリウスそのものがシリウスAとシリウスBとして回り合っており、二つの太陽という概念を持っていました。太陽のカードはこのシリウス的な世界をあらわしているとも考えられています。それは天使的なものと悪魔的なものの両立ということもあります。西欧的な思想ではそれは拒否されることが多いのですが、アジアの世界観ではごく普通に受け入れられている場所も多かったのです。世界のカードはいずれにしても、すべてを持っているのですから、太陽のカードの二人の子供を内包しています。社会の中で世界のカードを達成しようとすると、太陽のカードのようにせざるを得ない。つまり社会生活は、まるで自分自身を二つに分割したような形になりやすいと言えるでしょう。二種類の住居、仕事、職業、時には違う名前などという場合もあるかもしれません。

XXI 世界

XX 審判

充足状態で手に入る偏らない視野
全体的に脳を使用し見えないものを見渡す

世界のカードは、周囲に四つ、真ん中に一つで合計五つの点を持つ、ピラミッドのような構造をあらわしています。これはピュタゴラスの時代には、生命の完全な姿をあらわすと考えられていました。東洋ではそれが五行思想などとも結び付いていました。世界のカードはこのすべてが安定して手に入るために、存在そのものが根本から満足のいく、純粋な達成をあらわしていると考えるのです。生活は四元素の不足あるいは過剰によって、バラエティが生まれ、足りないものを求めて人の行為が続きます。世界のカードは完全な充足ですが、一時的にそれを体験することもあると思われます。タロット占いでは、こうした世界のカードの恒久的な達成を意味することは想定しないので、小さな範囲でこの世界のカードのようである、という状態を想像するのです。

続くのは審判のカードですが、これは本来時間の超越をあらわすカードです。もともとどんなものも、同時にすべて存在していました。ところが時間の世界の中では、一挙にそれを見ることができないために、部分的に物語のように体験していかなくてはならないのです。そこで過去から未来へと人は生きているように感じたりしますが、時間のない世界では、過去も未来も同時に存在するします。実はこれは私たちの右脳の性質とも言われています。左脳はごく一部の「今、ここ」という狭い範囲のことしか意識できず、情報量としても一瞬で八ビットしか認識できないのですが、右脳は一瞬で膨大な情報を受け止めます。世界のカードの境地に立つことでこのような脳を全体的に使い、自分のエゴの集中によって見えなくなっていた過去のものや遠いもの、それらをすべて見渡すようなことができるようになるということでしょう。私たちは不足があるとそこに興味が集中します。そのため、世界のカードのように不足がない状態で初めて、偏りなく全体を見る視点が手に入るのです。

※ 本書で使用したタロットカードは『Tarot of Marseille』（イタリア・ロスカラベオ社）のものです。
このタロットカードは、ニチユー株式会社（日本輸入代理店・販売元）で取り扱っております。
電話／03-3843-6431
FAX／03-3843-6430
http://www.nichiyu.net/

おわりに

この本は、当初は二〇〇八年の半ばから年末に書けて仕上げるつもりでいましたが、途中でほとんど進まなくなってしまいました。

初めは逆位置も入れて、大アルカナ二十二枚（一枚目）×正位置と逆位置の二通り×二十一枚（二枚目）×正位置と逆位置の二通り、つまり、四十四×四十二の千八百四十八パターンを書くつもりでしたが、さすがにそれは無謀だと思い、企画変更をしていただきました。結果、逆位置なしの正位置のみで四百六十二パターンとなり、それを二〇〇九年の初めから半ばくらいまでに仕上げるということで再チャレンジしました。事典というのは長い連続文書でなく、短い単位のものをたくさん書いていく作業で、そもそも自分は全く得意ではないと思っていました。ところが、占星術のサビアンシンボルのように三百六十個もあるものを書き続け、分厚い本（『決定版‼サビアン占星術』学習研究社刊）にしてしまったように、現実にはこのような事典形式の、同じ長さの文章をたくさん並べる作業をけっこう続けています。

波風のある生活をしているとこのような作業は継続が苦しくなります。本書を書く数年前から、毎日朝五時半から仕事がスタートするという規則的な生活をしているために、あまり苦しくなくできるのではないかと思いました。

「はじめに」の部分にも書きましたが、最近、私はタロットカードを使ったパスワークという講座を繰り返ししています。カバラの生命の樹という宇宙法則図があるのですが、これは中国の太一陰陽五行の思想と同じで、一番上に太一に対応する「ケテル」というものがあり、その下に陰陽に当たる「ビナー」と「コクマー」があり、その下に中心の「ティファレト」と周囲の四つの中枢があり、これが五行に対応します。そして、物質の柔らかい陽の部分を示すものと、固い陰の部分を示すものがあるのです。これにタロットカードが対応していると主張したのはエリファス・レヴィなので、比較的最近のことであり、昔からタロットカードが生命の樹、あるいは太一陰陽五行をベースにした道教の思想などに当てはまったわけではありません。しかし使ってみるとかなり便利なので、この宇宙法則図を散策するために、タロットカードのイメージを借りるのがパスワークなのです。

本書を書こうとしていた二〇〇八年は、私はモンロー研究所の「ヘミシンク」というCDに毎日取り組んでいました。そして、比較的容易に眠りと目覚めの境界線領域に入れることがわかったので、これとタロットのパスワークを組み合わせようと思ったのです。ヘミシンクの信号の原理でもあるバイノーラルビートの信号を自分でカスタマイズしてCDを作り、参加者は横たわってヘッドホンでそれを聴きます。二十二枚を全部合わせると生命の樹のすべての道を歩くことになりますから、参加者は自分がどういう偏りを持ち、何が好きで何が嫌いか、その特性を自覚的に理解することができます。例えば、女教皇は生命の樹の中央の柱に配置されていて、陰陽に分かれておらず非活動です。反対に女帝は、左右の陰陽の間に張られた横の梁に置かれていて、それは生産的であり、成果を生み出します。

人によって、女帝を嫌い女教皇のような生き方を好む人と、反対に女帝となり、女教皇を避けようとするタイプもあります。非生活者と生活者のような違いがあり、ニート暮らしをしているような人はやはり女教皇的な生活をしていると考えてもよいのかもしれません。このような場合、最後の世界のカードでも大地に接触することができず、世界のカードの中で上から吊り下げられた吊られた男のような体験をすることになりますが、パスワークを散策しているうちに、どうしてそのようにするのか、目的などもわかってくるようになります。

人間は、地球に生まれてくる手前で、地球の周囲に張り巡らされた一四四〇〇〇のハブを持つグリッドに置かれたアカシックレコードという宇宙の書物のようなものをダウンロードして生まれてくると言われています。そうしないと、その人はOSのないパソコンのように、何も機能できなくなると言われています。女教皇が手に持っている書物がこのアカシックレコードで、このカードのパスは人体では、頭の上から胸までに当たるところにあるので、書物はこの頭の上から胸までの間のどこかにあるのです。書物を読もうとする人は、あるいはそれを保持しようとする人は、左右の陰陽の側に大きく揺れていく女帝のような生活をしていると生活に埋もれていき、この書物を読むというよりは、書物の中を生きるようになってしまいます。

最近、はるひなたさんという人と共同で講座をして、はるひなたさんの誘導でパスワークをしてみたことがあります。そこでは女教皇の書物を読んでみようという話になったので、実際に読んでみました。へミシンクを始めてからしばしばドームの内側に、ヘブライ語とは言えない、謎の古代文字のようなものが刻まれた映像をよく見ます。そしてそこに書かれた文字の単語を解読するという作業を時々しますが、やはり女教皇の書物はそれと同じで、その時も中から一文字拾って、ノートにその形をメモして、また意味について解読することになりました。これらは再現性があるので、長く続けていればアボリジニーのドリームタイムのように、書物全部を復元できるのかもしれません。ルドルフ・シュタイナーは霊界文字について書いていますがそうしたものにも関係するでしょう。

このパスワークでは、複数の次元の生命の樹が重なっている部分にも触れることができます。女教皇は、より上位の次元の力を受容するという姿勢にありますが、このより上位の次元の側から見ると、女教皇のカードの位置は、節制のカードになり、つまりは自分としては影響力を器から器へ流し込んでいるということになるのです。流し込まれたものを受け止める場所に女教皇の書物があることになり、そこに記録を入れることになるわけです。一つのカードは視点を変えると意味が変わるということの例で、皇帝のカードは救済者として働きますが、救済者の本人から見ると、悪魔のカードの姿勢でそれをしているということにもなります。

アレイスター・クロウリーは『法の書』で、「ツァダイは星にあらず」という有名な言葉を書いて、生命の樹においてのタロットカードの対応で、星のカードと皇帝のカードを入れ替えました。生命の樹の多層次元での重なりを考えると、一つ上の次元の生命の樹では、皇帝のカードはあたかも星のカードのように扱われる傾向があると思われます。惑星対応で考えると、皇帝のカードは個人の本質という太陽が、左上の果てしない拡大のコクマーである海王星に開放されます。星のカードは、月という個人の繰り返される生活のスタイルのところから、期待と楽しみという左上の金星に広がることをあらわすのです。皇帝はより大きなところで開放し、星のカードは個人的なところで遠くを夢見て育てる。このような対比も一つ上の次元から見ると、皇帝という男性像は星のカードという女性像に置き換えられ、身近で趣味的な姿勢とみなすことも可能なので、クロウリー説はそんなにおおげさな話ではなく、視点を変えるとそのように入れ替えられる、それは比較的常識的な見解だということではないかと思われます。

　こうしたことをしていると、あたかも宇宙の謎を探求するようでパスワークというのは楽しいものです。それに私は、この生命の樹はホログラフとして全宇宙と共鳴し、個人としての違いはたんに解像度が高いか低いかの違いでしかないと考えていますから、時々、生命の樹の道のどこかに伝言板とかポストボックスを置いて欲しいとも言います。すると、どこかから連絡が入ってくるというわけです。

　タロットカードの知識はタロットカードの中から探せ、というのが一番大事なことだと思うので、パスワークは精神の世界において実務作業です。こんなことをしているので、ますますタロットカードに没入することになったのですが、もっと応用法はたくさん出てきそうです。

　本書は私にとって説話社で三冊目のタロットの書籍です。気が付くと三冊目になってしまいました。本書は高木利幸さんに編集担当していただきました。どうもありがとうございます。

松村　潔（まつむら きよし）

1953年生まれ。占星術、タロットカード、絵画分析、禅の十牛図、スーフィのエニアグラム図形などの研究家。タロットカードについては、現代的な応用を考えており、タロットの専門書も多い。参加者がタロットカードをお絵かきするという講座もこれまで30年以上展開してきた。タロットカードは、人の意識を発達させる性質があり、仏教の十牛図の西欧版という姿勢から、活動を展開している。著書に『完全マスター西洋占星術』『魂をもっと自由にするタロットリーディング』『大アルカナで展開するタロットリーディング　実践編』（いずれも説話社）、『決定版!! サビアン占星術』（学習研究社）ほか多数。

http://www.tora.ne.jp

タロット解釈大事典《かいしゃくだいじてん》

発行日　2009年11月24日　初版発行
　　　　2023年 1 月20日　第4刷発行

著　者　松村　潔
発行者　酒井文人
発行所　株式会社 説話社
　　　　〒169-8077　東京都新宿区西早稲田 1-1-6
　　　　電話／編集部：03-3204-5185　販売部：03-3204-8288
　　　　振替口座／ 00160-8-69378
　　　　URL　https://www.setsuwa.co.jp

イラスト　牛尾　篤
デザイン　染谷千秋（8th Wonder）
編集担当　高木利幸
印刷・製本　中央精版印刷株式会社

ISBN978-4-916217-75-2　C2011